全国中等职业技术学校汽车类专业通用教材

Qiche Fadongji Gouzao yu Weixiu
汽车发动机构造与维修

（第二版）

吕秋霞　主　编

人民交通出版社股份有限公司
China Communications Press Co.,Ltd.

内容提要

本书是全国中等职业技术学校汽车类专业通用教材,依据《中等职业学校专业教学标准(试行)》以及国家和交通行业相关职业标准编写而成。主要内容包括:汽车发动机总体构造、汽车维修制度及常用维修机具、曲柄连杆机构、配气机构、电控汽油发动机燃料供给系统、柴油机燃料供给系统、柴油机电控燃油喷射系统(ECD)、发动机润滑系、发动机冷却系、新能源汽车技术介绍,共计10个单元。

本书供中等职业学校汽车类专业教学使用,亦可供汽车维修相关专业人员学习参考。

图书在版编目(CIP)数据

汽车发动机构造与维修/吕秋霞主编. —2版. —北京:人民交通出版社股份有限公司,2017.1
ISBN 978-7-114-13417-3

Ⅰ.①汽… Ⅱ.①吕… Ⅲ.①汽车—发动机—构造—中等专业学校—教材②汽车—发动机—车辆修理—中等专业学校—教材 Ⅳ.①U472.43

中国版本图书馆 CIP 数据核字(2016)第 259688 号

全国中等职业技术学校汽车类专业通用教材

书 名:	汽车发动机构造与维修(第二版)
著 作 者:	吕秋霞
责任编辑:	闫东坡
出版发行:	人民交通出版社股份有限公司
地 址:	(100011)北京市朝阳区安定门外外馆斜街3号
网 址:	http://www.ccpcl.com.cn
销售电话:	(010)59757973
总 经 销:	人民交通出版社股份有限公司发行部
经 销:	各地新华书店
印 刷:	北京虎彩文化传播有限公司
开 本:	787×1092 1/16
印 张:	21.25
字 数:	489 千
版 次:	2007年1月 第1版 2017年1月 第2版
印 次:	2024年1月 第2版 第4次印刷 累计第16次印刷
书 号:	ISBN 978-7-114-13417-3
定 价:	43.00 元

(有印刷、装订质量问题的图书,由本公司负责调换)

第二版前言

FOREWORD

为适应社会经济发展和汽车运用与维修专业技能型紧缺人才培养的需要,交通职业教育教学指导委员会汽车(技工)专业指导委员会于2004年陆续组织编写了汽车维修、汽车电工、汽车检测等专业技工教材、高级技工教材及技师教材,受到广大中等职业学校师生的欢迎。

随着职业教育教学改革的不断深入,中等职业学校对课程结构、课程内容及教学模式提出了更高的要求。《教育部关于深化职业教育教学改革全面提高人才培养质量的若干意见》提出:"对接最新职业标准、行业标准和岗位规范,紧贴岗位实际工作过程,调整课程结构,更新课程内容,深化多种模式的课程改革"。为此,人民交通出版社股份有限公司根据教育部文件精神,在整合已出版的技工教材、高级技工教材及技师教材的基础上,依据教育部颁布的《中等职业学校汽车运用与维修专业教学标准(试行)》,组织中等职业学校汽车专业教师再版修订了全国中等职业技术学校汽车类专业通用教材。

此次再版修订的教材总结了全国技工学校、高级技工学校及技师学院多年来的汽车专业教学经验,将职业岗位所需要的知识、技能和职业素养融入汽车专业教学中,体现了中等职业教育的特色。教材特点如下:

1. "以服务发展为宗旨,以促进就业为导向",加强文化基础教育,强化技术技能培养,符合汽车专业实用人才培养的需求;

2. 教材修订符合中等职业学校学生的认知规律,注重知识的实际应用和对学生职业技能的训练,符合汽车类专业教学与培训的需要;

3. 教材内容与汽车维修中级工、高级工及技师职业技能鉴定考核相吻合,便于学生毕业后适应岗位技能要求;

4. 依据最新国家及行业标准,剔除第一版教材中陈旧过时的内容,教材修订量在20%以上,反映目前汽车的新知识、新技术、新工艺;

5. 教材内容简洁,通俗易懂,图文并茂,易于培养学生的学习兴趣,提高学习效果。

《汽车发动机构造与维修》是汽车运用与维修专业课之一,教材主要内容包括:汽车发动机总体构造、汽车维修制度及常用维修机具、曲柄连杆机构、配气机构、电控汽油发动机燃料供给系统、柴油机燃料供给系统、柴油机电控燃油喷射系统(ECD)、发动机润滑系、发动机冷却系、新能源汽车技术介绍,共计10个单元。本书由浙江交通技师学院吕秋霞主编,浙江交通技师学院周有银参加了编写。编写分工为:吕秋霞编写绪论、单元一~单元九,周有银编写单元十。

限于编者经历和水平,教材内容难以覆盖全国各地中等职业学校的实际情况,希望各学校在选用和推广本系列教材的同时,注重总结教学经验,及时提出修改意见和建议,以便再版修订时改正。

编 者
2016 年 3 月

目录
CONTENTS

绪论 ··· 1
单元一　汽车发动机总体构造 ·· 8
单元二　汽车维修制度及常用维修机具 ··· 14
单元三　曲柄连杆机构 ··· 30
　　课题一　机体组 ·· 36
　　课题二　活塞连杆组 ·· 50
　　课题三　曲轴飞轮组 ·· 65
单元四　配气机构 ··· 90
　　课题一　配气机构的结构与配气相位 ·· 90
　　课题二　配气机构主要零件的构造与检修 ·· 96
单元五　电控汽油发动机燃料供给系统 ·· 119
　　课题一　发动机的可燃混合气及正常燃烧 ·· 119
　　课题二　电控汽油机燃料供给系统的组成及工作原理 ····························· 121
　　课题三　燃油供给系统 ··· 126
　　课题四　空气供给及相关系统 ··· 150
　　课题五　排气系统及排放的控制 ·· 171
　　课题六　电子控制系统 ··· 184
　　课题七　汽车巡航系统（CCS） ·· 191
单元六　柴油机燃料供给系统 ·· 204
　　课题一　柴油机燃料供给系统的结构与燃烧室 ······································ 204
　　课题二　柴油机燃料供给系统的主要零部件 ··· 206
单元七　柴油机电控燃油喷射系统（ECD） ·· 248
　　课题一　柴油机电控燃油喷射系统的组成及原理 ··································· 248
　　课题二　柴油机电控燃油喷射系统的主要部件 ······································ 249
单元八　发动机润滑系 ·· 270
单元九　发动机冷却系 ·· 289
单元十　新能源汽车技术介绍 ·· 308
　　课题一　概述 ··· 308
　　课题二　纯电动汽车 ·· 310
　　课题三　混合动力汽车 ··· 315
参考文献 ··· 333

绪 论

一、汽车的类型

根据国标 GB/T 3730.1—2001 规定,汽车分为乘用车和商用车两大类。乘用车是主要用于载运乘客及其随身行李和(或)临时物品的汽车,包括驾驶员座位在内最多不超过 9 个座位。商用车是指在设计和技术特性上用于运送人员和货物的汽车,并且可以牵引挂车(乘用车不包括在内)。详细分类见表 0-1。

汽车分类(按用途)　　　　表 0-1

分类		说　明				
		车身	车顶	座位	车门	车窗
乘用车	轿车 普通乘用车	封闭	硬顶	≥4	2 4	≥4
	活顶乘用车	可开启	硬顶	≥4	2 4	≥4
	高级乘用车	封闭	硬顶	≥4	2 4	≥6
	小型乘用车	封闭	硬顶	≥4	2 4	≥2
	敞篷车	可开启	硬顶	≥4	2 4	≥2
	仓背乘用车	封闭	硬顶	≥4	2 4	≥2
	旅行车	封闭	硬顶	≥4	2 4	≥4
	多用途乘用车	座位数超过 7 个,多用途				
	短头乘用车	短头				
	越野乘用车	可在非道路上行驶				
	专用乘用车	专门用途(救护车、旅居车、防弹车、殡仪车)				
商用车	客车 小型客车	载客,≤16 座(除驾驶员座)				
	城市客车	城市用公共汽车				
	长途客车	长途客车				
	旅游客车	旅游用车				

续上表

分类		说明				
		车身	车顶	座位	车门	车窗
商用车	客车	铰接客车	由两节刚性车厢铰接组成的客车			
		无轨电车	经架线由电力驱动的客车			
		越野客车	可在非道路上行驶的客车			
		专用客车	专门用途的客车			
	货车	半挂牵引车	牵引半挂车的商用车			
		普通货车	敞开或封闭的载货车			
		多用途货车	驾驶座后可载3人以上的货车			
		全挂牵引车	牵引杆式挂车的货车			
		越野货车	可在非道路上行驶			
		专用作业车	特殊工作的货车(消防车、救险车、垃圾车、应急车、街道清扫车、扫雪车、清洁车等)			
		专用货车	运输特殊物品的货车(罐式车、集装箱运输车等)			

二、汽车车辆识别代码

目前，世界各国汽车公司生产的汽车大部分都使用VIN(Vehicle identification Number)车辆识别代号编码，它由一组字母和阿拉伯数字组成，总共有17位，故又称17位识别代号编码或简称"17位码"。从VIN中可以识别出该车很多重要的信息，如该车生产国家、制造厂家、汽车类型、品牌名称、车型系列、车身形式、发动机型号、车型年款、安全防护装置型号、检测数字、装配工厂名称和出厂顺序号码等。它是汽车修理时的检索、配件采购和经营管理所必须掌握的信息，以免产生误购、错装等严重后果。根据国标 GB16735—2004 规定，我国汽车代号与国际车辆识别代号编码接轨，由3部分17位字码组成，如图0-1所示。对年产量≥500辆的制造厂，车辆识别代号的第一部分为世界制造厂识别代号(WMI)——前三位；第二部分为车辆说明部分(VDS)——第四位至第九位；第三部分为车辆指示部分(VIS)——最后八位。

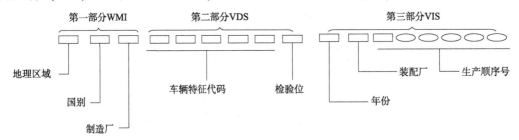

图 0-1　车辆识别代码

车辆识别代码示例如下。

例 0-1　奥迪车系车辆识别代码，如：WAUFA84D3VN123456。

WMI			VDS						VIS							
W	A	U	F	A	8	4	D	3	V	N	1	2	3	4	5	6
(1)	(2)	(3)	(4)	(5)	(6)	(7)	(8)	(9)	(10)	(11)	(12)	(13)	(14)	(15)	(16)	(17)

第(1)~(3)位,世界制造厂识别代码。WAU 代表德国奥迪汽车公司。

第(4)位,车型类别代码。F 代表 100 旅行车。

第(5)位,发动机型号代码。

第(6)位,约束系统代码。8 代表驾驶员/乘客安全气囊。

第(7)~(8)位,车型系列代码。4D 代表奥迪 A8。

第(9)位,校验位代码。

第(10)位,年份代码。V 代表 1997 年。

第(11)位,装配厂代码。N 代表 Neckarsulm。

第(12)~(17)位,车辆制造顺序号。

例 0-2 一汽大众轿车车辆识别代码,如:LFVBA14B223082993。

WMI			VDS						VIS							
L	F	V	B	A	1	4	B	2	2	3	0	8	2	9	9	3
(1)	(2)	(3)	(4)	(5)	(6)	(7)	(8)	(9)	(10)	(11)	(12)	(13)	(14)	(15)	(16)	(17)

第(1)~(3)位,世界制造厂识别代码。LFV 代表一汽-大众汽车有限公司。

第(4)位,安全保护装置代码。B 代表是安全带和安全气囊。

第(5)位,车身类型代码。A 代表四门折背式。

第(6)位,发动机和变速器代码。1 代表汽油发动机、手动变速器。

第(7)~(8)位,车型代码。4B 代表奥迪 A6。

第(9)位,校验位代码。

第(10)位,年份代码。2 代表 2002 年。

第(11)位,装配厂代码。3 代表长春一汽-大众有限公司。

第(12)~(17)位,车辆制造顺序号。

例 0-3 上海帕萨特车辆识别代码,如:LSVHA19F022231914。

WMI			VDS						VIS							
L	S	V	H	A	1	9	F	0	2	2	2	3	1	9	1	4
(1)	(2)	(3)	(4)	(5)	(6)	(7)	(8)	(9)	(10)	(11)	(12)	(13)	(14)	(15)	(16)	(17)

第(1)~(3)位,世界制造厂识别代码。LSV 代表上海大众有限公司。

第(4)位,车身类型代码。H 代表四门加长型折背式车身。

第(5)位,发动机/变速器代码。A 代表 ANQ 发动机。

第(6)位,乘员保护系统代码。1 代表安全气囊(驾驶员)。

第(7)~(8)位,车型代码。9F 代表上海帕萨特轿车。

第(9)位,校验位代码。

第(10)位,年份代码。2 代表 2002 年。

第(11)位,装配厂代码。2 代表上海大众汽车有限公司。

第(12)~(17)位,车辆制造顺序号。

车辆识别代码(VIN)在车上的固定位置,各国的规定存在的一定的差异。美国规定识别代号编码应安装在仪表板左侧,在车外透过风窗玻璃可以清楚地看到而便于检查;而 EEC

LSV	TG23B1XC	000208
制造厂识别代号	车辆说明部分	车辆指示部分

图 0-2　帕桑特 B5 轿车的识别码

(欧共体)规定识别代号编码应安装在汽车右侧的底盘车架上或标写在厂家的铭牌上。图 0-2 所示为帕桑特 B5 轿车的识别码。

我国的《VIN(车辆识别代号)管理规则》规定,"9 人座或 9 人座以下的车辆和最大总质量≤3.5t 的载货汽车的车辆识别代号应位于仪表板上,在白天日光照外,观察者不需移动任一部件,从车外即可分辨出车辆识别代号"。另外,"每辆车的车辆识别代号应在车辆部件上(玻璃除外),该部件除修理以外是不可拆的;车辆识别代号也可表示在永久性地固定在上述车辆部件上的一块标牌上,此标牌不损坏则不能拆掉。如果制造厂愿意,允许在一辆车上同时采取以上两种表示方法。"

三、汽车总体构造

汽车虽然结构复杂,种类繁多,但对于以内燃机为动力装置的汽车而言,它们的基本构造都是由发动机、底盘、车身和电气设备四大部分所组成。图 0-3 表示为一般货车的总体构造。

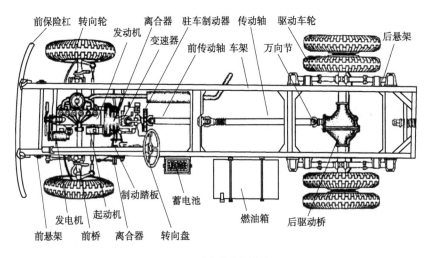

图 0-3　货车的总体构造

1. 发动机

发动机是汽车的动力装置。其作用是将供入其中的燃料燃烧所产生的热能转变为机械能输出,并通过底盘驱动汽车行驶。

2. 底盘

底盘是汽车装配与行驶的主体,其作用是支撑和安装发动机、车身及其他总成与部件,形成汽车的整体造型,并接受发动机的动力,使汽车产生运动且保证汽车正常行驶。底盘由传动系、行驶系、转向系、制动系组成。

3. 车身

车身是驾驶员工作的场所,也是装载乘客和货物的场所。轿车和客车一般为整体结构,货车车身通常由驾驶室和货厢两部分组成。

4. 电气设备

传统电气设备由电源、起动系、点火系、照明、信号及辅助电器组成。由于电子技术,尤其是微处理器在汽车上的广泛应用,使得汽车电气越来越先进,越来越复杂,这些包括:微机、中央计算机系统及各种人工智能装置。如 ABS 防抱死系统、安全气囊、巡航装置、GPS 定位系统等。

5. 汽车的布置形式

为满足不同使用要求,汽车的总体构造和布置形式可以是不同的。按发动机和各个总成相对位置的不同,现代汽车的布置形式通常有以下几种。

(1)发动机前置、后轮驱动(FR),为传统布置形式。大多数货车、部分客车采用这种形式。

(2)发动机前置、前轮驱动(FF),为轿车上盛行的布置形式,具有结构紧凑、轿车质量轻、降低地板高度、改善高速行驶时的操纵稳定性等优点。

(3)发动机后置、后轮驱动(RR),是目前大、中型客车盛行的布置形式,具有降低室内噪声,有利于车身内部的布置等优点。

(4)发动机中置、后轮驱动(MR),是目前大多数跑车及方程式赛车所采用的形式。由于这种汽车采用功率、尺寸很大的发动机,将发动机布置在驾驶员座椅之后和后桥之前,有利于获得最佳轴荷分配和提高汽车性能。此外,某些大、中型客车也采用这种布置形式,把配备的卧式发动机装在地板下面。

(5)全轮驱动(NMD),是越野汽车特有的形式,通常发动机前置,在变速器后面装有分动器,以便将动力分别送到全部车轮上。

四、汽车的结构特征和技术参数

为更好地了解汽车的主要特征和技术性能,便于使用、维护和管理车辆,通常用以下主要结构特征和技术参数来反映汽车的结构与使用性能。

1. 汽车主要尺寸参数(单位:mm)

(1)总长。车体纵向的最大尺寸(前后最外端间的距离)。

(2)总宽。车体横向的最大尺寸。

(3)总高。车体最高点到地面间的距离。

(4)轴距。相邻两轴中心线之间的距离。

(5)轮距。同一车桥左右轮胎面中心线(沿地面)间的距离。双胎结构则为双胎中心线间的距离。

(6)前悬。汽车最前端至前轴中心线间的距离。

(7)后悬。汽车最后端至后轴中心线间的距离。

(8)最小离地间隙。满载状态下,底盘下部(车轮除外)最低点到地面间的距离。

(9)接近角。车体前部突出点向前轮引的切线与地面间的夹角。

(10)离去角。车体后端突出点向后轮引的切线与地面间的夹角。

上述主要尺寸参数如图 0-4 所示。

2. 质量参数(单位:kg)

(1)整车装备质量。车辆装备齐全,加足燃油、润滑油和冷却液,并带齐随车工具、备胎及其他规定应带的备品,符合正常行驶要求时的质量。

(2)最大装载质量。设计允许的最大载货的质量。

(3)最大总质量。汽车满载时的总质量,最大总质量=整车装备质量+最大装载质量。

(4)最大轴载质量。汽车满载时各轴所承载的质量。

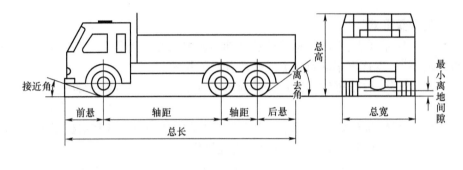

图0-4 汽车的主要尺寸(结构)参数

3. 性能参数

(1)最高车速。汽车在平直良好的道路上行驶所能达到的最大车速(km/h)。

(2)最大爬坡度。车辆满载时的最大爬坡能力(%)。

(3)最小转弯半径。转向盘转至极限位置时,外侧转向轮中心平面的移动轨迹圆半径(m)。

(4)平均燃油消耗量。汽车在公路上行驶时每百千米消耗的燃油量(L/100km)。

(5)驱动方式。用车轮总数×驱动轮数或车轴总数×驱动轴数来表示,如4×2、4×4(双胎作一轮计)。

表0-2为几种常见车型的结构特征和技术参数。

几种常见车型的结构特征和技术参数　　　表0-2

	车名	广本雅阁	帕萨特1.8L	奥迪A6/2.8 自动/5挡手动	东风EQ1141
	制造商	广州本田汽车有限公司	上海大众汽车有限公司	一汽大众有限公司	东风汽车公司
发动机	布置形式	前置发动机、前轮驱动	前置发动机、前轮驱动	前置发动机、前轮驱动	前置发动机、后轮驱动
	型号	F23A3	ANQ	ATX	6BTA5.9
	形式	水冷直列四缸横置式、程序控制多点喷射	直列四缸,5气门,水冷,电控燃油多点顺序喷射	水冷V形六缸Motronic喷射系统(多点喷射)	四冲程、水冷、直列六缸、增压中冷

续上表

	车名	广本雅阁	帕萨特1.8L	奥迪A6/2.8 自动/5挡手动	东风EQ1141
发动机	排量(L)	2.254	1.781	2.771	5.88
	最大功率(kW/r/min)	110/5700	92/5800	140/600	132/2500
	缸径×行程(mm)	86×97	81.0×86.4	82.5×86.4	102×120
	压缩比	8.9:1	10.3:1	10.1:1	17.5:1
	配气机构	SOHC16气门VTEC	每缸5气门,顶置凸轮轴	每缸5气门,顶置凸轮轴	
	长×宽×高(mm)	4795×1785×1455	4794×1736×1490	4886×1810×1475	7640×2460×2710
	轴距(mm)	2715	2803	2850	4500
	轮距(mm)	1555/1535	1498/1500	1540/1569	1940(前)/1860(后)
	装备质量(kg)	1423	1400/1420	1560/1510	5060
乘员数或乘员/载质量		5	5	5	9940
总质量(kg)		1850	1775/1795	2085/2040	15000
性能	最高车速(km/h)	195	195	226/228	
	等速油耗(L/100km)	7.3(90km/h)	7.0(90km/h等速)	7.2(90km/h等速)	最低燃油消耗率≤210g/kW·h
离合器			单片、干式、膜片弹簧,从动盘直径φ228mm		单片、干式、带减振弹簧和摩擦阻尼片
变速器		电子控制4挡自动变速器	5挡同步手动变速器/4挡电控液力自动变速器	OIV型自动变速器/012型手动变速器	机械式整体六挡变速器。
悬架	前	双叉悬架臂	四连杆独立悬架	四连杆式独立悬架	吊耳式悬架,筒式减振器
	后	五连杆双叉悬架臂	复合扭转梁式半独立悬架	扭力梁式	吊耳悬架
转向系		齿轮齿条式、动力转向	齿轮齿条式、动力转向	齿轮齿条式,带转向助力	整体式动力转向机
制动系		四轮盘式,助力制动,ABS	前后盘式制动器,驻车制动为机械式	前后盘式制动器,ABS防抱死系统	鼓式车轮制动器

单元一
汽车发动机总体构造

一、发动机分类

发动机是汽车的动力源,是把某一种形式的能量转变成机械能的机器。通常按以下不同特征来进行分类。

(1)按活塞运动方式的不同,可分为往复直线运动活塞式和转子式发动机。

(2)按所用燃料不同,可分为汽油机、柴油机以及使用代用燃料如甲醇、乙醇、液化石油气的发动机。

(3)按发动机完成一个工作循环活塞的行程数的多少,分为四冲程发动机和二冲程发动机。在一个工作循环中活塞往复四个行程(曲轴转两圈)的内燃机称为四冲程发动机,活塞往复两个行程(曲轴转一圈)便完成一个工作循环的则称为二冲程发动机。现在汽车上主要采用四冲程发动机。

(4)按冷却方式的不同,可分为液冷式发动机和风冷式发动机。以冷却液为冷却介质的称为液冷式发动机,现代汽车发动机绝大多数采用液冷却方式。而以空气为冷却介质的则称为风冷式发动机。

(5)按着火方式不同,可分为点燃式和压燃式发动机两种。汽油机为点燃式发动机,柴油机为压燃式发动机。

(6)按进气方式不同,可分为非增压式发动机(又称自然吸气式发动机)和增压式发动机。前者进气是靠活塞的抽吸作用,后者是利用增压器将进气压力增高,使进气密度增大,因而可以提高发动机功率。

二、发动机的一般构造及术语

1. 发动机基本结构

现代汽车上,广泛使用的是往复活塞式内燃机,其基本结构如图 1-1 所示。

活塞装在圆筒状的汽缸内,可沿汽缸中心线做往复直线运动,活塞通过活塞销与连杆的小端连接,连杆大端套装在曲轴的连杆轴颈上,曲轴的两端支承在曲轴箱的轴承上。因此,活塞做往复直线运动时就可带动曲轴作旋转运动。汽缸上部装有汽缸盖,使活塞顶部与汽缸之间构成密闭的燃烧室。汽缸盖上装有进气门和排气门,通过进、排气门的开闭实现向汽缸内充气和向汽缸外排气。进排气门根据发动机工作要求相应开启和关闭。其开闭时间受凸轮轴控制,凸轮轴由曲轴驱动。

2. 基本术语

发动机基本术语如图 1-2 所示。

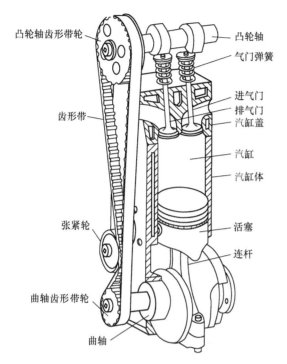
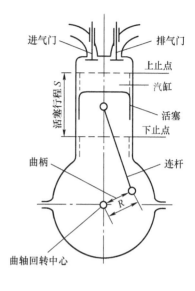

图1-1 往复活塞式内燃机的基本结构　　图1-2 发动机基本术语

（1）上止点。活塞上行到达最高点处的位置,称为活塞上止点。此时,活塞顶部距离曲轴回转中心最远。

（2）下止点。活塞下行到达最低点处的位置,称为活塞下止点。此时,活塞顶部距离曲轴回转中心最近。

（3）活塞行程（S）。活塞在上下止点间的运行距离称为活塞行程。

（4）曲柄半径（R）。曲轴上连杆轴颈轴线与曲轴主轴颈轴线（曲轴回转中心）之间的距离称为曲柄半径,显然 $S=2R$。

（5）汽缸工作容积（V_h）。活塞从上止点到下止点所扫过的汽缸容积,称为汽缸工作容积。

（6）发动机排量（V_L）。发动机所有汽缸工作容积之和。

$$V_L = V_h \cdot i = \frac{\pi D^2}{4 \times 10^6} \cdot S \cdot i (\text{L})$$

式中：D——汽缸直径,mm；
$\quad S$——活塞行程,mm；
$\quad i$——汽缸数。

（7）燃烧室容积（V_c）。活塞在上止点时,活塞顶部与汽缸盖之间的容积。

（8）汽缸总容积（V_a）。活塞在下止点时,活塞顶上方整个空间的容积。显然 $V_a = V_h + V_c$。

（9）压缩比（ε）。汽缸总容积与燃烧室容积之比称为压缩比。

$$\varepsilon = \frac{V_a}{V_c} = \frac{V_h + V_c}{V_c} = 1 + \frac{V_h}{V_c}$$

压缩比大小表示活塞由下止点运行到上止点时,汽缸内气体被压缩的程度。压缩比越大,压缩终了时汽缸内的气体压力和温度就越高。一般:汽油机压缩比为 6~10,柴油机压缩比为 15~22。

(10)工作循环。在汽缸中进行的每一次将燃料燃烧产生的热能转化为机械能的一系列连续过程,称为发动机的一个工作循环。

三、往复活塞式发动机工作原理

1. 四冲程汽油机工作原理

四冲程发动机完成一个工作循环,需经过进气、压缩、做功和排气四个行程,每个行程曲轴均转过半圈(180°),如图 1-3 所示。

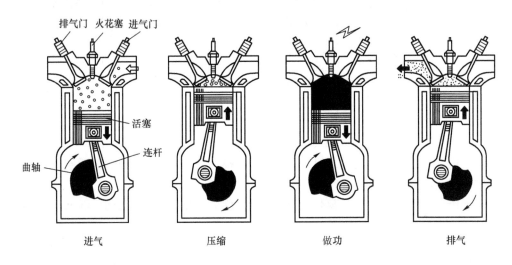

图 1-3 四冲程汽油机工作原理

(1)进气行程。

活塞在曲轴的带动下由上止点移至下止点,此时进气门开启,排气门关闭。在活塞移动过程中,活塞上方汽缸容积逐渐增大,汽缸内形成一定的真空度,空气和汽油的混合物通过进气门被吸入汽缸,并在汽缸内进一步混合形成可燃混合气。由于进气系统有阻力,进气终了时汽缸内气体压力低于大气压力,为 74~93kPa。因进气门、汽缸壁、活塞顶等高温机件以及前一循环留下的高温残余废气对混合气的加热,所以进气终了时温度升高到 80~130℃。

(2)压缩行程。

曲轴继续带动活塞由下止点向上止点移动。此时进排气门均关闭。随着活塞上方汽缸的容积不断减小,混合气受到压缩,其压力和温度不断升高。压缩终了时,汽缸内压力为 600~1500kPa,温度升高到 330~430℃。

(3)做功行程。

在这个行程中,进、排气门仍旧关闭,当活塞接近压缩行程上止点时,装在汽缸盖上的火花塞即发出电火花,点燃缸内可燃混合气。混合气剧烈燃烧,汽缸内的温度和压力急剧上升。在气体压力的作用下,活塞由上止点移至下止点,并通过连杆推动曲轴旋转做功。

在做功行程中,燃烧气体的最大压力可达 3000~5000kPa,温度可达 1900~2500℃,随着活塞下移,活塞上方汽缸容积增大,气体的压力和温度逐渐降低。在做功行程结束时,压力 300~500kPa,温度为 1000~1300℃。

(4)排气行程。

排气行程开始,排气门开启,进气门仍然关闭,活塞在曲轴带动下由下止点移至上止点。此时膨胀过后的燃烧气体(或称废气)在其自身剩余压力和在活塞的推动下,经排气门排出汽缸外。这一行程结束后,汽缸内压力稍高于大气压力,为 105~115kPa,温度为 630~930℃。

2. 四冲程柴油机工作原理

四冲程柴油机与汽油机一样,每个工作循环也经历进气、压缩、做功、排气四个行程,但由于柴油机燃烧的是柴油,其黏度比汽油大,不易蒸发,而自燃温度却较汽油低,故可燃混合气的形成及点火方式都与汽油机不同。

图 1-4 为单缸四冲程柴油机工作示意图。柴油机在进气行程时,吸入的是纯空气,在压缩行程中压缩的也是纯空气,当压缩行程接近终了时,柴油才经喷油泵将油压提高到 10MPa 以上,通过喷油器呈雾状喷入汽缸,在很短时间内与压缩后的高温空气混合,形成可燃混合气,由于柴油机的压缩比高(16~22),所以压缩终了时汽缸内气体压力可达 3.5~4.5MPa,同时温度高达 480~730℃,大大超过柴油的自燃温度(330℃),因此,柴油喷入后在很短时间内与空气混合便立即自行着火燃烧。汽缸内气压急剧上升到 6~9MPa,温度也升到 1700~2200℃,在高压气体推动下,活塞向下运动并带动曲轴旋转而做功,燃烧后的废气经排气门排到大气中。

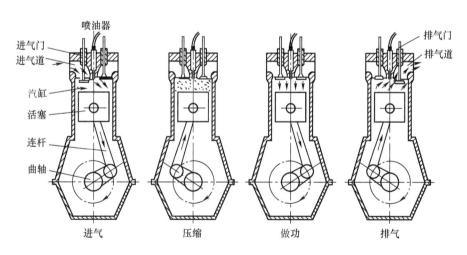

图 1-4 单缸四冲程柴油机工作示意图

四、发动机总体构造及型号编制规则

1. 发动机总体构造

发动机是由许多机构和系统组成的复杂机器。现代汽车发动机的结构形式很多,但就总体构造而言,都由曲柄连杆机构、配气机构、燃油供给系统、点火系(柴油机没有)、润滑系、冷却系和起动系组成。图1-5所示为汽油发动机的总体结构示意图。

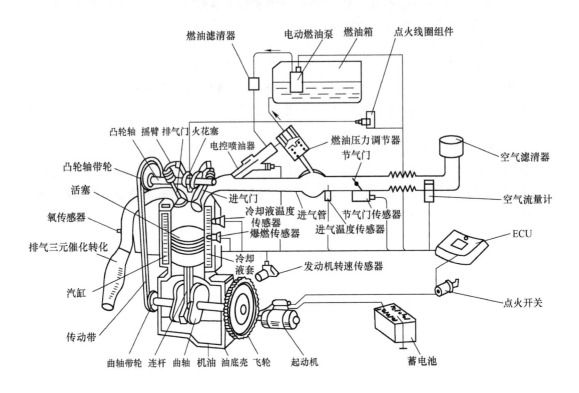

图1-5 汽油发动机总体结构示意图

(1)曲柄连杆机构。包括汽缸体、汽缸盖、油底壳、活塞、连杆、曲轴、飞轮等。它是发动机实现热功转换的核心机构。

(2)配气机构。主要包括进气门、排气门、气门弹簧、摇臂、推杆、挺柱、凸轮轴以及凸轮轴正时齿轮等。

(3)燃油供给系。主要包括油箱、油泵、燃油滤清器、电喷装置,空气滤清器、进气管、排气管、消声器等。

(4)润滑系。一般由机油泵、集滤器、限压阀、油道、机油滤清器及机油冷却器等组成。

(5)冷却系。主要包括冷却液泵、散热器、节温器、风扇、分水管、加水阀、水套等。

(6)点火系。主要包括蓄电池、发电机、点火线圈、分电器、点火模块、传感器及电控单元、火花塞等。

(7)起动系。包括起动机及其附属装置。

2.国产内燃机型号编制规则

根据国家标准GB/T725—2008规定,我国内燃机型号编制规则如图1-6所示。其中汽缸布置形式符号见表1-1,结构特征符号见表1-2,用途特征符号见表1-3。

单元一 汽车发动机总体构造

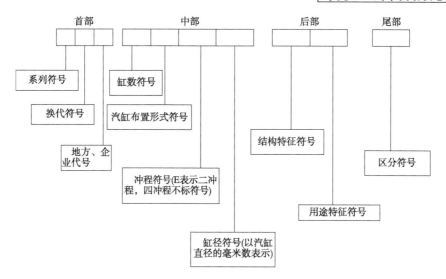

图 1-6 国产内燃机型号编制规则

汽缸布置形式符号　　表 1-1

符　号	含　义
无符号	多缸直列及单缸
V	V 形
P	平卧形

结构特征符号　　表 1-2

符　号	结构特征	符　号	结构特征
无符号	水冷	Z	增压
F	风冷	Z_L	增压中冷
N	凝汽冷却	D_Z	可倒转
S	十字头式		

用途特征符号　　表 1-3

符　号	用　途	符　号	用　途
无符号	通用型及固定动力	D	发电机组
T	拖拉机	C	船用主机,右机基本型
M	摩托车	C_Z	船用主机,左机基本型
G	工程机械	Y	农用运输车
Q	汽车	L	林业机械
J	铁路机车		

型号示例如下。

YZ6102Q：扬州柴油机厂生产,六缸直列、四冲程、缸径 102mm,水冷、汽车用。

EQ6100Q1：第二汽车制造厂生产,六缸、直列、四冲程、缸径 100mm、水冷、车用、第一次改型。

TJ376Q—E：天津汽车工业(集团)有限公司生产,三缸、直列、四冲程、缸径 76mm、水冷、电子控制汽油喷射式汽油机。

CA488—3：第一汽车制造厂生产,四缸、直列、四冲程、缸径 88mm、水冷、第三次改型。

单元二
汽车维修制度及常用维修机具

一、我国现行的汽车维修制度

1. 汽车维修制度

1）汽车维护的原则

根据交通运输部 2016 年 1 月颁发的《汽车运输业车辆技术管理规定》，"车辆维护应贯彻预防为主，强制维护的原则"。只有做好事前的预防性工作，才能使车辆经常保持良好的技术状况，减少故障发生。强制维护同样是在"计划预防维护"的基础上进行的，只是进一步强调维护的重要性和必须按规定的维护周期和作业项目强制进行。

2）汽车维护的分类（表 2-1）

汽车维护的分类　　　　　　　　　　　　　表 2-1

汽　车　维　护					
定期维护			非定期维护		
日常维护	一级维护	二级维护	换季维护 || 走合期维护		
			换入夏季维护	换入冬季维护	走合前维护	走合中维护	走合后维护

3）维护作业内容和周期

（1）日常维护。这是由驾驶员每日出车前、行车中和收车后负责执行车辆维护作业。作业内容是清洁、补给和安全检视。

（2）一级维护。这是由专业维修工负责执行的车辆维护作业。其作业中心内容是除日常维护作业项目外，以清洁、润滑、紧固为主，并检查有关制动、操纵等安全部件。维护间隔里程（时间）是：国产车 1500～2000km（10～15 天）；进口车 3000～5000km（15～25 天）。

（3）二级维护。这是由专业维修工负责执行的车辆维护作业。其作业中心内容除一级维护作业项目外，以检查、调整为主，并拆检轮胎，进行轮胎换位。

车辆二级维护前应进行检测诊断和技术评定，根据检测评定结果，确定附加作业或小修项目，结合二级维护一并进行。维护间隔里程（时间）为：国产车 8000～12000km（2～3 个月）；进口车 10000～20000km（3～5 个月）。

（4）换季维护。这是汽车运行环境（如季节）转换之前，为适应运行条件变化，结合汽车定期维护作业，另外附加一些相应的作业项目所进行的维护。

（5）走合期维护。汽车在新车出厂或大修（包括发动机大修）后，初期行驶的一段里程（≤1000km）称为走合期。在这段时期对汽车所进行的维护，称为走合维护。

2. 汽车修理制度

1) 汽车修理原则

《汽车运输业车辆技术管理规定》中规定,车辆修理应贯彻视情修理的原则,即根据车辆检测诊断和技术鉴定的结果,视情按不同的作业范围和深度进行,既要防止拖延修理造成车况变化,又要防止提前修理造成浪费。

2) 汽车修理的分类

(1) 车辆大修。是车辆在行驶一定里程(或时间)后,经过检测诊断和技术鉴定,用修理或更换车辆任何零部件(包括基础件)的方法,恢复其完好技术状况和寿命的恢复性修理。

(2) 总成大修。是车辆的总成经过一定使用里程(或时间)后,用修理或更换总成任何零部件(包括基础件)的方法,恢复其完好技术状况和寿命的恢复性修理。

(3) 车辆小修。是用修理或更换个别零件的方法,保证或恢复车辆工作能力的运行性修理,主要的是清除车辆在运行(或维护作业)过程中发生(或发现)的故障(或隐患)。

(4) 零件修理。是对因磨损、变形、损伤等而不能继续使用的零件进行修理。

3) 汽车大修和总成大修的送修标志

(1) 汽车大修送修标志。客车以车厢为主,结合发动机总成;货车以发动机总成为主,结合车架总成或其他两个总成符合大修条件。

(2) 挂车大修送修标志。

①挂车车架(包括转盘)和货箱符合大修条件。

②定车牵引的半挂车和铰接式大客车,按照汽车大修的标志与牵引车同时进厂大修。

(3) 总成大修送修标志。

①发动机总成。汽缸磨损,圆柱度误差达到 0.175~0.250mm 或圆度误差已达到 0.050~0.063mm(以其中磨损量最大的一个汽缸为准);最大功率或汽缸压力较标准降低 25% 以上,燃料和润滑油消耗显著增加。

②车架总成。车架断裂、锈蚀、弯曲、扭曲变形逾限,大部分铆钉松动或铆钉孔磨损必须拆卸其他总成后才能进行校正、修理或重铆方能修理。

③变速器(分动器)总成。壳体变形、破裂、轴承承孔磨损逾限,齿轮及轴恶性磨损、损坏需要彻底修复。

④后桥(驱动桥、中桥)总成。桥壳破裂、变形、半轴套管承孔磨损逾限,减速器齿轮恶性磨损,需要校正或彻底修复。

⑤前桥总成。前轴裂纹、变形、主销承孔磨损逾限,需要校正或彻底修复。

⑥客车车身总成。车厢骨架断裂、锈蚀、变形严重,蒙皮破损面积较大,需要彻底修复。

⑦货车车身总成。驾驶室锈蚀、变形严重、破裂,或货厢纵、横梁腐蚀,底板、栏板破损面积较大需要彻底修复。

4) 车辆和总成的送修规定

(1) 车辆和总成送修时,承修单位与送修单位应签订合同,商定送修要求、修理车日、质量保证等。

(2) 车辆送修时,应具备行驶功能,装备齐全,不得拆换。

(3) 总成送修时,应在装合状,附件、零件均不得拆换和短缺。

（4）肇事车辆或因特殊原因不能行驶和短缺零部件的车辆，在签订合同时，应做出相应规定和说明。

（5）车辆和总成送修时，应将车辆和总成的有关技术档案一并送承修单位。

3. 汽车维修的安全操作规程

1）维修作业安全操作规程

（1）维修作业应在安全合适的场地进行，正在修理的车辆应挂"正在修理"的牌子，同时用三角木垫好车轮。

（2）维修运转中的发动机，应注意防止风扇叶片伤人、发动机高温件烫伤。冷却液温度很高时，不能用手直接打开散热器盖。

（3）用千斤顶顶升汽车时，要放稳，人应在车的外侧位置，并应备好架车工具（架车凳子），严禁用砖头等易碎物品垫车。

（4）用千斤顶放下汽车时，打开液压开关动作要慢，打开前应观察周围是否有障碍物和压着自己的危险。

（5）应严格按照操作规程进行总成装配作业，以免发生事故。

（6）进行调试发动机时，不得在车下作业。

2）发动机起动安全操作规程

（1）起动前应检查机油、冷却液是否加足；变速杆是否在空挡位置，并拉紧驻车制动器。

（2）被调试汽车，应具有完好的起动装置，用手摇柄起动时，应防止反转伤人。

（3）在室内起动时，应打开门窗，使空气畅通，必要时将排气管接出室外。

（4）在发动机运转中，操作者要防止风扇叶片伤人。

（5）起动后，应及时检查各仪表工作是否正常。

（6）当柴油机调速器失灵时，应立即切断油路或气路，以免发生"飞车事故"。

3）安全使用操作规程

（1）维修场地必须具备良好的通风条件，使燃油气体、工作废气易于散发。

（2）维修作业时，严禁使用明火，不准吸烟，沾过油的棉纱破布等废弃物要集中妥善处理，以免引起火灾。

（3）砂轮机、钳台附近不准放置汽油盆，汽油必须用有盖的容器盛装。

（4）焊补燃油箱前应先仔细清洗干净，以防爆炸伤人。

（5）维修作业结束后，必须做好场地清洁工作。

4）汽车路试安全操作规程

（1）路试作业必须由正式驾驶员进行操作。

（2）路试车辆必须将试车号牌悬挂在明显部位。

（3）进行制动效果试验时，必须在保证安全的情况下，选择宽阔路段进行，并注意车后的情况。

（4）路试中，应注意检查车辆各部分是否正常，发现情况应立即予以修复。

二、汽车维修常用工量具

1. 普通工具

如图 2-1 所示，经常用于零部件拆卸与装配的工具有各种类型的扳手、带各种手柄和方向接头的套筒、内六角扳手、螺丝刀、钳子、手锤等。有些螺栓在拧紧时要求达一定的紧固力矩,如汽缸盖螺栓、连杆螺栓等,这就需要有扭力扳手,如图 2-1 所示。

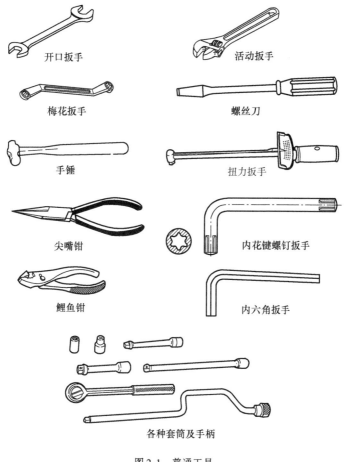

图 2-1　普通工具

2. 专用工具

1) 常用专用工具

有些维修项目必须使用专用工具才能顺利进行。常用的专用工具如图 2-2 所示。

2) 维修专用工具

有的车辆与其他汽车的维修工具是通用的,有的则须使用其专用的工具,如图 2-3 所示为本田轿车的维修专用工具。

3. 油液收集和加注设备

1) 废油收集机

废油收集机能防止汽车维修中因需更换润滑油对环境造成的污染。如图 2-4 所示,它利用顶端的接油盘承接发动机的废油,同时内部设有气动吸油泵,通过吸油管伸入到发动机和油底壳内,能直接抽取废油。当贮油箱内注满了废油时,又可以通过内藏的气动泵向外排油。

2) 齿轮油加注机

在进行齿轮油的加工注作业时,由于齿轮油的黏度很大,用人工加注费工费时。采用齿轮油加注机，通过手动泵向油箱内施加一定的压力，齿轮油便会从油管中排出，能很方便地注入变速器或驱动桥减速器内。

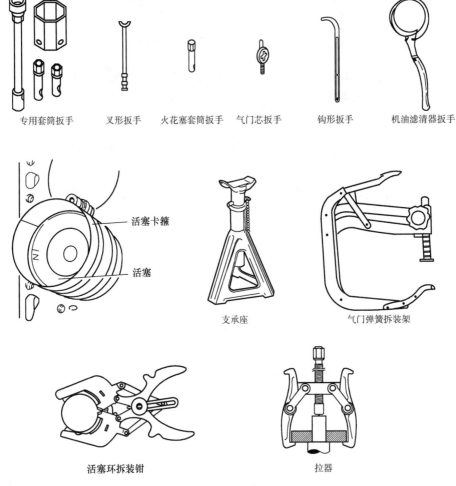

图 2-2 常用的专用工具

3）润滑脂加注机

润滑脂加注机分手动式和气动式两种，如图 2-5 所示，手动式润滑脂加注机利用手动泵向贮油箱内的润滑脂加压，方便灵活、价格便宜。气动式润滑脂加注机则需要空气压缩机提供压缩气源，润滑脂的排出压力大，加注质量高。

4. 举升工具

在汽车维修时常常要将汽车举升起来，以便维修人员钻到汽车下面作业，通常用各种千斤顶举升，在修理车间还有大的举升机械。

1）千斤顶

千斤顶分为液压式和机械式两类。

（1）液压式千斤顶。由于液压式千斤顶顶升质量大，机动灵活，常用的规格有 3t、10t、15t，如图 2-6 所示。常用的液压式千斤顶有摇车式和立式两种。

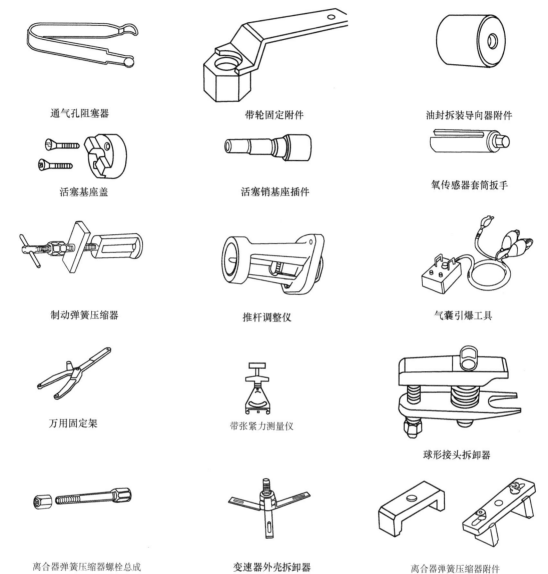

图 2-3 本田轿车维修专用工具

使用方法如下：

①顶起汽车前,把顶面擦拭干净,拧紧压力开关,把千斤顶放置在被顶部位的下部,且使千斤顶与被顶部位间相互垂直,以防千斤顶滑出而造成事故。

②旋转顶面螺杆,使起顶高度符合汽车需顶高度。

③用三角形垫木,将汽车着地车轮前后塞住,防止汽车在起顶过程中发生滑溜事故。

④用手上下压动千斤顶手柄,被顶汽车逐渐升到一定高度,在车架下放入支撑座。

⑤徐徐拧松液压开关,使汽车缓慢平稳地下降,架稳在支撑座上。

（2）机械式千斤顶。常用的机械式千斤顶有立式和剪刀式两种。

①立式千斤顶。采用棘轮提升汽车,由于较为笨重,适合于车间内使用,常用规格为 3t 和 5t。

手动润滑脂加注机　　气动润滑脂加注机

图 2-4　废油收集机　　　　图 2-5　润滑脂加注机

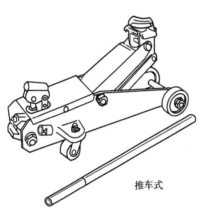

推车式　　　　　　立式千斤顶

图 2-6　液压式千斤顶

②剪刀式千斤顶。采用螺杆转动带动杆系形变的原理来举升车辆，举升质量较小，但轻巧方便，较适合轿车的检修，如图 2-7 所示。

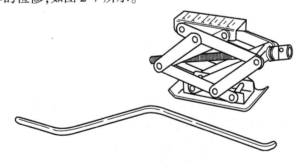

图 2-7　剪刀式千斤顶

2）举升器

举升器主要有双柱式、四柱式、龙门式等类型，一般采用电动液压操纵系统驱动，设有双保险自锁保护装置，具有升降平稳、安全可靠、使用方便等特点。

①双柱式举升器。为电动液压式或电动链条牵引式，使用开关操纵，升降方便。立柱为固定式，适合对 3t 以下的轿车、轻型车的专业维修之用。

②四柱式举升器。电动液压式或电动链条牵引式,开关操纵,升降方便。提升质量可达8t,稳定性好,能满足载货汽车等较大车辆的维护之用。缺点是占用场地大,适合综合性汽车修理厂的使用。

5. 常用量具

1)厚薄规

厚薄规是一种由多片不同厚度的标准钢片所组成的测量工具,钢片上标有其厚度值,如图2-8所示。主要用于测量两个接合面之间的间隙值,使用时可以一片进行测量,也可以由多片组合在一起进行测量。

2)火花塞间隙规

图2-9为火花塞间隙规,它与厚薄规的区别在于其厚度较大,一般为0.5~1.05mm。采用火花塞间隙规进行调整和检查,能确保火花塞的间隙符合标准,否则,便可能产生很大的误差,对发动机的点火性能影响很大。

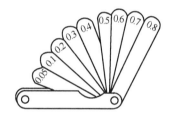

图2-8 厚薄规

图2-9 火花塞间隙规

3)游标卡尺

游标卡尺是一种能直接测量工件内、外直径、宽度、长度和深度的量具,如图2-10所示。按照测量功能可以分为普通游标卡尺和深度游标卡尺,按照测量精度可以分为0.10mm、0.20mm、0.05mm、0.02mm等。常用的测量精度为0.02mm。使用时应注意使卡尺的卡爪等测量面完全与被测表面贴合,防止歪斜。

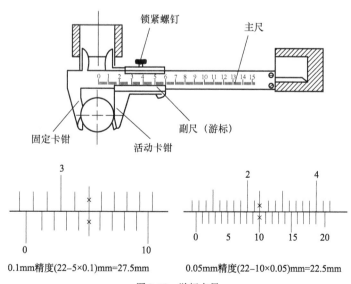

图2-10 游标卡尺

读数方法如下：

(1)读出副尺零刻线所指示主尺上左边刻线的"mm"整数；

(2)观察副尺上零刻线右边第几条刻线与主尺某一刻线对准,将游标精度乘以副尺上的格数,即为"mm"小数值；

(3)将主尺上整数和副尺上的小数相加即得被测工件的尺寸。

4)千分尺

千分尺是一种用于测量加工精度要求较高的精密量具,其测量精度可达到0.01mm。按照测量范围可分为0~25mm、25~50mm、50~75mm和100~125mm等几种,结构如图2-11所示。

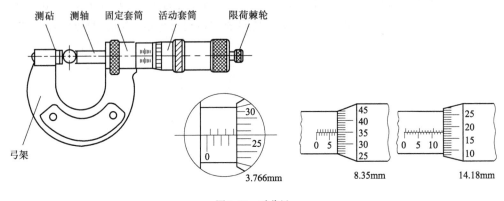

图2-11 千分尺

(1)千分尺误差检查方法。

①把千分尺砧端面擦干净。

②旋转棘轮盘,使两个砧端夹住基准量规(0~25mm的千分尺不用基准量规),直到棘轮发出2~3响"咔咔"声响,这时检视指示值。

③活动套筒前端应与固定套筒的"0"线对齐。

④活动套筒的"0"线与固定套筒的基线应对齐。

⑤若两者中有一个"0"线不能对齐,则该千分尺有误差,应检查调整,或对测量的结果进行误差修正。

(2)使用方法。

①将工件被测表面擦拭干净,并置于千分尺两砧端之间,使千分尺螺杆轴线与工件中心线垂直或平行。

②旋转旋钮,使砧端与工件测量表面接近,这时改用旋转棘轮盘,直到棘轮发出"咔咔"声响时为止,这时的指示数值就是所测量到的工件尺寸。

(3)读数方法。

①从固定套筒上露出的刻线读出工件的毫米整数和半毫米整数。

②从活动套筒上由固定套筒纵向线所对准的刻线读出工件的小数部分(百分之几毫米),不足一格数(千分之几毫米)可用估算读法确定。

③将两次读数相加就是工件的测量尺寸。

5)百分表

百分数是一种比较性测量仪器,主要用于测量工件的尺寸误差和形位误差以及配合间隙等,其测量精度为 0.01mm。图 2-12 所示的是利用百分表测量飞轮的端面跳动情况。

(1)读数方法。百分表(图 2-13)的表盘刻度一般分为 100 格,当量头每移动 0.01mm 时,大指针就偏转 1 格(表示 0.01mm);当大指针旋转 1 圈时,小指针偏转 1 格(表示 1mm)。指针的偏转量就是被测零件的实际偏差或间隙值。

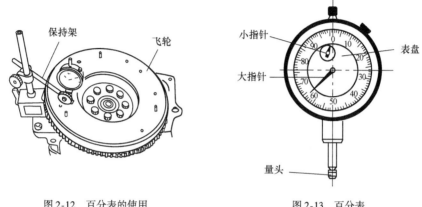

图 2-12　百分表的使用　　　　图 2-13　百分表

(2)使用方法。

①先将百分表固定在带磁力座的保持架上,以测杆端量头垂直地抵住被测工件表面,使量头产生一定的位移(即指针存在一个预偏转值)。

②移动被测工件或百分表支架座,观察百分表盘上指针的偏转量,该偏转量即是被测物体的偏差尺寸或间隙值。

6)内径百分表

内径百分表是一种用于测量孔径的比较性量具,在汽车维修中,主要用于测量发动机气缸和轴承座孔的磨损情况,测量精度为 0.01mm。

(1)构造。内径百分表由百分表、表杆、表杆座、活动测杆(量头)、支撑架和一套长度不等的接杆等组成,如图 2-14a)所示。

(2)使用方法。

①用手拿住绝热套(图 2-14b),另一只手尽量托住表杆下部,轻轻摆动表杆,使内径百分表测杆与汽缸轴线垂直(可通过观察百分表指针摆动情况来判断,当表针指示到最小数值时,即表示测杆已垂直于汽缸轴线)。

②内径百分表读数方法与百分表相同,读出百分表头指示数值。

③确定工件尺寸,方法如下:

a. 如果百分表头的大指针正好指在"0"处,说明被测工件的孔径(缸径)与其校表尺寸相等,若以标准尺寸进行校表,则表示工件尺寸与标准尺寸相同;

b. 如果百分表头大指针顺时针方向转离"0"位,则表示工件尺寸小于标准尺寸;反之则表示大于标准尺寸;

c. 通过对不同测量点的测量结果计算判断出工件的磨损情况。

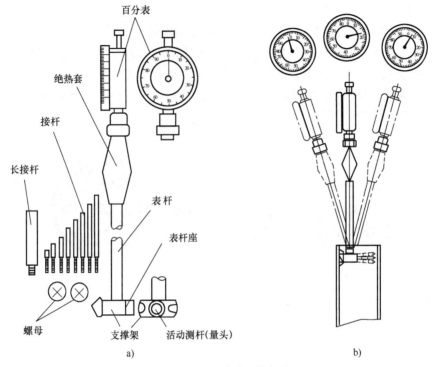

图 2-14 内径百分表及其应用
a)内径百分表；b)内径百分表应用实例

7）轮胎气压表

轮胎气压表是专门用于测量轮胎的气压的量具，常用的形式有标杆式和指针式两种，如图 2-15a)所示。

使用方法如下：

(1)将轮胎气压表测量端槽口与轮胎气门嘴对正压紧，如图 2-15b)所示。

(2)若用标杆式，这时轮胎气压表标杆在气压作用下被推出，标杆上所显示的数值即为该轮胎的充气压力；若用指针式，轮胎气压表指针发生偏转，这时指针所指示的数值即为该轮胎的充气压力。

(3)测量完毕，应仔细检查轮胎气门芯是否漏气，若有漏气，应予以排除。

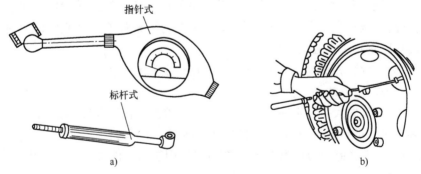

图 2-15 轮胎气压表及测量
a)轮胎气压表；b)测量轮胎气压

8) 燃油压力表

检修电喷发动机燃料系时,为了检查供油压力必须使用燃油压力表套件,如图 2-16 所示。燃油压力表安装于输油泵出油端与输油总管进油端之间,不同发动机所需的连接头稍有差异,燃油压力表套件已备有各种连接头,可以满足各种类型发动机的测量需要。

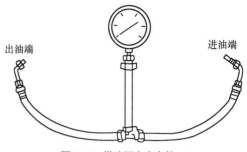

图 2-16　燃油压力表套件

9) 真空表与真空泵

真空表与真空泵主要是在进行汽车维修作业中,用来检查某些装置工作时的真空度或密封性,如图 2-17 所示。

10) 散热器检测器

如图 2-18 所示,散热器检测器是在手动压力泵的基础上附上一个压力表,端口处可与散热器盖连接,也可装上附件与散热器盖的端口连接,用于向散热器加压,检查散热器的密封性。

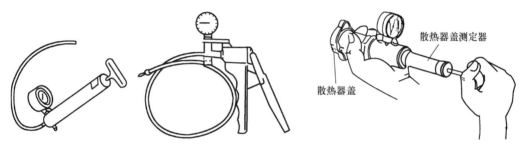

图 2-17　真空表与真空泵　　　　　图 2-18　散热器检测器

三、汽车维修常用设备及诊断仪器

1. 汽车维修常用设备

1) 气门光磨机

气门工作面的修理工作主要在气门光磨机上进行。图 2-19 所示为气门光磨机外形,夹持气门杆的支架可以偏移任意角度,用以修磨气门角度,也可以修磨气门杆的小端平面。

2) 镗缸机

镗缸机分固定式和移动式两种,固定式价格昂贵,而移动式则更加适合小型汽车修理厂使用,如图 2-20 示。

移动式镗缸机是以汽缸体的上平面为安装平面,以汽缸上的轴线为基准,直接进行镗削,同时还可换上珩磨头,进行磨缸,使汽缸的表面粗糙度达到规定的要求。

3) 轮胎螺母拆装机

轮胎螺母拆装机为电动车载式,使用 380V 交流供电,装有正、反向调节开关,能输出强劲的扭力,并配有各种轮胎螺母套筒,适合大型载货汽车轮胎螺母的拆装。

4) U 形螺栓拆装机

U 形螺栓拆装机的特点是有一个很大的力臂,能很方便地伸入到车辆的悬架下面,为电动车载式，使用380V交流供电，装有正反向调节开关。它能减轻维修人员的劳动强度，适合载重汽车的维修作业。

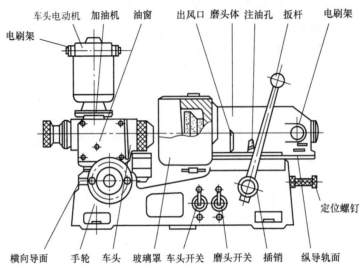

图 2-19　气门光磨机

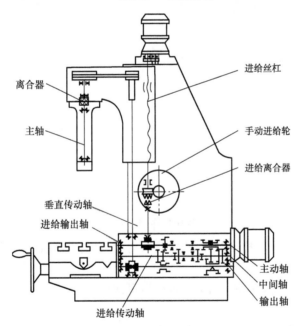

图 2-20　镗缸机

5）轮胎拆装机

轮胎拆装机分小型、大型两种。如图2-21所示，小型轮胎拆装机只能拆装轮辋直径16in（英寸）以下的轮胎，主要供轿车或轻型车使用。

轮胎拆装机主要用于子午线轮胎的拆装，电动回转，气动拆装。它常有一个特殊形状的拆装头，当轮胎在电动机驱动下回转一周时，拆装头便保护着胎唇，使轮胎从轮辋中脱出，工作效率非常高。

6）车身校正架

车身校正架主要用于事故车车身修复的钣金件校正作业。它由3根立柱、十字形的地板纵、横梁、龙门形检测架和各种牵引附件组成。地板纵、横梁的下面设有滚轮和固定装置，整套设备可浮动搁置，地面不用打安装基础。由于设有纵、横两个方向的牵引立柱，配合使用龙门形检测架，可一边牵引一边检测，工作效率高。

7）散热器清洗机

汽车发动机经长期运转后，整个散热器内部会形成一层水垢，降低散热能力，大约每行驶2万千米便应清洗散热器。它采用超声波脉冲清洗原理，并加入了强力除锈清洗剂，在高频振动下，附在散热器内壁的水垢和锈蚀会很快地被震落和溶解，并随水流被带走。清洗机设有过滤装置，一方面用以收集水垢和沉淀物，防止环境污染；另一方面，由于采用了循环供水系统，既节约了用水，又降低了成本，一般用15～20min便可完成清洗工作。

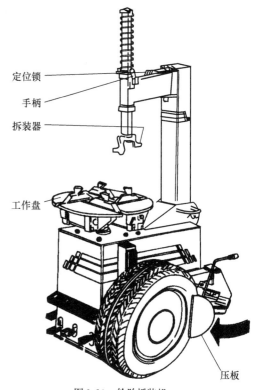

图2-21 轮胎拆装机

8）发动机润滑系统清洗机

正常情况下，汽车每行驶3万～4万千米应对润滑系统进行彻底的清洗，发动机润滑系统清洗机一般为气动式，如图2-22所示。它内部备有一定量的专用强力清洗油，工作时，先将油管伸入发动机油底壳内，吸出废油，然后注入强力清洗油，发动机怠速运转10～20min，使强力清洗油在润滑系统内循环流动；完成清洗工作后，吸出强力清洗油，加入对应牌号的润滑油。

9）发动机燃油系统清洗机

发动机的燃烧室、活塞顶、气门、火花塞和喷油件等零部件在高温下工作，会出现不同程度的积炭或堵塞，直接影响发动机的正常工作。用人工方法清除需拆卸很多零件，很不方便。该清洗机内部备有加入了强力清洗剂的特殊燃油，工作时截断了原车的油路，接入特殊燃油后起动发动机，使发动机怠速运转，在燃烧特殊燃油的情况下，整个燃油系统得到了清洗，省时省力，效果好，能明显提高发动机的各项性能指标。燃油系统清洗机如图2-23所示。

10）自动变速器清洗机

自动变速器清洗机采用气动或电动的方法，先抽出自动变速内的废油，然后在发动机怠速运转的工况下，将特殊清洗油压入变速器的液力系统中，通过循环供/吸油作用，使润滑系内的油污、磨屑和杂质被带出变速器。作业快速、高效，是专业维修的必备设备。

11）燃油喷油器清洗/检测仪

图2-24所示为燃油喷油器清洗/检测仪，可用于清洗电控发动机喷油器并检测喷油器

的喷射质量。它采用电控操纵,集超声波清洗与检测两个功能。机内贮存有加入了特殊清洗剂的清洗油,具有极强的去除污垢、积炭的能力,并能模拟发动机的各种工况,检测各个喷油器的喷油量误差、喷油压力、喷油时间、喷油角度和雾化质量。操作方便,测试精度高,适合专业维修。

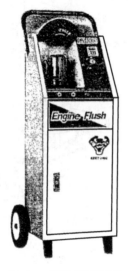

图2-22　润滑系统清洗机

图2-23　燃油系统清洗机

12)柴油机喷油器试验器

柴油机喷油器试验器如图2-25所示,由手动油泵、压力表和贮油罐等组成。柴油经滤清后进入手动油泵,经过加压后的高压柴油流入喷油器喷出。它可以检测到喷油器的喷油压力、喷油角度、雾化质量和喷油器的密封性,也可以用来检查喷油泵的密封性,是维修柴油发动机的必备设备。

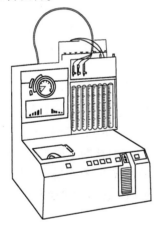

图2-24　燃油喷油器清洗/检测仪

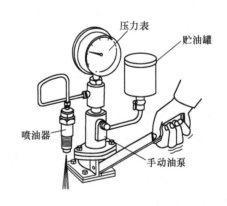

图2-25　柴油机喷油器试验器

13)柴油机喷油泵试验台

柴油机喷油泵试验台如图2-26所示,可对柴油机喷油泵及调速器性能进行试验和调整。

使用注意事项如下:

(1)操作者要熟悉试验台的结构、工作原理和操作方法。

单元二 汽车维修制度及常用维修机具

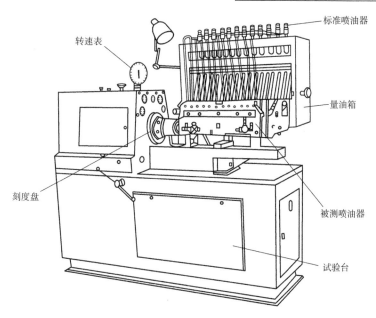

图 2-26 柴油机喷油泵试验台

（2）试验台要放在空气干燥、远离易燃易爆等危险品和不易遭风沙尘埃的房间，并要注意防火。

（3）试验台正式运转前，要认真查看油管有无裂损，油封、接头是否松动、漏油。

（4）试验前，机器进行试转，待机器运转正常后，把高压油泵夹紧，方能进行试验。

（5）试验时若发现异常现象，应立即停机检查，待大故障排除后，方能重新开机。非操作人员严禁靠近工作台。

（6）停机前，一定要将转速调低后再停机。

（7）试验完毕后，应切断电源并对试验台进行清洁、润滑。

（8）试验用油必须为清洁的、适合当地气候条件的柴油，以防凝固。

2. 汽车常用的诊断设备（表 2-2）

常见的汽车诊断仪及作用　　　　　　　　　　表 2-2

名　称	作　用	名　称	作　用
汽缸压力表	测量发动机汽缸压力	柴油机烟度计	用于柴油机烟度检测
点火正时灯	测量汽油机的点火正时	发动机综合分析仪	用于发动机工作状态检测、故障分析
汽车万用表	用于检测电路及电子元件的工作状况	轮胎动平衡机	用于检测、调整轮胎不平衡量
汽车故障诊断仪	发动机故障码的读取、查阅和清除以及系统状态、动态数据测量等	四轮定位仪	用于测量车轮定位参数
废气分析仪	用于检测汽车排放物含量		

汽车诊断设备有关知识详见《汽车检测设备使用与维修》《汽车故障诊断与综合检测》。

单元三
曲柄连杆机构

一、发动机的总体分解

在进行发动机总成解体过程中,应注意熟悉发动机的解体工艺,严格按工艺步骤进行操作;解体过程中,缺少装配记号和平衡标记的部位,应补做标记;了解安全操作规程,正确使用机、工具,以免在解体中损坏机件。

1. 发动机外围附件的拆卸(以 F23A3 发动机为例)

记下收音机防盗密码,并记录无线电台预置频率。

(1)先拆下蓄电池负极电缆,再拆正极电缆。

(2)拆下进气导管,并用支撑杆将发动机舱盖支牢。

(3)将盒中的蓄电池导线和插头断开后,拆下发动机舱盖下熔丝/继电器盒。

(4)拆下节气门拉线和定速巡航控制拉线。在拆卸拉线时,注意不要使拉线弯曲,以避免拉线人为扭曲变形而不能继续使用。

(5)从发动机熔丝/继电器盒处,断开发动机线束。

(6)将供油管中的油压释放后,拆下供油和回油软管。

(7)拆下制动助力器真空软管、燃油蒸发排放控制系统(EVAP)的活性炭罐软管、真空软管和动力转向泵(P/S)软管卡子。

(8)卸下动力转向泵传动带和交流发电机传动带。

(9)断开 ECM 插头,从发动机盖下熔丝/继电器盒上拆下橡胶护圈紧固螺母后,将 ECM 插头拉出。

(10)拆下起动机导线、线束夹子、倒车灯开关插头和搭铁线。

(11)从拉线的支架上卸下螺栓后,拆下换挡拉线和选挡拉线。注意拆卸时不要将拉线弄弯。检查拆下的塑料垫圈,若有磨损或损坏,则需更换。

(12)卸下后支架座螺栓和螺母后拆下后加强板,卸下前支架座紧固螺栓并旋松支架螺栓,拆下散热器。

(13)拆下加热器、散热器软管及空调压缩机,方法如下:

①将车辆举升至最高位置后拆下前车轮和挡泥板。

②排出发动机冷却液、变速器油和发动机润滑油。

③将车辆放下后,拆下散热器上、下端软管和加热器软管。

④拆下自动变速器油(ATF)冷却器软管,并将软管和管路塞住。

⑤卸下空调压缩机固定螺栓后,拆下未断开空调软管的空调压缩机。

(14)拆下排气管和换挡拉线,方法如下:

①将车辆举升至最高位置后,拆下排气管。

②卸下固定换挡拉线托架的螺栓后拆下换挡拉线罩。

③卸下控制连杆的锁紧螺栓后拆下装有控制连杆的换挡拉线。

注意:为避免损坏控制连杆接头,在拆卸固定换挡拉线罩的螺栓之前须先拆下固定换挡拉线支架的螺栓;在拆卸换挡拉线时,不要将拉线弄弯。

(15)拆下减振器拨叉、断开下悬挂臂球头、拆下传动轴等。

(16)卸下后支架座紧固螺栓后拆下后支架座,卸下固定推杆的凸缘螺栓。

(17)在前横梁和后横梁上作上标记,然后拆下前横梁。

(18)卸下发动机,方法如下:

①降下举升机后,用发动机升降拉索和吊钩将发动机吊住。

②拆下止动器和接地导线,然后拆下上支架。

③拆下变速器支架座。

④检查与发动机和变速器连接的各软管和导线是否完全脱开。

⑤慢慢地将发动机降下,并注意各软管和导线是否与发动机有牵连。

⑥待发动机完全落下后,拆掉吊钩和拉索,发动机拆卸完成。

2. 发动机机体的解体

(1)拆下固定油底壳的螺栓及油底壳密封垫。

(2)拆下右侧盖板、曲轴位置及上止点(CKP/TDC)传感器;然后拆下正时皮带驱动带轮。

(3)拆下平衡齿轮壳体及前平衡器从动皮带轮。

(4)对正螺栓孔与平衡器轴孔,然后插入专用工具以固定后平衡轴,拆下螺栓和平衡器从动齿轮。

(5)拆下机油滤网和机油泵,拆下主轴承盖、连杆轴承盖,取出曲轴;然后拆下前平衡轴和后平衡轴。

(6)取出活塞,对活塞、连杆总成进行标记。

(7)将活塞和连杆总成加热至大约70℃,然后卸下活塞销。

二、曲柄连杆机构的作用与组成

(1)作用。提供燃料燃烧的场所,并将燃料燃烧后产生的作用在活塞上的气体压力转变成使曲轴旋转运动的转矩,对外输出动力。

(2)组成。曲柄连杆机构的零件分为机体组、活塞连杆组和曲轴飞轮组等。

机体组的主要零件有:汽缸体和汽缸套、汽缸盖、汽缸垫、曲轴箱等。为了平衡因曲柄连杆机构产生的旋转惯性力和往复惯性力,以降低发动机的振动,F23A3发动机采用了平衡轴;为了加强铝合金缸体的强度,还设置有一个轴承盖桥。活塞连杆组的主要零件有:活塞、活塞环、活塞销、连杆等。曲轴飞轮组的主要零件有:曲轴、飞轮和扭转减振器等。

三、曲柄连杆机构的分解(以F23A3发动机为例)

先拆下蓄电池负极电缆,然后拆下蓄电池正极电缆。断开交流发电机的端子和插头,从气门室盖上拆下发动机线束,如图3-1所示。

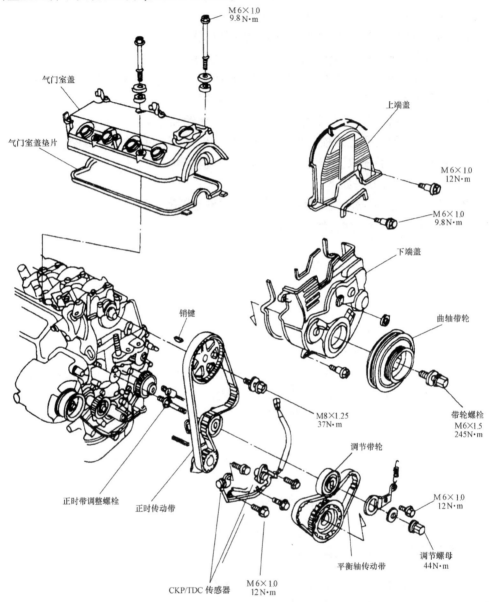

图3-1　F23A3发动机正时传动带与平衡轴传动带的分解图

（1）拆下气门室盖。

（2）拆下曲轴带轮螺栓、曲轴带轮。

（3）拆下上端盖、下端盖。

（4）将调节螺母拧松2/3~1圈后,推动传动带张紧器,使正时传动带和平衡轴传动带不再张紧,然后重新拧紧调节螺母。

说明:拆卸平衡轴传动带时,应先安装一个6×10mm的螺栓固定住正时传动带调节臂。

(5)拆下正时传动带和平衡轴传动带。
(6)拆下凸轮轴带轮和后盖板,如图3-2所示。

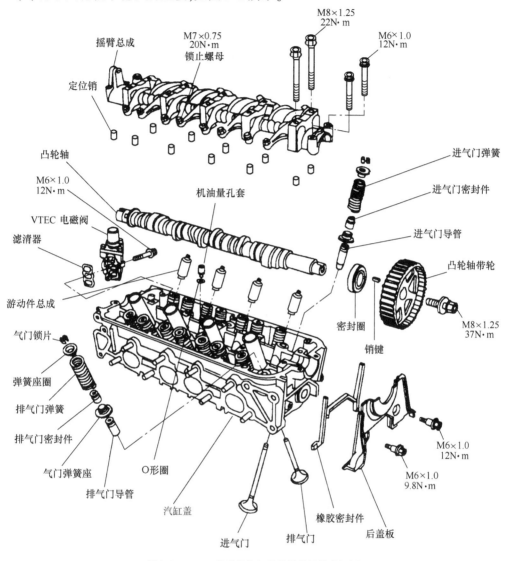

图3-2 F23A3发动机与缸盖连接的零件分解图

(7)拆下挡泥板、排气管和进气管。
(8)卸下缸盖螺栓,拆下汽缸盖。
(9)拆下油底壳螺栓后,在油底壳与缸体之间用锤子敲入一个油底壳密封件切断器。敲击切断器的一侧,使其沿油底壳滑动,将油底壳密封件切断,然后拆下油底壳。
(10)拆下右侧盖,如图3-3所示。
(11)拆下平衡轴齿轮壳体。
(12)拆下平衡轴从动带轮。
(13)将螺栓孔与平衡轴孔对正,然后插入专用工具(或M6×100的螺栓)固定后平衡轴,如图3-4所示。

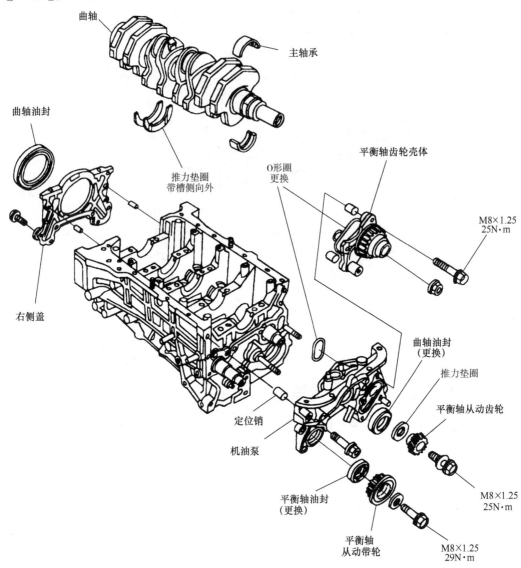

图 3-3　F23A3 发动机缸体总成分解图（1）

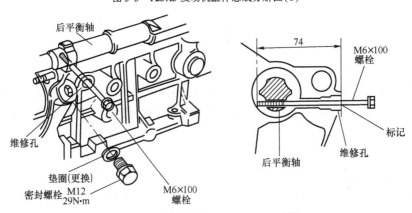

图 3-4　用 M6×100 的螺栓固定后平衡轴

(14)拆下螺栓和平衡轴从动齿轮。

(15)拆下机油滤网、机油泵、隔板,如图3-5所示。

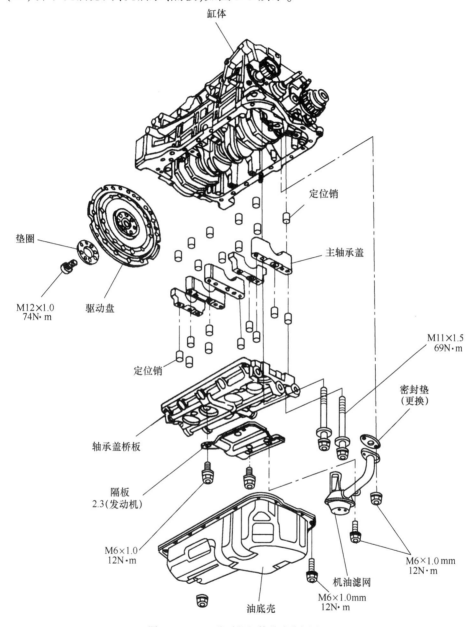

图3-5　F23A3发动机缸体总成分解图(2)

(16)卸下轴承盖桥板和轴承盖的螺栓,拆下轴承盖桥板和轴承盖。

注意:为防止翘曲变形,拆卸螺栓从两端按两边十字交叉的顺序向内进行,且每次只将螺栓旋松1/3圈,直到将螺栓完全松开。

(17)转动曲轴,拆下各连杆轴承盖螺母和连杆轴承盖,并用木柄将活塞推出。

将拆下的每个活塞连杆组件与其轴承和轴承盖装好,并作上所在的缸号标记,以避免在装配时错装或混装。连杆上原来数字为连杆的尺寸代号,并不是代表其所在的缸号。

(18) 将曲轴抬离缸体。

(19) 拆下螺栓和轴承保持架,然后拆下前平衡轴和后平衡轴,如图3-6所示。

(20) 将活塞和连杆总成加热至大约70℃,然后卸下活塞销。

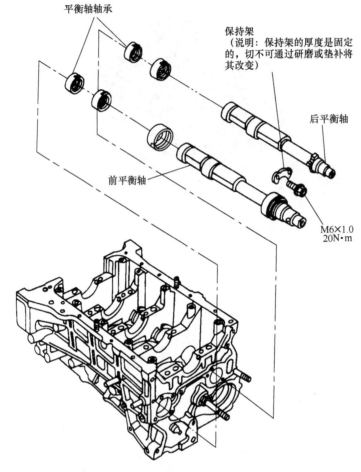

图3-6　F23A3发动机缸体总成分解图(3)

课题一　机　体　组

一、汽缸体与缸套

1. 作用

起到骨架作用,是发动机各个系统、机构的装配基体。

2. 材料

汽缸体一般用高强度灰铸铁或铝合金铸造,轿车发动机多采用铝合金。

3. 结构

汽缸体中有汽缸、上曲轴箱、水套(水冷式)或散热片(风冷式),如图3-7所示。绝大多数水冷发动机的汽缸体与曲轴箱铸在一起,所以统称为汽缸体。风冷发动机将汽缸体与曲轴箱分别铸造,再用螺栓连接在一起。

上曲轴箱有主轴承承孔,许多发动机还制有凸轮轴轴承孔。为了这些轴承的润滑,纵向钻有主油道,在前、后壁和中间隔板上钻有分油道。在汽缸体纵向有从主油道经汽缸垫、汽缸盖通向气门摇臂轴的油道(1~2条)。

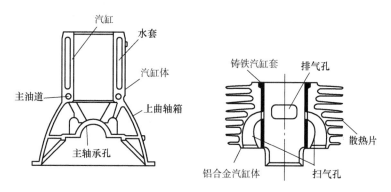

图 3-7　水冷、风冷发动机

汽缸体的结构与汽缸的排列形式、汽缸的结构形式、曲轴箱结构形式等有关。

(1)汽缸的排列形式有直列式、V形排列、对置式、W形及汽缸斜置式,如图3-8所示。

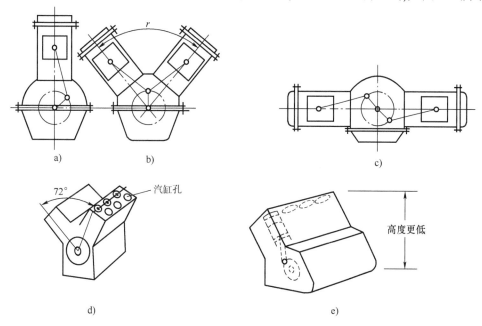

图 3-8　多缸发动机汽缸排列形式
a)直列式(单列式);b)V形式;c)对置式;d)W形结构(W12);e)汽缸斜置式结构

(2)汽缸的结构形式一般有无汽缸套式、干式汽缸套式、湿式汽缸套式,如图3-9所示。缸套用合金铸铁或合金钢制造。

①无汽缸套式是在汽缸体上直接加工出汽缸。汽缸磨损后可以用镗缸的方法进行修理。

②干式汽缸套式是指汽缸套不与水直接接触。铝合金机体干式缸套将合金铸铁的缸套与机体铸在一起。

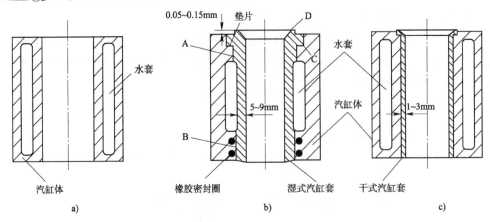

图 3-9 汽缸的形式
a）无汽缸套；b）湿式汽缸套；c）干式汽缸套

③湿式缸套是指缸套与冷却水直接接触。

a. 湿式缸套的定位：径向利用缸套外表面两个圆环带 A 和 B 来实现的，A 称为上支撑定位带，B 称为下支撑密封带；轴向定位是利用上端的凸缘 C。

b. 湿式缸套的密封：缸套上支承定位带 A 直径略大，与承孔配合较紧，下支承密封带 B 直径略小，与座孔配合较松，必须加装 1~3 个橡胶密封圈。

缸套装入座孔后，通常其顶面应高出汽缸体上平面 0.05~0.15mm。高出量过小，会降低汽缸的密封性，易引起汽缸内的高压气体窜入水套和水套中的冷却水渗入汽缸的现象，且会损坏汽缸垫；高出量过大，减弱汽缸盖对汽缸垫的压紧量，导致机油通道和水道密封性下降而渗漏。在换用新汽缸套时，应首先检查此高出量，过大、过小时，可通过更换汽缸套台肩下的垫片来调整。

（3）曲轴箱的结构形式有一般式、龙门式、隧道式，如图 3-10 所示。

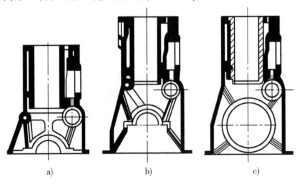

图 3-10 曲轴箱的结构形式
a）一般式；b）龙门式；c）隧道式

①一般式是指缸体的底平面与曲轴轴线在一个平面上。
②龙门式是指缸体的底平面低于曲轴轴线。
③隧道式是指主轴承孔不分开的缸体结构，必须配用分段式曲轴、滚动轴承。

将各主轴承盖铸成一个整体即主轴承盖桥板，这种结构可以增强主轴承的支撑刚度，保证曲轴不发生弯曲变形。

图 3-11 所示为 F23A3 发动机的缸体。为保证发动机各缸工作的均匀性,各缸在结构尺寸上的差异要限制在一定的范围内,F23A3 发动机在缸体上按顺序分别用字母 A(或Ⅰ)、B(或Ⅱ)标出各缸的结构尺寸,缸套尺寸根据字母由左向右读,分别对应于1至4缸(缸孔直径标准值:A 或Ⅰ 86.010~86.020;B 或Ⅱ 86.000~86.010)。

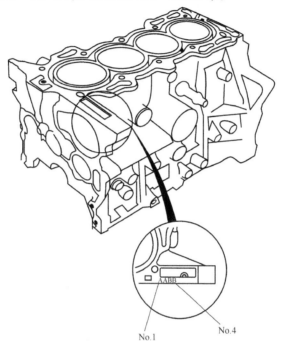

图 3-11　F23A3 发动机缸体

4. 汽缸体的损伤形式

常见汽缸体损伤形式有裂纹、磨损、变形及螺纹滑扣等。

5. 缸体损伤的检修方法

汽缸体的技术状况是发动机是否需要进行总成修理的决定性标志。

1)裂纹

裂纹常发生在主轴承隔墙、汽缸套承孔、缸盖螺栓孔等处。水套因冰冻也会出现裂纹。

(1)检验。缸体和缸盖的裂纹通常用水压试验法检验。在零件检验时和镶换汽缸套、气门座圈及气门导管等过盈配合件后,应各进行一次压力为 350~400kPa、保压时间为 5min 的水压试验。如由里向外有水珠渗出,即表明该处有裂纹,如图 3-12 所示。

(2)修复。对受力大的部位或温度高的部位的裂纹可用焊补法修复进行修理,或换用新件。当缸体其他部位有裂纹、砂眼、疏松等缺陷时,则用补漏剂补漏法进行修复。

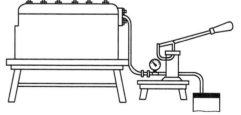

图 3-12　汽缸体、汽缸盖的水压试验

2)磨损

汽缸体的主要磨损发生在汽缸、汽缸套承孔、曲轴主轴承承孔和后端面等部位。

（1）汽缸的磨损。汽缸磨损有正常磨损和不正常磨损两大类。在不正常磨损中又可分为磨料磨损、熔着磨损、腐蚀磨损。如图3-13所示。

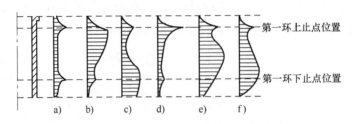

图3-13　汽缸体(缸套)的基本磨损图

a)正常磨损；b)磨料(尘埃、积炭)磨损；c)磨料(机油中磨粒)磨损；d)熔着磨损；e)腐蚀磨损(低温起动频繁)；f)腐蚀磨损(冷却液温度太低)

汽缸的磨损是不均匀的，正常磨损时，在汽缸轴线方向上呈上大下小的不规则锥形磨损。在第一道活塞环上止点顶边稍下处磨损量最大，而活塞环上止点以上的缸壁几乎没有磨损，因此，在两者之间形成一个明显的台阶(缸肩)。某些情况下最大磨损可能发生在汽缸中部，在断面上的磨损呈不规则的椭圆形，一般是前后或左右方向磨损最大。各缸的磨损程度也不一致，通常是位于发动机两端的汽缸，因其冷却强度大，磨损量往往比中部的汽缸略大。

①汽缸磨损的测量。如图3-14所示，汽缸测量的部位(图中的A、B值)要符合规定要求。

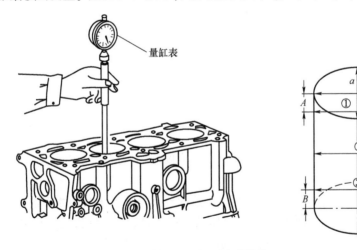

图3-14　汽缸磨损的测量

a.汽缸的圆度误差。在同一断面上测量到的最大与最小直径差值的一半，即为该断面的圆度误差。把在上、中、下三个测量断面上测量到的最大的圆度误差作为汽缸的圆度误差。

b.汽缸的圆柱度误差。在三个断面内所测得的所有读数中最大与最小直径差值的一半即为汽缸的圆柱度误差。

②修理尺寸的确定。当汽缸磨损超过允许的限度时，必须修理汽缸或换用新的汽缸套。修理汽缸的方法是用镗缸机在缸壁上切削掉一层金属(镗缸)，然后用珩磨机把缸径磨削至规定尺寸，通过加大直径的办法，恢复汽缸的圆度、圆柱度等形位精度和表面粗糙度。再选

配直径加大了的活塞和活塞环,达到标准的配合间隙,从而使汽缸的密封性达到或接近新发动机的水平。

汽缸直径的加大通常有六级修理尺寸(不同发动机有所不同),直径每加大0.25mm为一级,直至加大量为0.25mm×6=1.5mm为止,同样有加大直径的活塞和活塞环供其选配。几种缸体维修参数见表3-1。

几种发动机缸体维修参数　　　　　　表3-1

发动机		缸径标准值(mm)	修理级数	维修极限(mm)	加大尺寸后的汽缸直径(mm)	汽缸圆度(mm)	汽缸圆柱度(mm)	汽缸体平面度(mm)
F23A3	A型缸径	86.010~86.020	一级	86.070	86.250~86.260	0.05	0.05	标准值:<0.07 维修极限:0.10
	B型缸径	86.000~86.010	一级	86.070	86.250~86.260	0.05	0.05	
ANQ		81.000	二级		81.510			维修极限:0.05
BBG		82.500	二级		83.010	0.08	0.08	维修极限:0.05
AJR		81.010	二级		81.510	0.08	0.08	维修极限:0.10
6BTA5.9		102.040	二级(加大0.25mm为一级)		103.040	≤0.038	≤0.076	纵向:0.076 横向:0.051
依维柯8140.27S		93.000	三级(加大0.2mm为一级)		93.600			

a. 有任一汽缸的测量值超过加大尺寸缸径的维修极限,则应镶装缸套(干式)或换装缸套(湿式)。

b. 汽缸的圆度误差和圆柱度误差均小于限值,可更换活塞及活塞环。

汽缸修理尺寸的确定方法是:磨损最大汽缸的最大直径+加工余量。其数值再与修理尺寸对照,如计算出的修理尺寸与某一级数相近,可按该级修理。直径方向的加工余量一般为0.10~0.20mm。

③汽缸的镗削。镗缸需要在专用镗床上进行,需要熟练的技术工人进行操作。镗削加工后,必须再对汽缸表面进行珩磨。

④汽缸的珩磨。珩磨目的是去除镗削刀痕,也需要专用设备和熟练的技术工人,一般是在专业修理厂中进行。

磨削后,汽缸的圆度误差应符合表3-2所列的规范,各缸直径差≯0.005mm,表面粗糙度 Ra 应≯0.8μm,活塞与汽缸配合间隙应符合规定。

圆度误差、圆柱度误差许用值　　　　　　表3-2

误差分类	圆度误差(mm)	圆柱度误差(mm)
汽油机	≤0.05	≤0.20
柴油机	≤0.0625	≤0.25

⑤汽缸的镶套。汽缸镗削超过最后一级修理尺寸,或汽缸壁上有特殊损伤时,可在汽缸体上镶换新的汽缸套,延长汽缸体的使用寿命。

干式汽缸套的拆卸与更换:

以前干式汽缸套是镶死的,且过盈量很大,更换时采用先镗后镶、再镗磨缸套的方法;现代汽车发动机采取了新工艺,干式汽缸套是活动的,更换方便,缸套与缸体座孔为过渡配合。注意:在拆卸、更换时最好在压力机上进行(需做一模具)。为避免更换缸套时产生变形、裂纹,国外一些发动机要求用冷却缸套法来装配(用二氧化碳灭火器内的液态二氧化碳作为冷却物)。

湿式汽缸套的更换:

缸套磨损超限、密封圈损坏引起漏水时必须更换,方法如下:

a. 清洗密封圈,注意不同尺寸的密封圈有时颜色有区别。

b. 将密封圈涂以肥皂水或制动液,不要使之扭曲,再压入缸套底孔或缸套外圈的环槽内。

c. 密封圈装入槽后,检查凸出槽外的高度,应符合要求。

d. 检查缸套高出缸体上平面的凸出量。

e. 进行水压试验,检查密封圈的密封性。

(2)曲轴主轴承承孔的磨损。曲轴主轴承承孔磨损后,减小了轴承与承孔的配合过盈量和接触面积。工作中,轴承可能松旷转动,引起曲轴黏着磨损甚至咬死(烧瓦)。

①主轴承孔磨损的测量。用内径量表检测曲轴轴承内径和用外径量表测曲轴轴颈外径,若两者之间的配合间隙超过极限值量,应更换曲轴轴承,必要时更换曲轴。主轴承座孔的圆度误差和圆柱度误差分别为:铸铁缸体≥0.01mm,铝合金缸体≥0.015mm。

②主轴承承孔的变形及同轴度误差的测量方法。如图3-15所示,将所有的轴承卸掉,摆放整齐,清洗主轴承座孔后,将芯棒放入,然后从中间开始逐个将主轴承盖装上,按规定拧紧主轴承盖螺栓,边拧边转动芯棒,找出各主轴承孔的同轴度误差,遇到拧紧主轴承螺栓后芯棒不能转动,则此孔的同轴度误差就大。同轴度误差在全长范围内应≥0.15mm。

③曲轴轴承承孔的导向镗削。在曲轴轴承镗床上,利用导向镗芯轴,以两端曲轴轴承承孔为基准镗削承孔,以校正承孔的圆度、圆柱度和同轴度,然后再用刷镀技术恢复承孔的直径。

凸轮轴轴承承孔同轴度也可用芯棒检验。当同轴度误差较大时用加厚减摩层的轴承通过镗削或刮配来实现同轴度要求;当误差较小时选配即可满足要求。

(3)汽缸体后端面的磨损。当汽缸体后端面对于曲轴主轴承公共轴线的端面圆跳动误差>0.20mm时,应进行修理。

3)汽缸体的变形

汽缸体的变形会造成异常磨损、影响汽缸的密封性、增大机油消耗量。如汽缸轴线垂直度误差达0.1mm,汽缸磨损可能增大40%左右。

(1)汽缸体平面变形的测量方法如图3-16所示。

(2)修复。汽缸体上平面、下平面的翘曲变形,当变形量较小时,用铲刀铲削的方法进行修平;当变形量较大时以主轴承承孔中心线为基准进行铣削或磨削修复。磨削总量≥0.50mm,否则,将影响压缩比的大小。

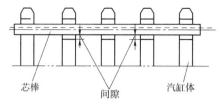 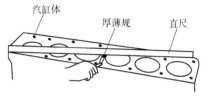

图 3-15　主轴承座孔同轴度的检查　　　图 3-16　汽缸体上平面翘曲变形的检测

4）汽缸的激光淬火

激光淬火是一种表面强化工艺。

激光淬火的机理：激光束的能量密度很高，淬火时，用激光束在缸壁上沿着上密下疏的单线变螺距轨迹进行扫描。当光束扫到汽缸壁某处时，能将该处表面材料瞬时（1/100～1/1 000s）加热到奥氏体化温度以上。扫描过后，热量又立即向基体内外高速传导，冷却速度高达 $274.7×10^4$ K/s，该处表面急速冷却，转变为很硬的超细化马氏体组织和少量残留奥氏体与片状石墨。由于加热速度极快，汽缸壁表面金属晶格位错密度高，使汽缸壁表面进一步硬化。

激光淬火后，汽缸直径会缩小 0.01mm 左右。因此，激光淬火应在汽缸粗磨之后进行，淬火后再进行精磨。

二、汽缸盖

1. 作用

汽缸盖用来封闭汽缸的上部，并与活塞顶部和汽缸壁共同构成燃烧室。

2. 材料

常见的缸盖材料有铸铁、铝合金，轿车汽油机多采用铝合金缸盖。

3. 结构

缸盖的结构取决于发动机的冷却方式、每缸气门数、凸轮轴的位置、进排气道及燃烧室形状等。

缸盖上有气门座、气门导管孔、缸盖螺栓孔、通向气门摇臂轴的润滑油道孔和进、排气通道等。缸盖内也有冷却水套，且与汽缸体上的冷却水套相通；风冷发动机缸盖上铸有散热片。汽油机缸盖上还有安装火花塞的螺孔，柴油机缸盖则有安装喷油器的座孔。

缸盖有整体式、分块式之分。为减小缸盖的变形，缸径较大的柴油机多采用一缸一盖、二缸一盖、三缸一盖的分块式汽缸盖。汽油机和缸径较小、缸盖负荷较轻的柴油机多采用一机一盖的整体式缸盖。

汽油机燃烧室是由活塞顶部及缸盖上相应的凹坑构成。燃烧室应该结构紧凑，冷却面积小，有良好的进气、挤气涡流。汽油机常见的燃烧室形状有楔形、盆形、半球形、多球形、篷形，如图 3-17 所示。

4. 缸盖的损伤形式

缸盖的损伤形式主要有裂纹、变形、汽缸盖腐蚀与击伤、汽缸盖螺纹孔损坏等。

5. 缸盖损伤的检修

1）汽缸盖的清理

用钢丝刷子清理燃烧室内所有积炭；用软性刷或铲刀和溶剂铲刮汽缸盖表面；各气门导管可用气门导管软刷和溶剂清理。注意不要损伤机件和工作表面，如图 3-18 所示。

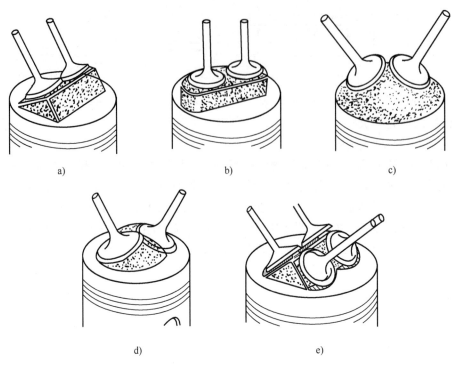

图 3-17 汽油机燃烧室
a）楔形；b）盆形；c）半球形；d）多球形；e）篷形

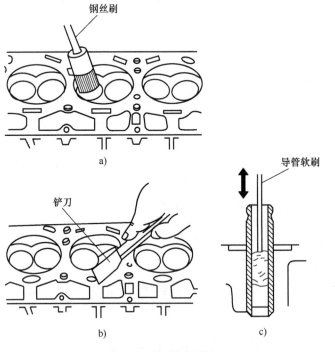

图 3-18 汽缸盖的清理
a）清理积炭；b）清理表面；c）清理气门导管

2)裂纹

(1)汽缸盖出现裂纹的主要原因有：

①在严寒季节停车后没有及时放净冷却水而冻裂。

②发动机过热时，突然添加冷水，汽缸盖所受热应力突变而产生裂纹。

③汽缸盖铸造时残余应力的作用。

④气门座的装配应力过大使汽缸盖的进、排气门座之间的过梁处产生裂纹。

(2)汽缸盖裂纹的检测。与汽缸体同时用水压法检测，也可用专用染色渗透剂检查：把汽缸盖上的积炭清除干净，用压缩空气吹干，在检查处喷上渗透剂，等几秒钟后，裂痕即显出来。

(3)汽缸盖裂纹的修复。汽缸盖的裂纹凡涉及漏水、漏油、漏气时，一般应换用新件。对尚未影响到燃烧室、水道、油道的裂纹，可采用补漏剂补漏法进行修复。

3)变形

变形指的是汽缸盖下平面的平面度误差超限。

(1)汽缸盖翘曲变形的主要原因有：

①汽缸盖工作时受热不均匀(例如个别缸不工作)。

②装配时缸盖螺栓拧紧力不均匀，或拧紧顺序不对。

③螺纹孔中污物清理不净。

④高温下拆卸汽缸盖以及汽缸垫或汽缸体平面不平。

(2)汽缸盖翘曲变形的检测。方法如图3-16所示。

(3)汽缸盖翘曲变形的修复。汽缸盖的翘曲变形使得汽缸盖和汽缸体、汽缸盖和进排气歧管的接合面不能平顺接合，会导致汽缸密封不严，漏水、漏气、漏油甚至冲坏汽缸垫，顶置凸轮轴的发动机汽缸盖翘曲，还会严重影响凸轮轴轴承承孔的同轴度，加剧了凸轮轴及其承孔的磨损。

汽缸盖平面度超过磨损极限时，可用铲削或磨削的方法修磨至极限高度，否则，应换用新件。几种发动机缸盖变形修复数据见表3-3。

几种发动机缸盖变形修复数据　　　　　　　　表3-3

发动机	缸盖平面度磨损极限(mm)	缸盖修磨后的极限高度(mm)
F23A3	0.05	缸盖标准高度：99.95～100.05；最大修磨极限：0.20
ANQ	0.1	139.25
BBG	0.05	
AJR	0.1	133
6BTA5.9	0.3	93.75
大宇D1146、D1146TI	0.3	108.4
依维柯8140.27S	0.4	150±0.1

4)缸盖腐蚀与击伤

(1)汽缸盖腐蚀。缸盖腐蚀的主要原因是使用了不符合要求的冷却液，被腐蚀的部位一般是从冷却液孔向四周呈辐射状延伸。遇到此种情况，一般应换用新件。但是，也可采用钻孔铆填金属等方法修复。

(2)汽缸盖击伤。缸盖击伤的主要原因是异物落入汽缸,造成活塞上平面及汽缸盖损伤,严重时使汽缸盖出现裂纹、活塞破碎。此时,应换用新的汽缸盖。

5)缸盖螺纹孔损坏

(1)主要原因。装配时螺栓没有拧正;使用了螺纹已损坏的螺栓;螺栓的拧紧力矩过大;非贯通螺孔内有污物,致使螺栓拧入时顶坏螺纹等。

(2)汽缸盖螺纹孔损坏的修复。一般是在可能加深螺孔时,再加工出新的螺纹,保证螺纹长度。另一种方法是镶螺套法。当火花塞孔螺纹损坏多于1牙,其他螺纹孔螺纹损坏多于2牙时,均需修理。火花塞螺纹孔不宜采用加套法。

另外,缸盖螺栓的材料为中碳钢,由于钢的膨胀系数大于铸铁但小于铝合金,因此,为了防止受热后缸盖螺栓的膨胀量大于缸盖的膨胀量而使缸盖对缸垫的压紧程度降低,对于铸铁缸盖螺栓应两次拧紧,即冷态拧紧后,还需要发动机第一次走热后再拧紧一次;而铝合金缸盖在冷态下一次拧紧即可。

多缸一盖的汽缸盖安装时,紧固汽缸盖螺栓时按由中央到四周的顺序,分几次逐步地拧到规定力矩;拆卸时,顺序则与安装时相反,分次逐步地进行。

6. 汽缸盖的拆、装及技术要求(以F23A3发动机为例说明)

1)汽缸盖的拆卸

注意事项:

(1)在发动机冷却液温度下降至小于38℃时才能拆卸缸盖螺栓,以避免缸盖变形。

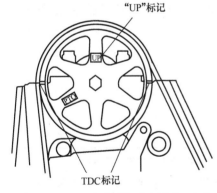

图3-19 F23A3发动机第一缸活塞处于上止点(TDC)位置

(2)拆卸汽缸盖时,应先检查正时传动带(有无裂纹、损伤、油渍,有裂纹、损伤需更换,被油或冷却液浸渍需予以清除)。

(3)转动带轮,使第一缸活塞处于上止点(TDC)位置,如图3-19所示。

(4)当气门室盖垫片出现漏油、损坏,需要更换时,应在新垫片四角处涂上液态密封剂。

(5)检查所有的橡胶密封件,若有老化或损坏,需更换新件。

(6)汽缸垫、进气歧管衬垫、排气歧管衬垫、O形圈等拆卸后均需换用新件。

拆卸:

(1)拆下与发动机连接的软管、拉线、导线端子、线束插头、支座与部件总成等。

(2)拆下气门室盖。

(3)拆下正时传动带。

(4)拆下凸轮轴带轮和后盖板。

(5)拆下挡泥板、排气管和进气管。

(6)拆下缸盖螺栓,然后拆下汽缸盖。为防止缸盖扭曲变形,拆卸缸盖螺栓时,应按图3-20所示的顺序每次将螺栓旋松1/3圈,直到螺栓被完全松开。

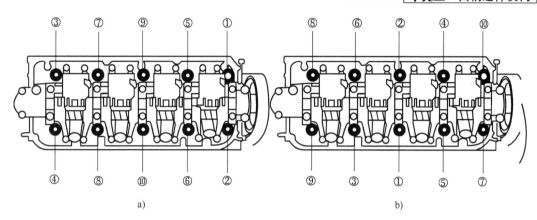

图 3-20　F23A3 发动机缸盖螺栓的拆、装顺序
a）拆卸顺序；b）安装顺序

2）汽缸盖的安装

注意事项：

(1) 缸盖和缸体表面必须清洁。

(2) 凸轮轴带轮上的"UP"标记应在上面。

(3) 转动曲轴使第一缸活塞处于上止点位置。

(4) 在安装之前清理机油节流孔。

(5) 按拆卸相反的顺序进行安装。

(6) 对于塑性缸盖螺栓必须更换，并更换自锁螺母、有规定拧紧角度的螺栓。

安装步骤与方法：

(1) 对正缸盖定位销。

(2) 将凸轮轴安放在正确的位置。

(3) 将缸盖螺栓螺纹处加以少量的清洁润滑油。

(4) 用 29N·m 的力矩按顺序拧紧缸盖螺栓。如图 3-21 所示，在螺栓帽和盖上做出标记，拧紧缸盖螺栓，直到螺栓帽上的标记与缸盖的标记（旋转螺栓 90°）2 次对正（如果用新的缸盖螺栓，将螺栓多旋紧 90°）。

(5) 安装进气、排气歧管，从中央的螺母开始，以交叉的顺序向外扩展，分 2～3 次将螺母拧紧。

(6) 安装排气歧管支架及排气管、排气管罩、正时传动带。

(7) 调整气门间隙。

(8) 安装气门室盖垫，如图 3-22a）所示。

(9) 在气门室盖垫凹槽的四角处涂上一层液体密封剂。

注意：在涂抹密封剂前，应检查配合表面是否清洁干燥；涂抹密封剂后，应在 5min 内安装，如果达到或超过了

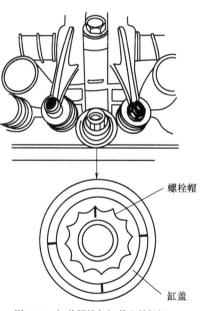

图 3-21　缸盖螺栓与缸盖上的标记

5min,则应清除密封剂后重新涂上密封剂;安装后应在30min以后再向发动机添加润滑油。

(10) 安装气门室盖,如图3-22b)所示。

(11) 按图3-22c)所示的顺序分2~3次将螺母拧紧至9.8N·m。

(12) 安装完毕,检查所有气管、各类软管和插头是否安装正确。

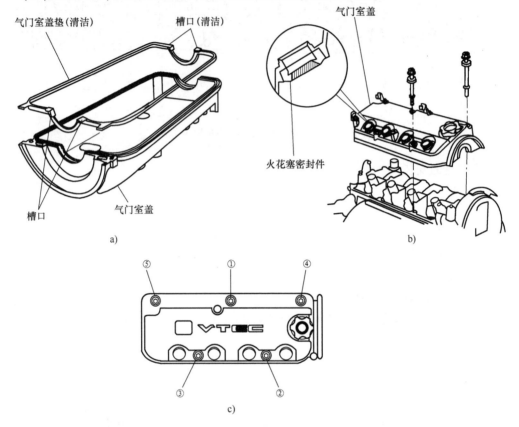

图3-22 安装气门室盖
a)安装气门室盖垫;b)安装气门室盖;c)气门室盖螺母拧紧顺序

三、汽缸垫

1. 作用

汽缸垫可保证汽缸体与汽缸盖接合面间的密封,防止漏气、漏水、漏油。

2. 材料

如图3-23所示,有金属石棉汽缸垫、金属复合材料汽缸垫、全金属衬垫等。

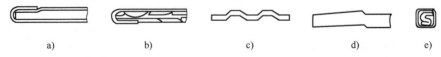

图3-23 汽缸垫的结构
a)金属石棉垫;b)复合形;c)钢片压筋形;d)平钢片形;e)载荷圈形

3. 结构

(1) 金属石棉汽缸垫,结构如图3-23a)所示,石棉中夹有金属丝或金属屑,外覆铜(或钢)皮;或以编织的钢丝(或扎孔钢板)为骨架,外覆石棉及黏结剂压制而成。在水道孔、油道孔和汽缸孔周围有卷边加固。为了防止高温燃气烧蚀衬垫,还可在金属包边内置入金属加强环。这种缸垫安装时应使带卷边一面朝向易修整(缸盖)或较硬的平面(不易产生压痕)。

(2)金属复合材料衬垫,结构如图3-23b)所示,在钢板的两面黏覆有耐热、耐压、耐腐蚀的新型复合材料,在缸孔、冷却液孔和机油孔周围用不锈钢皮包边。

(3)全金属衬垫,结构如图3-23c)d)e)所示。

①用优质铝板或不锈钢叠片做衬垫,在冷却液周围用橡胶环密封。

②钢片压筋形。由冷轧钢板压筋(凸起)制成。表面拱起或凸起使汽缸衬垫具有必要的回弹力。

③平钢片形。用2~2.5mm钢板制成,在汽缸孔周围压花,水道的密封则靠橡胶环片压紧,常用于柴油发动机。

④载荷圈形。实际上是一个密封圈,分别使用于每个汽缸,而水道则用O形橡胶垫圈密封。

4. 汽缸垫的损伤

汽缸垫损伤的原因如下:

(1)汽缸垫安装时,位置、方向不正确。

(2)经过多次拆装,厚度被压薄,伸缩性减弱。

(3)汽缸垫凸凹不平,被气体冲坏。

5. 汽缸垫的损伤检修(以金属石棉垫为例)

(1)检查汽缸盖衬垫,若稍有不平,经整修后,涂以润滑油脂,或在凹陷处填以石棉,按规定力矩紧固,仍可继续使用。

(2)汽缸垫的弹性减弱时,可放在机油盆内加热,使其膨胀,增强弹性,以补偿接合面的平面度误差。

(3)汽缸垫如未损坏,可将其放在温火上均匀地烘烤,由于石棉加温后会膨胀而恢复到原来的状态和厚度,整修后仍可继续使用。

为了与汽缸盖平面很好地吻合,许多发动机的汽缸垫拆卸后必须换新,并在安装新缸盖或汽缸垫时,必须更换全部冷却液。

四、油底壳

1. 作用

油底壳用来贮存机油并封闭曲轴箱。

2. 材料

油底壳用薄钢板冲压或用铝铸造(有散热片)而成。

3. 结构

如图3-24所示,一些油底壳的上方有一个挡板,当汽车快速起动、停车或在崎岖不平的道路上行驶时,可防止机油四处飞溅,从而避免产生大量泡沫。油底壳的散热片帮助机油散热。另外,机油油位传感器用于感测它所处的高度是否有机油,如果在这个高度有机油,则传感器使电路断开,仪表板上的机油油位指示灯熄灭;如果机油油位降到传感器之下,它使电路接通,仪表板上的机油油位指示灯亮。

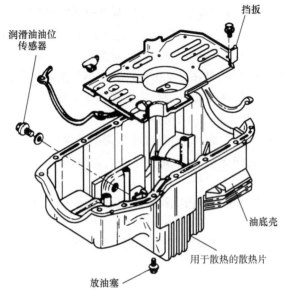

图 3-24 铸有散热片的油底壳

课题二　活塞连杆组

活塞连杆组主要由活塞、活塞环、活塞销、连杆等组成,如图 3-25 所示。

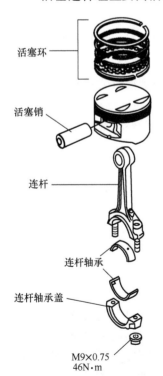

图 3-25　F23A3 发动机活塞连杆组零件

一、活塞

1. 作用

活塞顶面与汽缸盖、汽缸壁等共同组成燃烧室;承受汽缸中气体压力并通过活塞销和连杆传给曲轴。

2. 要求

活塞有足够的强度和刚度;尽可能小的质量;导热性、耐热性和耐磨性好;热膨胀量小。

3. 材料

活塞由铝合金铸成,极少数汽车发动机采用球墨铸铁、耐热钢。

4. 结构

活塞可分为顶部、环槽部和裙部三部分。

(1) 顶部。它是燃烧室的组成部分,用来承受气体压力。顶部的内腔制有加强筋。顶面形状常有平顶、凹顶、凸顶等,如图 3-26 所示。

(2) 环槽部。切有用以安装活塞环的环槽,一般有 3～4 道。环槽与活塞环一起实现汽缸的密封。上面的环槽装气环,下面是油环槽。环槽断面通常为矩形或梯形。有的发动机活塞在第一道环槽上面,切有隔热槽,减轻第一环的热负荷,防止活塞环黏结,如图 3-27 所示。

为了提高环槽寿命,有的活塞铸有用耐热材料制造的环槽护圈。

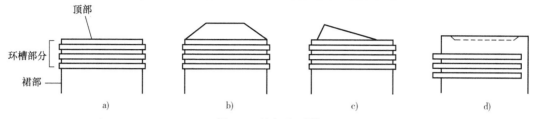

图 3-26 活塞顶面形状
a)平顶;b)凸顶;c)楔形顶;d)凹顶

(3)裙部。它是指自油环槽下端面以下的部分,用以活塞在汽缸内作往复运动的导向和承受侧压力。汽缸与活塞之间在任何工况下都应有均匀、适宜的间隙(配缸间隙),间隙过大易出现活塞敲缸、窜机油、漏气;间隙过小易出现困缸、拉缸。

活塞在工作中,在气体压力、侧压力、热负荷等作用下,活塞裙部会产生变形,如图3-28所示。在气体压力作用下产生弯曲变形;在热负荷作用下产生上大下小的倒锥形及长轴沿着销座方向的椭圆形;在侧向力作用下也会使活塞变成长轴沿着销座方向的椭圆形。

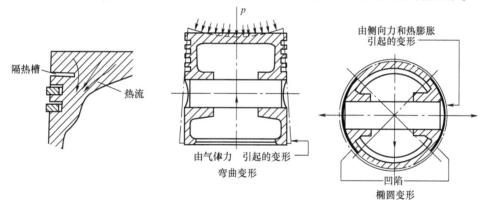

图 3-27 活塞隔热槽　　图 3-28 活塞裙部的变形

为了保证活塞能正常工作:
①预先将活塞制成上小下大的阶梯形或锥形。
②预先将活塞制成长轴垂直销座方向的椭圆形,如图3-29所示。
③活塞铸造时在销座外端面处凹陷0.5~1mm;
④在侧压力较小的一侧开有横槽(绝热槽)和竖槽(膨胀槽),横槽的作用是减少裙部受热,竖槽的作用是防止活塞受热后胀死在气缸中,并使裙部具有一定的弹性。

⑤采用双金属活塞,在销座孔中镶铸了线膨胀系数仅为铸铝的1/10的"恒范钢片"。有的柴油机铝活塞裙部则镶铸有圆筒式钢片。

由上所述可知,活塞裙部椭圆的长轴垂直于活塞销座孔轴线,裙部下端长轴最大,因而该处在常温下与汽缸的配合间隙最小,这一间隙值就是汽缸的"配

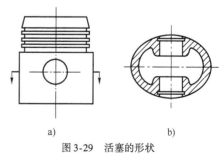

图 3-29 活塞的形状
a)活塞的梯形结构;b)活塞的椭圆结构

缸间隙"。裙部最下端椭圆形截面长、短轴之差的一半称为活塞裙部的圆度。

（4）活塞销座孔，用于安装活塞销。全浮式连接的活塞销，在销座孔两端有卡环槽，用于安装卡环，限制销在座孔中轴向窜动。

活塞销座孔的加工精度很高，并且经分组与活塞销选配，以达到高精度的配合。活塞销座孔的尺寸分组，常用不同颜色的油漆涂于活塞销座孔下方外表面。

活塞销偏置是为了防止当活塞在上止点换向时，产生对缸壁的"拍击"（俗称"活塞敲缸"）作用。很多发动机将活塞销座孔轴线向做功行程中受侧压力较大的一侧偏移 1～2mm，如图 3-30 所示。

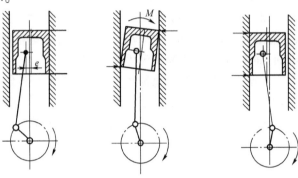

图 3-30　活塞销偏置

（5）活塞的冷却。高强化发动机尤其是活塞顶上有燃烧室凹坑的柴油机，为了减轻活塞顶部和头部的热负荷，防止活塞环黏结和保持环的工作正常，采用机油冷却活塞的方法，如图 3-31 所示。

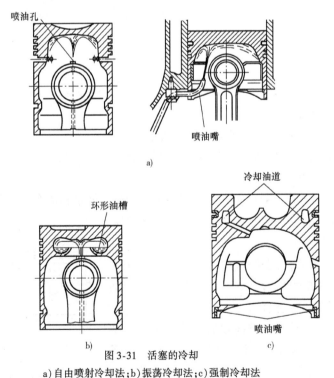

图 3-31　活塞的冷却
a) 自由喷射冷却法；b) 振荡冷却法；c) 强制冷却法

①自由喷射冷却法。从连杆小头上的喷油孔或从安装在机体上的喷油嘴向活塞顶内壁喷射机油。帕萨特2.8L发动机采用这种结构。

②振荡冷却法。从连杆小头上的喷油孔将机油喷入活塞内壁的环形油槽中,由于活塞的运动使机油在槽中产生振荡而冷却活塞。

③强制冷却法。在活塞头部铸出冷却油道或铸入冷却油管,使机油在其中强制流动以冷却活塞。强制冷却法广为增压发动机所采用。

机油冷却喷嘴,一缸一个,喷嘴的位置刚好让开曲轴平衡块和连杆的位置,不产生运动干涉。装复时,位置必须对正,否则,喷嘴稍有歪斜,机油被活塞销或销座挡住,就达不到冷却活塞头部的目的。一般要求每次二级维护,拆下喷嘴用细铜丝捅开使其畅通。若喷嘴堵塞,将导致拉缸。

5. 损伤形式

环槽、裙部、活塞销座孔等处的磨损而报废;异常损坏而报废。也有少数因刮伤、烧顶、脱顶等。

6. 损伤的检修

检查前先清理活塞及环槽内积炭,其方法是先用煤油浸透,顶部用软刷或钝的刮刀清理,不应有刮痕。槽内积炭应用专用工具进行清除,如图3-32所示。

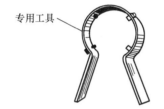

图3-32 活塞环槽的清理

1)活塞的正常磨损

活塞环槽是活塞的最大磨损部位,特别是第一道环槽的磨损最为严重。环槽磨损主要是下平面,磨损后使侧隙增大,造成汽缸漏气、窜机油。环槽的磨损极限一般≯0.15mm。磨损超限就应更换。

活塞裙部的磨损较小,通常只在侧压力较大的一侧发生轻微的磨损和擦伤。发动机大修主要取决于活塞裙部与汽缸壁的间隙和汽缸的磨损程度。当间隙超限而汽缸仍可使用时,通常是采用换用新活塞的方法使间隙变小。

活塞销座孔磨损后的断面呈上下方向为长轴的椭圆形,磨损后使活塞与销在工作时出现"活塞销响"。

2)活塞的异常损坏

活塞的异常损坏主要是指刮伤、顶部烧蚀、脱顶及裂纹等。当出现这些情况时,应及时修理、更换。

3)销座孔的检修

用内径量表检测座孔的磨损,其直径与活塞销直径的配合应符合要求。若超限应修理销座孔,将其铰削到活塞销的加大尺寸。活塞销座孔铰削后应做活塞销座孔轴线与活塞轴线垂直度的检查,如图3-33所示。要求从两面将活塞套入销柱测量,检查读出的数据差≯

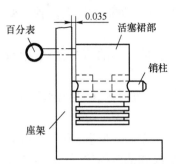

图 3-33 活塞轴线垂直性的检查

0.035mm。活塞销按活塞销座孔直径分组,每组相差 0.0025mm。

4)活塞的选配

它与汽缸修理尺寸相适应,也有六级修理尺寸(不同机型有所不同),在原标准的基础上直径每加大 0.25mm 为一级。加大用"+"表示,刻在活塞顶上,用以识别。

选配活塞时应注意以下几点:

①要按汽缸的尺寸选配活塞,选用与汽缸同一尺寸级别和同一分组尺寸的活塞。

②同一台发动机必须选用同一厂牌的活塞。

③在选配的成组活塞中,其尺寸差一般为 0.01~0.015mm,质量差为 4~8g,活塞销座孔的涂色标记(尺寸分组标志)应相同。

有的发动机用薄型汽缸套,活塞不设置修理尺寸,只区分标准系列活塞和维修系列活塞。每一系列活塞中也有若干组供选配。

在维修中,若汽缸的磨损较小只需更换活塞时,则应选用同一尺寸级别中活塞直径较大组别的活塞。几种机型活塞修理尺寸见表 3-4。

几种机型活塞的修理尺寸(单位:mm)   表 3-4

发动机		标准尺寸	一级修理尺寸	二级修理尺寸	三级修理尺寸	四级修理尺寸	五级修理尺寸	六级修理尺寸	活塞直径测量位置	配缸间隙
F23A3	A 型	85.980~85.990	86.230~86.240						距活塞裙下缘16mm	0.020~0.040
	B 型	85.970~85.980	86.230~86.240							
ANQ		80.975①	81.225②	81.475②					距活塞裙下缘10mm	0.030
BBG		82.485	82.735	82.985						
AJR		80.965	81.215	81.465						
6BTA5.9		101.823~101.887							距活塞裙下缘12mm	0.101~0.179
大宇 D1146、D1146TI		110.833~110.897							距活塞裙下缘13mm	0.103~0.139
依维柯 8140.27S		92.915±0.005(A组) 92.925±0.005(B组) 92.915±0.005(C组)							距活塞裙下缘17mm	0.082~0.102

注:①、②为无石墨层的尺寸(0.02mm),石墨层厚已磨损。

二、活塞环

1. 作用

活塞环分为气环和油环两类。气环的作用是密封、散热,帮助油环从缸壁上向下刮油;油环的作用是刮油和布油、散热,帮助气环起密封作用。

2. 材料

大多活塞环都用铸铁类材料。组合式油环用弹簧钢片。第一道气环多为镀铬或喷钼处理,以提高耐磨性,不得装错,现也有采用金属陶瓷、聚四氟乙烯等。

3. 结构

(1)环的"三隙"如图3-34所示,端隙(开口间隙)指活塞环装入汽缸后其两端之间的间隙;侧隙指高度方向上环与环槽之间的间隙;背隙指活塞与环装入汽缸后,环与环槽在径向上间隙。环的"三隙"过大,漏气严重;过小,环膨胀后易卡死而折断,也会因"背压"过小影响汽缸的密封性。

(2)气环的断面形状如图3-35所示。

①矩形环,加工方便、活塞散热好,但会产生"泵油作用"。

②扭曲环,在矩形环的内圆上边缘或外圆下边缘切槽或倒角而成。装入汽缸后,由于环的弹性内力不对称而产生断面倾斜,使环发生扭曲。扭曲环的扭曲原理如图3-36所示。环在槽内不会上、下窜动,消除了"泵油作用",且密封性、磨合性好,活塞下行时还有利于刮油。扭曲环的安装方向,内圆切槽的环槽口向上;外圆切槽的环槽口向下。

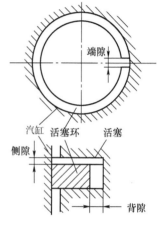

图3-34 活塞环的间隙

图3-35 气环的断面形状

矩形环 桶形环 扭曲环 锥面环 梯形环 反扭曲锥形压缩环

③锥面环,与缸壁线接触,有利于磨合及密封。安装时只能按图示方向安装,为避免装反,锥面环在环端上侧面有标记。

④桶面环,活塞上、下运动时都能与缸壁形成楔形空间,有利于油膜的形成。环与缸壁间为弧面接触,密封性好、磨合性好。

⑤梯形环。活塞在缸内左、右换向时,环的侧隙、背隙会发生变化,易将环槽中的结胶物清理出来;做功行程时作用在环上平面的气体压力的径向分力能更好地使环密封。

梯形和桶面环多用于强化柴油机的第一环。

(3)油环。油环有整体式和组合式两种结构形式,如图3-37所示。目前广泛采用组合式油环。

①整体式油环(普通油环),外圆柱面中部切一凹槽,槽底有若干流油用的小孔或缝隙。

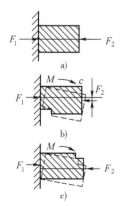

图3-36 扭曲环的扭曲原理
a)矩形环受力情况;b)外切口扭曲扭转力偶;c)内切口扭曲环扭转力偶

②组合式油环,由几个刮油钢片和弹性衬环组成。衬环夹装在刮油钢片之间并使刮油钢片压紧在汽缸壁上。

4. 损伤形式

活塞环损伤形式有磨损、断裂。活塞环磨损后,将使环弹力下降、密封性变差、功率下降、漏气、窜机油。

5. 损伤的检修

(1)活塞环的弹力检验。活塞环弹力过大会使磨损加剧;弹力过小则密封性变差。

活塞环弹力检验的方法,如图3-38所示,把活塞环放在弹力检验仪上,使环的开口向外处于水平位置;将杠杆压在活塞环上,移动重锤,按规定所需的力使环的端隙压至规定值,如果荷重符合要求,则环的弹力也符合要求。

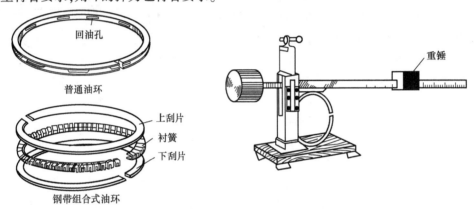

图3-37 油环的结构　　　　图3-38 气环的弹性检验

(2)活塞环的漏光度检验,如图3-39所示。漏光度(缝隙)过大,会造成漏气、窜机油。

要求漏光缝隙≥0.03mm;在活塞环端口左右30°范围内不允许漏光;同一活塞环漏光不多于两处;每处漏光弧长所对应的圆心角≥25°。

(3)活塞环"三隙"的检修。

①端隙。端隙的检验方法如图3-40所示。若端隙大于规定值,则应重新选配活塞环;如小于规定值,应用细平锉或什锦锉对开口处的一端进行锉削。只能锉一端,且环口应平整,边锉边量。

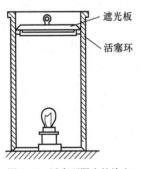 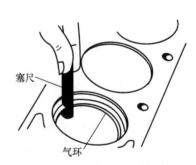

图3-39 活塞环漏光的检查　　　　图3-40 活塞环端隙的检查

②侧隙。侧隙的检验方法如图3-41所示。将环放在环槽内,围绕环槽滚动一圈,环在槽内应滚动自如,既不松动,又无阻滞现象。然后用塞尺测量侧隙值。现代汽车活塞环一般

采用表面喷钼等强化措施,不宜采用研磨环的上下平面的办法修整侧隙。侧隙大于规定值,则应重新选配活塞环。

③背隙。常以槽深与环厚之差来表示。该数值一般为0~0.35mm,如图3-42所示。如背隙过小,应更换活塞环或车深环槽。背隙大于规定值,应重新选配活塞环。

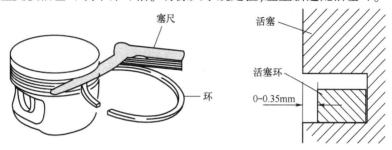

图3-41 活塞环侧隙的检查　　　图3-42 活塞环背隙的检查

几种机型活塞环间隙见表3-5。

几种机型活塞环间隙值　　　　　　　　表3-5

发动机		端隙(mm)		侧隙(mm)	
		新件	磨损极限	新件	磨损极限
F23A3	气环	第一环0.20~0.35	0.60	0.035~0.060	0.13
		第二环0.45~0.55	0.70	0.030~0.055	
	油环	0.20~0.70	0.80		
ANQ	气环	0.30~0.45	1.00	0.02~0.05	0.15
	油环	0.30~0.45	1.00		
BBG	气环	第一环0.35~0.50	1.00	0.02~0.08	0.10
		第二环0.50~0.70	1.40		
	油环	0.25~0.50	0.80		
6BTA5.9	气环	第一环0.40~0.70	端隙大于规定值时,换用新环	0.095~0.115	0.15
		第二环0.25~0.55		0.085~0.130	0.15
	油环	0.25~0.55		0.04~0.085	0.13
依维柯8140.27S		0.25~0.5		0.090~0.140	
		0.4~0.65		0.060~0.092	
		0.3~0.6		0.085~0.090	

(4)活塞环的选配。与活塞一样,活塞环的直径尺寸也有标准尺寸和加大的修理尺寸,但没有分组尺寸。标准尺寸的汽缸和活塞选用标准活塞环,加大尺寸的汽缸和活塞,选用同一修理尺寸等级的活塞环,严禁选加大一级的活塞环锉端隙使用。进口汽车活塞环的更换应按原厂规定进行。

三、活塞销

1.作用

活塞销用来连接活塞与连杆,并在两者之间起到传力的作用。

2. 材料

活塞销多用低碳钢或低碳合金钢制造,加以表面渗碳或氰化处理。

3. 结构

活塞销为空心圆柱体。活塞销与活塞销座孔及连杆小头的连接方式有全浮式和半浮式两种形式,如图3-43所示。

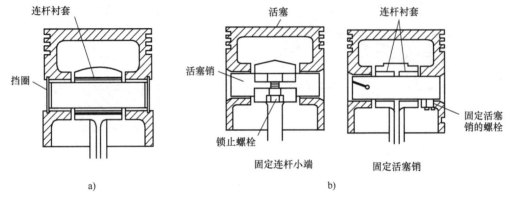

图3-43 活塞销的安装方式
a)全浮式装配;b)半浮式装配

(1) 全浮式。在冷态装配时,活塞销与活塞销座孔为过渡配合。而在发动机正常工作温度下,活塞销能在连杆衬套孔和活塞销座孔中自由转动,以使活塞销外表面的磨损比较均匀。

装配时,先将铝活塞在温度为70~90℃的水或油中加热,使座孔的直径受热膨胀后大于冷态下的活塞销直径,然后将销迅速装入座孔和连杆小头衬套孔中。在活塞销座两端有卡环,用以轴向定位。

(2) 半浮式。活塞销相对于连杆小头孔或相对于销座孔能转动。销若与连杆小头固定,省去了连杆小头衬套。现日益普遍采用的半浮式连接的活塞销,安装时先将连杆小头加热到300℃左右,再将销压入小头孔中,而不用螺栓紧固,从而避免了因为过度拧紧螺栓而使销变形的问题。

4. 损伤形式

活塞销的主要损伤形式有磨损和弯曲。

5. 活塞销的检修

发动机大修时,活塞销应随活塞的更换而更换。

全浮式连接的活塞销与座孔和连杆衬套的配合,汽油机要求在常温下活塞销与销座孔配合过盈一般为0.0025~0.0075mm,与连杆衬套的间隙为0.005~0.010mm;当活塞处于75~85℃时,又要求有微量间隙,约为0.005~0.008mm,且要求活塞销与座孔及衬套的接触面积在75%以上;柴油机活塞销与销座孔常温时为过渡配合,允许有微量间隙。

上述配合要求通常用选配来实现。随着加工精度的提高和检测手段的完善,活塞和销的配合间隙已在零件制造中予以保证,不用在修理过程中进行修刮,但必须按规定进行选配(符合要求的产品按不同差值分成若干等级,做上标记,如字母、数码、颜色)。

对活塞销、销座孔和连杆衬套应进行分组选配。当同时更换活塞和活塞销时,应进行组内选配。新活塞的座孔直径尺寸都是标准的,应选用相同颜色的活塞与活塞销进行装配。

装配时，活塞销、销座孔和连杆衬套的涂色标记应相同。

在修理过程中，如果活塞、活塞销已换成了新件，一般应同时更换连杆衬套。衬套与连杆小头承孔的配合应有0.10～0.20mm的过盈，以保证衬套工作时不发生转动。

活塞销与连杆衬套的装配可采用热胀法或冷压法。热胀法要做到"三迅速"，方法是将连杆放入能控制温度的电炉中，加热至250℃左右，保温15min以上，迅速将连杆竖直，大头夹在台虎钳上，迅速套上活塞，对准销孔（方向不要套反），迅速将销插入座孔推入到位。冷压法是制作一套专用压具，将销压入活塞和连杆中。

四、连杆

1. 作用
连杆用来连接活塞与曲轴，并将活塞的上下运动通过连杆转变成曲轴的旋转运动。

2. 材料
连杆用优质中碳钢或中碳合金钢锻造而成，也有用纤维增强铝合金制成的连杆。

3. 构造
连杆主要由小头、杆身和大头（包括连杆盖）三部分组成，如图3-44所示。

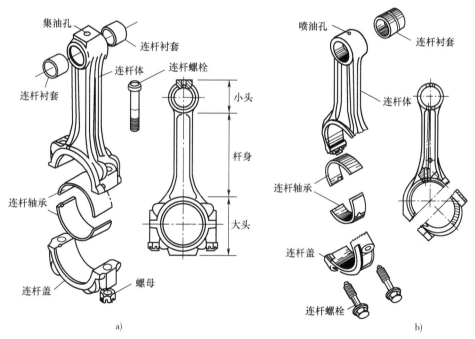

图3-44 连杆组零件、连杆切口形式
a) 平切口连杆；b) 斜切口连杆

（1）小头，用以安装活塞销（半浮式）或连杆衬套（全浮式）。在全浮式连接的连杆小头顶部开有与座孔相通的供飞溅润滑用的集油孔或集油槽，座孔内镶有连杆衬套，座孔与衬套为过盈配合。

（2）杆身，采用工字形断面结构。柴油机的连杆小头在杆身内钻有与轴承孔相通的纵向油道，机油经此油道到达连杆小头，一部分用来润滑活塞销、衬套，另一部分用来冷却活塞。

杆身上还有用来识别安装方向的标记。

（3）大头。连杆大头是可分开的圆孔，与杆身分开的部分叫连杆盖。两部分用连杆螺栓连接，在同侧刻有配对记号。大头孔内装有上、下两片连杆轴承。有的连杆大头及轴承还钻有一个直径为 1~1.5mm 的径向小油孔，从中喷出的机油用于加强受侧压力较大一侧的汽缸壁和活塞的激溅润滑和冷却。

连杆大头的切口有平切口、斜切口两种形式。平切口连杆的剖分面垂直于连杆轴线。一般汽油机平切口的连杆盖与连杆的定位，是利用连杆螺栓上的精加工的圆柱部分与经过精加工的螺栓孔来保证的。柴油机的连杆大头一般采用斜切口连杆。斜切口连杆常用的定位方法有止口定位、套筒定位和锯齿定位等，其中以锯齿定位应用最广。

（4）连杆螺栓，用优质合金钢制造。装配时必须按规定力矩分 2~3 次均匀地拧紧，并用锁紧装置锁紧（如防松胶、开口销、双螺母、自紧螺母、保险片、螺纹表面镀铜等），以防螺栓松动。

V 形发动机左右两侧对应两汽缸的连杆是安装在同一个连杆轴颈上的，有三种布置形式，如图 3-45 所示。

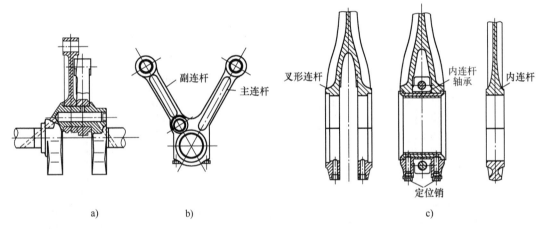

图 3-45　V 形发动机的连杆
a) 并列连杆；b) 主副连杆；c) 叉形连杆

①并列连杆式。相对应的左右两缸的连杆一前一后地装在同一个连杆轴颈上。这种发动机的连杆是通用的。

②主副连杆式。一列汽缸的连杆为主连杆，其大头直接安装在连杆轴颈全长上。另一列汽缸的连杆为副连杆，其大头与对应的主连杆大头（或连杆盖）上的两个凸耳作铰链连接。这种发动机的主、副连杆不能互换。

③叉形连杆式。左右两列汽缸的对应的两个连杆中，一个连杆的大头做成叉形，跨于另一个连杆的厚度较小的片形大头两端。

（5）连杆轴承。

连杆轴承是安装在连杆大头和连杆盖上的被剖分成两半的滑动轴承。连杆轴承是由钢背和减摩合金层（或钢背、减摩合金层、软镀层）构成。钢背为厚 1~3mm 的薄低碳钢，内圆面上浇注 0.3~0.7mm 厚的减摩合金层（多为铜铅合金）。软镀层是指在减摩合金层上电镀一层锡或锡铅合金,用以改善轴承的摩合性能并作为减摩合金层的保护层。

轴承在自由状态下不是半圆形,当它们被装进连杆大头孔内时,有一定的过盈,故能均匀地紧贴在大头孔壁上,具有很好的承载和导热能力。钢背上制有凸榫与大头孔的凹槽相对应,以便固定轴承,如图 3-46 所示。

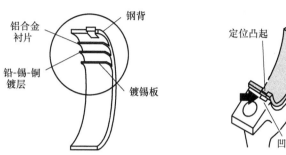

图 3-46　连杆轴承的结构

4. 连杆的损伤形式

连杆的常见损伤有杆身弯曲、扭转变形,大头孔、小头孔的失圆,轴承、衬套的磨损,连杆螺栓、螺母的损伤。

5. 损伤的检修

连杆变形后,使活塞在汽缸中歪斜,引起活塞与汽缸、连杆轴承与连杆轴颈的偏磨,敲缸,拉缸,破坏连杆轴承、衬套的正常配合。因此,对连杆变形的检验与校正是发动机修理中的一个很重要的项目。

1) 连杆变形的检验

检验时,应将连杆大头轴承取下,将承孔清洁干净,装好轴承盖,并按规定力矩拧紧连杆螺栓。把连杆大头安装在连杆校正仪的可调横轴上(图3-47),拧动调整柄使半圆键向外扩张,将连杆固定在校正仪上,使连杆大头承孔轴线与检验平板垂直。检验工具是一个带有 V 形槽的三点规。三点规上的三个测点的端面构成的平面与 V 形槽的对称平面垂直。下面两个测点的距离为 100mm。上测点位于两个下测点连线的垂直平分线上,与两下测点连线的距离也是 100mm。检验时,将三点规的 V 形槽放在连杆小头的芯轴(不装衬套时)或活塞销上,并推向检验平板。

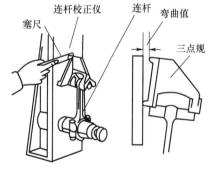

图 3-47　连杆的弯轴检验

① 不变形。三个测点都与平板接触。

② 弯曲。上测点与平板接触,两下测点不接触且与平板的间隙一致;或上测点与平板不接触,而两下测点与平板接触。用塞尺量出测点与平板的间隙,便是连杆在 100mm 长度上的弯曲度。

③ 扭曲。两个下测点中一个与平板接触,另一个不与平板接触,且上测点与平板的间隙等于另一个下测点间隙的一半。下测点与平板的间隙即为连杆在 100mm 长度上的扭曲度,如图 3-48 所示。

④弯曲、扭曲变形并存。一个下测点与平板接触,但上测点与平板的间隙不等于另一下测点与平板间隙的一半。此时下测点与平板的间隙为连杆扭曲度,上测点与平板的间隙为连杆弯曲度。

⑤连杆双重弯曲。如图3-49所示,检验时先测出连杆小头端面与平板距离S',再将连杆翻转180°,测量出此距离S,若两次测出的距离值不等,即说明连杆有双重弯曲。两距离之差即为连杆的双重弯曲度。

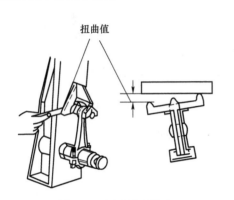
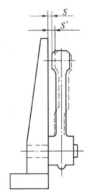

图3-48　连杆扭曲的检验　　　　图3-49　连杆双重弯曲的检验

汽车维修技术标准规定,连杆的弯曲度应≯0.03mm;扭曲度应≯0.06mm。超过许用值时,应予校正。但连杆的双重弯曲极难校正,只能换用新连杆。

2)连杆变形的校正

当连杆弯、扭变形并存时,应先校扭后校弯。

(1)校扭。将连杆下盖按规定装配和拧紧螺栓,将连杆放入台虎钳钳口(钳口垫上软金属垫片),夹紧连杆大头侧面,如图3-50所示。用连杆校正器的专用扳钳装卡在连杆杆身的上、下两部位,按图示的扳钳安装方法用来校正连杆向逆时针方向的扭曲变形。校正顺时针方向的扭曲变形时,可将上、下扳钳交换即可。

(2)校弯。如图3-51所示,将弯曲的连杆放入校正器内,使弯曲的凸面朝上,对正凸起的部位加入垫块。扳转丝杠,使连杆向上产生反方向变形,并使变形量为原弯曲部位变形量的几倍到几十倍(矫枉过正),停留一定时间,待金属组织稳定后再松开丝杠,检查是否校正合格。

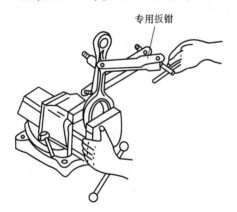
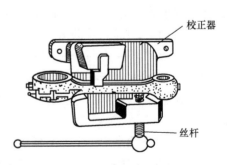

图3-50　连杆扭曲的校正　　　　图3-51　连杆弯曲的校正

在校正变形量较大的连杆后,应进行时效处理(将连杆加热至573K,保温一定时间)。校正变形量较小的连杆,只在校正载荷下保持一定时间即可。

五、活塞连杆组的组装及技术要求

组装前应把零件清洗干净,并用压缩空气吹干。

1)活塞装配注意事项

(1)活塞顶上标有一定的记号,如箭头、三角形、缺口、文字等,装配时,记号必须朝向发动机的前方。

(2)如果活塞上留有气门让坑,装配不当时,将会造成气门顶碰撞活塞。

2)活塞销装配注意事项

(1)将活塞加热(F23A3发动机为70℃左右,ANQ发动机为60℃),在活塞销上涂一层机油,用大拇指能自如地将销推入到座孔中。拆下活塞销时,若有困难也可将活塞、连杆组件加热后拆下活塞销。

(2)活塞、连杆小头、活塞销之间的装配操作过程应迅速、准确,以免销孔冷却变小,活塞销直径受热变大后造成装配困难。

(3)全浮式活塞销两端的卡环装入后,应能在槽中转动。卡环开口端应朝向活塞的裙部。卡环与活塞销两端面应各有0.20~0.80mm的间隙。卡环嵌入环槽中的深度应大于环深的2/3。

3)连杆装配注意事项

(1)连杆装配时,应检查连杆轴承(瓦)凸榫和凹槽是否切实密合。

(2)连杆件组装时应将顺序记号、方向记号分别对准。

(3)喷油孔必须畅通无阻塞,喷射方向要正确。

(4)连杆小头两端面与活塞销座孔的间隙,每面应在1mm左右。

(5)连杆螺栓是预应力螺栓时,在拆卸后应更换螺栓及螺母。

4)活塞、活塞销、连杆件的组装

(1)活塞顶上的向前记号、连杆杆身的向前记号安装时方向要统一。

(2)活塞及连杆组合后,仍应在连杆直线度检验仪上检查活塞裙部中心线对连杆下端大头孔中心线的垂直度,如图3-52所示。若有误差,应予校正后重新组装。

(3)装配好的连杆总成,与同一型号发动机的质量差小于40g。

(4)F23A3发动机活塞销的拆、装过程如下。

①拆卸。

a. 在活塞销卡环上加以少量润滑油,将卡环在环槽中转至与活塞销孔切口对齐,如图3-53所示,然后将两边的卡环小心地拆下。

拆卸卡环时不要损坏环槽,小心不要让卡环弹飞伤人或丢失。

b. 将活塞和连杆组件加热至70℃左右,然后拆下活塞销。检查活塞、活塞销和连杆应在室温状态下进行。

②安装。

a. 安装一边的活塞销卡环。

用润滑油涂抹活塞销孔、连杆销孔及活塞销。

b. 将活塞加热至70℃左右。

c. 安装活塞销,使活塞和连杆的凸印标记位于同侧。

d. 安装另一边的活塞销卡环。

5)活塞环装配注意事项

(1)应使用活塞环卡钳拆装活塞环。

(2)各道环的顺序和方向不得错乱。

a. 镀铬环、桶面环、梯形环应装在第一道。

b. 有的发动机活塞环的端部一侧平面上制有装配标记,如"0""00"和"T1""T2"等,其安装顺序分别为第一、第二道,且有标记的平面应朝上安装。活塞环的顺序除可由装配标记识别外,有的活塞环还可以从活塞环包装纸的颜色辨认。

c. 活塞环的安装方向应符合发动机说明书的规定。

(3)活塞环开口位置应注意按规定错开,不可成一直线(俗称"对口")。图3-54所示为F23A3发动机活塞环开口的排列。活塞环开口不能朝向活塞推力面处,也不能在活塞销孔对应的位置上。

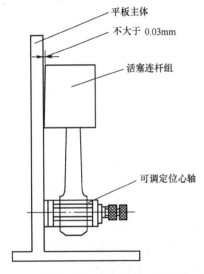

图3-52 活塞与连杆大头孔中心线垂直度的检验

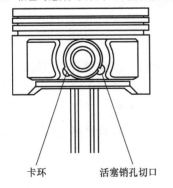

图3-53 F23A3发动机活塞销卡环

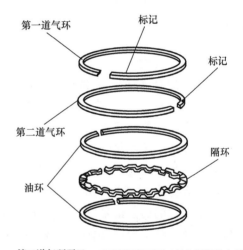

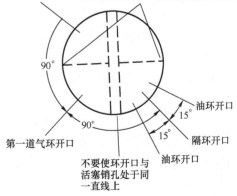

图3-54 F23A3发动机各活塞环开口的排列

（4）组合式油环的刮油片开口也要按规定交错排列；若无规定时则两个刮油片的油环，其开口间隔180°；三个刮油片的油环，其开口互隔120°。

（5）F23A3发动机第一气环为桶面环，第二气环为锥面环，采用组合式油环（上、下各为一钢片，中间为一道衬环组合而成）。活塞环的更换过程如下。

①用活塞环卡钳拆下旧活塞环。

②用活塞环槽清洁器彻底清理所有活塞环槽。

③按适当的顺序安装新的活塞环，不要使用旧的活塞环。第一道环和第二道环不能装错，可以从两道环边缘的倒角和厚度尺寸的不同来区别，环上制造标志必须朝上。

④在环槽中转动活塞环，以检查其有无卡滞，并使各环的开口位置排列适当。

课题三　曲轴飞轮组

不同的发动机，曲轴飞轮组的零件和附件的种类和数量有所不同。ANQ发动机曲轴飞轮组如图3-55所示。

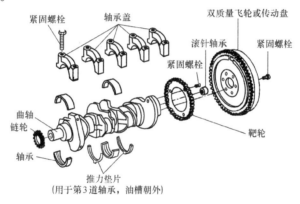

图3-55　ANQ发动机曲轴飞轮组零件图

一、曲轴

1. 作用

曲轴把活塞连杆组传来的气体压力转变为转矩对底盘输出动力，并驱动配气机构及其他辅助装置工作。

2. 材料

曲轴一般采用中碳钢或中碳合金钢模锻、轴颈表面经高频淬火或氮化处理而成。现球墨铸铁铸造的曲轴也被广泛采用。

3. 结构

曲轴结构如图3-56所示。

曲轴的一个连杆轴颈和它两端的曲柄及主轴颈构成一个曲拐。按曲拐连接方式不同，曲轴可分为整体式和组合式。各个曲拐锻造或铸造成一个整体的曲轴称整体式曲轴；由各个曲拐组合装配而成的曲轴称为组合式曲轴。按曲轴主轴颈数不同可分为全支承曲轴和非全支承曲轴。主轴颈总数比连杆轴颈多一个的曲轴叫全支承曲轴，主轴颈的总数等于或少于连杆轴颈的曲轴叫非全支承曲轴。

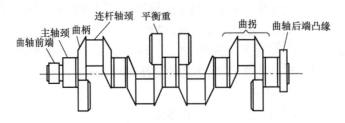

图3-56 曲轴各部名称

（1）主轴颈。主轴颈是曲轴的支承点，一般是实心的，有些曲轴采用空心的，以减轻质量。

（2）连杆轴颈。连杆轴颈与连杆大头相连，也有空心与实心之分。直列式发动机其数目与缸数相同，对V形排列的发动机则为缸数的一半。

在主轴颈和连杆轴颈之间有润滑油道相通，机油经机体上的油道进入主轴承润滑主轴颈，再由此油道进入连杆轴承润滑连杆轴颈（承），如图3-57所示。空心的连杆轴颈上的油孔内插入一个吸油管，管口位于油腔中心。当曲轴旋转时，油腔中的机油在离心力作用下将较重的杂质甩向油腔壁，油腔中心的清洁机油就经吸油管流到连杆轴颈工作表面。为了防止吸油管堵塞，应及时清除沉积在腔壁上的杂质。

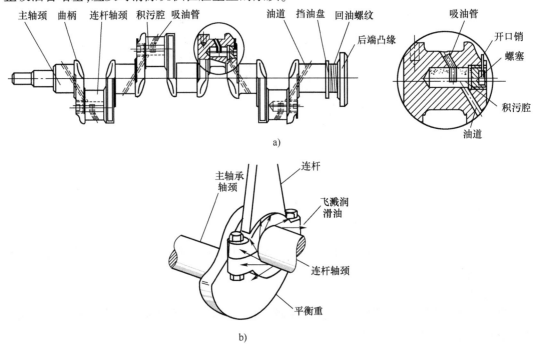

图3-57 曲轴内的润滑油道
a）润滑油道；b）轴承上的油从间隙处飞溅出去

（3）平衡重，用来平衡连杆大头、连杆轴颈和曲柄等产生的离心力和离心力矩，有时还为了平衡部分往复惯性力。平衡重有与曲轴制成一体的，也有分开制造的。平衡重在修理时不要轻易拆卸，如必须拆卸，应注意按原装配位置装配。

（4）曲轴前端。如图3-58所示，甩油盘的外斜面应向后，不得装错。有的中、小型发动机在曲轴前端还装有起动爪。

单元三　曲柄连杆机构

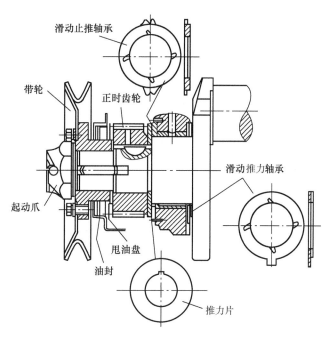

图 3-58　曲轴前端

(5) 曲轴后端。有安装飞轮用的凸缘,为了防止机油向后漏出,常采用甩油盘、油封(自紧油封或填料油封)及回油螺纹装置等,如图 3-59 所示。近年来自紧式橡胶油封采用的越来越多。

(6) 曲轴轴向定位装置。曲轴的轴向窜动会破坏曲柄连杆机构各零件的正确相对位置,故必须用推力片加以限制,而在曲轴受热膨胀时,又应允许它能自由伸长,所以曲轴上有一处设置了轴向定位装置(布置在第一道、最后一道或中间一道主轴颈处)。

一种是利用翻边轴承上的翻边部分作止推片;另一种是特制的一面具有减摩合金层的滑动止推轴承(半圆或整圆),如图 3-60 所示。安装时,应将止推片有减摩合金层的一面朝向旋转面。

(7) 曲拐的布置与多缸发动机的工作顺序见表 3-6。

曲拐的布置与多缸发动机的工作顺序　　　　表 3-6

发动机	做功间隔角(曲轴转角)	曲拐布置	工作顺序
四冲程直列三缸	720°/3 = 240°	3 个曲拐互成 120°	1、3、2 或 1、2、3
四冲程直列四缸	720°/4 = 180°	四个曲拐对称布置于同一平面内	1、2、4、3 或 1、3、4、2
直列六缸四冲程	720°/6 = 120°	六个曲拐均匀布置在互成 120°的三个平面内	1、5、3、6、2、4 或 1、4、2、6、3、5
V 形六缸四冲程	720°/6 = 120°	3 个曲拐互成 120°	R1、L3、R3、L2、R2、L1
V 形八缸四冲程	720°/8 = 90°	4 个曲拐互成 90°	R1、L1、R4、L4、L2、R3、L3、R2 或 L1、R4、L4、L2、R3、L3、R2、R1

注:V 形排列的发动机从前面往后看时,右列用 R 表示,分别为 R1、R2、R3…;左列用 L 表示,分别为 L1、L2、L3…。

67

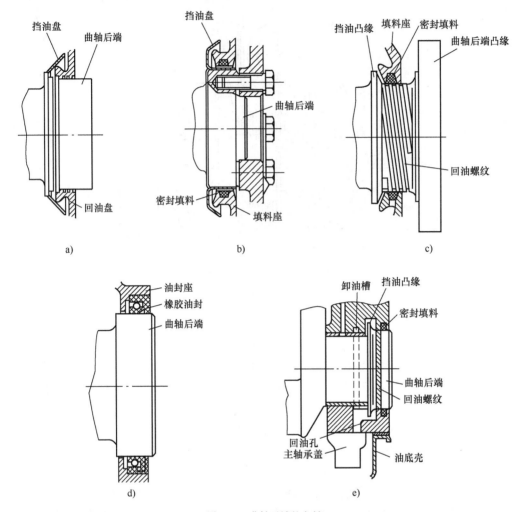

图 3-59 曲轴后端的密封

a)挡油盘+回油盘;b)挡油盘+密封填料;c)挡油凸缘+回油螺纹+密封填料;d)自紧式橡胶油封;e)卸油槽+挡油凸缘+回油螺纹+密封填料

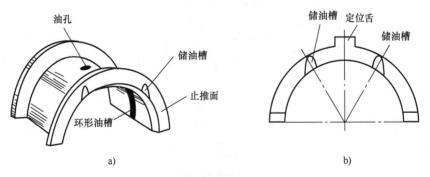

图 3-60 曲轴轴向定位装置

a)翻边轴承;b)半圆环推力片

直列四缸四冲程发动机工作循环见表3-7。曲拐布置如图3-61所示。

四冲程直列四缸发动机的工作循环表（工作顺序为1-3-4-2） 表3-7

曲轴转角(°)	第一缸	第二缸	第三缸	第四缸
0~180	做功	排气	压缩	进气
180~360	排气	进气	做功	压缩
360~540	进气	压缩	排气	做功
540~720	压缩	做功	进气	排气

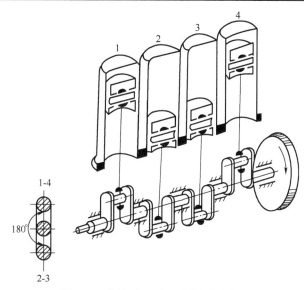

图3-61 直列四缸四冲程发动机曲拐布置

V形六缸四冲程发动机工作循环表见表3-8。直列六缸四冲程发动机曲拐布置如图3-62所示。

V形六缸四冲程发动机的工作循环表（工作顺序为R1-L3-R3-L2-R2-L1） 表3-8

曲轴转角(°)		R1	R2	R3	L1	L2	L3
0~180	0~60	做功	排气	进气	做功	压缩	进气
	60~120						
	120~180			压缩	排气	做功	
180~360	180~240	排气	进气				压缩
	240~300						
	300~360			做功	进气	排气	
360~540	360~420	进气	压缩				做功
	420~480						
	480~540			排气	压缩	进气	
540~720	540~600	压缩	做功				排气
	600~660						
	660~720		排气	进气	做功	压缩	

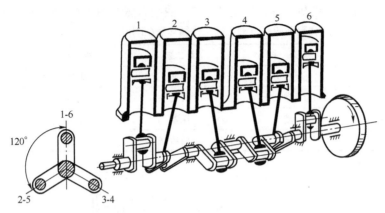

图 3-62　直列六缸四冲程发动机曲拐布置

V 形八缸四冲程发动机曲拐布置如图 3-63 所示。

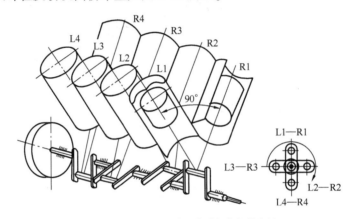

图 3-63　V 形八缸四冲程发动机曲拐的布置

4. 曲轴的损伤形式

曲轴的主要损伤形式有轴颈的磨损、弯曲与扭曲变形、断裂及其他部位的损伤。其中最常见的是磨损。

5. 曲轴损伤的检修

1）曲轴轴颈磨损的检修

（1）曲轴轴颈的磨损特点。

①主轴颈和连杆轴颈在径向的最大磨损部位发生在它们相互靠近的一侧,如图 3-64a)所示。

②连杆轴颈沿轴向呈锥形磨损。

a. 通向连杆轴颈的油道是倾斜的。因此,连杆轴颈在背离油道倾斜方向的一侧磨损较大,如图 3-64b)所示。

b. 连杆弯曲、汽缸中心线与曲轴中心线不垂直等原因也会使轴颈沿轴向受力不均而出现锥形磨损现象。

③连杆轴承油槽对连杆轴颈磨损的影响,如图 3-64c)所示。

④连杆轴颈的磨损大于主轴颈,主要是因为连杆轴颈的负荷较大、润滑条件差。

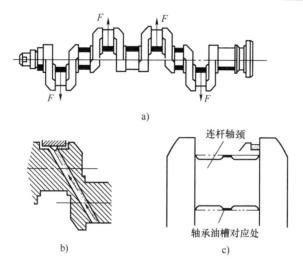

图 3-64 曲轴轴颈的磨损规律
a）轴颈径向最大磨损部位；b）连杆轴颈磨损部位；c）油槽与轴颈磨损的影响

⑤各道主轴颈在径向的最大磨损部位不一致。它会导致主轴颈同轴度的破坏，使曲轴出现附加载荷，甚至造成断裂。

轴颈表面还可能出现擦伤和烧伤。擦伤是由于机油不清洁，坚硬磨粒在轴颈表面划出沟痕。轴颈表面的烧伤是由于烧瓦造成的。

（2）曲轴轴颈磨损的检测。

首先检视轴颈表面有无擦伤沟痕或烧伤，然后用外径千分尺测量主轴颈和连杆轴颈的圆度和圆柱度误差。每个轴颈测量两个截面，每个截面测量 3～4 个点的直径。将每次测量的直径值记录下来，最后计算出曲轴各轴颈的圆度和圆柱度误差（计算方法同汽缸）。

（3）曲轴轴颈的磨削。

现代汽车发动机在轴承的配合上采用了以孔定轴的方法，这是由于轴承在结构上有很大改革、在质量上有很大提高，非常的耐磨，轴承是无刮削余量的。另一方面，厂方为方便修理，还生产有不同规格的备品轴承，同一级别的轴承还有几种不同的尺寸，供用户选用。所以，在确定曲轴修理尺寸时应该：

a. 大致测量一下曲轴轴颈的尺寸，根据测量的尺寸决定选配哪一级别和多大尺寸的轴承。

b. 将轴承先压装在轴承座上，并按规定的力矩扭紧紧固螺栓，再测量轴承内径尺寸。

c. 根据测量的内径尺寸，计算出曲轴轴颈的磨削量（如果不需要磨削时，更换合适的轴承就可）。

有些汽车采用软氮化工艺强化的曲轴，具有很好的耐磨性，强化层深度可达 0.20mm。这种曲轴不能磨削修理，表面强化层磨尽后，即应换用新轴（俗称一次性曲轴）。强化层的检验方法是用有机溶剂洗净轴颈表面的油污，然后喷洒 5%～10% 的氯化铜溶液，30～40s 后若不改变颜色，表明仍有强化层，若轴颈的圆度误差在公差范围之内，曲轴可继续使用；若溶液由浅蓝色变为透明，轴颈表面变为铜色，说明强化层已经磨尽，曲轴应予报废。此种曲轴的轴承间隙一般≥0.08mm，使用极限间隙≥0.12mm。

曲轴连杆轴颈和主轴颈的修理尺寸的级差一般为0.25mm，一般有6级修理尺寸（不同发动机不尽相同）。

由于曲轴的连杆瓦和主轴承是成套供应的，所以，连杆轴颈和主轴颈，应分别按同一级别的修理尺寸磨削。部分发动机曲轴主轴径连杆轴径修理尺寸见表3-9。

部分发动机曲轴主轴径连杆轴径修理尺寸　　　　表3-9

发动机	轴径名称	标准尺寸	修磨等级数	最后一级修磨尺寸	圆度误差（mm）		圆柱度误差（mm）	
					标准（新）	维修极限	标准（新）	维修极限
F23A3	1号、2号、4号主轴径	54.98～55.004			<0.005	<0.006	<0.005	<0.006
	3号主轴径	54.976～55.000						
	5号主轴径	54.992～55.016						
	连杆轴径	44.976～45.000						
ANQ	主轴径	$54.00_{-0.037}^{-0.017}$	三级	$53.25_{-0.037}^{-0.017}$				
	连杆轴径	$47.80_{-0.042}^{-0.022}$	三级	$47.05_{-0.042}^{-0.022}$				
BBG	主轴径	$65.00_{-0.042}^{-0.022}$	三级	$64.25_{-0.042}^{-0.022}$				
	连杆轴径	$54.80_{-0.042}^{-0.022}$	三级	$47.25_{-0.042}^{-0.022}$				
6BTA5.9	主轴径	83.000	四级	82.000	<0.005			
	连杆轴径	69.000	四级	68.000				
依维柯8140.27S	主轴径	76.187～76.200						
	连杆轴径	56.520～56.535						

由于曲轴很耐磨，一般的维修乃至第一次大修，一般都不需要磨轴，只需要换轴承。

2）曲轴弯曲与扭曲变形的检修

曲轴主轴颈同轴度误差>0.05mm为"弯曲"；连杆轴颈分配角误差>0°30′为"扭曲"。曲轴的弯曲和扭曲变形是由于使用或修理不当造成的。严重变形一般是由于机械事故引起的。

曲轴的弯曲变形会加剧活塞连杆组和汽缸的磨损、曲轴轴颈和轴承的磨损，甚至会使曲轴出现裂纹或断裂。

曲轴的扭曲变形改变了各缸间的曲柄夹角，影响发动机的配气正时和点火正时。

(1) 曲轴弯曲的检修。

检验：将曲轴第一道与最后一道主轴颈放在检验平板的V形块上，将百分表触头垂直地触及中间一道主轴颈，如图3-65所示。转动曲轴一圈，此时百分表指针最大摆差即为曲轴主轴颈的同轴度偏差。F23A3发动机曲轴的标准值为<0.03mm，维修极限为0.04mm，曲轴每一主轴颈均不能超过维修极限。

校正：曲轴弯曲超过允许极限时，应予校正。通常采用冷压校正法和表面敲击法。

冷压校正法，如图3-66所示，操作步骤如下。

①用两个V形块支撑起曲轴两端的主轴颈（与轴颈接触处垫以铜皮）；

②转动曲轴，使曲轴向上弯曲，将压床的压头对准中间主轴颈。在V形压具与主轴颈接触处垫以铜皮；

③使百分表的触头垂直地抵在两道被压主轴颈的正下方，转动表盘使表针指"0"；

④用压床的压头向下缓慢增压，压弯量为曲轴弯量的10～15倍（球墨铸铁曲轴，不大于10倍），并保持压力1.5～2min，然后检查校正后的弯曲度，直至校正合格；

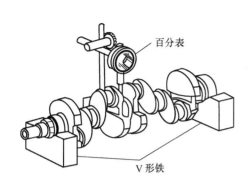

图 3-65 曲轴弯曲的检验

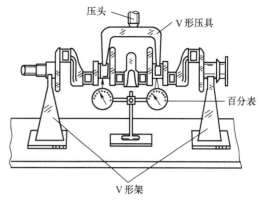

图 3-66 冷压校正

⑤将曲轴加热到 573~773K,保温 0.5~1h,进行时效处理,以消除冷压校正时产生的内应力,防止弯曲变形返弹。

曲轴弯曲变形较大时,应分几次校正至合格,以防一次压弯量过大而造成曲轴折断。

当曲轴的弯曲量≥0.30~0.50mm 时可采用表面敲击法校正,如图 3-67 所示。

(2)曲轴扭曲的检修。检验操作步骤如下:

①将曲轴置于检验平板的 V 形块上;

②第一缸、最后一缸的连杆轴颈转到水平位置;

③用百分表测量出这两个在同一方位上的连杆轴颈至平板的距离差值 $\Delta A(\text{mm})$,即得曲轴变形的扭转角 θ。

$$\theta = \frac{360\Delta A}{2\pi R} = 57\frac{\Delta A}{R}$$

式中:R——曲柄半径(mm)。

曲轴轻微扭曲,可结合连杆轴颈的磨削予以修理;扭曲严重时,则应报废曲轴。

3)曲轴裂纹与折断

曲轴由裂纹而折断是发动机的严重事故。曲轴易折断的部位如图 3-68 所示。当曲轴将裂断时,发动机振动极大,有沉重而粗闷的异常声响,下曲轴箱回响很大,随之发动机停止运转,则曲轴已完全折断。

图 3-67 表面敲击校正曲轴

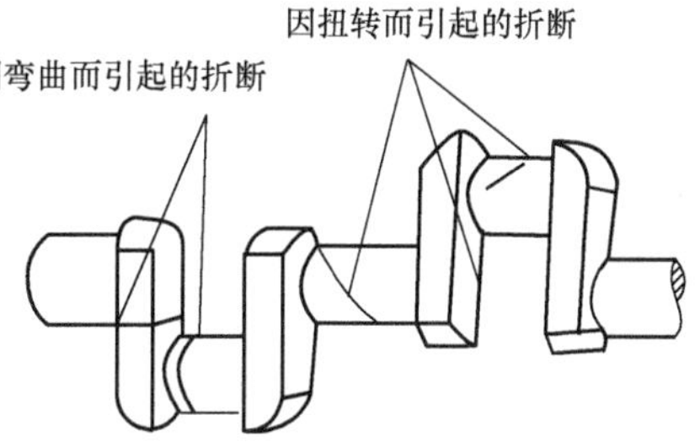

图 3-68 曲轴易折断的部位

(1)曲轴裂纹的检验方法。

①磁力探伤。用电磁探伤器,先将曲轴磁化,再用铁粉撒在需要检查的部位,用小锤轻轻敲击曲轴,若有裂纹,则在铁粉聚积的地方,就会出现清晰的裂纹线条。

②锤击法。清除曲轴上的油污,用煤油浸洗曲轴,取出抹拭干净。将曲轴两端支撑在木架上,用小手锤轻敲每道曲柄发出"锵、锵"的金属声,则表示无裂纹;若发出"波、波"的哑声,则表示有裂纹。在此部位用放大镜仔细查看,有油渍冒出或成一黑线的地方,就是裂纹所在。

③粉渍法。将曲轴用煤油或柴油浸洗,取出抹干表面后,在曲轴表面上均匀地涂上一层滑石粉,然后用小锤轻敲曲柄。若有裂纹,油渍就由裂纹内部渗出,使曲轴表面的滑石粉变成黄褐色。

(2)曲轴裂纹的修复。经发现横向裂纹,曲轴即应报废。对于轴颈表面细微的纵向裂纹,可结合曲轴磨削予以消除。

4)曲轴的其他损伤

①起动爪螺纹孔的螺纹损伤超过2牙或松旷时,可用加大螺纹孔的方法修复。但应注意不要损伤螺纹孔的倒角。

②后端凸缘盘中间轴承孔,对主轴颈轴线的径向跳动>0.06mm 时可采用镶套法修复。

③后端凸缘固定飞轮的螺栓孔,若磨损的圆度误差>0.035mm 时可扩孔修理,改用加大尺寸的固定螺栓来固定飞轮。

④曲轴后端凸缘盘圆跳动超限的检修。为了保证离合器、变速器的正常工作,曲轴修复后,曲轴后端凸缘盘的径向圆跳动、外端面端面圆跳动应符合技术要求。如图 3-69 所示,在曲轴回转一周过程中,百分表1 的最大读数差值即为飞轮凸缘的径向圆跳动值;百分表 2 的最大读数差值即为飞轮凸缘的外端面圆跳动值。在检测端面圆跳动时,若未指定测量半径,可将百分表的触头触在所测端面最大回转半径处测量。

另外,当曲轴油道堵塞时,用管道清洁器或合适的刷子清洁。曲轴键槽磨损、缺损时,应予以焊补,再将键槽铣削至原尺寸。

6. 曲轴主轴承

主轴承的结构基本与连杆轴承相同。主要不同点是为了向连杆轴承输送润滑油,在主轴承内表面开有周向油槽和通油孔;有些负荷不太大的发动机,上、下两片轴承都开有油槽和油孔,可以通用。有些发动机只在上轴承片开油槽和油孔,而负荷较重的下轴承片不开油槽,相应的主轴颈上开径向通孔。这样,主轴承便能不间断地向连杆轴承供给润滑油,如图 3-70 所示。使用过的主轴承不能互换,轴承盖也有编号。

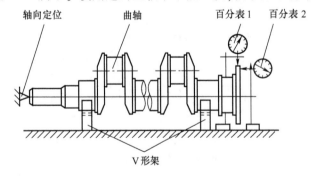

图 3-69 曲轴飞轮凸缘的径向和端面跳动检测

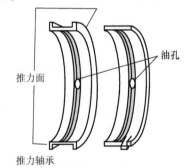

图 3-70 油孔和油槽

7. 曲轴轴承的检修

(1)曲轴轴承常见的损伤有磨损、疲劳剥落、刮伤、烧熔等。

(2)检验。先将曲轴主轴承及座孔、盖等清洗干净。若合金表面存在明显的环状沟槽或麻点时应予以报废。

合金表面有少量很浅的环状沟痕或少量麻点剥落对轴承承载能力影响不大时,用内径百分表进一步检查轴承的尺寸及几何形状。

(3)轴承的选配。现代汽车发动机在制造和维修时,其轴承都是直接选配的,已不再使用"刮"或"镗"的修配方法。严禁对曲轴轴承进行镗削或手工刮配。

8.轴承间隙及连杆轴向间隙的检验

曲轴轴承间隙是指曲轴的径向间隙、轴向间隙。发动机在二级维护时,应检查轴承间隙,当其接近或超过限值时,应更换轴承。发动机大修时应更换全部轴承。

(1)轴承(主轴承、连杆轴承)径向间隙的检验。轴承与轴颈间的间隙即为轴承径向间隙。

①用塑料线规检验。一些汽车的轴承配件中配有供检验径向间隙用的专用塑料线规。如图 3-71 所示,检验时,拆下轴承盖,把量规与轴颈平行放置于轴承中,装上轴承盖,按规定扭矩紧固轴承螺栓,不得转动曲轴。然后拆下轴承盖,取出已压扁的塑料线规,与带有不同宽度刻线(或色标)的量规标尺(有的用第一道主轴承侧面上不同宽度的刻线作为线规标尺)相对比,量规标尺上与被压扁的塑料线规宽度相等的刻线(或色标)所标示的值,即为轴承的径向间隙值。如果其值不在规定范围内,则更换轴承。

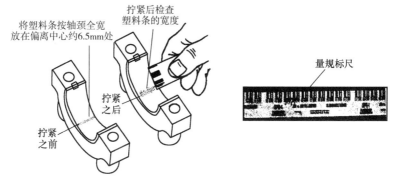

图 3-71 用塑料线规检查轴承间隙

②通用量具检验法。分别用内径千分尺和外径千分尺分别测量轴颈的外径和轴承的内径,两个尺寸差,即为它们的间隙。

③手感检验法。技术熟练的工人,多用手感法来检验轴承的径向间隙。将轴承盖螺栓按规定顺序及力矩拧紧后,用适当的力矩(四道轴承的用 30~40N·m;七道轴承的有 60~70N·m)转动曲轴,以试其松紧度。或用双手扭动曲柄使曲轴转动,试其松紧度。连杆轴承的配合间隙符合标准时,将连杆按规定装在轴颈上,然后用手使劲甩动连杆小头,连杆应能转动 1.25~1.75 圈。

④清洁轴颈、轴承。在它们之间放一比轴承标准间隙约大两倍的软铅片或纸片,按规定力矩拧紧轴承盖,然后卸下盖,取下铅片或纸片,用千分尺测其厚度,即为轴承的径向间隙。

(2)曲轴轴向间隙的检验。曲轴轴向间隙是指轴承承推端面与轴颈定位肩之间的间隙。一般是在拆卸曲轴之前用撬杠将曲轴撬向一端,并用百分表或塞尺测量出曲轴的轴向间隙,如图 3-72 所示。

该间隙过大、过小可通过更换推力轴承或推力垫片进行调整。有的发动机曲轴轴向间隙以某一主轴颈定位,当此主轴颈长度大于规定值时,应更换曲轴。

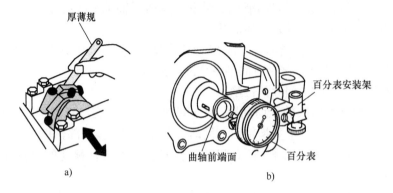

图3-72 检查曲轴轴向间隙
a)厚薄规测量法;b)百分表测量法

(3)连杆轴向间隙的检验,如图3-73所示。几种发动机曲轴轴承间隙及连杆大端间隙值见表3-10。

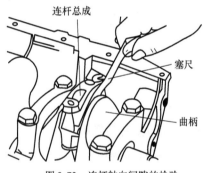

图3-73 连杆轴向间隙的检验

9. F23A3发动机轴承间隙的检验及轴承的选配

(1)检查主轴承间隙的方法。

①拆下主轴承盖及轴承。

②用清洁的布擦净每个主轴颈和轴承。

③将塑胶量规(即塑料线规)置于每个主轴颈上。

④重新安装轴承及主轴承盖,并拧紧螺栓(拧紧力矩为69N·m)。

注意:如果在拧紧主轴承螺栓检查间隙时发动机是在车上,则曲轴及驱动盘等的重量将增加塑胶量规的变形量而使读出的测量值出现误差。为避免这种误差,应用千斤顶顶在平衡重块下以支撑曲轴,并且每次只检查一个轴承。在检查过程中不要转动曲轴。

几种发动机曲轴轴承间隙及连杆大端间隙值　　　　　表3-10

发动机	曲轴径向间隙(mm)		曲轴轴向间隙(mm)		连杆径向间隙(mm)		连杆轴向间隙(mm)	
	标准	磨损极限	标准	磨损极限	标准	磨损极限	标准	磨损极限
F23A3	1、2、4号轴承为0.021~0.045;3号轴承为0.025~0.049;5号轴承为0.009~0.033	1、2、4号轴承为0.050;3号轴承为0.055;5号轴承为0.040	0.10~0.35	0.45	0.021~0.049	0.060	0.05~0.30	0.40
ANQ	0.01~0.04	0.15	0.07~0.1	0.30	0.01~0.05	0.12	0.10~0.35	0.40
6BTA5.9	0.041~0.119	0.20	0.10~0.30	0.355	0.038~0.116	0.20	0.20~0.50	
依维柯8140.27S	0.040~0.097		0.070~0.320		0.030~0.075			

⑤再次拆下轴承盖、轴承,测量塑胶量规最宽部分,各主轴承间隙见表3-11。

F23A3 发动机各主轴承的间隙　　　　　　　　　　　　　　　表 3-11

测量的轴承	标准(新)值(mm)	维修极限(mm)
1、2、4 号	0.021 ~ 0.045	0.050
3 号	0.025 ~ 0.049	0.055
5 号	0.009 ~ −0.033	0.040

⑥若检查间隙过大或过小(若发动机仍在车上,则将其拆下),则拆下曲轴和轴承,换上一套新的具有相同色码的轴承,并重新检查间隙。

⑦若检查间隙仍不在正常范围之内,则试一下较大或较小的轴承(按色码选原轴承的上一个或下一个颜色),并再次检查间隙。

⑧若通过换适当大些或小些的轴承仍不能得到适当的间隙,则需更换曲轴,并再次检查轴承的间隙。不要通过修整轴承的方法来调整间隙。

(2)曲轴主轴承的选配。在缸体、曲轴和轴承上标有相应的数字、条形码、字母或颜色来表示尺寸大小级别,以供选配轴承之用。

①主轴承孔的代码用印在缸体端部的数字、字母或条形码表示,如图 3-74 所示。其中带轮侧的第一个代码表示 1 号主轴承孔,靠驱动盘侧的第一个代码表示 5 号主轴承孔。

②主轴颈的代码位置如图 3-75 所示,以数字或条形码表示。

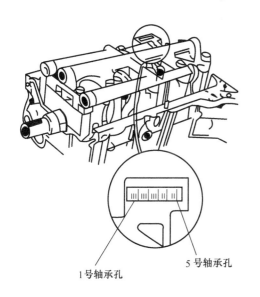

图 3-74　曲轴主轴承孔代码位置

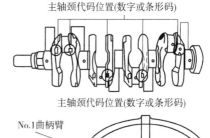

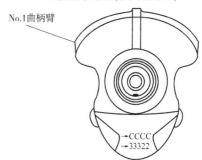

图 3-75　曲轴主轴颈代码位置

③轴承的代码用其边缘的颜色表示,如图 3-76 所示。

选配轴承时,通过缸体上的主轴承孔代码和曲轴上的主轴颈代码来选择适当颜色的轴承。轴承选配时大小级别的识别见表 3-12。

(3)连杆轴承间隙的检查。

①拆下连杆轴承盖及轴承。

②用清洁的布擦净每个连杆轴颈和轴承。

主轴承选配时大小级别的识别表　　　　　　　　　　　　　表3-12

轴承识别色码位于轴承边缘		→主轴承孔渐大			
		1 或 A 或 l	2 或 B 或 l l	3 或 C 或 l l l	4 或 D 或 l l l l
		→主轴承渐小(渐厚)			
↓ 主轴颈 渐小	1 或 l	粉	粉/黄	黄	黄/绿
	2 或 l l	粉/黄	黄	黄/绿	绿
	3 或 l l l	黄	黄/绿	绿	绿/棕
	4 或 l l l l	黄/绿	绿	绿/棕	棕
	5 或 l l l l l	绿	绿/棕	棕	棕/黑
	6 或 l l l l l l	绿/棕	棕	棕/黑	黑

（表中"轴承渐小（渐厚）"列位于中间↓处）

③将塑胶量规置于每个连杆轴颈上。

④重新安装轴承及连杆轴承盖,以20N·m的力矩拧紧螺母,然后在连杆和螺栓头上作上标记,再将螺栓拧紧90°。

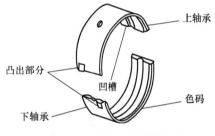

图3-76　曲轴主轴承代码位置

注意在检查过程中不要转动曲轴。

⑤再次拆下轴承盖和轴承,并测量塑胶量规最宽部分,轴承间隙标准(新)值为0.021~0.049mm,维修极限值为0.060mm。

⑥若检查间隙过大或过小,则拆下上轴承,换上一套新的具有相同色码的轴承,并重新检查间隙。

⑦若检查间隙仍不在正常范围之内,则试一下较大或较小的轴承(按色码选原轴承的上一个或下一个颜色),并再次检查间隙。

⑧若通过换适当大一些或小一些的轴承仍不能得到适当的间隙,则需更换曲轴,并再次检查轴承的间隙。

不要通过修整轴承的方法来调节连杆轴承间隙。

（4）曲轴连杆轴承的选配。在连杆、曲轴和轴承上标有相应的数字、条形码、字母或颜色来表示尺寸大小级别,以供选配轴承之用。

①连杆大端轴孔的代码用压印在连杆侧面的数字、字母或条形码表示,数码或条形码的一半压印在连杆的轴承盖上,另一半则压印在连杆上,如图3-77所示。连杆大端的孔径标准值为48.000mm,其公差范围为0~0.024mm,分成4级,按每级0.006mm递增。

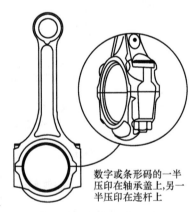

图3-77　连杆大端轴孔代码的位置

②连杆轴颈的代码位置如图3-78所示,以数字或条形码表示。

③连杆轴承的代码也用其边缘的颜色表示。

选配轴承时,通过连杆上的连杆大端轴孔代码和曲轴上的连杆轴颈代码来选择适当颜色的轴承。轴承选配时大小级别的识别见表3-13。

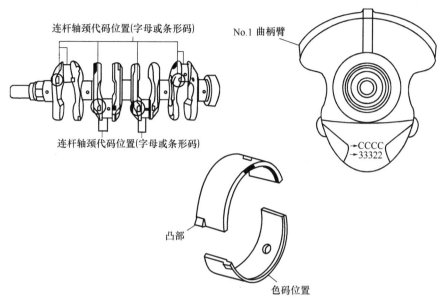

图 3-78 连杆轴颈代码位置

曲轴连杆轴承选配时大小级别的识别表 表3-13

轴承识别色码位于轴承边缘		→连杆大端轴孔渐大			
		1 或 I	2 或 I I	3 或 I I I	4 或 I I I I
		→连杆轴承渐小（渐厚）			
↓ 主轴颈 渐小	A 或 I	↓ 轴承渐小 （渐厚）	红	粉	黄	绿
	B 或 I I		粉	黄	绿	棕
	C 或 I I I		黄	绿	棕	黑
	D 或 I I I I		绿	棕	黑	蓝

二、扭转减振器

发动机运转时，曲轴在周期性变化的转矩作用下，各曲拐之间发生周期性相对扭转的现象，称为扭转振动。随着曲轴转速的变化，当连杆作用在曲轴上的扭转外力的变化频率与曲轴自振频率成整数倍关系时，便出现共振。这会引起功率损失、传动机构磨损加剧，严重时甚至会将曲轴扭断，如图 3-79 所示。为了消减曲轴的扭转振动，许多发动机在曲轴上装有扭转减振器，如图 3-80 所示。

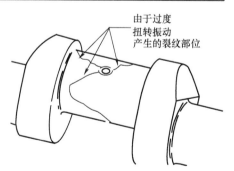

图 3-79 曲轴轴颈扭转疲劳断裂

发动机常用的是橡胶扭转减振器、硅油减振器、硅油-橡胶扭转减振器。

1. 橡胶扭转减振器

如图 3-80a）所示，转动惯量较大的惯性盘和用薄钢片冲压制成的减振器壳体之间粘接着一层橡胶层。减振器壳体用螺栓与带轮及轮毂紧固在一起。当曲轴发生扭转振动时，曲轴前端的角振幅最大，并和装成一体的减振器壳体一起振动。惯性盘则因转动惯量较大而相当于一个转速比较均匀的小飞轮。这样,减振器壳体相对于惯性盘就产生了相对转动,而使橡胶层产生正反方向交替变化的扭转变形。因变形而产生的橡胶内部的分子摩擦生热,消耗了扭转振动能量。图3-80b)为带轮与橡胶扭转减振器的组合件,图3-80c)为复合惯性质量减振器,既能消减曲轴扭转振动振幅,又能消减曲轴的弯曲振动的振幅,大大消除由传动系统扭振而引起的变速器噪声,满足乘员在乘坐时的安稳和舒适。

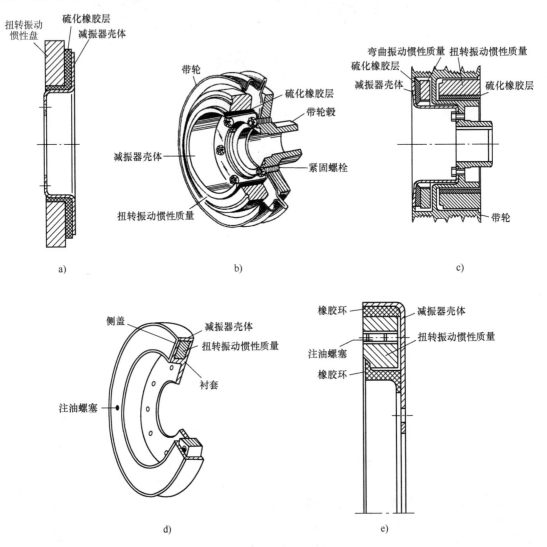

图3-80 曲轴扭转减振器

a)橡胶扭转减振器;b)带轮-橡胶扭转减振器;c)复合惯性质量减振器(尼桑 VH45DE);d)硅油扭转减振器;e)硅油-橡胶扭转减振器

2. 硅油扭转减振器

如图3-80d)所示,由钢板冲压而成的减振器壳体与曲轴连接,侧盖与减振器壳体组成闭腔,其中滑套着扭转振动惯性质量。惯性质量与封闭腔之间留有一定间隙,里面充满高黏度硅油。曲轴的振动能量被硅油的内摩擦阻尼吸收,使扭振消除或减轻。

3. 硅油-橡胶扭转减振器

如图3-80e)所示,橡胶环主要作为弹性体,并用来密封硅油和支撑惯性质量。在封闭腔内注满高黏度硅油。

有的曲轴扭转减振器上还有不连续的钢片,以产生曲轴转速的监测信号。

4. 曲轴扭转减振器的检查

对橡胶扭转减振器进行检查时,若发现减振器的壳与惯性盘之间的橡胶层脱层,出现相对转动,两者的装配记号(刻线)相错,说明扭转减振器已丧失了工作能力,应予更换。

硅油扭转减振器正常工作时,密封外壳应烫手。若无热感,则已失效,不能再用。

扭转减振器的质量是针对具体的发动机量身定做的,如果使用了不正确的减振器就可能使曲轴产生振动,易导致曲轴损坏。通过观察正时标记可识别出不正确的减振器,错误的减振器上的正时标记与缸体前面的标记不能对齐。

三、飞轮

1. 作用

贮存做功行程的部分能量克服其他行程中阻力;带动曲柄连杆机构越过上、下止点;保证曲轴的转速及转矩的输出尽可能均匀;使发动机有克服短时间的超负荷的能力;便于发动机的起动;作为离合器的主动部分。

2. 材料及结构

飞轮是一个铸铁圆盘外圈镶有供起动用的钢制齿圈,用螺栓紧固在曲轴后端凸缘上。飞轮上通常刻有第一缸的上止点记号,用来校准点火定时或喷油定时以及调整气门间隙。当飞轮上的记号与飞轮壳上的记号对准时,一缸活塞正处于上止点位置,如图3-81所示。有的电喷发动机的飞轮上还装有曲轴位置传感器的触发齿轮。

飞轮、曲轴各自都需进行静、动平衡试验,两者装配后也进行了动平衡试验。为了在拆装时不改变它们原有的相对位置,用定位销、不等距布置的螺栓孔、不等径的固定螺栓等方法予以保证。

对于采用自动变速器的汽车曲轴后端凸缘上直接装置液力变矩器,其壳体外圆镶有供起动用的齿圈。

3. 飞轮的损伤形式

飞轮的损伤有齿圈齿的磨损、轮齿折断、飞轮端面的磨损、飞轮螺栓孔的损伤等。

4. 飞轮损伤的检修

1)飞轮齿圈的磨损和轮齿折断

(1)原因。在起动发动机时,起动机小齿轮与飞轮齿圈的齿端发生碰撞磨损;啮合时轮齿会发生磨损或折断;齿圈材质不佳。

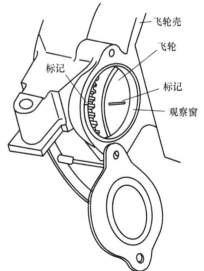

图3-81 飞轮的结构及正时记号

(2)检修。飞轮齿圈的齿面磨损后,可将齿圈翻面再用。当轮齿连续损坏,崩齿三个以上,或齿圈已双面严重磨损,应更换齿圈。

可在外围以多点敲击的方式拆卸齿圈,注意应在齿圈完全冷态下进行。齿圈在装配前,最好用锉刀将齿逐一倒角,使其易于啮合,减少损伤。齿圈与飞轮的装配是用热压配合,它们的配合过盈量一般是 0.3~0.6mm。装配时将已加工好的齿圈加热到 300~350℃,热套在加工好的飞轮外周的凸缘上。

2) 飞轮端面的磨损

飞轮端面磨损或形成波浪形槽,应用油石磨平,深度 >0.50mm 或平面度误差 >0.15mm 时,应车削或磨削加工。当深度≥0.50mm 时允许有不多于两道环形沟痕存在,但应去掉毛刺。经过修整后,和新飞轮比较,减薄的厚度不多于 2mm。

3) 飞轮螺栓(母)损伤的检修

飞轮螺栓(母)松动将造成机械事故。飞轮螺栓(母)损伤均应更换新件。

5. 飞轮壳(离合器壳)的检修

飞轮壳的主要损伤形式有变形、裂纹。

飞轮壳后部安装变速器的承孔变形及后端面变形的常用修理方法是把飞轮壳组装在汽缸体上,以曲轴主轴承承孔的公共轴线为基准镗变速器承孔,同时铲削或修磨后端面。承孔扩大后,再用镶套或刷镀的方法恢复到原尺寸。

飞轮壳与汽缸体结合的定位销,如有松动变形,应及时更换。飞轮壳出现裂纹,应予以报废。

四、平衡机构

发动机工作时,曲柄连杆机构将产生一阶往复惯性力 F_{jI} 如图 3-82 所示。一阶往复惯性力 F_{jI} 与曲轴转角的余弦成正比,二阶往复惯性力 F_{jII} 与二倍曲轴转角的余弦成正比。四冲程直列发动机一阶往复惯性力 F_{jI} 及力矩和二阶往复惯性力的力矩都能平衡,而二阶往复惯性力 F_{jII} 则不能平衡,因此,需采用两根平衡轴且它们与曲轴中心线平行、等距,旋转方向相反,转速相同(都为曲轴转速的两倍),以此来平衡 F_{jII},提高舒适性、降低噪声。

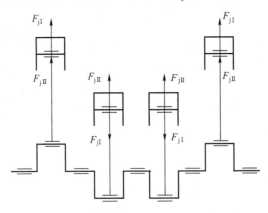

图 3-82 作用在曲轴上的一、二阶往复惯性力

F23A3 发动机装置了两根平衡轴用以平衡往复惯性力,如图 3-83 所示。

下面以 F23A3 发动机为例说明平衡机构的检修。

单元三　曲柄连杆机构

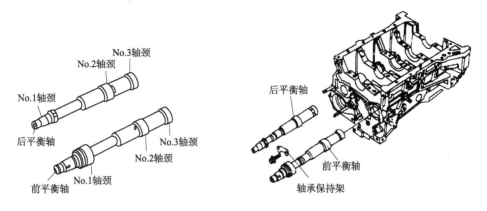

图 3-83　F23A3 发动机前后平衡轴

1. 平衡轴的检查

（1）检查平衡轴的端隙。在拆下右侧盖和平衡轴齿轮壳体时应先检查平衡轴端隙。

①用力将前平衡轴推离百分表,然后将百分表测量杆贴住前平衡轴端面并调零,再用力将平衡轴拉向百分表,从百分表读出前平衡轴的端隙。

前平衡轴的标准端隙为 0.10～0.40mm。如果端隙过大,应检查保持架和平衡轴推力表面,如图 3-84 所示。

②用同样的方法检查后平衡轴端隙。后平衡轴的标准端隙为 0.04～0.15mm。如果端隙过大,应检查止推垫圈和从动齿轮的止推表面以及机油泵体。

轴承保持架（前）和推力垫圈（后）的厚度是固定的,不能采用研磨或加减垫片的方法来进行调整。

（2）检查平衡轴。检查前应清洁平衡轴。

①检查平衡轴表面和轴承表面。正常的表面应似镜面,如果有磨损、损坏和变色,则更换轴承或平衡轴。若更换了 1 号后轴承,机油泵壳体需同时更换。

②测量平衡轴轴颈的圆柱度。如图 3-85 所示,标准的圆柱度为 0.005mm。

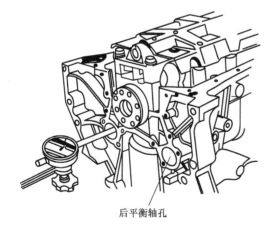

图 3-84　检查前平衡轴端隙

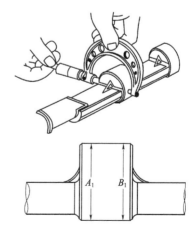

图 3-85　检查平衡轴轴颈圆柱度

③测量前后平衡轴 2 号轴颈的径向跳动,以检验平衡轴的弯曲程度。如图 3-86 所示,平衡轴的径向跳动量,标准值(新)为 0.02mm,维修极限为 0.03mm。

④测量前后平衡轴各轴颈的直径。各轴颈参数见表 3-14。

平衡轴轴颈的直径　　　　　　　　　　　表 3-14

测量的轴颈	标准值(新)(mm)	维修极限(mm)
1 号轴颈(前)	42.722～42.734	42.710
1 号轴颈(后)	20.938～20.950	20.920
2 号轴颈(前、后)	38.712～38.724	38.700
3 号轴颈(前、后)	34.722～34.734	34.710

(3)检查平衡轴轴承。

①从缸体上拆下曲轴、活塞和其他零部件后,擦净平衡轴轴承和机油泵壳,并检查轴承的表面,若有磨损、损坏或变色,则更换轴承或机油泵壳。

②测量缸体、机油泵上的平衡轴轴承内径,如图 3-87 所示。各轴承的内径见表 3-15。

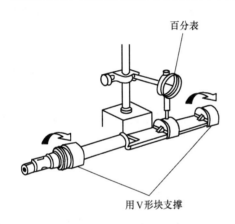

图 3-86　检查平衡轴径向跳动

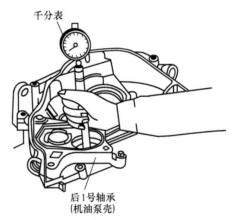

图 3-87　测量机油泵上的平衡轴轴承内径

平衡轴轴承的内径　　　　　　　　　　　表 3-15

测量的轴承	标准值(新)(mm)	维修极限(mm)
1 号轴承(前)	42.800～42.820	42.830
1 号轴承(后)	21.000～21.013	21.020
2 号轴承(前、后)	38.800～38.820	38.830
3 号轴承(前、后)	34.800～34.820	34.830

③计算平衡轴轴承的间隙,将平衡轴轴承的内径减去平衡轴轴颈的直径即为轴承的间隙,各轴承的间隙见表 3-16。

平衡轴轴承的间隙　　　　　　　　　　　表 3-16

轴　　承	标准值(新)(mm)	维修极限(mm)
1 号轴承(前)	0.066～0.098	0.120
1 号轴承(后)	0.050～0.075	0.090
2 号轴承(前、后)	0.076～0.108	0.130
3 号轴承(前、后)	0.066～0.098	0.120

2. 平衡轴的安装

①将平衡轴插入缸体,然后将保持架安装到前平衡轴和缸体上。

②在机油泵与缸体接触表面涂上液体密封剂,然后将机油泵安装到缸体上。

在安装机油泵时,在油封唇部略加润滑脂,然后将机油泵的内转子与曲轴对齐,并装上机油泵。机油泵安装到位后,将曲轴和平衡轴上的多余润滑脂擦掉,并检查油封唇部有无变形。

③安装隔板和机油滤网。

④用旋具固定住前平衡轴,装上平衡轴从动带轮。

⑤在平衡轴齿轮和推力面上涂上二硫化钼润滑脂,如图 3-88 所示。

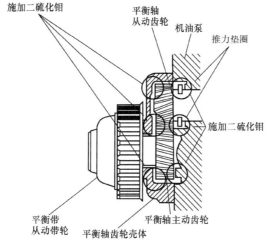

图 3-88 平衡轴齿轮止推面加润滑脂

⑥用定位螺栓固定住后平衡轴,装上后平衡轴从动齿轮,如图 3-89 所示。

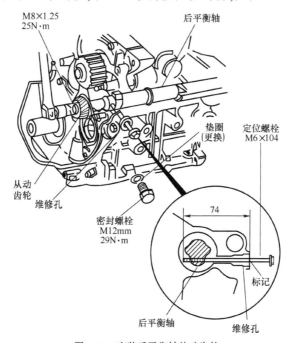

图 3-89 安装后平衡轴从动齿轮

⑦将平衡轴齿轮外壳安装到机油泵上。

在安装平衡轴齿轮外壳时,用定位螺栓固定住后平衡轴,并使带轮边缘上的凹槽与齿轮壳体上的定位标记对齐,然后将齿轮壳装上,如图3-90所示。

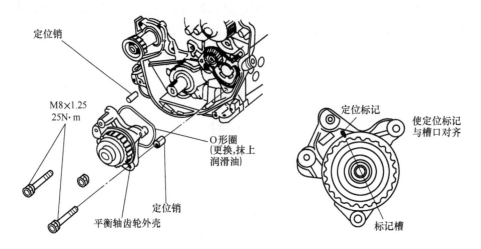

图3-90 安装平衡轴齿轮外壳

⑧安装平衡轴齿轮壳体后,再检查定位标记是否对齐。

五、发动机的支撑

1. 类型

发动机一般通过汽缸体和飞轮壳或变速器壳上的三点或四点弹性支撑支承在车架上。三点支承有前一后二、前二后一两种;四点支承为前二后二的支承方式,如图3-91所示。

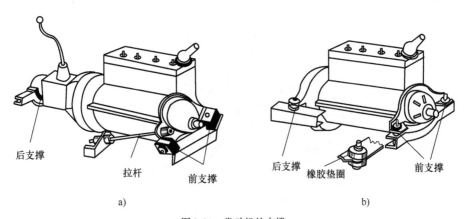

图3-91 发动机的支撑
a)三点支撑;b)四点支撑

采用弹性支撑是为了消除在汽车行驶中车架的扭转变形对发动机的影响及减少传给底盘和乘员的振动和噪声。

ANQ发动机及F23A3发动机的后支撑采用液力支撑,不仅具有低刚度、大阻尼的特性,而且可以很好吸收和衰减发动机的振动。

2. F23A3 发动机支座控制系统

(1)组成与结构如图 3-92 所示,控制原理如图 3-93 所示。

发动机在非怠速工况下运转时,发动机支座内上下液压室之间主通道被转阀关闭,上下液压室的油只能通过截面积很小的旁通道流通,因此,发动机支座的刚度和阻尼符合发动机非怠速工况运转的需要。当发动机的转速低于 850r/min 的怠速工况时,ECM 发出控制信号,发动机支座电磁阀开启,使进气歧管的真空度作用于真空膜片阀,真空膜片阀动作,将发动机支座内的转阀转动 80°,使上、下液压室之间的主油压通道打开,增大了液压油上、下流动量,从而降低了发动机在怠速工况的振动。

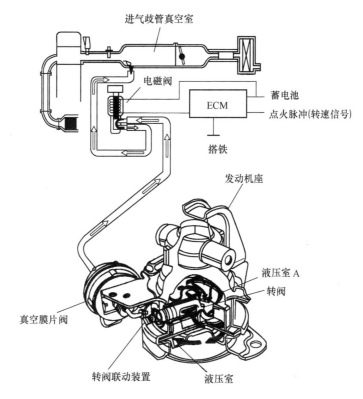

图 3-92 F23A3 发动机支座控制系统组成与结构

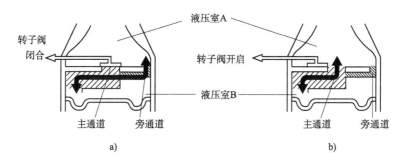

图 3-93 F23A3 发动机支座控制原理
a)发动机正常运转时;b)发动机怠速运转时

(2)发动机支座控制系统电路如图3-94所示。

(3)F23A3发动机支座控制系统故障检修。

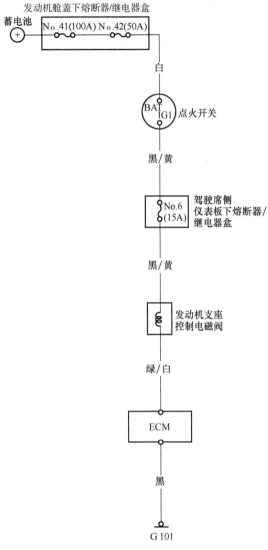

图3-94 发动机支座控制系统电路

发动机在怠速时振动过大,有可能是发动机支座控制系统的故障。故障检修步骤与方法如下。

① 检查发动机支座控制系统的真空软管及管路,看有无破损和连接不良。

如果有,予以修理或更换;如果正常,则进行下一步检修。

② 检查发动机的怠速,将发动机运转至正常的工作温度(冷却风扇启动),看发动机的怠速是否低于800r/min。

如果不是,调整发动机的怠速;否则进行下一步检修。

③ 检查发动机支座控制系统,方法如下:

a. 将制动踏板完全踩下。

b. 自动变速器操纵手柄挂入前进挡位或倒挡位。

c. 在上述情况下,将发动机支座控制电磁阀的2芯(图3-95)插头断开后再接上,看发动机怠速的振动有无明显的变化。

如有明显的变化,则说明发动机支座控制系统工作正常,发动机怠速时振动过大可能是其他的原因;如果无明显的变化,则进行下一步检修。

(4)检查发动机支座控制电磁阀线路(电源侧)。

① 将自动变速器挡位置于P或N位置。

② 断开发动机支座控制电磁阀的2芯插头。

③ 接通点火开关,测量2芯插头2号端子对地电压,看是否为蓄电池电压。

如果无蓄电池电压,则需检修2芯插头与驾驶席侧仪表板下熔丝/继电器盒中的6号(15A)熔丝之间黑/黄导线的断路故障;如果电压正常,则进行下一步检修。

(5)检查发动机支座控制电磁阀线路(ECM侧)是否断路,接通点火开关,测量2芯插头两端子之间的电压,如图3-96所示。看是否为蓄电池电压,如果无蓄电池电压,则需检修2芯插头与ECM的A2端子之间绿/白导线的断路故障,若线路良好,则更换一个ECM再试;如果是蓄电池电压,则进行下一步检修。

(6)检查发动机支座控制电磁阀线路(ECM侧)是否短路。

①将发动机转速提高到1000r/min以上。

②测量发动机支座控制电磁阀2芯插头两端子之间的电压,看是否还是蓄电池电压。如果是蓄电池电压,则需检修2芯插头与ECM的A2端子之间绿/白导线的短路故障,若线路良好,则更换一个ECM再试;如果无蓄电池电压,则进行下一步检修。

(7)检查发动机支座及真空软管。

①拆下发动机支座控制电磁阀上部真空软管。

②将真空泵/真空表连接到软管上,如图3-97所示。并抽真空20s,看发动机支座是否能保持真空。如果不能,则需更换真空软管、发动机支座;如果能保持,则进行下一步检修。

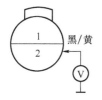

图3-95 检查发动机支座监控电磁阀电源线路

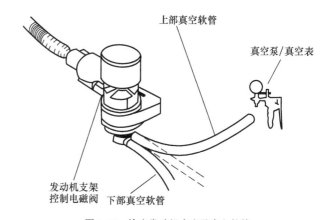

图3-96 检查发动机支座控制电磁阀插头端子之间电压

图3-97 检查发动机支座及真空软管

(8)检查发动机支座,释放真空后再抽真空,检查在抽真空和不抽真空时发动机怠速的振动是否有明显变化。如果无明显变化,则更换发动机支座;如有明显变化,则进行下一步检修。

(9)检查发动机支座控制电磁阀,拆下发动机支座控制电磁阀下部真空软管,并接上真空表,检查是否有真空。如果无真空,视情况进行修理;如果有真空,则更换发动机支座控制电磁阀。

(10)发动机支座真空膜片阀的检修。

①拆下发动机支座控制电磁阀上的真空软管后拆下发动机支座。

②清洁发动机支座控制真空膜片阀杆、支座转阀杆、联动机构,并涂上机油。

③检查发动机支座,接上真空泵/真空表,给膜片阀施加约31kPa的真空,看转阀杆是否转动了约80°,如图3-98所示。如果不能转动或转动角度过小,则更换发动机支座。

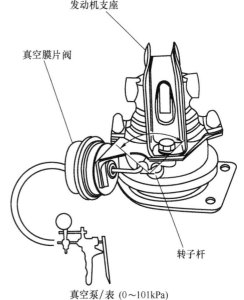

图3-98 检查发动机支座控制膜片阀

单元四
配 气 机 构

课题一　配气机构的结构与配气相位

一、配气机构的作用和组成

汽车用四冲程发动机采用气门式配气机构。

(1)作用。按照发动机的工作循环和点火次序的要求,定时开启和关闭各缸进、排气门,使新鲜可燃混合气(汽油机)或空气(柴油机)及时进入汽缸,并将燃烧后的废气从汽缸排出。

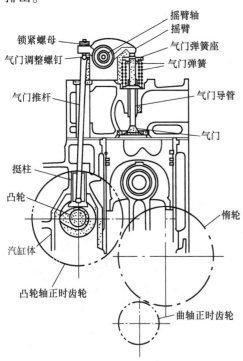

图 4-1　配气机构的组成

(2)组成。配气机构由气门组和气门传动组组成,如图4-1所示。气门组包括气门、气门座、气门导管、气门弹簧及座圈、锁片(锁销)、油封等;气门传动组由凸轮轴、摇臂、摇臂轴、推杆、挺柱和正时皮带轮(正时齿轮)等组成。每个车型的发动机配气机的结构、组成有所不同。

二、配气机构的工作原理和布置形式

1. 工作原理

发动机工作时,曲轴通过正时齿轮驱动凸轮轴旋转。当凸轮轴转到凸轮的凸起部分顶起气门传动组件时,摇臂绕摇臂轴摆动,压缩气门弹簧,使气门离座,即气门开启。当凸轮凸起部分离开后,气门便在气门弹簧力的作用下而落座,即气门关闭。

四冲程发动机每完成一个工作循环,曲轴旋转两周,各缸的进、排气门各开启一次,此时凸轮轴只旋转一周。因此,曲轴与凸轮轴的转速之比为2:1。

2. 布置形式

配气机构的布置形式与气门的布置有关,而驱动方式则与凸轮轴的布置形式有关。

配气机构按气门的布置位置不同可分为顶置气门式、侧置气门式和混合式3种类型,如图4-2所示,现代汽车发动机都采用顶置气门式配气机构;按凸轮轴的布置位置不同可分为凸轮轴下置、凸轮轴中置和凸轮轴上置3种类型,如图4-3所示;按每汽缸气门数目不同可分为2气门式和多气门式发动机(3气门式、4气门式、5气门等),如图4-4所示。

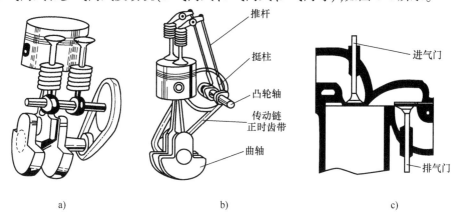

图4-2 配气机构的布置形式
a)侧置气门式;b)顶置气门式;c)混合式

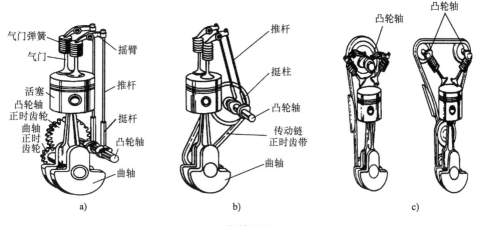

图4-3 凸轮轴的布置形式
a)下置式;b)中置式;c)上置式

3. 凸轮轴的传动方式

凸轮轴由曲轴驱动,根据凸轮轴的位置不同,传动方式有齿轮传动、链轮传动或齿形皮带传动3种形式。

1)齿轮传动

凸轮轴下置式配气机构大多数采用圆柱正时齿轮传动,见图4-3a)。一般由曲轴到凸轮轴只需一对正时齿轮传动,多用于转速较低的发动机。

凸轮轴中置式配气机构,见图4-3b),缩短了传动零件的长度,因为凸轮轴的中心线距离曲轴中心线较远,所以需加中间齿轮(惰轮)。

2)链条传动

适用于顶置凸轮轴式配气机构,如图4-5所示。为使在工作时链条有一定的张力而不致脱链,减少运动时的振动和噪声,通常装有导链板、张紧轮装置等。为了使链条调整方便,有的发动机使用一根链条传动。

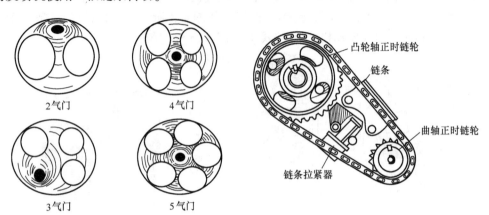

图 4-4 气门的配置形式　　　　图 4-5 链条传动

3）齿形皮带传动

链传动的工作可靠性差,其传动性能在很大程度上取决于链条的制造质量。近年来,在高速汽车发动机上广泛地采用齿形皮带来代替传动链,如图 4-6 所示。

齿形带用氯丁橡胶制成,中间夹有玻璃纤维和尼龙织物,以增加强度。采用齿形带传动,有利于减少噪声、减少结构质量和降低成本,不需润滑。

4. 每缸气门数及其排列方式

在缸径一定时,为了保证换气质量,在很多新型汽车发动机上多采用每缸 4 气门或 5 气门的结构,即 2~3 个进气门和 2 个排气门。采用这种结构形式后,进气门总的通过面积较大,充量系数较高,排气门的直径可适当减小,使其工作温度相应降低;还可适当减小气门升程,改善配气机构的性能,多气门的汽油机还有利于改善 HC 与 CO 的排放性能。

5. 气门间隙

1）作用

发动机工作时,为补偿气门等零件受热后的膨胀量,通常在发动机冷态装配时,气门与其传动机构中留有一定的间隙,这一间隙称为气门间隙,如图 4-7 所示。

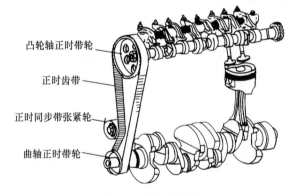

图 4-6 齿形皮带传动

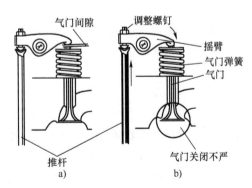

图 4-7 气门间隙
a) 有气门间隙；b) 无气门间隙的后果

采用液力挺柱的发动机,挺柱的长度能自动变化,随时补偿气门的热膨胀量,故不需要预留气门间隙。

2)气门间隙过大、过小的危害

在冷态时,进气门的间隙为0.25~0.30mm,排气门的间隙为0.30~0.35mm。气门间隙过大,传动组件之间以及气门组件之间产生撞击响声,加速了磨损,同时使得气门开启的持续时间减少,造成进气不足、排气不畅,发动机的动力性能、经济性能下降;间隙过小,发动机在热态下可能漏气,导致功率下降甚至气门烧坏。气门间隙过大、过小可通过调整来恢复其标准值,保证配气机构正常工作。

3)气门间隙的调整

气门间隙的调整一般可采用两次调整法和逐缸调整法。根据发动机的工作循环和点火顺序,结合配气相位分析确定各缸气门的工作状态。几种工作状态下的汽缸其气门间隙是不可调的,即气门开着、将要打开、刚关不久等。

(1)两次调整法。分两次即可调整完所有汽缸的气门间隙。

两次调整法的判断方法是"先进后排,对置不调"。即按发动机的工作顺序来判断,当某一缸处在压缩上止点时,该缸的进、排气门间隙都可以调整;在该缸做功前的汽缸只能调整进气门间隙,而在该缸做功后的汽缸只能调整排气门间隙;而与该缸曲拐相对应的汽缸则不可以调整气门间隙,见表4-1。

可调气门的判断 表4-1

发动机缸数	1缸压缩行程上止点的可调气门	6(4)缸压缩行程上止点的可调气门
四缸 (点火次序为:1-3-4-2)	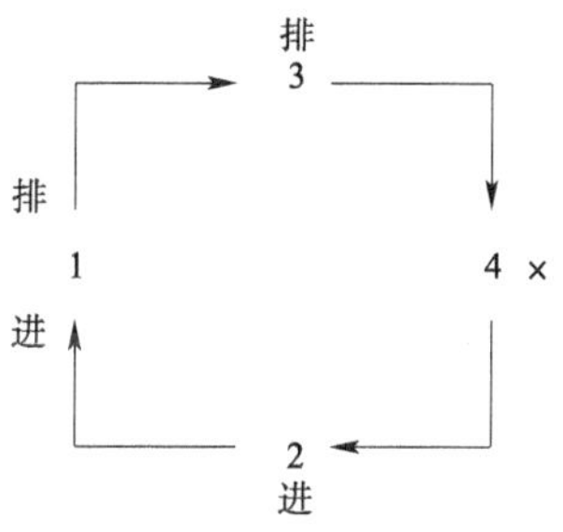 排3↓ 排1　　4× 进　　 　　2 　　进	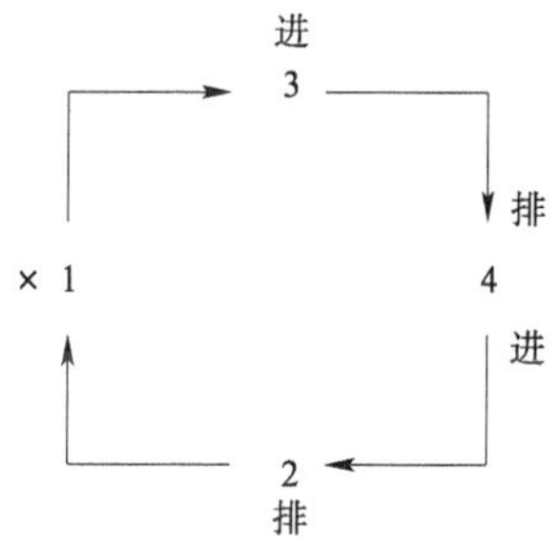 进3↓ ×1　　4 排 进　　 　　2 　　排
六缸 (点火次序为:1-5-3-6-2-4)	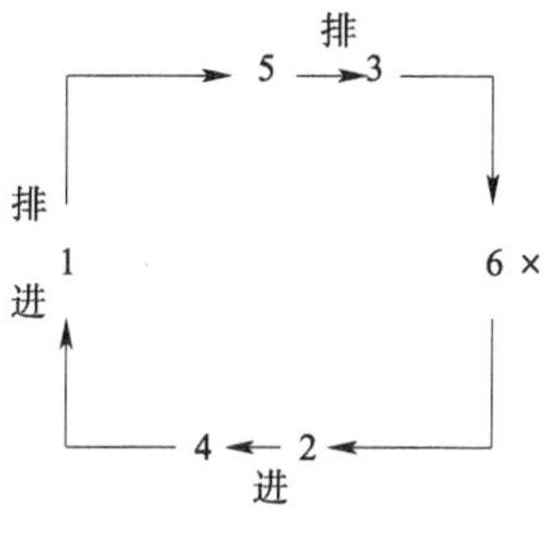 5→排→3↓ 排1　　6× 进　　 4←2 　进	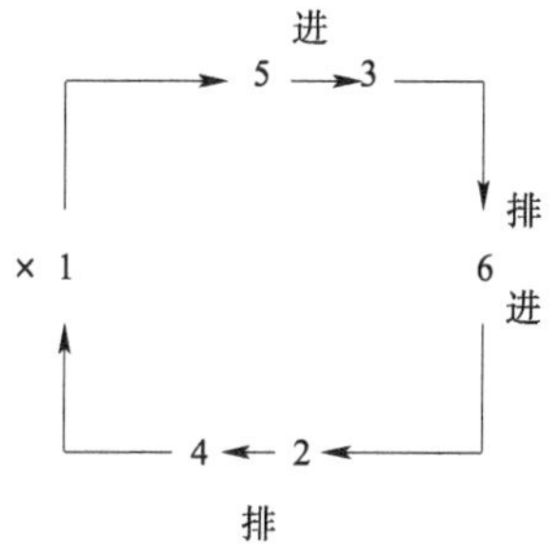 进→5→3↓ ×1　　6 排 进　　 4←2 　排

如某发动机的工作顺序为1-5-3-6-2-4,调整步骤如下:

①摇转曲轴,使飞轮上的正时记号对准飞轮壳检查孔上的刻线,则1、6缸活塞均处于上止点位置。

②当第一缸处于压缩上止点,这时可调的气门为:第1缸的进、排气门,第2、4缸的进气门,第3、5缸的排气门。

③将曲转摇转一周,使飞轮上的正时记号再次对准飞轮壳检查孔上的刻线,此时第6缸处于压缩上止点。则可调整剩余的6个气门,即可调第6缸的进、排气门,第2、4缸的排气门,第3、5缸的进气门。

(2) 逐缸调整法。为了使调整后的气门间隙大小更准确,常采用逐缸调整法。转动曲轴使第1缸处于压缩上止点,调整第1缸的进、排气门,然后摇转曲轴,按点火顺序使下一缸达到压缩上止点,再调整此缸的进、排气门。依次类推,逐缸调整完毕。

(3) F23A3 发动机气门间隙的调整。在调整气门间隙时,缸盖温度必须 <38℃。调整后用245N·m的力矩拧紧曲轴传动带轮螺栓。

①拆下气门室盖。

②使第1缸活塞处于压缩上止点(TDC)位置,即凸轮轴齿带轮上的"UP"标记位于顶部,齿带轮上的上止点(TDC 标记)槽口应与缸盖表面平齐,见图4-8。

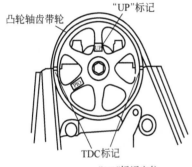

图4-8 定位标记

③检查第1缸的进排气门间隙,进气门间隙为 0.24~0.28mm,排气门间隙为 0.28~0.32mm。

④若间隙不符合规定,调整方法是先松开锁止螺母,转动调整螺钉,将厚薄规插入气门杆与摇臂之间,拧动调整螺钉,使厚薄规被轻轻压住,拉动厚薄规时感到稍有压力即可。调好后拧紧锁紧螺母,然后用厚薄规复查一次气门间隙,直至符合要求。

⑤逆时针方向旋转曲轴180°,"UP"标记处在排气门一侧且对正缸盖上平面,使第3缸活塞处于压缩上止点,调整第3缸进、排气门的间隙。

⑥再逆时针方向转动曲轴180°,可再次看见两个上止点(TDC)槽口与缸盖平齐,使第4缸活塞处于压缩上止点位置,此时即可调节第4缸进、排气门间隙。

⑦继续逆时针转动曲轴180°,使第2缸活塞处于压缩上止点位置,"UP"标记应在进气门侧,调整第2缸进、排气门间隙。常见发动机的气门间隙值如表4-2。

发动机气门间隙的数值　　　　　表4-2

发动机型号	进气门(mm)		进气门(mm)	
	热车	冷车	热车	冷车
F23A3		0.24~0.28		0.28~0.32
ANQ		0.24~0.28		0.28~0.32
D1146/D1146T1		0.3		0.3
6BTA5.9		0.25		0.51
EQ6100-1		0.20~0.25		0.20~0.25
奥迪100JW	0.20~0.30	0.15~0.25	0.45~0.50	0.35~0.45
依维柯8140.27S				0.50±0.05

三、配气相位

用曲轴转角表示进、排气门的实际开闭时刻和开启持续时间称为配气相位。如图4-9是用曲轴转角绘制的配气相位图。

由于汽车发动机转速较高,一个行程所占时间很短。为了改善换气过程,气门采用提前打开和迟后关闭的办法来延长进、排气时间。

1. 进气相位

1)进气提前角 α

在排气行程活塞到达上止点之前,进气门提前开启。从进气门开启到上止点间所对应的曲轴转角称为进气提前角。进气门提前开启,保证了进气行程开始时进气门已有一定的开度,有利于提高充气量。α角一般为 $10°\sim30°$ 曲轴转角。

2)进气迟后角 β

进气行程终了,压缩行程开始一段时间后,关闭进气门。从下止点延迟至进气门关闭所对应的曲轴转角,称为进气迟后角。延迟进气门关闭时

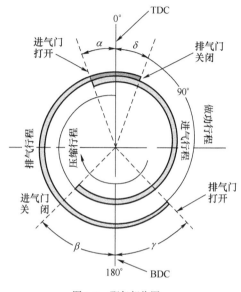

图4-9 配气相位图

刻,能够充分利用进气行程结束前缸内外存在的压力差和较高的气流惯性继续进气。β角一般为 $40°\sim70°$ 曲轴转角。

进气门持续开启时间用曲轴转角来表示为:$\alpha + 180° + \beta$。

2. 排气相位

1)排气提前角 γ

在做功行程活塞到达下止点之前,排气门即打开。从排气门打开至下止点间所对应的曲轴转角 γ 就称为排气提前角。排气门适当提前打开,虽然损失了一定的做功行程和功率,但可以利用较高的缸内压力将大部分燃烧废气迅速自由排出,降低了排气行程所消耗的功率。另外,高温废气提前排出也有利于防止发动机过热。γ 角一般为 $40°\sim80°$ 曲轴转角。

2)排气迟后角 δ

活塞通过排气上止点,延迟一定时间后再关闭排气门。从上止点到排气门关闭所对应的曲轴转角 δ 称为排气迟后角。在排气终了活塞到达上止点时,适当延迟排气门关闭时刻可以利用缸内的压力和气流惯性使废气排得较干净。δ 角一般为 $10°\sim30°$ 曲轴转角。

排气门持续开启时间用曲轴转角来表示为:$\gamma + 180° + \delta$。

3. 气门的叠开

分析图4-9可知,由于进气门在上止点前开启,而排气门在上止点后关闭,这就出现了在上止点附近,同一段时间、同一缸内,进、排气门同时开启的现象,通常称为气门叠开。对应的曲轴转角 $(\alpha+\delta)$,称为气门叠开角。叠开期间进、排气门的开度均比较小,且由于进气气流和排气气流的惯性较大,短时间内不会改变流向,因而只要气门叠开角选择适当,就不会出现废气倒流入进气管和新鲜气体随同废气排出的问题。若叠开角过大,发动机小负荷

运转时则会出现上述问题,致使发动机换气质量下降。

发动机的配气相位是由制造厂家根据发动机结构和性能要求的不同,通过反复试验来确定的。常见发动机配气相位参数如表 4-3。

常用车型配气相位参数表　　　　　表 4-3

发动机型号	进气		排气	
	进气提前角(α)	进气迟后角(β)	排气提前角(γ)	排气迟后角(δ)
桑塔纳 JV	10°	37°	42°	2°
D1146/D1146T1	16°	36°	46°	14°
6BTA5.9	10°	30°	58°	10°
AJR	上止点后 1.2°	37.45°	40.8°	上止点前 4.55°
EQ6100-1	20°	56°	38.5°	20.5°
奥迪 100W	3°	41°	33°	5°
依维柯 8140.27S	8°	37°	48°	8°

课题二　配气机构主要零件的构造与检修

一、典型汽车发动机配气机构的总体构造

1. F23A3 发动机配气机构

采用顶置式单凸轮轴 16 气门结构,其零部件分解见图 3-2。

发动机内装有电控可变气门正时系统(VTEC),可同时改变进气门正时与升程,使发动机在高低速时均有良好的动力性和经济性。结构见图 4-10,发动机低速运转时,主进气门以正常的开度开启,而辅助进气门则只是稍稍开启,以防燃油积聚在进气口内,由于主进气门和辅助进气门的开度不同,燃烧室内产生涡流,从而提高燃烧效率,降低发动机油耗。当发动机高速运转时,主进气摇臂和辅助进气摇臂与中间进气摇臂连接,使气门开度增大,由于主、辅进气门的开度增大,发动机的输出功率随之增大。

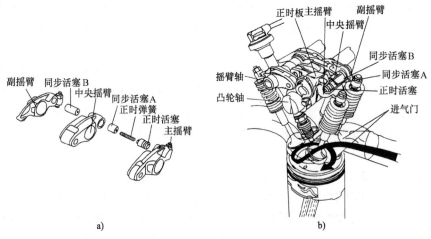

图 4-10　VTEC 系统结构
a) VTEC 系统的传动机构;b) VTEC 结构示意图

可变气门正时系统(VTEC)采用一根凸轮轴上设计不同配气正时和气门升程的高速凸轮与低速凸轮,利用液压进行切换的装置。几个凸轮的升程及曲线均不同。

(1)低速状态。如图4-11所示,主次摇臂并未与中摇臂相连,但分别由A、B两凸轮在不同的时间与高度下驱动,在低速状态下对气门开启无附加作用。

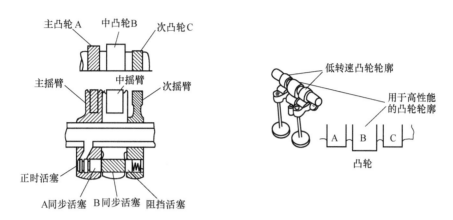

图4-11　VTEC低速工作状态

(2)高速状态。如图4-12所示,高速正时活塞在油压的作用下移动,因此,主、次摇臂与中摇臂就被A、B两个同步活塞贯穿,三个摇臂相连为同一个元件而一起移动。此状态下,所有的摇臂均由C凸轮(升程最大)驱动,使气门开启或关闭,并改变气门正时使之适应发动机高速工况。

当系统出故障时,将锁定在低转速的气门规律上运行。液压力取决于油压大小,即与油温有关。

(3)控制系统。图4-13所示为VTEC控制原理简图。控制系统随时监督发动机的运转工况,如负荷、转速、车速等。这些信息会被送到发动机控制中心(ECM),根据运转工况决定何时改变气门升程及正时。气门正时改变条件:

①发动机转速(2300~3200r/min)。
②车速(≥10km/h)。
③发动机冷却液温度(≥10℃)。
④发动机负荷(由进气歧管真空度判断)。

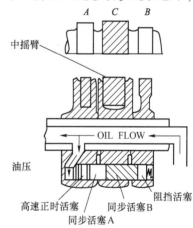

图4-12　VTEC高速工作状态

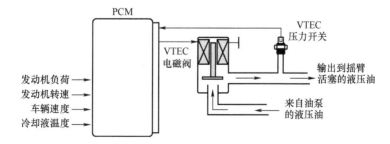

图4-13　VTEC控制原理简图

(4)正时机构工作过程。可变气门正时机构在单气门与双气门之间切换是依据发动机转速为参数进行的,为帮助切换,在主摇臂上装有一正时板。

① 油压运作过程:

a. 气门无上升情形,当正时板进入正时活塞时,切换动作是无法进行的,如图 4-14a)所示。

b. 气门开始上升,正时板退出啮合位置后,正时活塞开始移动,但由于摇臂之间错位,同步活塞无法移动,如图 4-14b)所示。

c. 气门无上升情形,正时板拉出后,气门操作状态开始由单气门操作转换为双气门操作,此时由于摇臂对正,同步活塞在油压作用下开始移动,如图 4-14c)所示。

d. 气门无上升情形,如图 4-14d)所示,同步活塞移动到位后,由单气门操作完成转换成双气门工作。

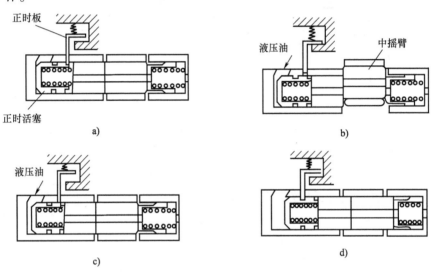

图 4-14 VTEC 工作状态一(油压作用下,由单气门转为双气门)

a)切换前,正时板啮入正时活塞;b)正时板退出啮合,同步活塞不能移动;c)正时板退出啮合,同步活塞能移动;d)切换后,正时板啮入正时活塞

② 油压关闭过程:

a. 气门无上升情形,如图 4-15a)所示,当正时板插入活塞时,切换动作无法进行。

b. 气门上升开始,正时板开始上升,因为摇臂之间有负荷,同步活塞无法移动,如图 4-15b)所示。

c. 气门无上升情形,如图 4-15c)所示,当上升状态为零时,正时板到位后,摇臂之间的负荷解除,同步活塞被阻挡弹簧推回,气门操作状态开始由双气门操作转换为单气门操作。

d. 气门无上升情形,如图 4-15d)所示,双气门完全转换成单气门操作。

2. ANQ 型发动机配气机构

如图 4-16 所示,每缸设置了 5 个气门,四缸共 20 个气门,由顶置双凸轮轴驱动,每缸 3 个进气门、2 个排气门可有效地提高发动机的动力性,功率可达 92kW,发动机转矩达到 168N·m。排气凸轮轴皮带轮由齿形皮带驱动,进气凸轮轴通过链条由排气凸轮轴驱动,为了防止凸轮轴驱动过程中产生的振动和补偿链条伸长,采用免维护液压链张紧器对链条进行正确地张紧。

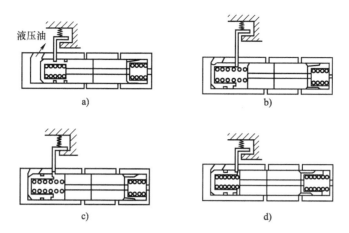

图 4-15 VTEC 工作状态二(无油压作用下,由双气门转为单气门)

a)切换前,正时板啮入正时活塞;b)正时板退出啮合,同步活塞不能移动;c)正时板退出啮合,同步活塞能移动;d)切换后,正时板啮入正时活塞

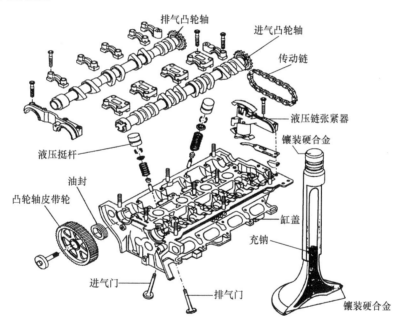

图 4-16 ANQ 型发动机配气机构及相关零件

进、排气门都采用单气门弹簧、液压挺杆,由于排气门热负荷大,为了改善其导热性能,发动机采用了充钠排气门。在排气门封闭内腔充注钠,钠在约为970℃时变为液态,具有良好的热传导能力,从而可使温度降低约100℃。排气门的这种内部冷却方式也同时降低了混合气自燃的危险,提高了气门的使用寿命。

二、F23A3 型发动机配气机构的拆装

F23A3 发动机配气机构解体时,应使用专用工具先拆除发动机各附件,然后按照由外到内的顺序分解。

1. 拆卸步骤

(1) 按要求拆卸缸盖,拆卸正时传动带、链轮、张紧轮及前端盖。

(2) 拆卸摇臂总成:

①按图4-17所示顺序,松开凸轮轴托架螺栓(注意每次只能旋松螺栓两圈,防止损坏气门或摇臂总成),拆下螺栓和摇臂总成。

②按图4-18所示分解摇臂总成时要做好标记,确保正确安装。

(3) 从缸盖上拆下凸轮轴托架,取出凸轮轴。

(4) 拆卸气门组件。

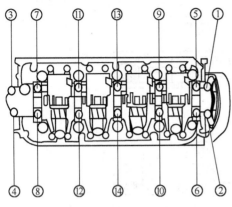

图4-17 凸轮轴托架螺栓拧松顺序

注意必须在气门和气门弹簧上做上标记;必须使用专用工具。拆卸时,应使用气门弹簧压缩器拆卸气门弹簧及气门,如图4-19所示。装入气门弹簧压缩器之前,为便于拆卸,用塑胶锤敲击每一个气门杆,使其气门锁片松动,安装气门弹簧压缩器,拧动操纵杆并扳动气门弹簧压缩器的压缩扳手,压缩气门弹簧后拆下气门锁片和气门密封圈、取出气门弹簧和气门,使用专用工具,拆下气门导管密封件。

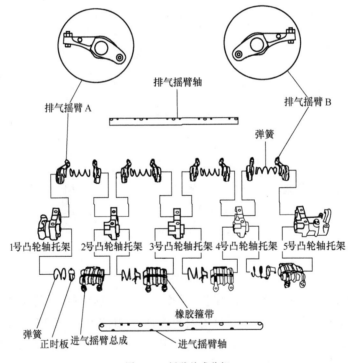

图4-18 摇臂总成分解

2. 安装步骤

配气机构的装配按拆卸时的相反顺序操作,应注意装配前必须对零部件进行清洗、检验;气门组件、凸轮轴轴承盖等部件必须按原位装入,不得装错;各紧固件必须按规定顺序和拧紧力矩拧紧。

1)气门组件的安装

(1)在气门杆上涂上润滑油后将气门插入气门导管中,确保气门上下运动自如。

(2)在气缸盖上安装气门弹簧座,用气门密封件安装工具安装气门密封组件,如图4-20。

安装时须更换气门密封件,进、排气门密封件不能互换,不能错装。

(3)安装气门弹簧和气门弹簧座圈,用弹簧压缩器压缩弹簧后装上弹簧锁片。注意气门弹簧小的一端朝向气缸盖。

(4)用橡胶锤轻敲每个气门杆端部2~3次,确保气门锁片正确入座。

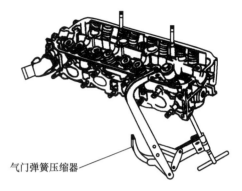

图4-19 气门弹簧的拆卸

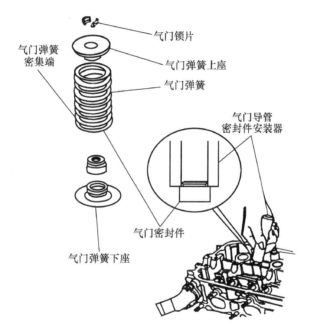

图4-20 气门组件的安装

2)摇臂总成的安装

组装之前清洗所有的零件,晾干后在所有的接触表面涂上润滑油。组装顺序按分解的相反顺序进行。

3)凸轮轴的安装

(1)安装凸轮轴:

①将擦拭干净的凸轮轴凸轮和轴颈表面涂上少量润滑油予以润滑。

②把凸轮轴及密封件安装在汽缸盖上,并转动凸轮轴使键槽向上,如图4-21。

③清洗机油量孔并装入新的O形圈。

(2)安装凸轮轴托架和螺栓:

①将两边的凸轮轴托架与缸盖接触表面涂上密封剂。

②将摇臂组件安装到位,装上螺栓但不拧紧,确保摇臂在气门挺杆上的位置对中。

③按图 4-22 所示的顺序,每个螺栓每次拧紧 2 圈,以确保摇臂在气门上的位置不会弯曲。每个螺栓最后的拧紧力矩:M8 为 22N·m,M6 为 12N·m。序号为⑪、⑫、⑬、⑭的螺栓为 M6。

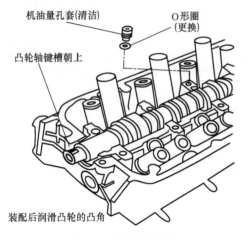

图 4-21 凸轮轴的安装

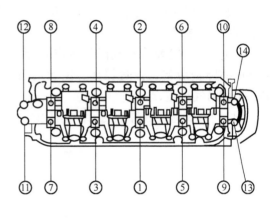

图 4-22 凸轮轴托架螺栓的拧紧顺序

4)安装凸轮轴带轮

按要求安装凸轮轴带轮并锁紧螺母。

三、气门组主要零件的构造与检修

气门组主要零件如图 4-23 所示。

工作要求:

①气门与气门座贴合严密。

②气门导管对气门杆的往复运动导向良好。

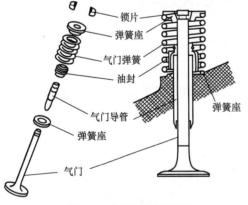

图 4-23 气门组零件的组成

③气门弹簧两端面与气门杆中心线相互垂直,以保证气门头在气门座上不偏斜。

④气门弹簧的弹力足以克服气门及其传动件的运动惯性力,使气门能迅速闭合,并能保证气门关闭时紧压在气门座上。

1. 气门

1)作用

气门分进气门和排气门两种,其作用为控制进、排气道的开闭。

2)材料

进气门一般采用中碳合金钢(如镍钢、镍铬钢和铬钼钢等);排气门采用耐热合金钢(如硅铬钢、硅铬钼钢)。有些排气门还在气门杆内填充了金属钠(如 ANQ 型发动机),以加强传热性能,保证气门各部分受热均匀。

3)结构

进、排气门结构相似,都由头部和杆部两部分组成。

(1)气门头部:

①顶面形状。通常有平顶、凸顶、凹顶3种形式,如图4-24所示。

平顶:结构简单,受热面积小,便于制造。进、排气门应用最广。

凸顶:呈球面形,中央加厚,强度增加,适合用于排气门。

凹顶:呈喇叭形,头部与杆部过渡曲线呈流线型,进气阻力小,适合用于进气门,凹顶受热面积最大,不宜用于排气门。

②气门头部直径。多数发动机每缸2个气门,一般进气门头部直径比排气门大15%~30%,以提高进气量。F23A3型发动机进气门直径为33.85~34.15mm,排气门直径为28.85~29.15mm。多气门发动机,当进气门数比排气门数多时,排气门直径大于进气门,如:ANQ排气门直径为30mm,进气门直径为27mm。

气门头的边缘应保持一定的厚度,一般为1~3mm,以防止冲击损坏和高温烧蚀,F23A3型发动机进气门边缘厚度为0.85~1.15mm,排气门边缘厚度为1.05~1.35mm。

③气门锥面。为保证气门与气门座贴合紧密,气门密封面制成锥面,将气门密封锥面的锥角称为气门锥角。常见的气门锥角为30°和45°,如图4-25所示。

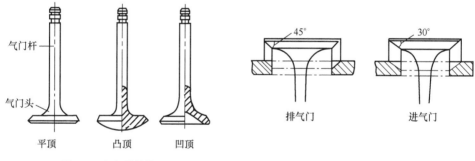

图4-24 气门的结构　　　　　　　　　图4-25 气门锥角

在气门升程一定的情况下,减小气门锥角,增大了气流通道断面,减小了进气阻力。但锥角减小会引起气门头部边缘厚度变薄,致使气门的导热性变差,强度下降。因此,进气门锥角为30°,排气门锥角为45°,但为了加工、维修的方便,许多发动机进、排气门锥角都为45°。

(2)气门杆部。气门杆部是使气门在导管中上下运动时起导向和传热作用。为保证气门的正确运动和防止从气门与导管之间漏气,气门与气门导管之间应有合理的间隙,F23A3发动机为0.04~0.09mm。

气门弹簧座与气门杆间的固定方式一般有锁片式和锁销式两种,如图4-26所示。锁片式在气门杆尾端切有环槽用来安装锁片;锁销式则在气门杆尾端钻有一个径向孔用来安装锁销。

4)气门的检修

气门常见的损伤有气门工作锥面磨损起槽、变宽、烧蚀氧化出现斑点、轻微裂纹、凹陷;气门杆弯曲和磨损;气门杆端面磨损以及与气门导管配合松旷等。

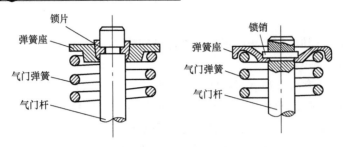

图 4-26 气门杆尾端形状与弹簧座的固定方式

（1）进、排气门结构尺寸如图 4-27 所示，F23A3、ANQ 发动机气门维修数据见表 4-4。若测量值超过维修极限，应更换气门。

几种发动机气门各测量部位的维修数据　　　　　　表 4-4

	测量部位	进 气 门		排 气 门	
		标准值班(mm)	极限值(mm)	标准值班(mm)	极限值(mm)
A	F23A3	33.8～34.15	—	28.85～29.15	—
	ANQ	26.872		29.830	
B	F23A3	114.85～115.15		112.85～113.15	
	ANQ	104.84～105.34		103.64～104.14	
C	F23A3	5.485～5.495	5.455	5.450～5.460	5.420
	ANQ	5.95～5.97	5.90	5.94～5.95	5.90
D	F23A3	0.85～1.15	0.65	1.05～1.35	0.95
	ANQ		0.4		0.3

（2）气门的外观检验。凡气门出现裂纹或烧蚀较严重，气门顶边缘厚度（含光磨后）小于 0.5mm，或气门头歪斜严重不能修复的，均应换用新件。

（3）气门工作锥面磨损的检修。气门工作锥面因磨损而起槽、斑痕、接触线带变宽或轻微的烧蚀，都应进行修理，一般可在气门光磨机上进行光磨。光磨前应该检查杆部、头部是否有弯曲和歪斜。光磨后气门边缘厚度一般≮1mm。

（4）气门变形和气门杆磨损的检修。用百分表检查气门杆的弯曲和气门顶的歪斜等变形。如图 4-28 所示，将气门置于 V 形铁块上。

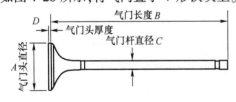

图 4-27 气门结构尺寸

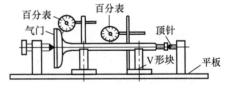

图 4-28 气门杆弯曲和气门顶歪斜的检查

① 气门杆弯曲的测量。用百分表测量，转动气门杆一圈，表针摆差若大于 0.05mm，或将气门杆放在平板上滚动有弯曲时，应进行校正或更换。

② 气门头部歪斜的测量。在气门头部用百分表测量，转动气门一圈，表针摆差若大于 0.02mm 时，应进行修整。

③ 气门杆磨损程度的测量。一般用外径千分尺进行测量，通常可与气门杆尾端未磨损

部分进行对比测量,若磨损大于0.05mm,或用手触摸有明显的阶梯形感觉时,应更换气门。如F23A3发动机气门杆直径为5.485~5.495mm。

④气门杆端面磨损的测量。端面磨损不平,可在磨光机上磨平。磨削量≮0.5mm,以确保气门的长度。

⑤气门的研磨和光磨。气门工作面的轻微烧蚀或斑点,可在维护中用研磨的方法排除。气门与气门座应配对进行光磨或研磨的,具体方法在气门座的检修中详细叙述。

5)充钠气门的处理

严禁将充钠排气门直接作为废品扔掉,一般用铁锯在排气门的中部锯开一缺口后(期间气门不能与水接触),放入充满水的桶中使金属钠与水发生化学反应燃烧后,方能作为普通废品处理。

2. 气门座

1)作用

气门座是气门的支撑件,与气门头部共同通过锥面对汽缸起密封作用。

2)材料与结构

采用优质灰铸铁或合金铸铁的汽缸盖多采用直接加工法在缸盖上加工出气门座,铝合金汽缸盖必须镶入用合金铸铁等材料单独制成的气门座圈。现代汽车广泛采用镶入式气门座。镶入式气门座导热性差,加工精度要求高,镶入时公差配合选择要适当。

3)气门座的检修

气门座损伤主要有由于冲击负荷引起的塑性变形,同时还易被高温气体烧蚀,使气门座工作面宽度增大,表面呈现斑点、凹陷,造成气门关闭不严而漏气等。一般采用对气门座进行铰削和磨削的方式予以修复。

(1)气门座铰削。气门座铰削应在气门导管修配后进行。通常使用气门座铰刀,如图4-29所示。气门铰刀由导杆和不同直径、不同角度的铰刀组成。

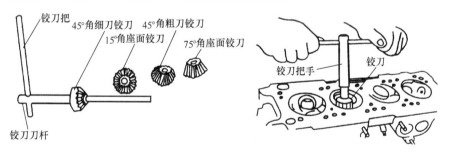

图4-29 气门座铰刀

F23A3发动机操作方法如下:

①根据气门直径和导管内径来选择合适的铰刀和铰刀杆。

②用粗砂布垫在铰刀下面砂磨硬化层。

③粗铰铰削时,铰刀导杆应直立,两手用力要均衡,转动要平稳,直到将烧蚀、斑点等缺陷消除为止。

气门座铰削的顺序:

a.将气门座铣出45°倒角。用力时要平稳、均匀。

b. 用30°铰刀修整气门座的上边缘,以60°铰刀修整气门座的下边缘;气门座接触面的标准宽度为1.25～1.55mm,允许极限为2.00mm。

c. 用45°铰刀再轻轻修整以除去毛刺。

d. 检查气门座是否平整。在气门接触面上涂一层蓝涂料,将气门插入气门导管中原来的位置,然后将它提起,使之紧靠在气门座上,如此反复几次。气门座的实际接触面应位于气门锥面的中间,且接触面达到标准宽度,见图4-30。如果气门接触面太高(靠近气门杆),需用60°铰刀铰正,使气门接触面下移后用45°铰刀进行修整。如果气门接触面太低(靠近气门底缘),用30°铰刀铰正,使气门接触面上移后用45°铰刀进行修整。

e. 测量气门杆的安装高度。如图4-31,其高度值见表4-5。如超出允许极限,更换气门并重新检查,如仍超限,则应更换缸盖(因气门座插入缸盖太深)。

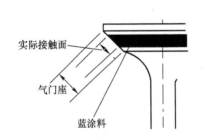

图4-30 检查气门与气门座

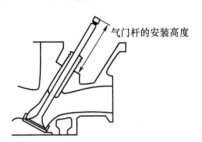

图4-31 气门杆的安装高度

气门杆安装高度 表4-5

安装高度	标准高度(mm)	允许极限(mm)
进气门	46.75～47.55	47.80
排气门	46.68～47.48	47.73

(2)气门座的磨削。气门座工作面可用高速砂轮进行磨削,它主要是利用砂轮代替铰刀,以小型电动机为动力。气门座磨光机结构如图4-32所示。

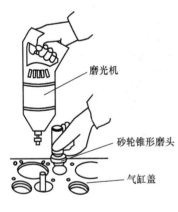

图4-32 气门座磨光机

(3)气门座圈的镶配。气门座圈工作面下陷低于汽缸盖2mm,或原气门座圈有裂纹,严重烧蚀或松动时,就应重新镶配气门座圈。其工艺如下:

①取出旧气门座圈。原来未镶过气门座圈的,用镗削或钻削的方法除去原气门座;已镶过气门座圈的,用撬棒、拉器取出原气门座圈。

②检查气门座承孔。当其圆度误差大于0.02mm、圆柱度误差大于0.05mm、表面粗糙度$Ra>1.25\mu m$时,须经镗削和铰削的方法加大原气门座承孔,镶配以合适的新气门座圈。

③气门座圈材料的性能应与基体材料相近。

④气门座圈与气门座圈承孔为过盈配合。用冷镶法,即将气门座圈放入冰箱中(或用干冰),使其收缩后压入,过盈量为0.05～0.15mm;用热镶法,即用乙炔—氧气火焰(或酒精喷灯)将气门座圈承孔加热,使其膨胀后压入,过盈量为0.20～0.25mm,座圈镶入后,上端面与基体平面平齐,高出平面部分应予修平。

气门座圈经镶配后,再按气门座的铰削方法进行铰削,达到工作要求。

4)气门座的研磨

当气门、气门座及气门导管经上述修理达到规定标准,则不需要研磨工艺,否则,可采用研磨工艺,保证气门与气门座的工作面获得良好配合。气门研磨方法可分为机动和手工两种。

(1)机动研磨法。在气门研磨机上进行。

(2)手工研磨法:

①研磨前,将气门、气门座及导管清洗干净,按顺序将气门做标记。

②在气门工作面上涂上一层薄薄的研磨砂,气门杆上涂上少许机油,套上一只细软螺旋弹簧,将气门杆插入导管内,如图4-33所示。

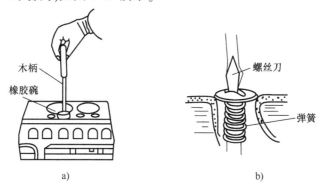

图4-33 手工研磨
a)用橡胶捻子研磨气门;b)用螺丝刀研磨气门

③利用橡胶捻子或螺丝刀往复旋转气门,转角一般10°～30°为宜,并适时的提起和转动气门以改变接触位置。研磨要轻,不要用力敲击,以免出现砂痕,不要使研磨砂进入导管以免磨损导管。

④当气门和气门座工作面出现一整齐无斑痕、麻点的接触带时,取出气门,洗掉粗研磨砂,换细研磨砂,继续研磨,直至工作面出现一条整齐、灰色、无光泽的环带时,再洗掉研磨砂,涂上机油,继续磨几分钟,然后进行密封性试验。

5)气门密封性试验

气门与气门座光磨或研磨后,需进行密封性试验,其方法如下:

(1)渗油法。将气门放入相配的气门座中,用汽油或煤油进行密封性检查,如无渗漏表明密封良好。

(2)划线法。如图4-34所示,用铅笔在气门工作面上径向划若干条分布均匀的素线。然后将气门插入气门座内,轻敲或转动,取出气门观察所画素线是否均匀切断,如果有线条未被切断则表明密封不严,需再次进行研磨。

(3)拍打法。将气门在相配气门座上轻拍数次,然后观察气门与气门座工作面,如有明亮又完整的光环,表明已达到要求。

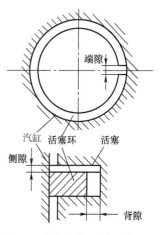

图4-34 划线法检查气门座密封性

(4)仪器检验法。采用带有气压表的气门密封性检验仪进行检验,如图4-35所示。

3. 气门弹簧

1)作用

使气门在关闭过程中,克服气门和气门传动组件所产生的惯性力而迅速落座,并与气门座关闭紧密,防止各传动件彼此分离而不能正常工作。

2)材料

一般采用高碳锰钢、铬钒钢等冷拔钢丝制成的圆柱形螺旋弹簧,加工后需经过热处理,为提高疲劳强度,钢丝表面经磨光、抛光、镀锌和发蓝等处理。

3)结构

结构如图4-36所示。为了防止弹簧发生共振而造成事故:

①采用变螺距圆柱弹簧。工作时其固定频率不断变化,从而避免共振,安装时,使螺距小的一端朝向缸盖。

②采用双弹簧结构。即同心安装内外两根自振频率不同的气门弹簧,这样既提高了气门弹簧工作的可靠性,又能有效地防止共振的发生。安装时,内外弹簧的螺旋方向应相反,以防止折断的弹簧卡入另一个弹簧座圈内。

图4-35 气门座密封性的检查

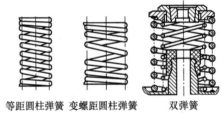

图4-36 气门弹簧

4)气门弹簧的检修

气门弹簧经长期使用后,由于受力压缩产生塑性变形,自由长度缩短或折断,弹性下降,必须认真检修。其方法如下:

(1)检视法。从外观上检查气门弹簧。不允许有任何变形、裂纹或折断,否则,应更换。

(2)自由长度的检查。用游标卡尺测量,自由长度的缩短不大于3%～4%,否则,应更换。

(3)弹力的测量。用检测仪测量,将弹簧压至规定长度,弹力大小即为所测弹簧弹力,弹力减弱不大于原规定的7%～8%,如图4-37所示。

(4)气门弹簧弯曲和扭曲的检验法。可将气门弹簧放在平板上,用直角尺检查,如图4-38所示。如$\delta>1.5$mm,弹簧轴线偏移$\alpha>2°$时,应予更换。

4. 气门导管

1)作用

对气门起导向作用,保证气门与气门座正确贴合并准确落座;同时将气门杆的热量经气门导管传给缸盖及水套。

2)材料

用耐磨性和导热性较高的材料制作,一般采用铁基粉末冶金、优质灰铸铁、球墨铸铁、白口铸铁等制造。

图4-37 气门弹簧弹力的测量

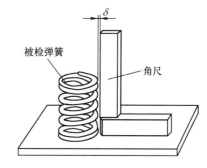
图4-38 检查弹簧的变形

3) 结构

气门导管为圆筒形管,以过盈配合方式压入汽缸盖中。一般在导管的上端装有油封,以防止配气机构工作时飞溅的润滑油顺着气门杆和气门导管的间隙流到气门上,影响密封甚至造成咬死现象。有的发动机为防止导管在使用过程中松动脱落,在气门导管的中部加装定位卡环。

4) 检修

气门杆与导管间的磨损将导致配合间隙增大,造成气门与气门座密封不严或偏磨。清洗干净后,在气门杆上涂上一层机油,放入导管内,上下拉动数次,然后提起气门,如气门杆能借助自身质量徐徐下降,即为合格。

F23A3 发动机气门导管的检修:

①气门与导管配合间隙的检测。摇动气门杆,用千分表测量导管与气门杆之间的间隙。间隙值如表4-6所示。当超出允许极限值时,应更换新的气门并重新进行检测;当测量值在允许极限之内,使用新气门重新装配即可;当导管与新气门互配后仍超出允许极限值时,必须同时更换气门和导管。

F23A3 发动机气门杆与导管的配合间隙 表4-6

配合间隙(mm)	标准间隙(mm)	允许极限(mm)
进气门	0.04 ~ 0.09	0.16
排气门	0.011 ~ 0.16	0.24

②气门导管的修整。如图4-39所示。在铰刀和气门导管上涂上润滑油后,用铰刀按顺时针方向在气门导管孔内转动进行铰孔,直至导管孔的底部;继续顺时针方向慢慢将铰刀旋出导管孔。旋出铰刀后,用洗涤剂彻底清洗导管,并检查气门杆在进气门和排气门导管中是否滑动自如。铰削时气门导管铰刀应选用直径为5.5mm的铰刀。

③气门导管的更换。用专用工具冲出旧的气门导管,清洁导管孔,将适用的新导管涂少许润滑油后压入导管孔内,其上端面与基本平面的距离符合要求。

四、气门传动组主要零件的构造与检修

气门传动组主要包括凸轮轴及其传动机构零部件。

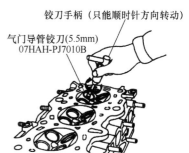
图4-39 铰气门导管孔

1. 凸轮轴

1) 作用

根据发动机工作过程的需要,控制气门的开闭及其升程的变化规律。

2) 材料

一般用优质钢模锻而成,现代汽车广泛采用合金铸铁、灰铸铁或球墨铸铁制造。为提高其耐磨性,凸轮和轴颈的工作表面需经过热处理后精磨。

3) 结构

凸轮轴主要由凸轮和轴颈两部分组成。大多数汽车发动机上采用整体式凸轮轴,少数采用组合式凸轮轴结构,如图4-40所示。

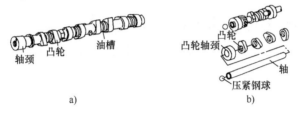

图4-40 整体式凸轮轴和组合式凸轮轴结构
a) 整体式;b) 组合式

单根凸轮轴一般将进气凸轮和排气凸轮布置在同一根凸轮轴上。双顶置凸轮轴配气机构的两根凸轮轴,一根是进气凸轮轴,另一根是排气凸轮轴。

(1) 凸轮。凸轮是凸轮轴上重要的组成部分,外部轮廓曲线决定了气门的升程及其升降过程的运动规律,如图4-41所示。

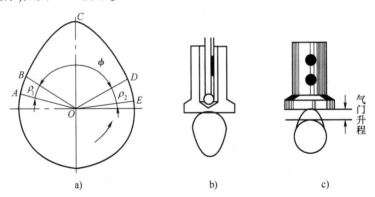

图4-41 凸轮轮廓形状
a) 凸轮轮廓曲线;b) 气门处于关闭状态;c) 气门处于最大开度状态

O 为凸轮轴的旋转中心,弧 EA 为凸轮的基圆,弧 AB、弧 DE 为过渡段,弧 BCD 为凸轮的工作段。当凸轮逆时针转过弧 EA 时,气门无升程处于关闭状态;凸轮转过 A 点后,挺柱上移,至 B 点时,气门间隙被消除,气门开始开启;凸轮转到 C 点时,气门升程最大;凸轮转到 D 点时气门关闭。弧 BCD 所对应的夹角 ϕ 称为气门开启持续角。

凸轮轴上各缸同名凸轮相对角位置与凸轮轴的旋转方向、发动机的缸数和各缸的工作顺序有关。同名凸轮沿圆周方向的排列顺序与发动机工作顺序一致。如6缸发动机工作顺序为1-5-3-6-2-4,各缸工作间隔为720°/6 = 120°曲轴转角,则凸轮轴上同名凸轮间的夹角为

360°/6＝60°凸轮轴转角,如图4-42所示。

凸轮轴上同缸异名凸轮间相对角位置与凸轮轴的旋转方向、发动机的配气相位有关。按四行程发动机工作循环原理分析,进气和排气间隔为90°凸轮轴转角,但在发动机实际工作过程时气门要"早开"、"迟闭",因此,凸轮间的夹角大于90°。

(2)凸轮轴轴颈。用以安装、支撑凸轮轴。轴颈数量取决于凸轮轴的支撑方式,常见有全支撑和非全支撑两种形式。

①全支撑。对应每个汽缸间设有一道轴颈,支撑点多,能有效防止凸轮轴变形后对配气相位的影响。

②非全支撑。每隔两个(或多个)汽缸设置一个轴颈,工艺简单,成本降低,但支撑刚性较差。由于装配方式的不同,轴颈的直径有的相等,有的则从前向后逐级缩小,以便于安装。

4)凸轮轴的轴向定位及轴向间隙的检查

(1)轴向定位。为了防止凸轮轴在转动过程中产生轴向窜动,影响配气机构的正常工作,凸轮轴须设有轴向定位装置。下置凸轮轴常采用止推片,实现轴向定位,如图4-43所示。顶置凸轮轴一般采用凸轮轴轴承盖来进行轴向定位。

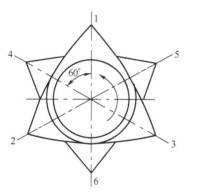

图4-42　6缸机同名凸轮间的夹角

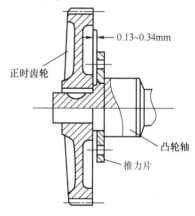

图4-43　凸轮轴的轴向定位

(2)轴向间隙的检查。凸轮轴下置的发动机凸轮轴轴向间隙,如果超过标准,则应更换推力片。

F23A3发动机凸轮轴轴向间隙的检查:

①拆下摇臂和摇臂轴总成。

②将凸轮轴和凸轮轴托架置于汽缸盖的相应位置,然后按规定的顺序将各螺栓按规定的力矩拧紧。

③将凸轮轴向缸盖的分电器端推动,使之安装到位。

④用百分表测量杆顶住分电器的驱动端,并将百分表调零,然后前后推动凸轮轴(不要转动凸轮轴),从百分表上读出轴向间隙,凸轮轴轴向间隙标准值为0.05～0.15mm,维修极限为0.50mm。

5)凸轮轴的检修

凸轮轴常见的损伤有弯曲、扭转变形、凸轮工作表面磨损、轴颈磨损等。

(1)弯曲变形的检验。将凸轮轴放在车床两顶尖间,或安放在平台的V形块上,以两端轴颈支撑,用百分表检测中间的轴颈,如百分表摆差>0.01mm,应采用冷压法校正,校正后弯曲度应≯0.03mm。

(2)轴颈磨损的检验。将凸轮轴承装在座孔中,用内径千分尺测量轴承孔内径,如轴颈与轴承内径之间的间隙超过使用极限,而轴颈磨损又没有超限时,可更换轴承恢复其配合间隙。若轴颈已磨损到使用极限,应光磨凸轮轴和更换同级修理尺寸的轴承。

(3)凸轮的检修。用千分尺测量凸轮高度超过使用极限时,应更换。

F23A3发动机凸轮轴的标准高度为:进气门主凸轮37.775mm,进气门中间凸轮39.725mm,进气门次凸轮34.481mm,排气门凸轮38.600mm。

6)凸轮轴轴承的更换

凸轮轴的轴承一般用低碳合金钢、粉末冶金或铜质等材料制成衬套,压入整体式座孔;有些顶置凸轮轴式发动机不使用衬套,轴颈直接与缸盖上镗出的座孔配合。凸轮轴轴颈的润滑采用压力润滑。

凸轮轴轴承的更换标准根据它与轴颈的配合间隙决定。采用选配法,不需刮削。除了标准尺寸外,还有数量不等的修理级别与尺寸,一般为0.25mm一级。

7)凸轮轴径向间隙的检查(以F23A3发动机为例)

①从缸盖上卸下凸轮轴托架和螺栓。

②取出凸轮轴,将其擦拭干净后检查凸轮轴凸轮的表面有无损伤,如果有严重的凹坑、刮痕或磨损严重,则更换凸轮轴。

③清理凸轮轴轴承表面,然后将凸轮轴装回原处。

④将塑胶量规插入每个轴颈。

⑤装上凸轮轴托架,并按顺序拧紧螺栓。

⑥松开螺栓,拆下凸轮轴托架,测量每个轴颈处的塑胶量规最宽部分的厚度,凸轮轴径向间隙的标准值为:0.050~0.089mm,维修极限为0.150mm。

如果凸轮轴径向间隙超出了极限,若凸轮轴已更换过,则必须更换汽缸盖,若凸轮轴没有更换过,则进行径向跳动检查。

F23A3发动机凸轮轴径向跳动的检查:将凸轮轴放在V形支撑块上,并转动凸轮轴,测量出凸轮轴径向总跳动。允许最大值(新)为0.03mm,维修极限为0.04mm。如果其值在公差范围之内,则更换汽缸盖;如果超出了公差范围,则应更换凸轮轴并重新检查径向间隙,如间隙仍超出公差范围,必须更换汽缸盖。

2. 挺柱

(1)作用。将凸轮轴旋转时产生的推动力传给推杆(中、下置凸轮轴)或气门(顶置凸轮轴式)。

(2)材料。常采用耐磨性好的合金钢或合金铸铁等材料制造。

(3)结构。有普通挺柱和液压挺柱两种。

①普通挺柱。菌形、筒形和滚轮式3种,结构如图4-44所示。通常把挺柱底部工作面设计为球面,由于凸轮轴上的凸轮沿轴向制成锥形,挺柱与凸轮的接触点则偏离挺柱轴线。工作中,当挺柱被凸轮顶起时,接触点间的摩擦力使挺柱绕自身轴线旋转,以实现挺柱外表面均匀磨损。

菌形挺柱应用于已淘汰的侧置气门式配气机构;筒形挺柱一般和推杆配合使用;滚轮式挺柱与凸轮间的摩擦阻力小,适合于中速、大功率柴油机。

②液压挺柱。能自动补偿气门间隙,并具有以下优点:取消了调整气门间隙的零件,使结构大为简化;不需调整气门间隙,极大地简化了装配、使用和维修过程;消除了由气门间隙引起的冲击和噪声,减轻了气门传动组件之间的磨损。在现代汽车上已广泛使用液压挺柱。

ANQ 发动机液压挺柱如图 4-45 所示,主要由柱塞、单向阀和单向阀弹簧等组成,其工作原理如下:

在凸轮轴的作用下,挺柱每上下往复运动一次,挺柱体上油槽两次与汽缸盖上的斜油道相通,使主油道的压力机油进入储油腔(低压腔)。汽缸盖上的斜油道与挺柱体上油槽之间装有机油回油阀,保证液压挺柱有充足的润滑油补充。

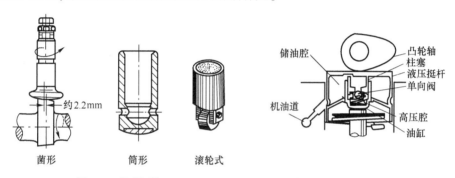

图 4-44　普通挺柱　　　　　　　　图 4-45　ANQ 发动机液压挺柱

当凸轮推动液压挺柱时,柱塞运动使单向阀关闭贮油腔与高压腔通道,高压腔内机油被压缩形成高压,此时液压挺柱由于液体不可压缩的原理可以看成一个刚体元件推动气门杆。

当气门开启时,由于在凸轮轴的压力下,少量的润滑油从柱塞与油缸之间的间隙(最大不超过 0.1mm)中泄漏。

当凸轮不顶动液压挺柱时,液压挺柱不再受压,在弹簧的作用下,柱塞运动使高压腔压力下降,单向阀打开,润滑油从储油腔进入高压腔,使挺柱外移,弥补挺柱与气门杆之间的间隙。

(4)挺柱的检修。

①普通挺柱及导孔的检修。

a. 挺柱表面不应有裂纹、黑点、刻痕、凹坑及其他缺陷,轻微的损伤可继续使用,否则,应换用新件。

b. 挺柱直径磨损用外径千分尺测定,圆度、圆柱度及弯曲度误差均≥0.01mm,径向跳动量≥0.05mm。气门挺柱承孔内径可用百分表检测。

c. 气门挺柱与承孔的配合间隙如大于 0.10mm 时,应采用电镀加大挺柱直径及铰大承孔的方法予以修复。配合间隙一般为 0.020~0.035mm。

②液压挺柱的检查(以 ANQ 发动机为例)。液压挺柱是不可修的,发动机起动时,有不规则的噪声属正常现象。

a. 起动发动机,运转至冷却液温度达到 80℃。

b. 将转速提高至约 2500r/min，运转 2min，如需要，进行路试。

说明：若不规则气门噪声消失后，短期再次出现，须更换机油单向阀。单向阀安装在机油滤清器支座内。

c. 如液压挺柱仍有噪声，则按下述方法查出损坏挺柱：

拆下汽缸盖罩，转动曲轴，使待查的凸轮挺柱朝上。若挂入 4 挡，用力向前推车。若是自动变速器汽车则拆下隔音板，用曲轴带中央螺栓顺时针转动曲轴，测量凸轮和液压挺柱间的间隙。具体方法是用楔形木棒或塑料棒压下挺柱，如果凸经和挺柱间可放入 0.20mm 厚薄规，则应更换挺柱。

注意安装挺柱之前，先浸泡在清洁的发动机机油中 2h 以上。

3. 推杆

(1) 作用。将挺柱传来的凸轮推动力传递给摇臂机构。用于中、下置凸轮轴式配气机构。

(2) 材料。多数采用冷拔无缝钢管制成，杆的两端焊接或压配不同形状的端头；也有用钢制整体实心推杆，其上下端头与杆身制成一体；还有使用硬铅棒，两端配以钢制端头而制成。端头均经过淬火后磨光，以保证其耐磨性。

图 4-46 推杆的结构

(3) 结构如图 4-46 所示。

(4) 推杆的检修。推杆上端与调整螺钉接触的球座及推杆下端球头应光滑，无裂纹、变形、磨损起槽，杆身表面应光滑、平直，不得有锈蚀及裂纹现象。否则，应修复或更换推杆。用百分表检查，气门推杆弯曲直线度误差应≥0.30mm，如超过规定值，可以进行冷压校直或更换。

4. 摇臂组件

(1) 作用。将推杆或凸轮传来的力改变方向后传给气门，使其开启。

(2) 材料。摇臂一般用中碳钢，也有的用球墨铸铁或合金铸铁等材料制造。

(3) 结构。摇臂组件主要有摇臂、摇臂轴、支撑座、气门间隙调整螺钉等零件组成。

如图 4-47 所示，摇臂与座用来安装摇臂轴，以螺栓固定在汽缸盖上。摇臂是一个以中间轴孔为支点的双臂杠杆，短臂一侧装有气门间隙调整螺钉，长臂一端有一圆弧工作面用来推动气门。为了提高其工作寿命，长臂圆弧工作面需经淬火处理。在摇臂、摇臂支座上均钻有油道孔，摇臂轴是中空的其内有油道。

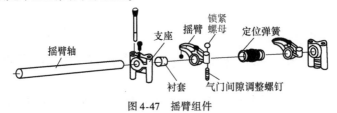

图 4-47 摇臂组件

(4) 检修。

①摇臂的检修。

a. 摇臂轴孔的磨损若超过极限，应予修整或镶套或更换。油孔应予疏通。

b. 摇臂气门杆端接触面磨损，可用气门磨光机和细砂轮修磨，或用油石修整接触表面，若磨损严重，无法修整的则需更换新件。锻钢摇臂由于表面硬化，不能修复，应予更换。

c. 摇臂调整螺钉，如果在拆卸摇臂调整螺钉时所用力矩低于规定值，说明有松旷，应换新件。再检查,若力矩仍旧过低,则需换摇臂。

②摇臂轴的检修。

a. 摇臂轴表面是否有磨损和损坏,是否有弯曲和凹陷现象。

b. 检查机油孔是否有阻塞,油槽是否积有污垢,如有须清除干净。

c. 某些发动机采用铝制摇臂代替铸铁摇臂,须在摇臂轴纵向增加一些油槽。

d. 摇臂支座的接合面磨损和不平,摇臂轴承孔和螺栓孔磨损、不圆等,根据损伤情况予以修整。

③摇臂及摇臂轴的配合检修。如图 4-48 所示用手感检查摇臂与摇臂轴的配合情况,按图中箭头方向推拉和摇摆摇臂,如有间隙感说明摇臂与摇臂轴之间出现了磨损。若间隙大于 0.15mm,必须换用新件。

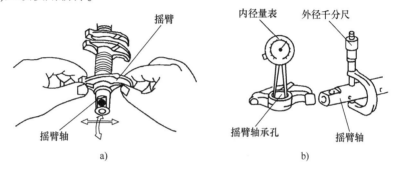

图 4-48　摇臂与摇臂轴的间隙
a)检查摇臂与摇臂轴的间隙;b)测量摇臂轴间隙

④F23A3 发动机摇臂组件的检修。

a. 摇臂总成拆卸。按规定顺序,松开凸轮轴托架螺栓,每次旋松凸轮轴托架螺栓 2 转,以免损坏气门或摇臂总成,然后拆下螺栓和摇臂总成。

b. 摇臂与轴间配合间隙的检查。用千分尺量摇臂轴直径,用量缸表量摇臂轴孔。对所有摇臂进行检查,如超过维修极限,更换摇臂轴和摇臂。注意,进气摇臂更换时,应将 3 个摇臂(主、次、中)同时更换。摇臂与轴的配合间隙,进气摇臂的标准值为 0.026～0.067mm,排气摇臂为 0.018～0.054mm,维修极限值为 0.08mm。

c. 检查进气摇臂活塞。用手推动摇臂活塞,应能平滑移动,否则,一同更换主、中、次进气摇臂。

d. 安装注意事项。注意按拆卸时做的标记进行装配;旧的零件需装到它原来所在的位置;当拆卸或安装摇臂总成时,不要拆下凸轮轴托架上的螺栓;重新装配时,要把进气摇臂轴的凸起部分装入凸轮轴托架的凹槽中;在重新装配前,对所有零件清洗、擦干,在所有的接触点处涂上润滑油。

五、可变气门正时机构

1. 作用

可变气门正时系统是用来控制气门开启时间和气门打开的深度,以实现根据不同工况,提供发动机相应的进气量,从而提高汽车的动力性和经济性。

发动机在低速时进气管内的流速较小,进气门须较早的被关闭,这样可以使混合气不会被活塞在向上运动时压回进气歧管;发动机在高速时进气歧管内的流速很大,使混合气在活塞向上运动时还能利用惯性不断地进入汽缸,所以进气门可以晚一些关闭。装有可变气门正时机构的发动机,进气门的关闭时间可以根据发动机的转速进行调节。在低速低挡行驶时提供高转矩,节省燃料并降低废气的排放;在高速时提供高功率和高转矩的输出。

2. 典型发动机可变气门正时机构

1) ANQ5 气门发动机可变气门正时机构

奥迪 A6、上海 PASSATB5 上装备的 ANQ 发动机配气机构的结构特点前已叙述。其可变气门正时结构如图 4-49 所示,有 3 个进气门,排列位置错开,打开的时间也不同(中间的气门先打开)使发动机吸入的新鲜空气产生漩涡,加速和优化混合气的雾化,提高发动机的功率和转矩。该装置配置有一个具有双进气道的可变长度进气歧管(见单元五)。

曲轴通过同步带首先驱动排气凸轮轴,排气凸轮轴通过链条驱动进气凸轮轴。在两轴之间设置一个凸轮轴调整器,在内部液压缸的作用下,调整器可以上升和下降,以调整发动机进气凸轮轴的位置。液压缸的油路与缸盖上的油路连通,工作压力由凸轮轴调整阀控制。ECU 对凸轮轴调整阀进行控制。排气凸轮轴位置是不可调的。调整器结构如图 4-50 所示。图 4-51 所示为可变气门调整器工作原理示意图。

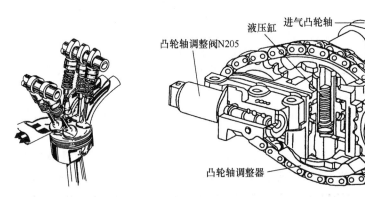

图 4-49　ANQ 发动机可变气门正时结构

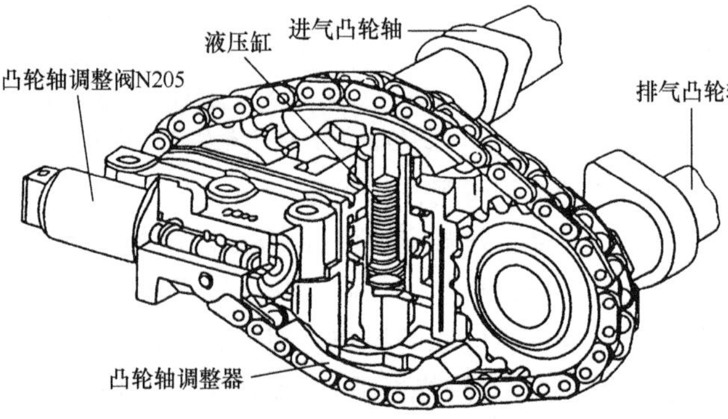

图 4-50　可变气门调整器结构

功率位置(不进行调整时的位置),即高速状态,为了充分利用进气流的惯性,进气迟闭角增大(轿车发动机一般在此位置)。链条的上部较长,而下部较短。排气凸轮轴首先要拉紧下部链条成为紧边,进气凸轮轴才能被排气凸轮轴带动。就在下部链条由松变紧的过程中,排气凸轮轴已转过了一个角度,进气凸轮才开始动作,进气门关闭得较迟,从而使发动机在高速时产生高功率。

转矩位置,通过凸轮轴调整器向下的运动而缩短上部链条并加长下部链条。下部链条作用着排气凸轮旋转拉力和调整器向下的推力,由于排气凸轮轴受到正时皮带制约不能转动,从而使进气凸轮轴偏转一个角度,较早关闭进气门,使发动机在中速和低速范围内能产生高转矩。

由于可变气门正时调节的是链条的长度,所以链条在安装时的基础设定是非常重要的。

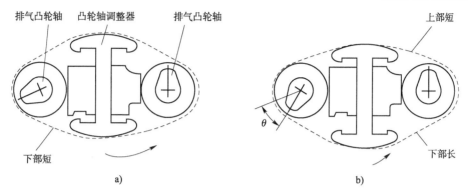

图4-51 可变气门调整器工作原理示意图
a)功率位置;b)转矩位置

ANQ发动机链条的基础设定为在两个凸轮轴链条驱动齿轮标记之间的链条长度为16个链条孔距。

2)海南马自达(MAZDA)发动机可变气门正时机构

海南马自达(MAZDA)发动机可变气门正时机构由可变气门正时传动装置、油压控制阀(OCV)、CKP传感器(曲轴转角传感器)、CMP传感器(凸轮轴转角传感器)以及PCM构成,如图4-52。

可变气门正时机构工作原理:

PCM按照发动机运行条件产生的信号,给油压控制阀指令,通过油压控制阀控制可变气门正时传动装置的油压,从而不断地调节气门正时。

可变气门正时传动装置的结构如图4-53所示。由与凸轮轴链轮一体的外壳、罩、凸轮轴转子以及止动销等部件构成。当发动机停止时止动销用来定位转子与外壳(套管)。另外,转子有一个薄片封口用来封气门正时提前室与延迟室。罩与转子开槽,在监控可变气门正时传动装置时,被作为对正标记使用。

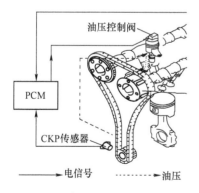

图4-52 海南马自达(MAZDA)发动机可变气门正时机构

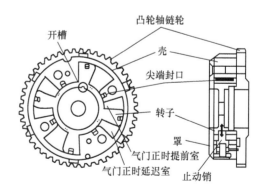

图4-53 可变气门正时传动装置

(1)在发动机起动时,可变气门正时传动装置的止动销与转子啮合后(转子由于弹簧力处于最大配气延迟位置),凸轮轴链轮与凸轮轴作为一个整体旋转。当油泵压力升高并且止动销脱离时,便可能对凸轮轴链轮与凸轮轴的相应角度进行调节。

(2) 当油压控制阀的滑阀按照PCM信号移动到左侧时,油泵液压注入气门正时提前通道并最终到达可变气门正时传动装置的气门正时提前室,然后,转子与凸轮轴一起向气门正时提前方向旋转,由此气门正时被提前,如图4-54所示。

(3) 当油压控制阀的滑阀按照PCM信号移动到右侧时,油泵液压注入气门正时提前通道并最终到达可变气门正时传动装置的气门正时延迟室。然后,转子与凸轮轴一起向气门正时延迟方向旋转,由此气门正时被延迟,如图4-55所示。

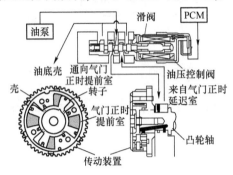 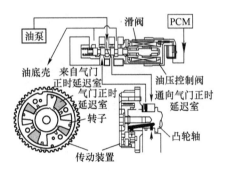

图4-54 气门正时提前工作流程图　　　　图4-55 气门正时延迟工作流程图

(4) 当油压控制阀的滑阀位于气门正时提前与延迟的中间位置时,液压同时被保持在可变气门正时传动装置的提前室与延迟室内,同时,转子与壳的相应角度被固定并保持,由此产生固定气门正时,使气门正时保持在中间位置,如图4-56所示。

油压控制阀,包括用来转换机油通道的滑阀、用来移动滑阀的线圈、柱塞以及复位弹簧,如图4-57所示。

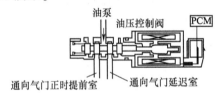 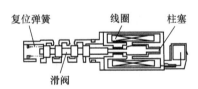

图4-56 气门正时保持中间位置工作流程图　　　　图4-57 油压控制阀的结构

单元五
电控汽油发动机燃料供给系统

课题一 发动机的可燃混合气及正常燃烧

汽油机以汽油为燃料。按一定比例的汽油和空气的混合物称为可燃混合气。两者仅在 0.01~0.02s 的时间内就完成了汽油的雾化、蒸发与空气混合的整个过程。混合气中汽油与空气的比例（混合气浓度）应符合发动机运转工况的需要。

一、可燃混合气浓度对发动机性能的影响

1. 可燃混合气浓度的表示方法

1）空燃比 A/F

混合气中所含空气质量（kg）与燃油质量（kg）的比值。即 A/F = 空气质量（kg）/燃料质量（kg）。理论上 1kg 汽油完全燃烧需要空气 14.7kg，空燃比 A/F = 14.7 为理论混合气；A/F < 14.7 为浓混合气；A/F > 14.7 为稀混合气。

2）过量空气系数 α

指在燃烧过程中，实际供给的空气质量与理论上燃油完全燃烧所需要的空气质量之比。即 α = 实际供给的空气质量（kg）/理论上燃油完全燃烧所需要的空气质量（kg）。α = 1 为理论混合气；α < 1 为浓混合气；α > 1 为稀混合气。

2. 可燃混合气浓度对发动机性能的影响

可燃混合气浓度对发动机的动力性和经济性有很大的影响（具体可通过实验方法测试），在发动机转速一定和节气门全开的条件下，通过改变进油量的大小以改变 α 值，测绘出相应的发动机功率和油耗率曲线，如图 5-1 所示，表明有效功率 P_e 和有效油耗率 g_e 随 α 的变化规律。

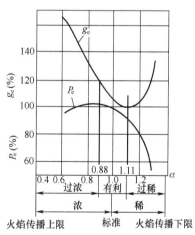

图 5-1 可燃混合气浓度对发动机工作的影响

可燃混合气浓度对发动机工作的影响，如表 5-1 所示。

一般 α = 1.05~1.15 的混合气称为经济混合气；α = 0.85~0.95 的混合气称为功率混合气。

可燃混合气浓度对发动机工作的影响　　　　　　　　　　　表5-1

混合气	过量空气系数α	发动机功率P_e	油耗率g_e	发动机工作情况
过浓混合气	0.43~0.88	减小	显著增加	排气管冒黑烟、放炮、排气污染严重
稍浓混合气	0.85~0.95	最大	增大18%	—
理论混合气	1	减小2%	增大4%	—
稍稀混合气	1.05~1.15	减小8%	最小	加速性能变坏
过稀混合气	1.13~1.33	显著减小	显著增大	进气管易回火、加速性能变坏

3. 发动机各工况对可燃混合气成分的要求

发动机工况是发动机工作情况的总称。车用汽油机在不同工况下对混合气的成分有不同的要求,如表5-2所示。

发动机各工况对可燃混合气成分的要求　　　　　　　　　　　表5-2

工况	工作环境	对α的要求
起动工况	冷车起动,曲轴转速慢(50~100r/min),发动机温度低,进气流的流速小,汽油雾化、蒸发不良	必须供给多而浓的混合气,α=0.2~0.6
怠速工况	节气门开度小,进气量少,发动转速低(300~700r/min),汽油雾化、蒸发条件仍很差	需要少而浓的混合气,α=0.6~0.8
中等负荷工况	中等负荷是发动机工作时间最长的状态,节气门开度适中,转速较高,汽油雾化、蒸发好	供给经济混合气,α=1.05~1.1
大、全负荷工况	汽车需要克服很大的阻力,节气门开度已达85%以上,进气量很多	需量多而浓的混合气,α=0.85~0.95
加速工况	节气门突然开大,要求发动机转速迅速提高,由于空气流量比汽油喷出量增长快得多,此时易导致发动机熄火	要求额外供给一定数量的汽油,以加浓混合气,α=0.7~0.9

二、可燃混合气的正常燃烧

汽油机的正常燃烧过程见图5-2。

点火提前角θ:电火跳火点(1点)至上止点所对应的曲轴转角。提前点火的目的:要使着火在上止点附近完成,压力最高点出现在上止点后10°~15°为好。另外,火花塞跳火后,需进行物理、化学反应的准备。

汽油正常燃烧的三个阶段:

①着火延迟期φ_i:对应1点至2点(形成火焰中心)的曲轴转角。

②火焰传播期:对应2点至3(最高压力点)的曲轴转角。在此时期内,火焰迅速传遍整个燃烧室,混合气80%以上在此时期内完成燃烧,燃料的热能绝大部分在此时间内放出,缸内压力、温度迅速升高。

汽油机最高压力点与最高温度(放热效率骤然下降的点)点基本重合。

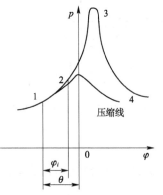

图5-2　汽油机的正常燃烧过程

③补燃期:对应3点至4点(燃烧基本完成)的曲轴转角。3点过后,燃烧速度下降,活塞下行,使功率下降。

为了保证汽油机工作柔和,动力性好,一般应使2点处于上止点前12°~15°。3点处于上止点后10°~15°。

课题二　电控汽油机燃料供给系统的组成及工作原理

电控汽油机燃料供给系统由燃油供给系统、空气供给系统、排气系统和电子控制系统等子系统组成。

一、发动机电控系统的工作原理

电控系统是用各种传感器将工作状况转换成电信号输送给ECU,经实时处理与计算后,再向各执行器发出命令,使发动机在各种工况下都处于最佳的工作状态,此外,还有自诊断、失效保护、备用程序等功能。通常由传感器、ECU、执行器三部分组成。各部分的功用及特点如表5-3所示,控制原理如图5-3所示。传感器的作用是把非电量信号转换成电量信号,或将物理量、电量、化学量的信息转换成ECU能够理解的信号。执行器的作用是接收ECU输出的控制信号完成执行指令。

各部分的功用及特点　　　　　　表5-3

	功　用	结构特点
传感器	将探测的外界信息转换成可用的电信号,送给ECU	由敏感元件和转换元件组成
执行器	接收ECU传来的指令,将它转化成实际的机械运动,实现控制	线圈类元件
ECU(电控单元)	根据其内存的程序和数据对各种传感器输入的信息进行运算、处理、判断,然后输出指令,向执行器提供一定的电信号以达到控制的目的	由微型计算机、输入/输出及控制电路组成

注:ECU(Electronic Control Unit)指电子控制单元,也称"车载电脑";ECM(Engine Control Module)指发动机控制模块。

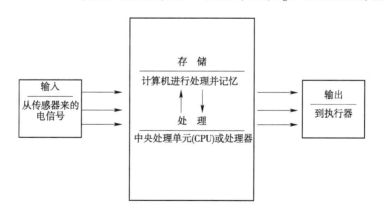

图5-3　电控系统的控制原理

发动机的电控系统具有燃油喷射控制、点火控制、怠速控制、排放控制、进气控制、故障自诊断控制等功能。其控制关系如图5-4所示(以F23A3发动机为例)。

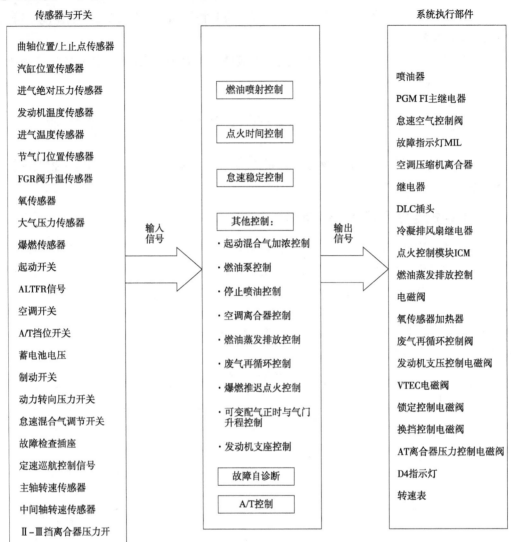

图 5-4　F23A3 发动机汽油燃油喷射控制系统关系图

二、汽油发动机燃油喷射控制系统(EFI)的控制功能

1. 喷油量控制

电控单元根据发动机转速和负荷信号作为主控信号,确定基本供油量,再根据其他相关输入信号加以修正,最后确定实际喷油量。

2. 喷油正时控制

在间歇式电控喷射系统中,当采用顺序喷射时,主电脑不仅要控制喷油量,还要根据发动机各缸的点火顺序,将喷射时间控制在一个最佳的时刻。

3. 断油控制

①减速断油控制。汽车行驶中,节气门开度迅速减小时,电控单元将切断控制电路停止喷油,用以降低减速时 HC 和 CO 的排放量。当发动机转速降至一特定转速时,又恢复供油。

②限速断油。当发动机转速超过安全转速或车速超过设计最高车速时,电控单元将会切断控制电路停止喷油,防止超速。

③清除溢油控制。当发动机多次起动未能成功时,淤积在汽缸内的浓混合气就会浸湿火花塞,使其不能跳火。清除溢油控制就是将发动机加速踏板踩到底,接通起动开关起动发动机时,电控单元(ECU)控制喷油器中断喷油,以便排除汽缸内的燃油蒸气,使火花塞干燥,能够跳火。

④减扭断油控制。装有电控自动变速器的汽车在行驶中自动升挡时,ECU发出减扭信号,暂时中断个别缸的喷油,以降低发动机转速,从而减轻换挡冲击。

4. 汽油泵控制

打开点火开关,ECU将控制汽油泵工作2~3s,在油道中建立油压,此时若不起动发动机,汽油泵将停止工作。在发动机工作过程中,ECU控制汽油泵正常运转。

三、燃油喷射控制系统的组成及工作原理

如图5-5所示为F23A3发动机燃油喷射控制系统的组成。

其工作原理是:燃油喷射控制系统是以ECU为控制中心,利用多种传感器测出发动机的各种工作参数,以空气流量和发动机转速为控制的基础参数,再以其他参数进行修正,对喷油量、喷油时刻、点火时刻、怠速空气供给等进行精确控制,以保证发动机在任何工况下都能获得最佳浓度的混合气。

四、燃油喷射控制系统的分类

1. 按喷射位置分类

根据汽油的喷射位置,汽油喷射系统可分为缸内喷射和进气管喷射两种,进气管喷射又有单点喷射和多点喷射之分。

1)缸内喷射

如图5-6所示,将喷油器安装在缸盖上,直接把汽油喷入汽缸内与空气混合,形成可燃混合。

2)进气管喷射

(1)单点喷射(SPI)。一台发动机1~2个喷油器,装在进气管的节气门上方,将燃油喷入进气流中,形成混合气后,再分配到各缸中。

(2)多点喷射(MPI)。每个缸都有一个喷油器。喷油器安装在每个缸进气歧管上,汽油直接喷射到各缸的进气门前方,与空气混合形成混合气进入汽缸。

2. 按喷射方式分类

按喷射方式,汽油喷射系统分为连续稳定喷射和间歇脉冲喷射两种。

1)连续稳定喷射

指在发动机运行期间,喷油器不间断地把汽油连续喷入进气管中,喷油量正比于进入汽缸的空气量。现已很少采用。

2)间歇脉冲喷射

每次喷射都有一个限定的持续时间,用喷油时间来控制喷油量。间歇脉冲喷射又分为同时喷射、分组喷射和顺序喷射三种,如图5-7所示。

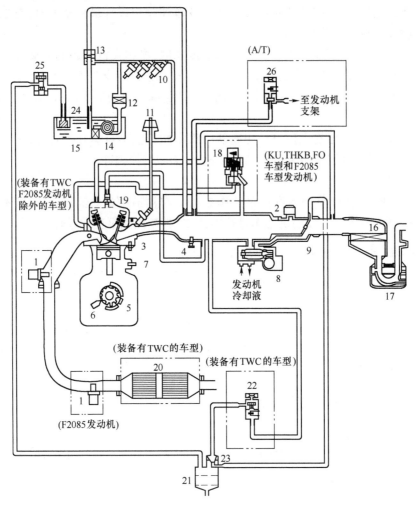

图 5-5　F23A3 发动机燃油喷射控制系统的组成

1-加热氧传感器（HO_2S）；2-进气歧管绝对压力传感器（MAP）；3-发动机冷却液温度传感器（ECT）；4-进气温度传感器（IAT）；5-曲轴转角传感器（CKP）；6-上止点传感器（TDC）；7-爆震传感器（KS）；8-急速空气控制阀（IAC）；9-节气门体；10-燃油喷射器（INJ）；11-燃油脉冲阻尼器；12-燃油滤清器；13-燃油压力调节器；14-燃油泵（FP）；15-燃油箱；16-空气滤清器；17-共振腔；18-废气再循环阀（EGR）和升程传感器；19-曲轴箱强制通风阀（PCV）；20-三元催化转换器（TWC）；21-燃油蒸发排放（EVAP）控制活性炭罐；22-燃油蒸发排放（EVAP）控制电磁阀；23-燃油蒸发排放（EVAP）控制膜片阀；24-燃油蒸发排放（EVAP）阀；25-燃油蒸发排放（EVAP）双通阀；26-发动机支架控制电磁阀

（1）同时喷射。一般采用发动机每转一周，各缸喷油器同时喷油一次，即发动机每次做功所需的油量，分两次喷入进气管。

（2）分组喷射。把发动机所有汽缸分为两组（四缸机）或三组（六缸机），各组喷油器依次交替喷射。

（3）顺序喷射。发动机运行时，各缸喷油器按照工作顺序，依次把汽油喷入各缸的进气歧管。

3. 按空气流量的测量方式分类

按空气量测量方式不同，可分为直接检测法和间接检测法两种。

单元五 电控汽油发动机燃料供给系统

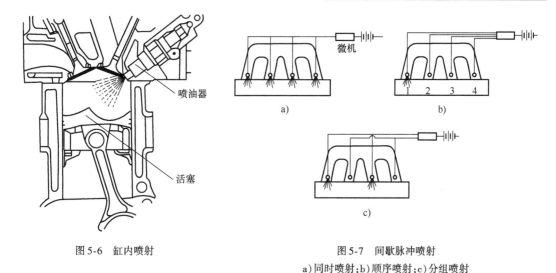

图5-6 缸内喷射

图5-7 间歇脉冲喷射
a)同时喷射;b)顺序喷射;c)分组喷射

1)直接检测法(L型)

直接检测法称为质量流量方式,是利用空气流量计直接测出进入汽缸的空气量,ECU根据测得的空气流量和发动机转速计算出需要喷射的燃油量,并控制喷油器工作。

2)间接检测法(D型)

间接检测法有两种:一种是根据进气管压力和发动机转速推算出进入汽缸的空气量,并计算出喷油量,称为速度密度方式。另一种是根据节气门开度和发动机转速推算出吸入的空气量,并计算出喷油量,称为节流速度方式。

4. 按系统有无反馈信号分类

按系统有无反馈信号可分为开环控制和闭环控制,如图5-8所示。

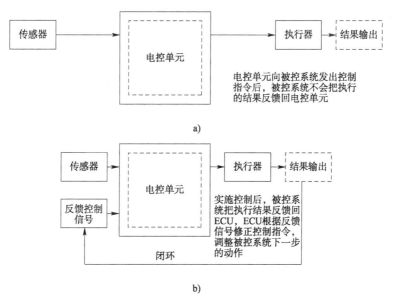

图5-8 开环控制和闭环控制
a)开环控制;b)闭环控制

125

课题三 燃油供给系统

一、燃油供给系统的作用与组成

燃油供给系统的作用是根据 ECU 的驱动信号,以恒定的压差将一定数量的燃油喷入进气歧管(或汽缸),向发动机供给各种工况下所需的燃油量。组成如图 5-9 所示。

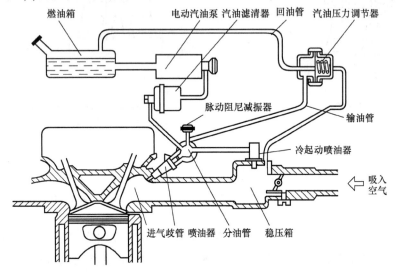

图 5-9 燃油供给系统

二、燃油供给系统的工作过程

在燃油喷射控制系统(EFI)中,汽油由电动汽油泵从油箱泵出并加压,经过汽油滤清器滤清,在汽油压力调节器的作用下,使油压与进气歧管内气压保持恒定差值,然后由分油管配送给各个喷油器和冷起动喷油器,喷油器根据 ECU 的指令,把适量的汽油喷入进气歧管(或汽缸),如图 5-10 所示。F23A3 发动机燃油供给系如图 5-11 所示。

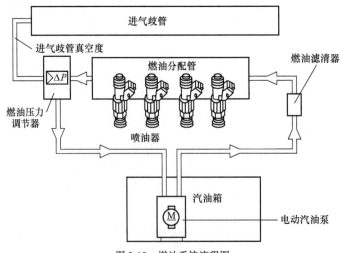

图 5-10 燃油系统流程图

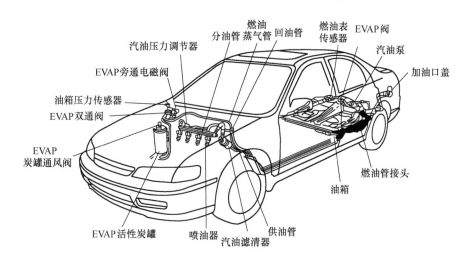

图 5-11　F23A3 发动机燃油供给系统

三、燃油供给系统的各主要部件

1. 电动汽油泵

1）作用

将汽油从油箱中吸出,加压后经喷油器供给发动机。

2）结构与工作原理

电动汽油泵有安装在油箱外输油管路中的外装式燃油泵和安装在油箱中的内装式汽油泵两种。内装式汽油泵的安装位置又分为:固定在油泵支架上垂直地悬挂在油箱内(如图 5-12 所示);或者垂直安装在油箱底。

（1）涡轮式电动汽油泵

属于内装式汽油泵,结构如图 5-13 所示。

汽油先经滤网过滤,由涡轮泵送经电动机,通过单向阀,进入输油管路。涡轮泵由叶轮、叶片、外壳和泵盖组成,叶轮由电动机驱动,在离心力作用下,叶片贴紧泵壳,将汽油经窄小缝隙由进油室送至出油室,从而加压。汽油流经电动机的过程起到了冷却电动机的作用。

单向阀的设置是为了在汽油泵停止工作时密

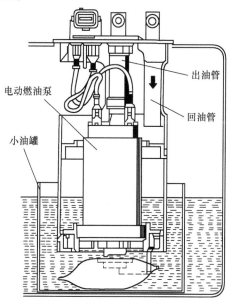

图 5-12　内装式汽油泵的安装位置

封油路,使燃油供给系统保持一定残压,便于发动机下一次起动。卸压阀是一种安全保护装置,当汽油泵输出油压大于 400kPa 时,此阀打开,高压汽油流到进油室,燃油在泵和电动机内部循环,防止管路内油压过高。

由上分析可知,内装式电动汽油泵不可在汽油箱中油少或缺油的情况下工作,否则,易烧坏电动机。

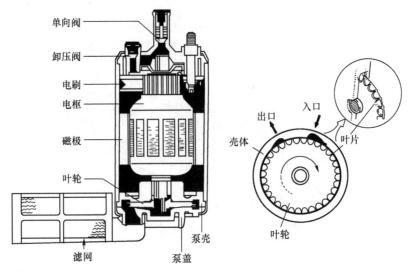

图 5-13 涡轮式电动汽油泵

(2) 转子式电动汽油泵

转子式电动汽油泵大多用于外装式汽油泵，结构如图 5-14 所示。

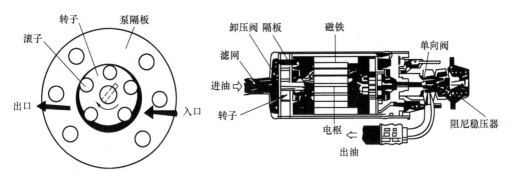

图 5-14 转子式电动汽油泵

3) 电动汽油泵的控制

(1) 由点火开关与 ECU 共同控制

如图 5-15 所示。当接通点火开关(ON)时，L_3 通电，主继电器触点闭合，电源向燃油喷射系统供电，发动机收到点火开关闭合信号，但无转速信号输入，控制汽油泵工作 2s，使供油管路的压力增高，为发动机起动做好准备。

发动机起动时，L_2 线圈通电，触点闭合，电源通过主继电器和断路继电器向汽油泵供电，汽油泵投入工作。发动机正常运转过程中，L_2 断电，L_3 通电，ECU 接收到转速传感器的输入信号，使晶体管 T_r 导通，L_1 线圈通电，触点保持闭合状态，汽油泵继续工作。发动机停止运转时，L_3 断电，汽油泵停止工作。

(2) 由油泵开关控制

控制电路如图 5-16 所示。

(3) 具有转速控制

是在油泵开关控制电路的基础上增设了油泵控制继电器，控制电路如图 5-17 所示。

单元五　电控汽油发动机燃料供给系统

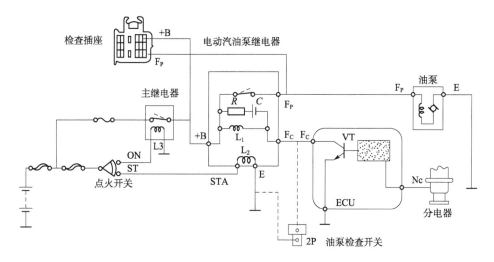

图 5-15　点火开关与 ECU 共同控制的汽油泵控制电路

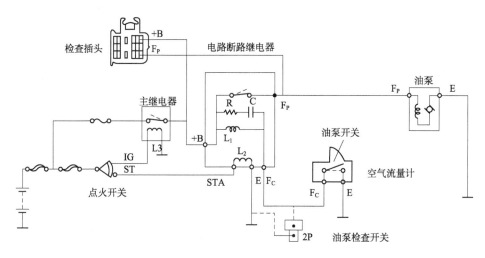

图 5-16　油泵开关控制的汽油泵控制电路

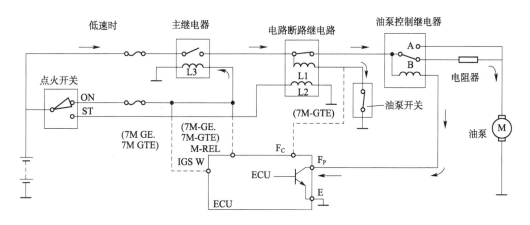

图 5-17　具有转速控制的汽油泵控制电路

当发动机在怠速或中低负荷下工作时,发动机 ECU 发出指令接通汽油泵控制继电器线圈的搭铁回路,油泵控制继电器常开触点(B)闭合,由于电阻串入回路,汽油泵以较低转速运转,噪声和供油量均较小。

当 ECU 通过接收的信号判断发动机为大负荷运转,就发出指令切断油泵控制继电器线圈的搭铁回路,在弹簧张力的作用下,继电器常开触点(B)打开,常闭触点(A)复位闭合,电阻短路,电动机的转速提高,泵油量加大,从而满足了发动机大负荷工作对供油量的要求。

(4) ECU 控制的汽油泵

如图 5-18 所示,是一种完全由 ECU 控制的电动汽油泵控制电路。ECU 根据起动开关的起动信号及曲轴位置传感器测得的发动机转速信号,控制电动汽油泵的工作。在发动机起动及运转时,使油泵继电器线圈通电,继电器触点闭合,电动汽油泵运转;在发动机未起动时,若将点火开关转到 ON 位置,ECU 会让电动汽油泵运转 3~5s,以提高油路压力。

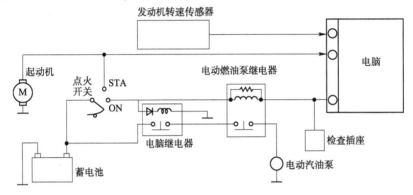

图 5-18　ECU 控制的汽油泵控制电路

4) 电动汽油泵的检测

(1) 就车检查

①先用一根导线将检测插座内电动汽油泵的两个检测插孔短接,并接通点火开关,但不要起动发动机。

②卸下油箱盖,仔细静听是否有电动汽油泵运转的响声,若有,正常,若无,可用手捏住进油软管试有无供油压力;若无,再作下一步检查。

③检查电动汽油泵电源熔断丝是否熔断,继电器有否损坏,控制电路是否断路。如果没有上述故障,应检修或更换电动汽油泵。

(2) 电动汽油泵的拆卸(以 F23A3 发动机为例)

①释放燃油压力,拆下备用轮胎,从车辆底板下拆下检修板。

②关闭点火开关,从汽油泵上拆下 5 芯插头。

③拆下汽油泵的快速更换接头,拆下固定螺栓和汽油泵总成。

④拆下支架、汽油表传感器、软管和线束。

(3) 电动汽油泵的检查

电动汽油泵的检查如图 5-19 所示。

①在初次接通点火开关时,听电动汽油泵的工作声。

②若无工作声,则接通主继电器 7 芯插头 4 号端子和 5 号端子(如图 5-20a)。

③接通点火开关,检查电动汽油泵5芯插头5号端子与车体地线之间的电压。
④若为蓄电池电压,则检查电动汽油泵搭铁线,若搭铁线正常,则更换电动汽油泵。
⑤若无电压,则检查线束。

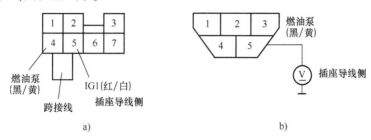

图 5-19 电动汽油泵的检查
a) 主继电器7脚插头;b) 燃油泵5脚插头

(4) 主继电器的检测(以 F23A3 发动机为例)

①拆下主继电器。如图 5-20 所示。

②连接蓄电池正极与主继电器的 2 号端子,1 号端子与蓄电池负极相连,检查主继电器的 4 号端子和 5 号端子之间是否导通,如果不导通,则更换主继电器。

③如果 4 号和 5 号端子之间导通,则将 5 号端子与蓄电池的正极相连,3 号端子与蓄电池负极相连,然后检查 6 号与 7 号端子是否导通,如果不导通,则更换主继电器。

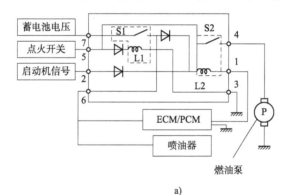

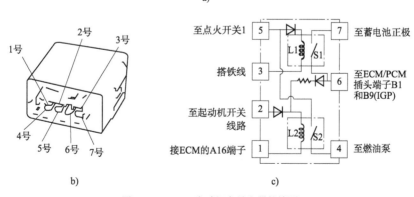

图 5-20 F23A3 发动机主继电器的检测
a) 主继电器的控制原理;b) 主继电器;c) 主继电器的检测

④如果 6 号与 7 号端子导通,则连接蓄电池正极和 6 号端子,连接蓄电池负极与 1 号端

子,然后检查 4 号端子和 5 号端子之间是否导通。如果导通,则说明主继电器正常;如果不导通,则更换主继电器。

(5)电动汽油泵的安装

装配时,按与拆卸相反的顺序进行,注意更换垫圈;燃油软管和导线的连接应确保可靠。

2. 汽油滤清器

汽油滤清器安装在汽油泵之后的高压油路中。作用是滤去汽油中的杂质。滤清器使用到规定的里程后,应更换。安装滤清器时,应注意安装方向,标有"IN"的一端应接进油管,标有"OUT"的一端应接出油管。一般行驶 3 万~4 万 km,每两个二级维护作业周期更换一次汽油滤清器及其连接油管卡箍。

F23A3 发动机汽油滤清器的拆装:先释放汽油压力,再旋下锁定螺母和供油管,拆下汽油滤清器卡箍即可拆下汽油滤清器。安装时按以上的相反顺序进行,换上新的垫圈。

有的燃油供给系统采用内置式汽油滤清器,结构如图 5-21 所示。

3. 脉动阻尼减振器

用于减小输油管路中的油压波动和脉冲噪声。结构如图 5-22 所示。来自汽油泵的燃油首先通过燃油室,然后流向输油管路,当燃油压力高时,弹簧被压缩,燃油室容积增大,燃油压力随之降低;反之,油压则增大。从而减轻脉动。

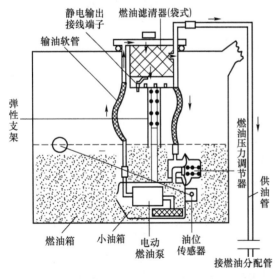

图 5-21 内置式汽油滤清器

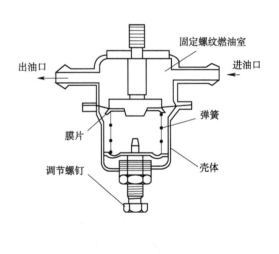

图 5-22 脉动阻尼减振器

4. 汽油压力调节器

1)作用

使燃油压力相对于大气压力或进气歧管负压保持一定值,即保持喷油压力与喷油环境压力的差值一定,并将多余燃油送回油箱。

2)结构与工作原理

一般安装在燃油分配管末端,也有安装在汽油泵的出油口一端。结构如图 5-23 所示。油泵泵送的油量大于喷油器需要的油量,当进气歧管真空度增大时,膜片进一步移向弹簧室方向,阀门开度也增大,回油量增多,从而使输油管压力略降;反之,则增大。从而使油压与进气歧管压力之差保持恒定。

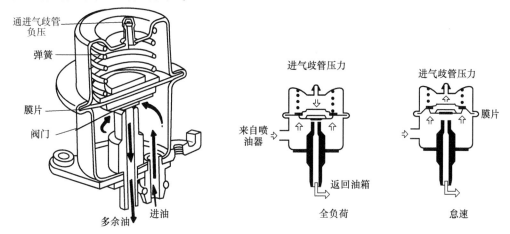

图 5-23 汽油压力调节器

3) F23A3 发动机汽油压力调节器检测

(1)拆装

拆卸前,应先在其下方垫一块棉纱或毛巾,然后释放系统燃油压力,再拆下连接管路及固定螺栓。安装时要更换新的 O 形圈,并在 O 形圈上涂上干净的机油再装回正确的位置。

(2)检测

①在安装脉动阻尼减振器处接上燃油压力表及其附件,然后拔下汽油压力调节器上的真空管并用夹子夹紧。

②起动发动机,观察压力表的指示值,应为 265～314kPa。

③重新接上汽油压力调节器的真空软管,然后再拆下,压力表读数应升高。否则,应更换汽油压力调节器。

4)内置式汽油压力调节器

内置式汽油压力调节器安装在油箱内,不受进气歧管真空度的控制,通过稳压箱稳定汽油压力,如图 5-24 所示。

5. 喷油器

1)作用

根据 ECU 发出的喷油脉冲信号,将计量精确的汽油以雾状喷入进气管或直接喷入发动机气缸。

2)分类

目前,电喷发动机大多采用电磁式喷油器。按用途不同,可分为多点式喷油器和单点式喷油器;按供油方式不同,可分为上部供油式喷油器和下部供油式喷油器;按喷口形式不同,可分为孔式喷油器和轴针式喷油器;按喷油器电磁线圈电阻不同,可分为高电阻式喷油器(12～14Ω)和低电阻式喷油器(3～4Ω)。

3)喷油器(多点喷射式)

大都采用上部供油方式,结构如图 5-25 所示。工作时,ECU 发出信号将喷油器电路接通,电磁线圈通电,衔铁在电磁力作用下克服弹簧作用而升起,并带动与其制成一体的针阀离开阀座,使压力汽油由喷口呈雾状喷出。停止工作时,喷油器电路被切断,针阀在弹簧力的作用下关闭,喷油器停止喷油。孔式喷油器雾化较好,而轴针式喷油器的喷口不易堵塞。喷油器喷油量的多少取决于通电时间的长短。

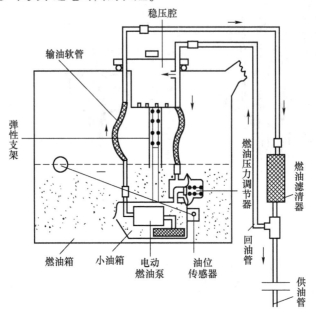

图 5-24 内置式汽油压力调节器

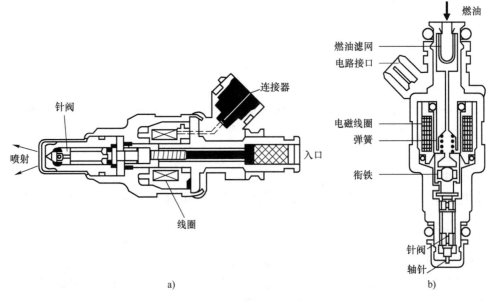

图 5-25 多点式喷油器
a) 孔式; b) 轴针式

4) 喷油器的驱动方式

电磁式喷油器的驱动方式可分为电压驱动式与电流驱动式(仅用于低电阻式喷油器)两

种。电流驱动式回路阻抗小,喷油器打开迅速,响应性好。电压驱动式回路构成简单,但由于回路阻抗大,喷油器响应性差。

5)喷油器的常见故障

有喷油器针阀结胶、由喷油器裂纹引起漏油、喷油器接线柱有污垢、喷油器线路故障、喷油器油路故障等。

6)喷油器的检测

(1)就车检测

①就车手摸判断法。在发动机运转时,用手摸喷油器振动情况,如果正常,手指应有强烈而均匀的振动感。

②万用表测阻法。拔下喷油器线束插头,用万用表测喷油器两接线端间的电阻,高阻抗型的电阻为 12~16Ω;电压驱动低阻抗型的电阻为 3~5Ω。

③断缸判断法。热车后,使发动机怠速运转,依次拔下各缸喷油器的线束插头,使喷油器停止工作,若拔下某缸喷油器线束插头后,发动机转速无明显变化,表明该缸喷油器工作不良。

(2)喷油器控制电路的检查

喷油器控制电路一般由点火开关或主继电器供电,由 ECU 控制喷油器的搭铁回路,如图 5-26 所示。

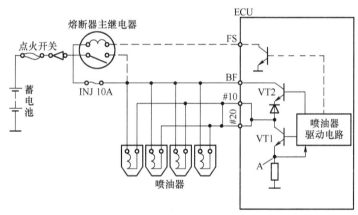

图 5-26 电流驱动喷油器控制回路(同时喷射)

①检查喷油器的电源供给电路:

a.拔下喷油器连接插头,接通点火开关,但不要起动发动机。

b.测量喷油器控制线连接器插头上的电源线电压,应为 12V。若无电压,则检查点火开关及保险或主继电器及线路。

c.检查 ECU 电控系统上的喷油器搭铁线搭铁是否良好。

②控制输出电路的检查。主要是检查 ECU 是否有喷油控制信号输出以及输出的信号是否正常。用专用检查试灯串接到喷油器连接器两插头上,起动发动机,试灯应闪烁。如试灯不亮,应检查喷油器至 ECU 之间的连接线路;若虽亮但不闪,应检查 ECU 电路。

7)喷油器的维护

(1)就车清洗喷油器

就车往输油管注入清洗液,冲洗喷油器。在喷油器脏污不严重时,此法能收到一定的效果。

(2) 超声波清洗

将喷油器放入超声波清洗槽内,由实验台对喷油器断续通电,进行超声波清洗,对于堵塞严重的喷油器采用这种方法。对于低阻值的喷油器不可直接与蓄电池连接,应串联一个适当阻值(8~10Ω)的电阻,以免烧毁电磁线圈。

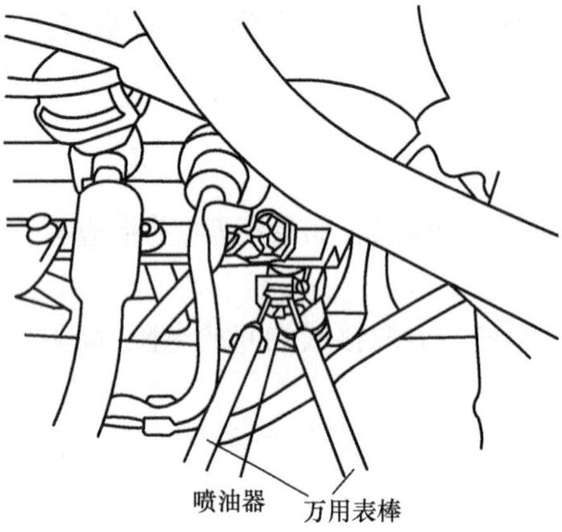

8) F23A3 发动机喷油器的检查

可采用断缸判断法或万用表测阻法,喷油器两端子之间的电阻值在 10~13Ω 之间。如图 5-27 所示。

6. 冷起动喷油器

1) 作用

在冷起动时向发动机额外喷入一定量的汽油,将混合气加浓,改善发动机的低温起动性能。

2) 结构与原理

冷起动喷油器安装在节气门后的进气管上,结构如图 5-28 所示。

图 5-27 F23A3 发动机喷油器的检查

发动机起动时,冷起动喷油器电路接通,电磁线圈通电,针阀在电磁力作用下克服弹簧作用力向左移动,阀门打开,压力汽油冲出阀孔,呈雾状从喷孔喷出。

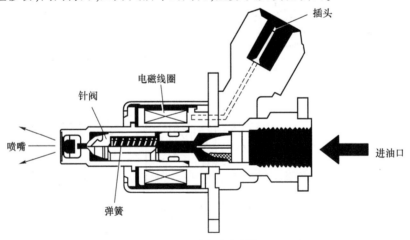

图 5-28 冷起动喷油器

3) 冷起动喷油器的控制电路

① 由冷起动温度时间开关组成的控制电路

冷起动温度时间开关安装在发动机汽缸体的冷却水套上,控制电路如图 5-29 所示。冷起动时,水温低,触点闭合,喷油器喷油;起动后,电热线 1、2 加热双金属片,使之弯曲,触点打开,喷油器停止喷油;发动机运转中,电热线 2 保持通电,触点处于稳定的断开状态。

② 由 ECU 组成的控制电路

控制电路如图 5-30 所示。工作时,ECU 接收冷却液温度传感器的信号,当确认冷却液温度低于设定温度时,ECU 发出控制信号指令使冷起动喷油器继电器线圈通电,触点闭合,冷起动喷油器工作。

单元五 电控汽油发动机燃料供给系统

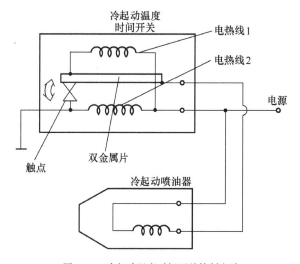

图 5-29 冷起动温度时间开关控制电路

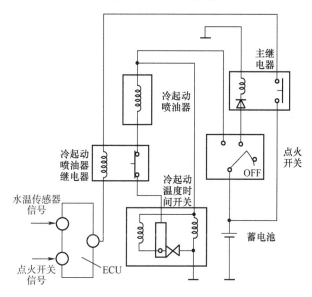

图 5-30 ECU 组成的控制电路

4）冷起动喷油器的检测

从线路上拔下冷起动喷油器，用万用表测两端的电阻值约为 $1.5 \sim 5\Omega$ 范围内，否则，换用新件。

四、燃油供给系统相关的传感器

喷油器的喷油分为同步喷油和异步喷油。同步喷油是指根据发动机各缸工作循环在既定的曲轴位置进行的，而异步喷油与发动机工作不同步，它是在同步喷油的基础上为改善发动机的性能额外的喷油，主要有起动异步喷油和加速异步喷油。

喷油器喷油量的计算：

$$同步喷油的喷油量 = 基准喷油量 \times 喷油修正系数 + 电压修正值$$

基准喷油量:ECU 根据空气流量或进气压力信号测算出实际进气量,根据空燃比控制参数确定;喷油修正量:取决于冷却液温度、进气温度、大气压力、节气门开度、氧传感器等传感器的信号;电压修正值:蓄电池电压越高,修正量越小。

喷油器喷油时刻的确定:根据曲轴转速信号计算出基本喷油时刻。

1. 曲轴位置传感器与凸轮轴位置传感器

曲轴位置传感器是燃油喷射控制系统中最主要的传感器之一,用以检测活塞上止点、曲轴转角(G 信号)以及发动机转速(N_e)信号,并输送给 ECU。是喷油和点火的主控信号,是确认曲轴位置必不可少的信号源。凸轮轴位置传感器用以判别汽缸的位置,也是喷油和点火的主控信号,ECU 根据此信号和实际曲轴转角来检测正常的曲轴转角。它们主要有磁脉冲式、光电式和霍尔式三种,安装位置有:飞轮上(如图 5-31 所示)、曲轴前端、凸轮轴前端或分电器内几种。

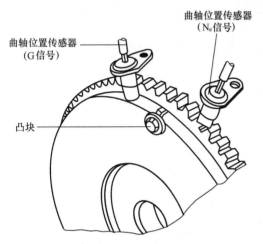

图 5-31 安装在飞轮上的曲轴位置传感器

1)磁脉冲式

(1)结构与原理(以丰田公司为例)。结构如图 5-32 所示,安装在分电器内,分为上、下两部分,上部分产生 G 信号,下部分产生 N_e 信号,都是利用带轮齿的转子旋转时,使信号发生器感应线圈内的磁通变化,从而在感应线圈里产生交变的感应电动势信号,将此信号放大后,送入 ECU。磁脉冲式工作原理如图 5-33 所示。

N_e 信号是检测曲轴转角及发动机转速的信号,由 NO.2 正时转子 24 个轮齿及固定在其对面的感应线圈共同产生。G 信号是用于辨别汽缸及检测活塞上止点的位置,由 NO.1 正时转子及其对面对称的两个感应线圈产生的。G 信号也用作 N_e 信号计算曲轴转角的基准信号。

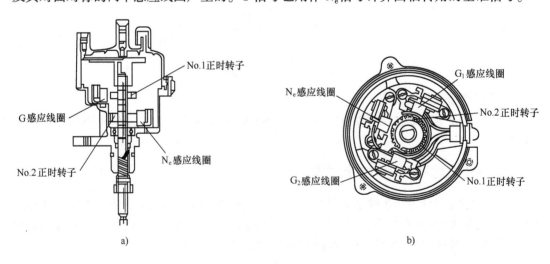

图 5-32 丰田公司磁脉冲式曲轴位置传感器
a)剖视图;b)俯视图

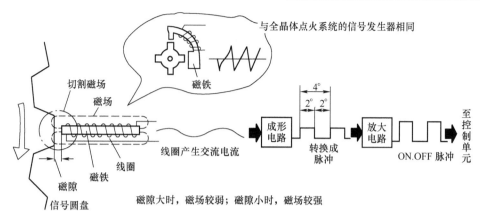

图 5-33 磁脉冲式曲轴位置传感器工作原理图

(2)检测。用厚薄规测量曲轴位置传感器信号转子与感应线圈凸出部分的气隙,如图 5-34 所示,间隙应为 0.2～0.4mm。若不合要求,需更换分电器壳体总成。用万用表的电阻挡测量曲轴位置传感器各感应线圈的电阻,应符合要求,如不符,更换曲轴位置传感器。

2)霍尔式

(1)结构与原理。霍尔半导体片固定在陶瓷支座上,它有 4 个电接头,电源由 AB 端输入,霍尔电压由 CD 端输出,该片对面装有一个永久磁体,它和霍尔半导体之间留有一定的空气间隙。如图 5-35 所示。传感器转子由分电器轴驱动,转子上有与缸数相同的叶片,当叶片转离磁极与霍尔基片间的气

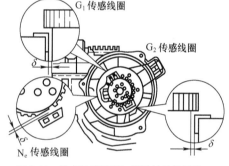

图 5-34 检查感应线圈与信号转子的间隙

隙时,磁场经过霍尔基片,CD 端产生霍尔电压;当叶片转入磁极和霍尔基片之间的气隙时,磁力线被隔断,霍尔电压下降为 0。在分电器轴转动一圈过程中,传感器输出和汽缸数目相同个数的矩形电压脉冲信号。

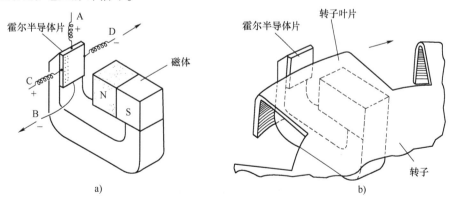

图 5-35 霍尔式传感器工作原理图
a)转子叶片离开气隙时;b)转子叶片进入气隙时

(2)检修。控制电路如图 5-36 所示,拔下传感器插头,打开点火开关,检查插头上电源端子与搭铁之间的电压,应为 8V 或 12V(车型不同有所不同)。

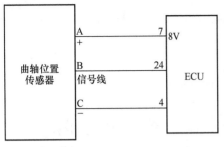

图 5-36 霍尔式曲轴位置传感器控制电路

①若无电压,则应检查霍尔传感器到 ECU 之间的线路及 ECU 上相应端子上的电压,ECU 相应端子如有电压,则传感器至 ECU 之间线路断路;如 ECU 相应端子无电压,则为 ECU 有故障。

②若有电压,将拔下的传感器插头重新插好,起动发动机,测量霍尔传感器输出端子的信号电压,正常值应为 3~6V。若无电压,则为传感器本身有问题,应修理或检查更换。

3) 光电式

(1) 结构和工作原理。如图 5-37 所示,由发光二极管、光敏三极管和遮光盘等组成,通常安装在分电器内。

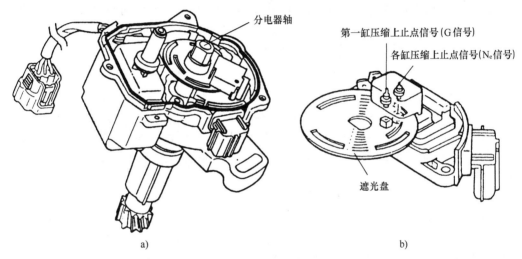

图 5-37 光电式曲轴位置传感器
a) 结构图;b) 安装在分电器内的光电式曲轴位置传感器

在分电器底板上固定着由两对发光二极管和光敏三极管组成的信号发生器。分电器轴上装有遮光盘,盘上开有弧形槽。当光盘随分电器轴转动时,弧形槽交替地阻断从发光二极管射向光敏三极管的光线,使光敏三极管导通或截止,由此产生脉冲信号。光盘外圈弧形槽数目与汽缸数相同,与它对应的一对发光二极管和光敏三极管产生各缸活塞到达上止点的基准信号及转速信号(N_e 信号);光盘内圈的弧形槽只有一个,与它对应的发光二极管和光敏三极管产生第一缸活塞到达上止点的基准信号。

(2) 检测。拔下传感器插头,打开点火开关,检查插头上电源端子与搭铁之间的电压,应为 5V 或 12V(车型不同有所不同)。

①若无电压,则应检查传感器到 ECU 之间的线路及 ECU 上相应端子上的电压,ECU 相应端子如有电压,则传感器至 ECU 之间线路断路;否则为 ECU 有故障。

②若有电压,将拔下的传感器插头重新插好,起动发动机,使转速保持在 2500r/min 左右,测量传感器输出端子的信号电压,正常值应为 2~3V。若电压不对,则为传感器损坏。

2. 温度传感器

1) 发动机冷却液温度传感器(THW)

将发动机冷却液温度转化为电信号输送到 ECU,ECU 根据输入的信号对发动机喷油量进行修正。如图 5-38 所示,其内部是一个半导体负温度系数热敏电阻。

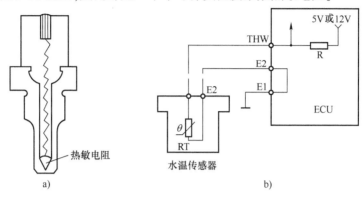

图 5-38 发动机冷却液温度传感器结构及连接电路
a)结构;b)与 ECU 的连接

F23A3 发动机冷却液温度传感器的检测。起动发动机暖机至正常工作温度,拔下传感器插头测量插脚之间的电阻,若不在 200~400Ω,则应更换。

也可将该传感器拆下进行检查,如图 5-39 所示,测量在不同温度下冷却液温度传感器两接线端之间的电阻,若不符合标准,应更换。

2) 进气温度传感器(THA)

用以测量进气温度,并输送给 ECU 作为修正喷油量的参考依据。通常安装在空气滤清器之后的进气软管上或空气流量计上,个别车型也有安装在进气管的动力腔上。

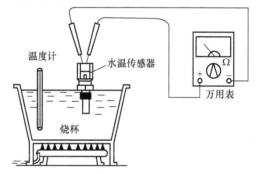

图 5-39 冷却液温度传感器的检测

如图 5-40 所示,进气温度传感器内部也是一个具有负温度系数的热敏电阻,与 ECU 的连接方式与冷却液温度传感器相同。

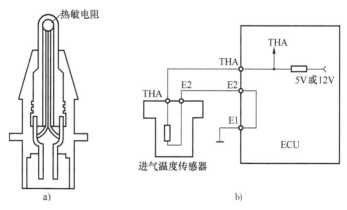

图 5-40 进气温度传感器及其连接电路
a)结构;b)与 ECU 的连接

F23A3 发动机进气温度传感器的检测。拔下传感器插头,测量插脚之间的电阻,标准值在 -20℃时为 15~18KΩ,20℃时为 1~4KΩ,80℃时为 200~400Ω。如果不符合标准,则更换传感器。安装在空气流量计内的进气温度传感器损坏时,应更换空气流量计。

3. 大气压力传感器(BABO)

ECU 通过此信号感知海拔高度变化,从而对喷油量和点火正时进行修正,保持发动机性能达到最佳。如图 5-41 所示,它安装在 ECU 中,由一个硅片和一个放大电路构成,硅片覆盖着真空室,ECU 给 BABO 提供 5V 电压信号。真空室与大气压之间的差值引起硅片的弯曲变形,产生一个低电压,用来修正 ECU 提供的电压,再反馈给 ECU。其检测按故障码进行。

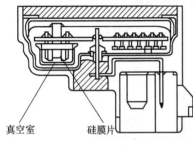

图 5-41 F23A3 发动机大气压力传感器

4. 节气门位置传感器(TPS)

1)作用

将节气门的开度转换成电信号送给 ECU,作为判断发动机运转工况的依据。

2)结构与工作原理

节气门位置传感器有:开关式(已很少采用)、线形可变电阻式、综合式、霍尔元件式等几种类型。

(1)线形可变电阻式节气门位置传感器

是一种线形电位计,由节气门轴带动电位计的滑动触点,如图 5-42 所示。

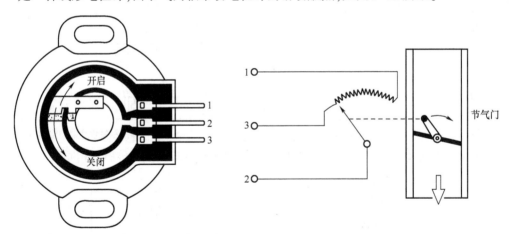

图 5-42 线形可变电阻形节气门位置传感器

在不同的节气门开度下,电位计的电阻也不同,从而将节气门开度大小转换为电阻或电压信号输送给 ECU,ECU 就可精确判定发动机的运行工况,提高控制精度和效果。

(2)综合式节气门位置传感器

如图 5-43 所示,采用一个怠速开关和一个线形可变电阻相结合的方式,怠速开关用来产生怠速信号,线形可变电阻用来反映节气门的开度。

(3)霍尔元件式节气门位置传感器

丰田卡罗拉 1ZR-FE 发动机采用霍尔元件式节气门位置传感器,为非接触型结构,如图

5-44所示。磁铁安装在节气门轴上和节气门一起转动,当节气门开启时,磁铁也同时转动,通过霍尔元件的磁通量发生变化,霍尔元件输出电压信号发生改变,以此作为节气门开度信号。内有两个传感器电路 VTA_1、VTA_2,VTA_1用于检测节气门开度,VTA_2用于检测 VTA_1 的故障。此传感器失效,ECM 就进入了失效保护。ECM 切断通往节气门执行器的电流,节气门开度回到6°,ECM 根据节气门开度,通过控制燃油喷射(间歇性切断)和点火正时调整发动机输出,使汽车维持在最低车速。

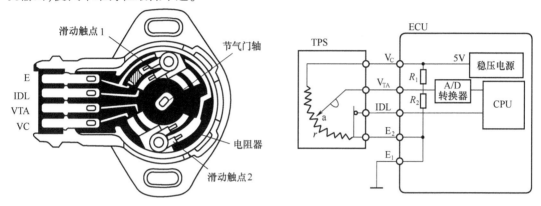

图5-43 综合型节气门位置传感器

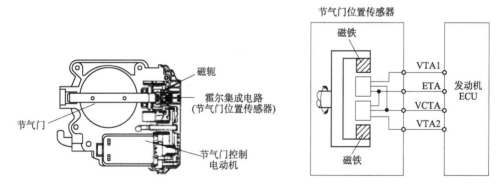

图5-44 霍尔元件式节气门位置传感器

3)检测

(1)综合型节气门位置传感器

①当点火开关处于"ON",用万用表电压挡测量 $V_C - E_2$、$IDL - E_2$、$V_{TA} - E_2$ 端子间的电压值,应符合要求。否则,更换传感器。

②拔下传感器导线插头,用万用表欧姆挡测量传感器导线插孔上端子间的电阻,$V_{TA} - E_2$、$IDL - E_2$、$V_{TA} - E_2$、$V_C - E_2$,均应符合要求,且 $V_{TA} - E_2$ 间的电阻值随节气门开度的增大,电阻值成正比增加,并不应出现中断现象。

也可用示波器读取传感器波形的方法检测。

(2)霍尔元件式节气门位置传感器

丰田卡罗拉1ZR – FE 发动机节气门位置传感器与 ECM 的连接电路如图5-45所示。

检测时,智能检测仪中选择菜单项:Powertrain/Engine and ECT/Data List/Throttle Position No. 1 and Throttle Position No. 2。读取检测值,应如表5-4所示。

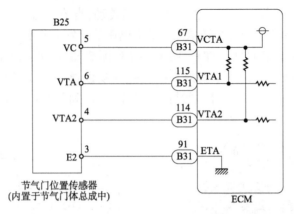

图 5-45 节气门与 ECM 的连接电路

1ZR-FE 发动机节气门位置传感器检测值(1)　　　　　　　　　　表 5-4

故障部位	松开加速踏板时		踩下加速踏板时	
	VTA1	VTA2	VTA1	VTA2
节气门位置传感器电路正常	0.5～1.1V	2.1～3.1V	3.3～4.9V（非失效保护）	4.6～5.0V（非失效保护）
VC 电路断路	0～0.2V			
E2 电路断路	4.5～5.0V			
VTA1 电路断路或搭铁短路	VTA1：0～0.2V 或 4.5～5.0V；VTA2：2.4～3.4V（失效保护）			
VTA2 电路断路或搭铁短路	VTA1：0.7～1.3V（失效保护）；VTA2：0～0.2V 或 4.5～5.0V			

③查节气门位置传感器电路：查传感器与 ECM 间的线路有无短、断路，应如表 5-5 所示。

1ZR-FE 发动机节气门位置传感器检测值(2)　　　　　　　　　　表 5-5

	检查传感器与 ECM 间的线路有无短、断路	
	线路正常	线路不正常
查 B25-5(VC)对 B25-3(E2)电压	应为 4.5～5.0V，此时表明故障在节气门体，更换之。	维修或更换此线束或连接器
	如电压不正常，更换 ECM	

五、燃油压力的检测

1. 燃油压力的释放

发动机熄火后，为了便于下一次起动，燃油供给系统中仍保持有较高的压力。因此，在进行燃油供给系统的修理前，先要将系统的压力释放。

(1) 起动发动机，并在发动机运转中取下电动汽油泵继电器或拔下电动汽油泵电源插头。

(2) 发动机熄火后，接通起动机开关，起动发动机运转 2～3 次，将燃油压力全部释放完。

(3) 断开点火开关，装回电动汽油泵继电器或电动汽油泵电源插头。

2. 燃油供给系统油压的检测

1) 燃油压力表的安装

(1) 释放燃油供给系统油压；拆下蓄电池负极导线。

(2) 旋下冷起动喷油器油路管接头螺栓(为了防止汽油飞溅，可用棉布裹住管接头)。

(3)将油压表安装在冷起动喷油器管接头处,或安装在分配油管进油接头处和汽油滤清器油管接头处。或用三通接头接在汽油管道上。如图5-46所示。

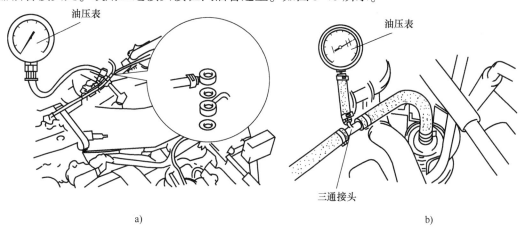

图5-46 燃油压力表安装方法示意图
a)燃油压力表安装方法示意图;b)用三通连接油压表方法示意图

(4)用棉布擦干溅出的汽油,将蓄电池负极导线重新连接好。

2)燃油系统静态油压的检测

(1)用导线短接电动汽油泵的两检测插孔。
(2)接通点火开关,但不要起动发动机,使电动汽油泵运转。
(3)查看燃油压力表,指示值应为300kPa左右。如油压过高,则说明油压调节器有故障;如油压过低,则说明电动汽油泵、汽油滤清器或油压调节器存在故障。
(4)取下电动汽油泵检测插孔上的短接线,并断开点火开关。
(5)保持5s左右,查看汽油表的指示值,应为147kPa以上。否则说明电动汽油泵、油压调节器或喷油器有故障,应进一步检查。

3)发动机运转时燃油压力的检测

(1)使发动机怠速运转。
(2)踩下加速踏板,慢慢加大节气门,使节气门处于接近全开位置。
(3)查看此时油压表指示的压力值。
(4)卸下油压调节器的真空软管,并用手指堵住。
(5)使发动机恢复运转,并查看油压表指示的压力值,此值应与节气门全开时的燃油压力相一致。

六、燃油供给系统检修注意事项

(1)拆卸油管前首先应卸压,以防止较高压力的燃油喷洒出来引起火灾。
(2)所有密封元件、油管卡箍均为一次性元件,维修时应更换。
(3)安装前,要用汽油(切勿采用润滑油、齿轮油或制动油等)润滑O形密封圈,以利于顺利安装。
(4)油管连接处不得松动,密封应良好,无渗漏。

七、汽油机缸内直喷技术简介（FSI）

1. 汽油机缸内喷射的类型

汽油缸内直喷技术是指直接往气缸内喷射汽油，喷到燃烧室内的汽油与吸入的空气混合成可燃混合气。有 TSI、TFSI、FSI、SIDI 等几种，如表 5-6 所示。

各种缸内喷射技术　　　　　　　表 5-6

FSI	Fuel Stratified Injection	燃油分层喷射燃烧。是大众/奥迪公司发动机的技术
TFSI	Twincharger Fuel Stratified Injection	带涡轮增压（T）的燃油分层喷射燃烧发动机。由于国内油品的问题，国产奥迪 TFSI 并没有使用分层燃烧技术
TSI	Twincharger Fuel Stratified Injection	双增压 + 分层喷射燃烧。是在 FSI 技术的基础之上，安装了一个涡轮增压器和一个机械增压器
SIDI	Spark Ignition Direct Injection	火花点燃直接喷射技术。通用公司的 SIDI 技术依靠的是缸内均质燃烧来提升效率，并没有使用稀薄分层燃烧技术

缸内喷射汽油机有如下特点：

①燃油经济性好，与汽油进气管喷射比较，汽油消耗量可进一步下降 30%。
②汽油直接喷入缸内，没有混合气在进气门前的等候，因此，动力提升迅速。
③减少了表面点火和爆震倾向。
④便于实现稀薄燃烧。

2. FSI 发动机简介

FSI 发动机采用了立式吸气口、弯曲顶面活塞、高压旋转喷油器等技术来保证混合气的质量。

（1）燃油供给系统。FSI 发动机燃油供给系统示意图如图 5-47 所示。由低压系统和高压系统两部分构成。在低压系统中，电动燃油泵将约 0.6MPa 的燃油经滤清器供应给高压泵。在高压系统中，单活塞高压泵将约 4~11MPa（取决于负荷和转速）的燃油送入燃油分配管，分配管再将燃油分配给喷油器。从高压泵来的回油直接进入燃油箱。卸压阀用于保护工作在高压下的部件，它在压力高于 12MPa 时会打开。卸压阀打开时流出的燃油会进入高压泵的供油管内。

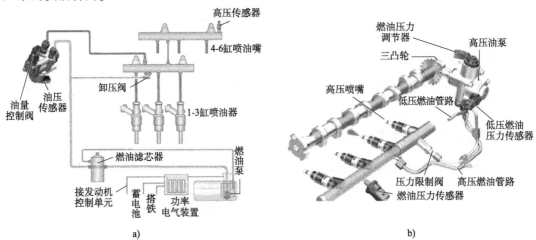

图 5-47　FSI 发动机燃油供给系统示意图

（2）Bosch Motronic MED 7.5.10 发动机管理系统（表5-7）。

Bosch Motronic MED7.5.10 发动机管理系统 表5-7

传 感 器	控 制 单 元	执 行 器
空气流量计		燃油泵继电器
朝气温度传感器		燃油泵
朝气压力传感器		喷油器
发动机转速传感器		点火线圈
霍尔传感器		节气门控制单元
节气门控制单元和两个角度传感器		节气门传动装置
加速踏板位置传感器		供电继电器
制动信号开关制动踏板开关		燃油压力调节器
离合器踏板开关		燃油计量阀
燃油压力传感器		活性炭罐装置电磁阀
进行管风门电位器		进气管风门空气调节器
爆燃传感器		凸轮轴调节器
冷却液温度传感器		节温器
散热器出口冷却液温度传感器		废气再循环阀
旋钮温度选择电位器		氧传感器加热装置
废气再循环电位器		NO_x 传感器加热装置
氧传感器		附加输出信号
废气温度传感器		电子变速器的控制单元
NO_x 传感器		安全气囊的控制单元
NO_x 传感器的控制单元		组合仪表内带显示单元的控制单元
制动助力压力传感器		ABS 的控制单元
附加输入信号		

（3）立式吸气口（图5-48）。便于在缸内形成较强的空气运动旋流,提高气流速度。

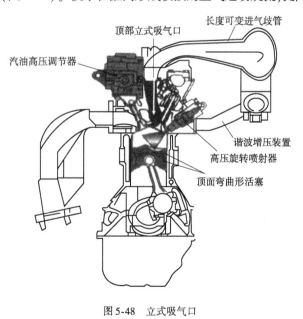

图 5-48　立式吸气口

(4) 燃烧室(图 5-49)。

(5) 弯曲顶面的活塞(图 5-50)。活塞顶部一半是球形、一半是凹形壁面。进入气缸的新鲜气体在活塞凹形壁面形成一股纵向运动的涡流，有利于混合气的形成。

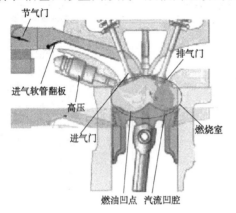

图 5-49　FSI 发动机燃烧室　　　　图 5-50　FSI 发动机活塞

(6) 高压旋转喷油器。这种喷油器能喷出雾状燃油(图 5-51)。在进气喷射中能随进气涡流在整个燃烧室内迅速运动、扩散，在压缩行程的喷射中由于空气密度大喷射的油雾穿透力变小，喷雾能更分散。

3. 燃烧模式

有分层燃烧模式、均质燃烧模式和过渡燃烧模式3 种。发动机在部分负荷时采用分层燃烧模式，发动机负荷较大且转速较高时用均质燃烧模式。

(1) 分层燃烧模式(图 5-52)。缸内直喷发动机在部分负荷时，进气歧管翻板将下部进气道完全关闭，吸入的空气在上部进气道，流动的速度加快。空气会呈旋涡状流入汽缸内。

活塞上的凹坑增强涡旋流动效果。此时，节气门会进一步打开，以便尽量减小节流损失。

在压缩行程中，就在要点火前，高压燃油被喷入到火花塞附近区域。

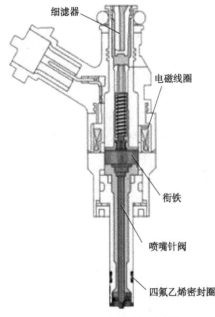

图 5-51　FSI 发动机喷油器

燃油雾气实际并不与活塞顶接触，在火花塞附近聚集了具有良好点火性能的混合气，这些混合气在压缩行程中被点燃。另外在燃烧后，被点燃的混合气与汽缸壁之间会出现一个隔离用的空气层，它的作用是降低通过发动机缸体散发掉的热量。

(2) 均质燃烧模式(图 5-53)。发动机负荷较大且转速较高时，进气歧管翻板就会打开，于是吸入的空气就经过上、下进气道而进入汽缸。燃油喷射发生在吸气行程，于是汽缸内就形成了均质混合气(14.7:1)。整个燃烧室内都在燃烧。因此，混合气形成与燃烧过程与采用进气管喷射的发动机相似。

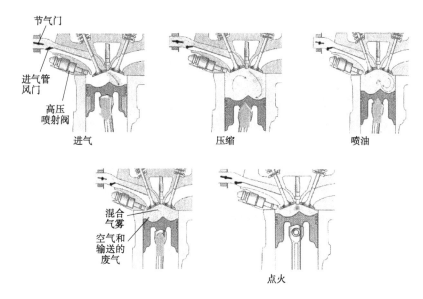

图 5-52 分层燃烧模式

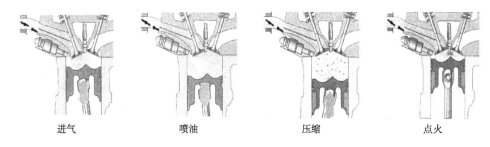

图 5-53 均质燃烧模式

（3）过渡燃烧模式（图 5-54）。在分层燃烧模式与均质燃烧模式间的过渡区域通过均匀的稀混合气驱动发动机运行。此时，节气门开度很大，进气歧管翻板关闭；在进气行程中喷射燃油（通过提前喷油可为点火前形成混合气提供更多时间），在整个燃烧室内进行燃烧。

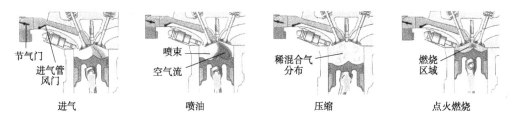

图 5-54 过渡燃烧模式

4. 排气系统

FSI 发动机分层燃烧模式中或在均质燃烧模式中通过使用传统的闭环催化转换器后的 NO_x 排放不符合国家标准。因此，安装了 NO_x 存储式催化转化器（图 5-55）。当存储器完全充满时，系统就进入再生模式，从而释放出 N_2。

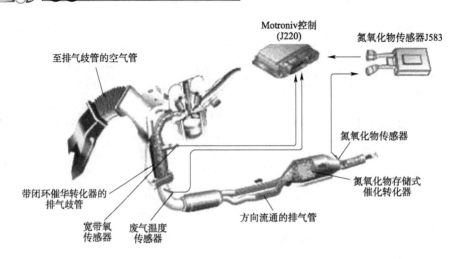

图 5-55　FSI 发动机排气系统

5. 实现稀燃的关键技术

最佳的燃油经济性是在分层充气模式时实现的,此时实现的是稀薄燃烧。为了实现稀燃的关键技术主要有:

(1)提高燃烧条件。采用紧凑型燃烧室,通过进气口位置改进使缸内形成较强的空气运动旋流,提高气流速度;将火花塞置于燃烧室中央,缩短点火距离;促使燃烧速度加快。

(2)分层燃烧。为了提高燃烧的稳定性,降低氮氧化物(NOx),可将喷油分成两个阶段:

①进气初期喷油。燃油首先进入缸内下部随后在缸内均匀分布。

②进气后期喷油。浓混合气在缸内上部聚集在火花塞四周被点燃,实现分层燃烧。

(3)高能点火。高能点火和宽间隙火花塞有利于火核形成,火焰传播距离缩短,燃烧速度加快,稀燃极限大。有些稀燃发动机采用双火花塞或者多极火花塞。

各种汽油发动机稀燃方式的技术措施不完全一样。有的重点在分层燃烧(在缸内气流运动及燃油分布的配合);有的重点在高能点火(加大点火能量、增快火焰传播速度和缩短火焰传播距离)。

燃油直喷技术在一定意义上解决了节油环保与动力之间的矛盾,但此技术对燃油品质的要求较高,国内很多地方的成品油很难达到直喷发动机所需要的要求,最显著故障就是废气排放灯报警。通常可以通过清洁积炭排除故障,但这不能解决根本性问题。这在今后直喷发动机的发展中将受到一定影响。

课题四　空气供给及相关系统

一、作用与组成

1. 作用

根据发动机的工作状态提供适量的空气量,同时向 ECU 传递此信息,并根据 ECU 的指令完成空气量的调节。

2. 组成

由空气滤清器、空气流量计(或进气歧管压力传感器)、节气门体、节气门位置传感器、进气歧管等组成,如图5-56所示。F23A3发动机空气供给系统如图5-57所示。

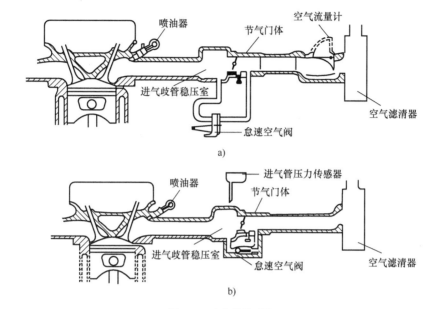

图5-56 空气供给系统
a)质量流量方式;b)速度密度方式

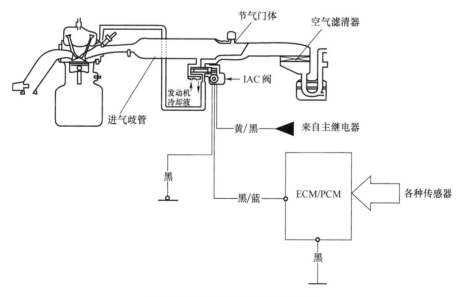

图5-57 F23A3发动机空气供给系统

二、空气滤清器

空气滤清器由壳体、滤芯组成。滤芯大多加工出许多褶皱。F23A3发动机的空气滤清器应在车辆每行驶10 000km或12个月后,用压缩空气采用从里往外吹的方法清洁滤芯。

车辆每行驶 20 000km 或 24 个月后,应更换滤芯。

三、空气流量计(MAF)

1. 作用

直接测量发动机运转时吸入的空气量,并转变成电信号送给发动机 ECU。

2. 类型

空气流量计按结构形式可分为热线式、热膜式、卡门涡旋式、叶片式、量芯式等。

3. 热线式空气流量计

1)热线式空气流量计的结构与原理

热线式空气流量计的基本构成是:感知空气流量的白金热线,根据进气温度进行修正的冷线,控制热线电流并产生输出信号的控制线路板,热线式空气流量计的壳体等。热线式空气流量计分为两种,一种是将热线和空气温度传感器置于进气通道,称为主流测量方式;另一种是将热线缠绕在陶瓷螺线管上并置于旁通气道中,称为旁通测量方式。结构如图 5-58 所示。前保护网用于进气整流,后保护网用于防止发动机回火时烧坏铂丝。

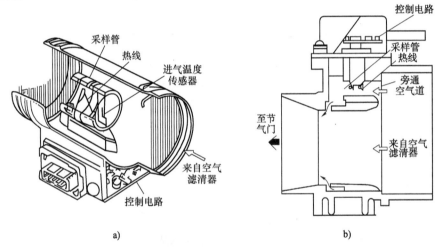

图 5-58 热线式空气流量计
a)主流测量式;b)旁通测量式

热线式空气流量计的原理如图 5-59 所示。当空气通过时,气流流过热线周围,使其冷却,温度下降,电阻也随之减小。热线电阻的减小使电流失去平衡,此时放大器 IC 会自动增加供给热线的电流,使热线恢复原来的温度和电阻,直至电桥恢复平衡。放大器所增加的电流大小取决于热线被冷却的程度,也就是取决于通过流量传感器的空气流速。由于电流的增加,精确电阻 R_A 的电压降也增加,这就将电流的变化转换为电压的变化。

热线表面易受空气污染,影响测量精度,为消除这种影响,设有自洁电路,一种方式是在发动机熄火后,ECU 将热线加制热至 1000℃,从而烧掉热线上的尘埃;另一种方式是将热线的保持温度提高到 200℃,防止污物附着。

2)热线式空气流量计的检测

以日产尼桑 MAXIMA 轿车 VG30E 发动机为例说明,主流测量热线式空气流量计的连接电路如图 5-60 所示。

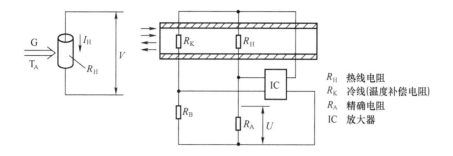

图 5-59 热线式空气流量计工作原理

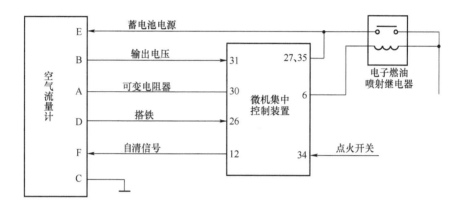

图 5-60 主流测量热线式空气流量计的连接电路

（1）开路检测：

①外观检查。检查护网有无堵塞或破裂，并从进口检查铂丝是否脏污、折断。

②静态检测。如图 5-61 所示，将万用表置于电压挡，测量 B、D 间的电压，阻值应为 1.6±0.5V。

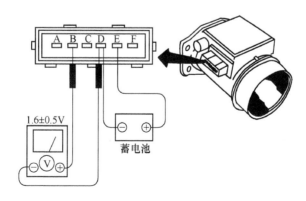

图 5-61 热线式空气流量计的检测

③动态检测。用电风扇向空气流量计进口吹入空气，同时测 B、D 之间的电压，此时应为 2~4V。

(2) 在路检查:

① 接通点火开关,不起动发动机,测量图中 E 与 D 之间的电压应为 12V 左右。

② 若 E 与 D 间无电压,则测量 E 与 C 之间的电压,若为 12V,则说明 D 端搭铁不良。

③ 测量 B 与 D 之间电压,应为 1.6±0.5V。起动发动机,测量 B 与 D 之间电压,应在 2~4V 之间变化。

(3) 自洁电路的检测:

① 使发动机水温上升至 >60℃,发动机转速大于 1500r/min。

② 用万用表 10V 挡,测量 F 与 D 之间电压。

③ 关闭点火开关,示值回 0 并在 5s 后上升,1s 后再回 0,则为正常。

4. 热膜式空气流量计

结构和原理与热线式空气流量计基本相同,如图 5-62 所示。只是将热线换成热膜,热膜是由发热金属铂固定在薄的树脂膜上构成,使用寿命长,成本较低。

5. 卡门涡旋式空气流量计

1) 工作原理

根据卡门涡流原理来测量空气流量的。所谓卡门涡流,是指在气流中放置一锥状物体(涡流发生器),其后部会交替产生有规律的涡流,而且气流速度越快,产生的涡流数量就越多,通过测量卡门涡流的频率,就能计算出空气的体积流量。

2) 结构

卡门涡旋式空气流量计根据检测方式,分为反光镜式和超声波式。

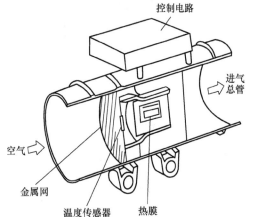

图 5-62 热膜式空气流量计

(1) 反光镜式。结构如图 5-63 所示。

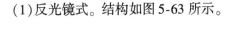

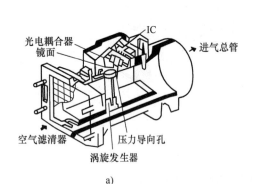

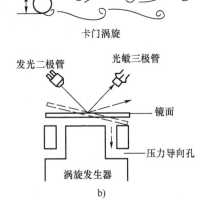

图 5-63 反光镜式卡门涡旋式空气流量计
a)整体结构;b)卡门涡流发生器原理示意图

在流量计内设置一对发光二极管和光敏三极管。发光二极管发出的光束被一个反射镜反射到光敏三极管上,使光敏三极管导通。反射镜的振动频率与单位时间内产生的涡流数量相同,致使光敏三极管以同样的频率导通和截止,ECU 根据导通和截止的频率即可计算出进气量。

(2)超声波式。如图 5-64 所示,超声波发生器不断地向接收器发出一定频率的超声波,当超声波通过进气气流到达接收器时,由于受到气流中漩涡的影响,使超声波频率的相位发生变化,ECU 根据相位变化规律算出单位时间内的漩涡数量。

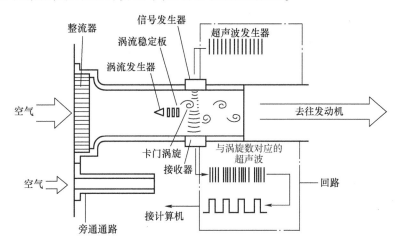

图 5-64 超声波式卡门涡旋式空气流量计

3)检测

LS400 型轿车用反光镜式卡门涡旋式空气流量计电路连接如图 5-65 所示。

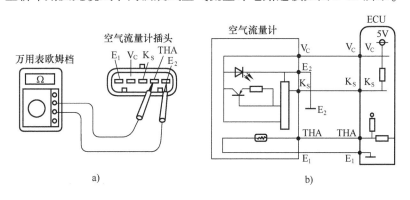

图 5-65 LS400 反光镜式卡门涡旋式空气流量计连接电路
a)用欧姆挡检测空气流量传感器;b)空气流量计与 ECU 的连接

(1)电阻的检测。从车上拆下传感器,用电吹风或制冷剂改变空气流量计上进气温度传感器的温度,同时测量 THA 与 E_2 之间的电阻,在不同温度下其值应符合要求,如表 5-8 所示。否则,更换空气流量计。

(2)电压的检测。插好空气流量传感器的导线连接器,用万用表电压挡测量发动机 ECU 各端子 THA—E_2、$V_C - E_1$、$K_S - E_1$ 间的电压,应符合要求,如表 5-9 所示。

LS400 空气流量电阻的检测   表 5-8

端　子	参考电阻值(KΩ)	温　度　(℃)
THA—E$_2$	10～20	−20
	4～7	0
	2～3	20
	0.9～1.3	40
	0.4～0.7	60

LS400 发动机 ECU 各端子间的电压值   表 5-9

端　子	参考电压(V)	条　件
THA－E2	0.5～3.4	急速,进气温度20℃
VC－E1	4.5～5.5	点火开关置于"ON"
KS－E1	4.5～5.5	点火开关置于"ON"
	2～4(脉冲发生)	启动,急速时

6. 其他空气流量计

1) 叶片式空气流量计

叶片式空气流量计一般安装在采用 L 型燃油喷射控制系统的汽车上,其结构如图 5-66 所示。进气量越大,叶片开度越大,轴上方电位计将叶片开度大小的变化转换成电阻大小的变化,ECU 根据发动机此电阻(或电压)的变化,测得发动机的进气量。

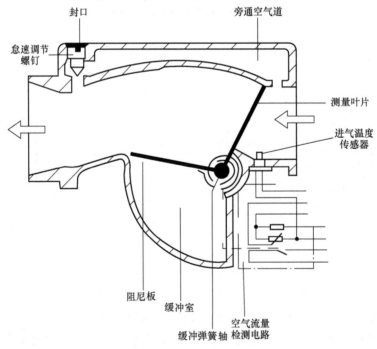

图 5-66　叶片式空气流量计结构示意图

2) 量芯式空气流量计

量芯式空气流量计的结构如图 5-67 所示。

单元五 电控汽油发动机燃料供给系统

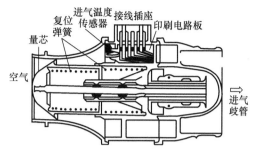

图 5-67 量芯式空气流量计结构

四、进气压力传感器(MAP)

1. 作用

采用速度密度方式间接地测量发动机吸入的空气量。

2. 结构与原理

进气压力传感器按信号产生原理的不同可分为压电效应式、电容式、膜盒式和表面弹性波式等。下面主要介绍膜盒式和压电效应式。

1) 膜盒式

如图 5-68 所示,膜盒中间保持真空,膜盒周围的气压使膜盒受压收缩,而膜盒周围的气压为进气歧管压力。当进气歧管压力变化时,膜盒随之收缩或伸张,膜盒的变化通过一个传动杆去操纵可变电阻的滑动触点,就可将进气歧管压力转变为电压的变化。进气压力传感器与 ECU 的连接电路如图 5-69 所示。

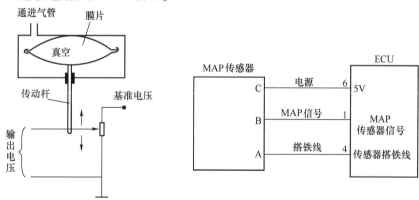

图 5-68 膜盒式进气压力传感器   图 5-69 进气压力传感器与 ECU 的连接电路

2) 压电效应式

由压力转换元件和放大压力转换元件输出信号的混合集成电路构成,结构如图 5-70 所示。压力转换元件是利用半导体的压电效应制成的硅片,硅片的一面是真空区,另一面是进气歧管压力。在进气歧管压力的作用下,硅片将发生变形,使硅片的电阻值发生变化,从而使电桥的电压发生变化。

3. 检测(以压电效应式为例说明)

压电效应式进气压力传感器一般不会坏,在检测中要特别注意检查它的控制线路和真空软管的连接状态是否良好。

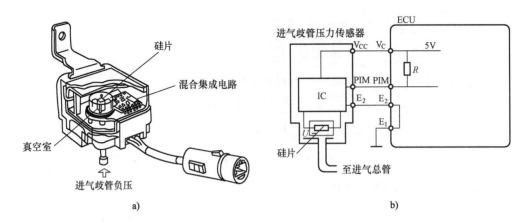

图 5-70 压电效应式进气压力传感器
a)结构及外形;b)与 ECU 连接电路

(1)电源电压的检测。拔下传感器线束插头;点火开关"ON",不起动发动机;测量线束插头中 $V_C - E_2$ 间的电压;如有异常,查传感器与 ECU 间的线路是否通;插回传感器线束。

(2)输出电压的检测。点火开关"ON",但不起动发动机;拔下传感器与进气歧管间的真空软管;在 ECU 线束插头处($PIM - E_2$ 间)分别测量在大气压力、各种不同真空度下的输出电压。如不符合要求,更换传感器。

五、节气门体

1. 作用

控制进气通道截面积的变化,实现对发动机转速和负荷的控制。

2. 组成

由节气门、怠速旁通气道、怠速调节螺钉、空气阀等组成。

3. 怠速旁通气道

如图 5-71 所示,发动机怠速运转时,节气门关闭,所需空气经旁通气道进入进气总管,在旁通道中,装有怠速调节螺钉,可进行怠速调整。

4. 空气阀

(1)作用。在发动机冷态时此阀开启,增加进气量,便于发动机起动和提高怠速转速。

(2)结构与原理:

①石蜡式。结构参见图 5-71,冷却液经软管进入空气阀,流经石蜡周围。发动机冷车时,水温低,石蜡凝固收缩,阀芯在弹簧的作用下开启,打开旁通气道。发动机热车后,水温升高,石蜡受热融化膨胀,使推杆伸出,推动阀芯关闭旁通气道。

②双金属片式。结构如图 5-72 所示,发动机冷起动时,双金属片使阀片处于最大开启状态,此时旁通气道的通过截面最大,怠速转速最高。随着发动机的运行,电流通过双金属片上的电热丝,使双金属片受热变形,带动阀片,将旁通气道慢慢关小,直至完全关闭,怠速转速也随之下降。

单元五 电控汽油发动机燃料供给系统

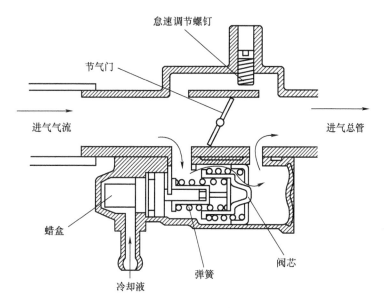

图 5-71 节气门体

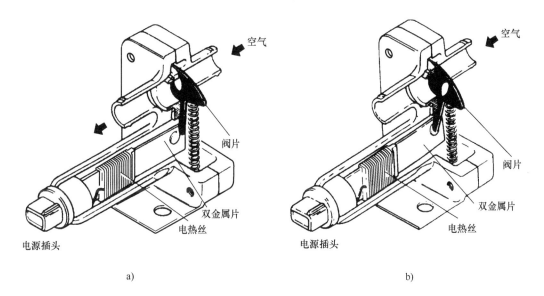

图 5-72 双金属片式空气阀
a)旁通气道开启;b)旁通气道关闭

(3)空气阀的检修:

①检查空气阀的开度,当室温小于 10℃时,空气阀应处于半开状态;室温大于 10℃时,空气阀应处于微开状态(约 1/3 左右)。

②对于双金属片式,检查电热丝电阻,应为 30~50Ω。将蓄电池电源接至空气阀接线插头,观察空气阀能否在接通后逐渐关闭。

③对于石蜡式,可将其浸入热水中,并将水温加热至 80℃左右,此时空气阀应完全关闭。

④用螺丝刀撬动阀片,观察其开启是否灵活。

六、怠速控制系统

1. 作用

当发动机内部阻力矩发生变化时,在 ECU 的控制下怠速转速发生变化,自动维持发动机怠速稳定运转。

2. 工作原理

当发动机怠速使用条件发生变化时,传感器将相关信号传送给 ECU,ECU 发出指令,控制怠速控制阀工作,调节空气通道面积,控制空气流量,使发动机维持稳定运转。

3. 组成

发动机怠速控制系统主要由发动机 ECU、执行器和各种传感器等组成,各部分的作用见表 5-10。

发动机怠速控制系统的组成　　　　　　　　　　　表 5-10

组　件		功　用
传感器	转速传感器	检测发动机转速
	节气门位置传感器	检测发动机的怠速状态
	冷却液温度传感器	检测发动机冷却液温度
	起动开关信号	检测发动机的启动工况
	空调开关信号	检测空调的工作状态
	车速传感器	检测汽车行驶速度
	空挡启动开关	检测换挡手柄位置
	液力变矩器负荷信号	检测液力变矩器的负荷变化
	动力转向开关信号	检测动力转向装置的工作状态
	发电机负荷信号	检测发电机负荷的变化
执行器	怠速控制阀	控制节气门旁通空气通道
发动机 ECU		根据各传感器输入的信号,把发动机的实际转速与传感器的信号所确定的目标转速进行比较。根据比较得出的差值,算出相当于目标转速的控制量,驱动执行机构,使怠速保持在目标转速上

4. 类型

可分为两类:一种是控制节气门旁通管路中的空气流量,称为旁通空气式;另一种是直接控制节气门全关时的最小开度,称为节气门直动式。如图 5-73 所示。

5. 结构与工作原理

1)旁通空气式怠速控制执行机构

怠速控制阀,通常安装在节气门体上,如图 5-74 所示。常见的怠速控制阀有步进电机式、旋转滑阀式、脉冲电磁阀式和真空电磁阀式四种。

(1)步进电机式

步进电机式怠速控制系统如图 5-75 所示,步进电机由 ECU 控制,ECU 进行怠速控制时,首先根据节气门开关信号(怠速开关)和车速信号,判断发动机是否处于怠速状态;然后

ECU 根据发动机冷却液温度传感器、空调、动力转向以及自动变速器等负荷情况,按照存储器的参考数据,确定相应的目标转速。

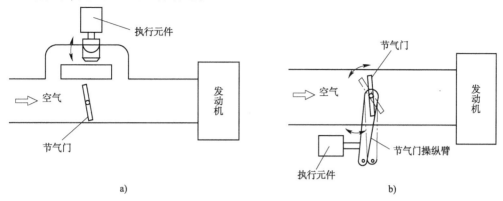

图 5-73 急速空气量的控制
a) 旁通空气式；b) 节气门直动式

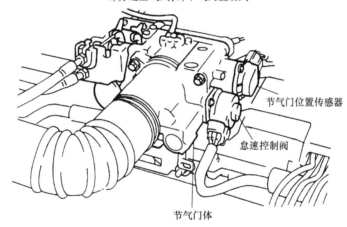

图 5-74 急速控制阀的安装位置

步进电机式急速电控阀结构如图 5-76 所示,螺旋机构中的螺母和步进电机的转子制成一体,螺杆与壳体之间为滑动花键连接,使螺杆不能做旋转运动,只能沿轴向做直线运动。当步进电机转动时,螺母带动螺杆做轴向移动。步进电机转子每转动一圈,就使螺杆移动一个螺距。螺杆上固定着锥阀芯,螺杆向前或向后移动时,改变旁通气阀大小。电脑通过改变步进电机的转动方向和转角,就可以控制螺杆的移动方向和移动距离,从而达到控制旁通气阀开度,调整急速进气量的目的。

(2) 旋转滑阀式

如图 5-77 所示,旋转滑阀的定子是一个圆柱形永久磁铁,旋转滑阀在阀轴的末端,与带有永久磁铁的轴一同转动。其转子是两个相对布置、极性相反的电磁绕组。

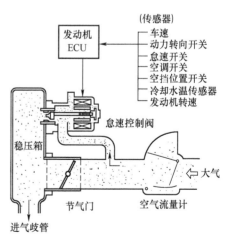

图 5-75 步进电机式急速控制系统

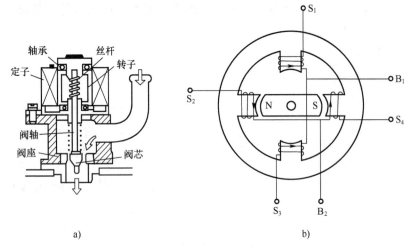

图 5-76 步进电机式怠速控制阀
a)结构示意图；b)怠速控制阀电路

ECU 控制 VT1 和 VT2 的通断，L_1、L_2 两个绕组总是交替地通过电流，又因两组线圈绕向相反，电枢上交替产生方向相反的电磁力矩。如图 5-78 所示，L_1 通电，电枢带动旋转滑阀顺时针转，空气旁通阀通道截面积减小；L_2 通电，通道截面增大。

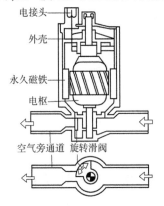

图 5-77 旋转滑阀式怠速控制阀

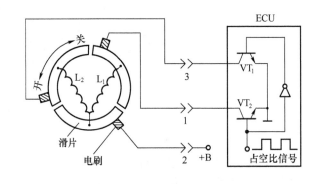

图 5-78 旋转滑阀式怠速控制阀的控制电路

(3) 脉冲电磁阀式

如图 5-79 所示，ECU 利用改变每个脉冲周期内电流接通和断开的时间比率，来控制旁通气道的进气量。

2) 节气门直动式

结构如图 5-80 所示，当 ECU 控制直流电动机通电时，电动机产生旋转力矩，通过减速齿轮增矩减速，使节气门最小开度随之变化，达到调节节气门空气通道面积，实现怠速的控制。

6. 怠速控制执行机构的控制过程（以步进电机式为例）

步进电机型怠速控制阀的控制电路如图 5-81 所示。与冷却液温度、空调工作状态相对应的目标转速都存储在 ECU 中，ECU 根据节气门开启角度和车速信号判断发动机处于怠速工况时，按一定顺序使三极管 $Tr_1 \sim Tr_4$ 依次导通，分别向怠速步进电机四个线圈供电，驱动步进电机旋转，调节旁通空气通道的开度。

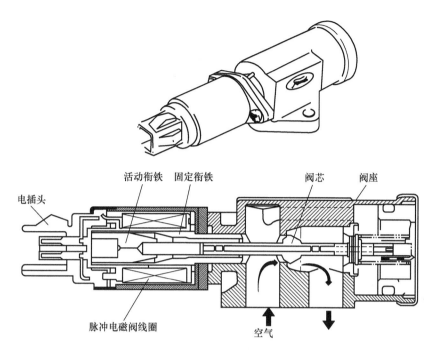

图5-79 脉冲电磁阀式怠速控制阀

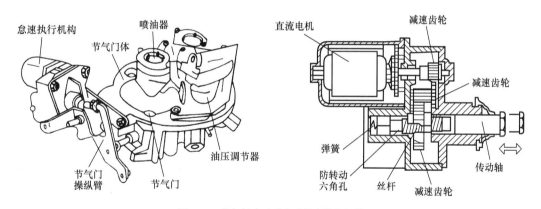

图5-80 节气门直动式怠速控制执行机构

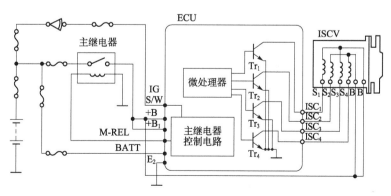

图5-81 步进电机怠速控制电路

7. 检测

1)就车检查急速控制阀起动发动机,并以急速运转

(1)对于脉冲电磁阀式急速控制阀,可在发动机运转中拔下其插头,此时发动机转速如有变化,则说明工作正常。

(2)对于步进电机式急速控制阀,可检查发动机熄火后的一瞬间,急速控制阀有无发出"嗡嗡"的工作声音(此时急速控制阀打开至最大位置,以便发动机起动)。如有"嗡嗡"声,说明急速控制阀良好。也可拔下其插头,待发动机起动后再插上,若发动机转速有变化,说明急速控制阀工作正常。

2)步进电机式急速控制阀的检测

(1)用万用表测急速控制阀各线圈的电阻。步进电机式急速控制阀通常有 2~4 组线圈,各组线圈的电阻约 25~35Ω。如有短路或断路应更换急速控制阀。

(2)检查步进电机。如图 5-82 所示,将蓄电池电源以一定顺序输送给步进电机各绕组,就可使步进电机转动。以丰田 2JZ-GE 发动机为例,将蓄电池正极接至 B_1 和 B_2 端,负极按 S_1、S_2、S_3、S_4 的顺序依次接触各绕组接线端。此时随步进电机的转动,阀芯将向外伸出。若按 S_4、S_3、S_2、S_1 的顺序依次接触各绕组接线端,阀芯将向内缩。

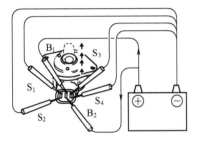

图 5-82 丰田 2JZ-GE 发动机急速步进电机的检查

3)旋转电磁阀式急速控制阀的检测

(1)拔下旋转电磁阀式急速控制阀的线束插头,用万用表分别测量中间接脚 +B 和其余两个接脚 ISCC 和 ISCO 之间的电阻。其正常电阻均为 19.3~12.3Ω(丰田)。如阻值不符或有短路,断路,应更换急速控制阀。

(2)拆下旋转电磁阀式急速控制阀,将中间接脚 +B 与蓄电池正极用导线连接,用另一根导线接通 ISCC 与蓄电池负极,阀芯应关闭;若接通的是 ISCO 与蓄电池负极,阀芯应开启。

4)脉冲电磁阀式急速控制阀的检测

(1)拔下线束的插头,测量线圈电阻,约为 10~15Ω,如有短路或断路,应更换急速控制阀。

(2)拆下急速控制阀,将蓄电池的正负极分别用导线与急速控制阀插座上的接脚作短暂的连接,在连接时,应能看到阀芯的移动,或听到阀芯移动的声音。

七、进气控制系统

1. 可变进气系统

1)可变进气系统的概念

可变进气系统是利用发动机工作时进气管道的进气动态来提高充气效率,以达到在发动机转速范围内增大发动机的转矩和功率。也称谐波增压技术,其工作原理如图 5-83 所示。

当气体高速流向进气门时,如果进气门突然关闭,由于惯性进入的气体在进气门附近被压缩,就会向进气流相反方向流动,到了进气管口又被反射回来,于是形成压力波。如此压

力波与进气门的开闭配合好,就会对进气进行增压。

压力波在进气管内产生一个振荡频率,如进气歧管变短,频率会变快,反之则相反。

发动机在低速、小负荷工况下,进气道空气流通截面减小,可提高进气流速、增大进气流惯性以提高发动机充气效率;发动机在高速、大负荷下,进气道空气流通截面增大,可减小进气阻力。

低速时:控制阀关,压力波传递的距离为进气门至空气滤清器之间。

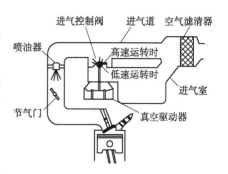

图5-83 谐波增压工作原理示意图

高速时:控制阀开,此时压力波传递的距离为进气门至进气室之间,与进气门开闭间隔时间较短相适应。

控制阀:根据发动机温度、负荷、转速及真空度,由ECM控制其开闭。

对置式和V型布置的发动机常采用这种进气增压方式。

2)可变进气系统的结构形式

图5-84为奥迪A6发动机进气歧管的几何形状,在发动机的进气歧管内设置进气转换阀,受ECU的控制,能够在长进气道与短进气道间进行切换。长进气道可以对汽缸进行最优化配气,从而在急速范围内产生高转矩;切换到短进气道,可在高转速范围内获得高输出功率。

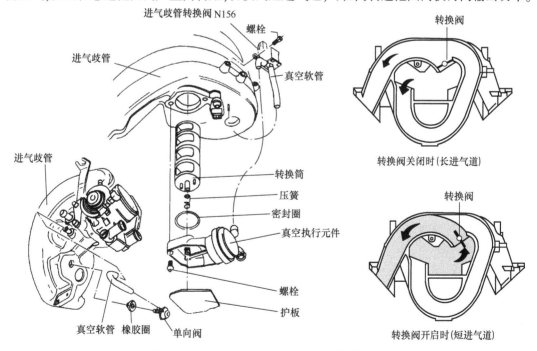

图5-84 奥迪A6可变进气系统及进气歧管转换部件

图5-85是一日产汽车发动机可变进气系统的原理图。当发动机在低速中、小负荷工作时,转换阀关闭,进气仅通过细长的进气管道流入,可以产生剧烈的旋流,提高进气流速,改善转矩特性。当发动机在高转速大负荷工作时,转换阀开启,进气经过短而粗的进气管道,提高了充气量,获得较大功率。

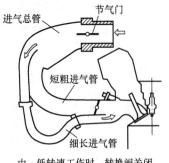
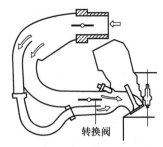

中、低转速工作时,转换阀关闭　　　　　高转速工作时,转换阀开启

图 5-85　日产汽车发动机可变进气系统的原理图

图 5-86 是丰田公司可变进气系统的原理图,两个进气门各配有一个进气管道,其中一个进气道装有进气转换阀,可根据发动机工况改变进气量。进气转换阀的关闭、开启,由膜片式执行器来完成。而此执行器由三通电磁阀进行控制,三通阀又由 ECU 控制。三通电磁阀不通电时,执行器与三通阀的空气滤清器间的通路被关断,执行器与真空罐间形成通路,真空罐的负压作用在执行器膜片室;三通阀通电时,执行器与空气滤清器间形成通路,执行器与真空罐间的通道则被关闭,此时大气压作用在执行器膜片室。

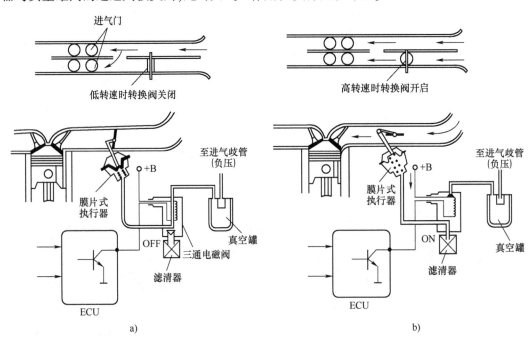

图 5-86　丰田公司可变进气系统的原理图
a) 中低转速工作时；b) 高转速工作时

3) 奥迪 A6 发动机可变进气系统的检测

奥迪 A6 发动机通过换向阀控制六个气门的打开或关闭,从而改变进气量。进气歧管换向阀位于空气滤清器后部,安装在空气流量传感器上,如图 5-87 所示。

(1) 断开进气歧管换向阀上的配线接头。

单元五 电控汽油发动机燃料供给系统

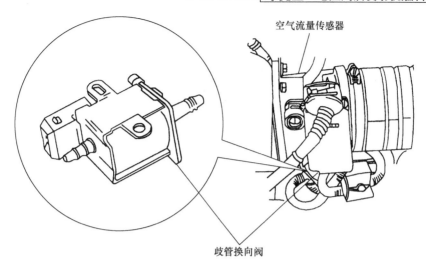

图5-87 奥迪A6进气歧管换向阀

(2)测量进气歧管换向阀引脚间的电阻,如图5-88所示,电阻值应在25~35Ω。如果不合要求,应更换。

(3)检查进气歧管换向阀的起动:

①使用VW1594接头测试工具中的适配器将VAG1527B电压测试仪连接在进气歧管换向阀接头的引脚"1"(电源端)与"2"(控制端)之间。

②使用输出测试模式(DTM)起动进气歧管换向阀。当进气歧管换向阀被起动后,LED测试灯必须闪烁。

③如果LED测试灯不闪烁,应用VAG1592/11适配器配线将VAG1598测试盒与ECU配线连接,适配器配线不能直接与ECU连接。

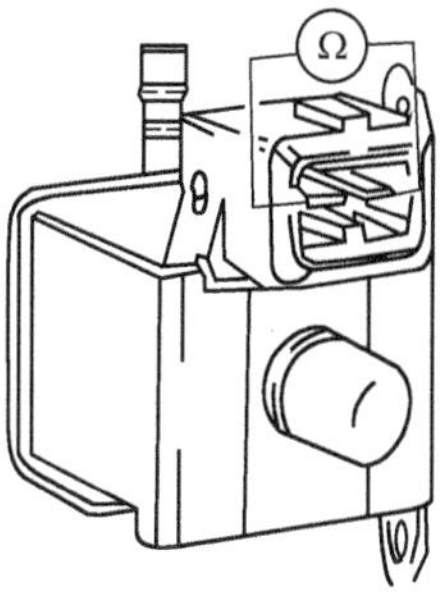

图5-88 测量进气歧管换向阀电阻

④如果LED测试灯一直亮,检查进气歧管换向阀接头引脚"2"测试盒插孔"3"间线束有无搭铁短路。

2. 废气涡轮增压控制("Turbo"涡轮增压,简称"T")

装有废气涡轮增压系统的轿车一般在车尾标有1.8T、2.8T等字样。

车用柴油机上采用涡轮增压已有半个多世纪了,但1980年前在车用汽油机上一直没有被应用,其主要原因是:

(1)汽油机增压后易爆燃(爆燃是涡轮的"大敌"),有时甚至在几分钟内会烧毁发动机。

(2)由于汽油机混合气的过量空气系数小,燃烧温度高,因此,增压后汽油机和涡轮增压器热负荷大。

(3)车用汽油机工况变化频繁,转速和功率范围广,涡轮增压器与汽油机匹配困难。

(4)涡轮增压汽油机的加速性较差。

随着对汽车动力性能的高追求,汽油喷射发动机(爆震传感器可对点火提前角进行监控)和电控技术的发展及小型增压器性能的改善,在车用汽油机特别是轿车汽油机上应用日趋广泛。

废气涡轮增压系统控制的具体内容将在第六单元中详述。

3. 双增压系统

双增压系统分为：双涡轮增压系统、"机械增压+涡轮增压"系统两种类型。

机械增压系统因需要消耗发动机的动力，燃油经济性较差，而涡轮增压系统在低速时容易产生"涡轮迟滞"现象。"机械增压+涡轮增压"系统可很好地解决这一矛盾，使发动机在低速时有较大的转矩且损耗的功率不会太大。

高尔夫汽车的1.4升排量、直列四缸、采用TSI技术的BLG发动机上，采用了这种双增压系统。其工作原理如图5-89所示，图5-90所示为机械增压及其传动情况。机械增压器和曲轴链接，发动机高速时电磁离合器断开了它和发动机曲轴的连接。

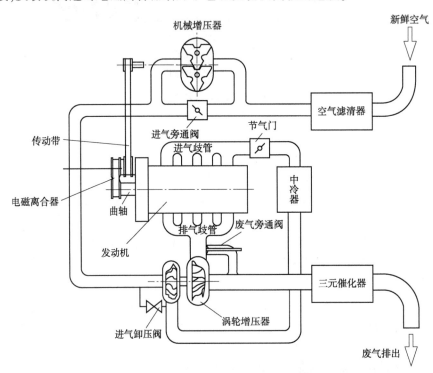

图5-89 "机械增压+涡轮增压"系统工作原理示意图

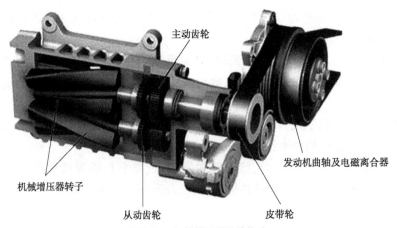

图5-90 机械增压器及其传动

(1) 当发动机转速<1500r/min 时,机械增压器单独参加工作,为发动机提供有适当压力的空气。在 1500r/min 时,因为涡轮开始工作使进气流的压力达到最高值的 2.5Bar。

(2) 当发动机转速在 1500～3500r/min 之间时,旁通阀处于可变化的半开状态,一部分空气继续通过机械增压器,而另外一部分空气则进入涡轮增压器进行空气的压缩。

(3) 当发动机转速大于 3500r/min 时,进气旁通阀全开,驱动机械增压器的电磁离合器处于分离状态。此时,所有空气均进入涡轮增压器,由涡轮增压系统单独参加工作。其最大增压值达到了 1.8Bar。

由于"机械增压＋涡轮增压"系统结构复杂且对发动机零部件制造要求高,目前应用不是很广泛。

八、电子节气门技术简介

1. 概述

电子节气门技术采用直流电动机来驱动节气门的开闭。驾驶员操纵加速踏板时,传感器记录下加速踏板的位置,并将此信息传递给 ECU,ECU 根据此信息、废气排放、燃油消耗以及安全等因素,确定转矩及相应的节气门位置,一方面通过控制节气门体上的执行电机来控制节气门转动的相应角度,另一方面控制点火和喷射,使得发动机的实际转矩达到目标转矩,对发动机的控制更加精确和有效。如图 5-91 所示。

奥迪 A6 的 APS 与 ATX 发动机电子节气门控制系统电路图如图 5-92 所示。主要由加速踏板、节气门位置传感器、ECU、数据总线、EPC 指示灯和节气门控制部件组成。

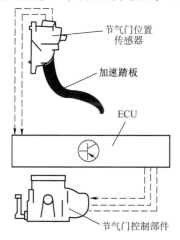

图 5-91 电子节气门示意图　　图 5-92 奥迪 A6 APS 与 ATX 发动机电子节气门控制系统电路图

2. 各部件结构

1) 节气门位置传感器

检测加速踏板位置并通知发动机 ECU。这两个传感器是一个可变电阻,装在一个壳体内,安装位置如图 5-93 所示。

2) 节气门控制部件

节气门由节气门控制部件内的节气门驱动装置(电动机)根据 ECU 的指令来控制。可避免节气门上的节流损失。

3) 警报灯

在发动机运转时,若节气门发生故障,将通过警报灯显示,如图 5-94 所示。

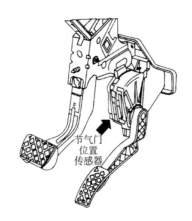

图 5-93 奥迪 A6 加速踏板位置传感器安装位置

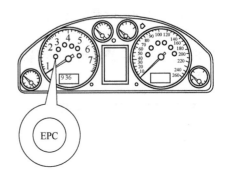

图 5-94 奥迪 A6 警报灯安装位置

九、空气供给装置检修及注意事项

1. 进气道的清洗

进气道内的积炭和胶质是导致怠速不稳定、空燃比不稳的主要因素。因此,必要时要清洗进气道。常用的清洗方法是拆去节气门体前方的进气软管后,起动发动机使达到正常工作温度,发动机转速约 2000r/min,把化油器清洗剂喷入进气管道内,进气气流会把清洗下来的杂质以及多余的清洗剂带入汽缸内燃烧掉。

2. 进气道及真空泄漏

D 型燃油喷射系统节气门后方出现真空泄漏时,泄漏进入进气管的空气经过了进气压力传感器的检测,ECU 按空燃比为其配油,导致发动机怠速转速提高。L 型燃油喷射系统节气门后方出现真空泄漏时,泄漏进入进气管的空气没有经过空气流量计的检测,气多油少,混合气偏稀,导致怠速转速下降,发动机抖动,甚至导致发动机熄火。因此,必要时需对发动机怠速进行检测与调整。

3. 怠速转速的检测与调整(F23A3 发动机为例)

汽车仪表板上的转速表能指示发动机怠速转速,有的示波器、解码器也有测量转速的功能。下面以 FA23A3 发动机为例简述其调整步骤。

发动机的正常怠速转速为 770r±50r/min(变速操纵杆位于 N 或 P 位置,包括散热器风扇在内的所有用电设备都关闭)。若怠速不稳或转速值不正常,可按以下步骤进行检查调整:

(1) 故障灯不亮,各系统均正常。

(2) 拔下燃油蒸汽排放控制电磁阀(EVAP)的 2 芯插头,连接发动机转速表。

(3) 使发动机以 3000r/min 运转,直至散热器风扇开始工作,松开加速踏板,让发动机以正常怠速运转。

(4)确认所有用电设备都不工作,此时发动机转速应为标准值,否则,予以调整。

(5)调整时,可顺时针或逆时针转动急速调整螺钉,但不能超过1/4圈。

(6)调整后,再检查发动机急速转速,若仍不符合标准值,则继续转动1/4圈,然后把加热器风扇开关打到高位(HI),打开空调(不要在打开空调时拧动急速调节螺钉),让发动机以快急速运转1min。

(7)关闭空调,再检查发动机转速是否符合标准值,若仍不符合标准值,则进行故障分析。

(8)最后拆下转速表,重新装回EVAP的2芯插头。

4. 空气供给系统检修注意事项

(1)进气软管不能有破裂,卡箍要安装牢固。

(2)检修热丝式空气流量计时,不能把手伸入传感器,以免损坏热丝。

(3)真空管不能破裂,也不能插错。

课题五 排气系统及排放的控制

一、排气系统

排气系统通常由排气歧管、排气管和排气消声器等组成。如图5-95所示为丰田卡罗拉1ZR-FE发动机排气系统。

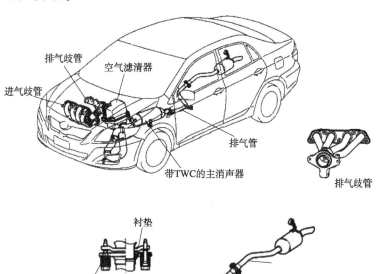

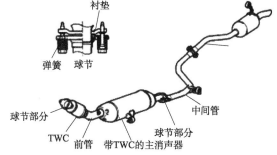

图5-95 丰田卡罗拉1ZR-FE发动机排气系统

1. 排气歧管

用以汇集各汽缸的废气,通过排气管、排气消声器排入大气中。一般用铸铁制成,也有用铝合金铸造的。用螺栓固定在汽缸体或汽缸盖上,其接合面装有石棉衬垫,以防漏气。

2. 排气消声器

用以降低从排气管排出废气的温度和压力,以消除火星和噪声。

废气在排气管中流动时,由于排气门的开闭与活塞往复运动的影响,气流呈脉动形式,当排气门刚打开时压力近 200～250kPa,具有一定的能量,如果让废气直接排入大气,就会产生强烈的排气噪声而酿成公害。

消声器有四种基本结构形式,如图 5-96 所示,实际应用的消声器多为这些基本形式的组合。

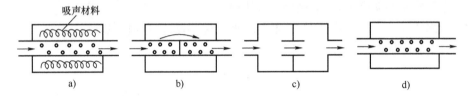

图 5-96 排气消声器的类型
a)吸收式;b)干涉式;c)扩张式;d)共振式

如图 5-97 所示为典型排气消声器的构造。它由外壳、多孔管和隔板等组成。外壳用薄钢板制成筒形,两端封闭,内腔用两道隔板分隔成三个消声室,在两端又各插入多孔的进入管和排出管,三个消声室通过多孔管相互沟通,废气经多孔管进入消声室,得到膨胀和冷却,并与管壁碰撞消耗能量,压力降低,振动减轻,最后从另一多孔管排入大气,消除了火星,减轻了噪声。

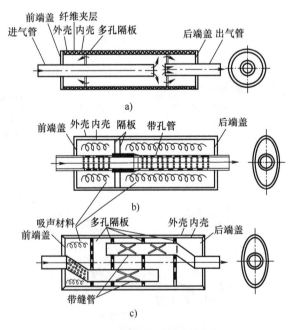

图 5-97 典型排气消声器的构造
a)前消声器;b)中消声器;c)后消声器

二、排放控制系统

在现代电控汽油机中,为了减少废气的有害成分排放量常采取:三元催化转化、汽油蒸汽回收、废气再循环、二次空气喷射等技术。

1. 三元催化反应系统(TWC)

(1)作用。使 CO、HC、NO_x 发生氧化、还原反应,使这三种有害成分都得到净化。

(2)组成。由三元催化反应器、氧传感器、温度报警装置(有的车没有)、空燃比反馈控制系统及 ECU 等组成。

(3)三元催化反应器。一般装在温度较高的位置,布置在排气管之后。结构如图 5-98 所示,外观像一个排气消声器,实际上也起消声作用。壳体用耐温、耐腐蚀的材料制成。内部装有催化床,催化剂是铂、铑、钯,铂可加速 HC 氧化成 H_2O 和 CO_2;CO 氧化为 CO_2;铑可将 NO_2 还原成 N_2 和 CO_2。中间层为多孔式中间层可增大催化转换器面积。

催化剂的表面活性作用是利用排气本身的热量激发的,其使用温度范围以活化开始温度(一般为 400℃)为下限,以过热引起催化器故障的极限温度(一般为 1000℃)为上限。

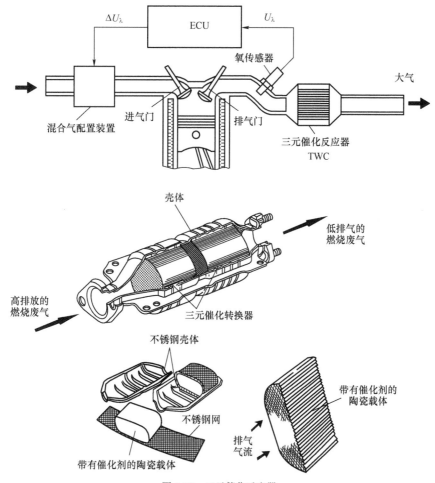

图 5-98 三元催化反应器

三元催化反应器损坏常由排气中铅化物、碳烟、焦油等引起的堵塞及机械损伤。使排气背压升高、转化效率变低,造成发动机动力性下降、燃油耗增加、排放恶化等。在较好的使用条件下,其寿命可达 $8\sim10\times10^4$km。

催化反应器检查方法如下:

①直观法(可用手电筒照)。

a. 有无异响(通常由排气管接头松动、催化转化器损坏、催化剂更换塞松动或丢失等原因造成);

b. 外表有无发蓝、裂皮、压扁等外观损坏;

c. 排气管有无孔眼或损坏;

d. 排气尾管有无催化剂颗粒排出(颗粒式催化转化器特有的现象,排出颗粒说明转化器内盛装颗粒的不锈钢篮组件碎裂)。

催化转化器外观损坏或排气尾管有颗粒排出时,必须更换。

②温度测试法。用红外线测温仪检测:在急速时,出气口温度比进气口应高10℃以上。否则表明转化器内部有堵塞。

③波形测试法。反应器损坏时,转化率下降,前后排气管中的氧含量很接近。前、后两氧传感器的信号电压波形趋于相同。如图5-99所示。

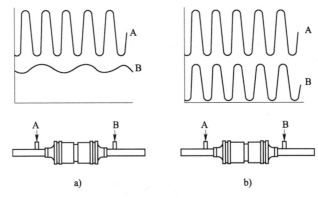

图5-99 催化转化器的波形测试
a)三效催化转化器正常;b)三效催化转化器不正常

④尾气分析测试法。急速时 CO、NO_X 含量均应符合要求。否则,说明转化器可能失效。

(4)氧传感器(O_2S)。

①作用。三元催化反应器前后各安装一个氧传感器,分别测量催化净化前、后废气中的氧含量。前(主)氧传感器检测排气中含氧的浓度,并输出混合气偏浓或偏稀的信号,作为控制系统进行空燃比闭环反馈修正的依据,让ECU对喷油脉宽进行修正,使空燃比收敛于理论值,以达到理想的排气净化效果。后(副)氧传感器信号输入给ECU测试催化净化的效率,两个传感器电压之差就可反映出三元催化反应器转换有害废气的能力。

常见的氧传感器有二氧化锆和二氧化钛氧传感器,现有些车上还采用了宽带式氧传感器(Uego)。

②二氧化锆氧传感器。结构如图5-100所示,氧传感器安装于排气管中,锆管内侧通大气,外侧与废气接触。工作时,在废气高温作用下,氧发生电离,由于锆管内侧氧离子浓度

高,外侧氧离子浓度低,在浓度差的作用下,氧离子从内侧向外侧扩散,形成两电极的电动势。铂(Pt)是催化剂,可使电动势以理论空燃比为界,发生突变。

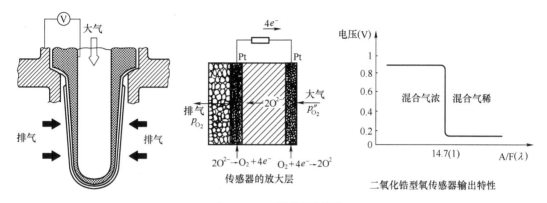

图 5-100 二氧化锆氧传感器

③二氧化钛氧传感器。结构如图 5-101 所示,二氧化钛氧传感器是利用高纯度的半导体二氧化钛制成。由于二氧化钛的电阻受温度影响较大,故在电路中一般有起温度补偿作用的热敏电阻。

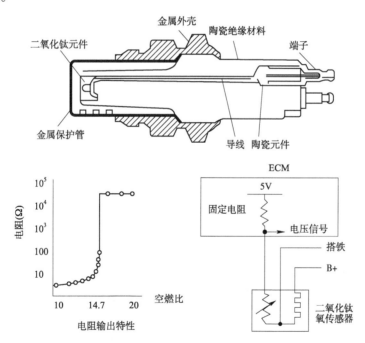

图 5-101 二氧化钛氧传感器

氧传感器的输出特性与废气温度有关,当废气温度低于一定值(锆式约 300℃,钛式约 600℃)时,氧传感器的输出特性不稳定,因此,氧传感器一般安装在废气温度较高的位置,多数氧传感器内有加热器,发动机工作时,ECM 控制加热器。如图 5-102 所示。

④宽带式氧传感器。能连续检测空燃比在 10~20 的混合气。当线性电压 2.5V 时达到了理论空燃比(14.7:1)的控制,通过改变泵电流 I_p 的方向与大小就可达到平衡测试室里的含氧量。I_p 即为传递给控制单元的电信号。其工作特性如图 5-103 所示,工作原理如图 5-104 所示。

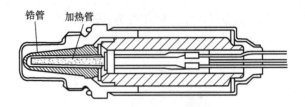

图 5-102 加热型二氧化锆氧传感器

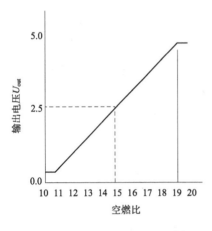
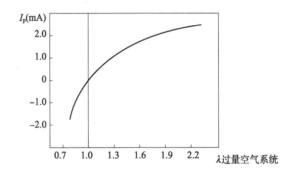

图 5-103 宽带式氧传感器工作特性

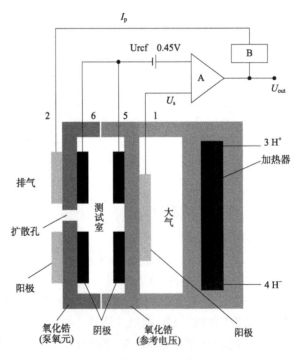

图 5-104 宽带式氧传感器的工作原理

1-信号输出；2-泵电流输入；3-加热器电源；4-回执搭铁线；5、6-参考电压零电位线；A、B-传感器控制器

a. 感应室：相当于一个普通浓差型氧化锆氧传感器。一面与大气接触，另一面是测试室，通过扩散孔与排气接触，由于两侧氧含量不同产生一个电动势。ECM 把感应室两侧的氧含量保持一致，让电压维持在 0.45V，这个电压只是电脑的参考标准值。

b. 泵氧元：也是一氧化锆组件。一边与排气接触，另一边是测试室。在泵氧元上加电压会使氧离子移动。把排气中的氧泵入或泵出测试室中，使感应室两侧的电压值维持在 0.45V。

c. 控制原理：混合气过浓时，测试室内含氧量下降，感应室电压值 $U_\mathrm{S} > 0.45\mathrm{V}$，传感器控制器产生一个反向的泵电流 I_p，将氧气泵入测试室，使测试室中的氧含量增加，感应室电压值恢复到 0.45V；混合气过稀时，测试室内含氧量增加，感应室电压值 $U_\mathrm{S} < 0.45\mathrm{V}$，传感器控制器产生一个正向的泵电流 I_p，将氧气泵出测试室，使测试室中的氧含量下降，感应室电压值恢复到 0.45V。

⑤氧传感器的检测(以 1ZR-FE 发动机为例)。控制电路如图 5-105 所示。

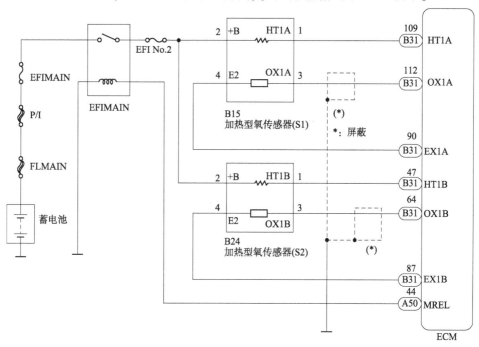

图 5-105　1ZR-FE 发动机氧传感器的电路图

a. 1 号氧传感器(S1)的检测。

电阻测量：应如表 5-11 所示。

1 号氧传感器电阻值　　　　　　　　　表 5-11

万用表的连接	条　件	电　阻　值
B15-1(HTA1)—B15-2(+B)	20℃	1.8~3.4Ω
B15-1(HTA1)—B15-4(E2)	始终	10KΩ 或更大

电源电压测量：应如表 5-12 所示。否则，应检查 EFI NO.2 熔断丝是否完好。

1 号氧传感器电源电压值　　　　　　　　　表 5-12

万用表的连接	开关状态	规定状态
B15-2(+B)—车身搭铁	点火开关置于 ON	9~14V

查传感器与ECM间的线束是否有断路、短路。如有,应维修或更换此线束或连接器。

b.2号氧传感器(S2)检测。

方法与S1的检测类同。电阻值应如表5-13所示。

2号氧传感器电阻值　　　　　　　　表5-13

万用表的连接	条　件	规　定　状　态
B24-1(HT1B)—B24-2(+B)	200C	11~16Ω
B24-1(HT1B)—B24-4(E2)	—	10KΩ或更大

c.用示波器读取的正常波形应如图5-106所示。

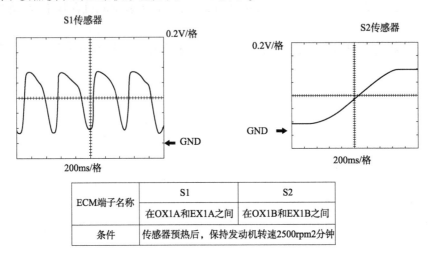

图5-106　1ZR-FE发动机氧传感器的正常波形

2. 二次空气喷射系统(EAIR)

(1)作用。向排气净化系统喷入新鲜空气,促进HC、CO的燃烧,达到废气净化的目的。

(2)结构与工作原理。如图5-107所示,二次空气喷射装置由空气泵、切换阀、单向阀、空气泵电磁阀、热反应器、高温传感器等组成。

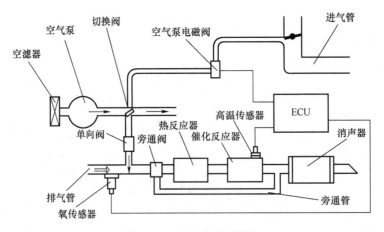

图5-107　二次空气喷射装置

叶片式空气泵由发动机驱动,产生的低压空气经单向阀、空气喷管喷入各缸的排气歧管和催化转化器内,在保持高温的热反应器内与高温废气混合燃烧,使 CO、HC 变成 CO_2、H_2O。当发动机温度上升时,高温传感器向 ECU 输入信号,ECU 控制空气泵电磁阀使切换阀切换,停止向排气管喷射空气,防止发动机过热。

(3)检修(奥迪 A6 的 APS 与 ATX 发动机)。如图 5-108 所示。

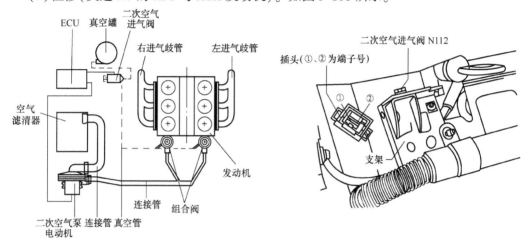

图 5-108　APS、ATX 发动机二次空气喷射装置及进气阀的检测

二次空气喷射装置进气阀的检测方法如下:

a. 将二极管检测灯 V.A.G1527 接到插头的两端子上,进行执行元件诊断,若灯亮,更换二次空气进气阀。

b. 若灯不亮,检查端子 1 与搭铁之间的电压,应为蓄电池电压。若无电压,检查端子 1 与汽油泵继电器 J17 之间的导线是否断路,导线最大电阻 1.5Ω。

c. 检查端子 2 与 ECU 之间是否断路,检查导线是否对正极和搭铁短路。

3. 废气再循环控制(EGR)

1)作用

把发动机排出的一部分废气(惰性气体)引入进气系统中,与混合气一起进入汽缸中燃烧,降低气缸内最高温度,减少 NO_X 的生成。

过度的废气再循环将会影响发动机的正常运行,特别是在怠速、低转速小负荷、高速($n > 4000 \sim 4500 r/min$)全负荷、突然加速或减速、发动机冷却液温度小于 55℃ 时。因此,应根据工况及工作条件的变化自动调整再循环的废气量,一般控制在 6% ~ 13% 之间。废气再循环控制系统的工作原理如图 5-109 所示。

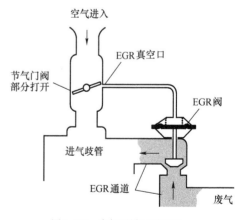

图 5-109　废气再循环原理图

2)ECU 控制的 EGR 系统

为了根据发动机的工况对 EGR 进行控制,必须采用电子控制,如图 5-110 所示。该系统由废气再循环阀、废气调整阀、三通电磁阀等组成。

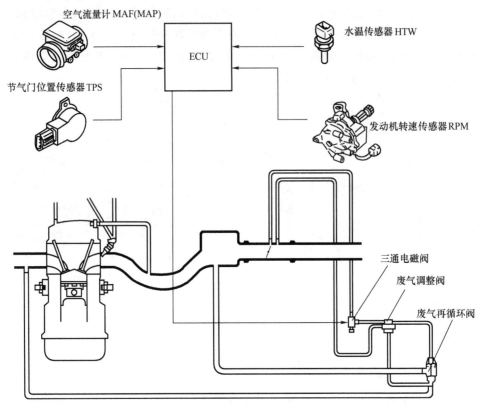

图 5-110 计算机控制的 EGR 系统

EGR 阀工作时，ECU 根据存储器内的不同条件下理想的 EGR 阀开度控制 EGR 阀，EGR 阀开度传感器检测 EGR 阀的开度，并将信号送至 ECU，ECU 将此开度与根据输入信号计算出的理想开度进行比较，如有不同，将改变 EGR 控制电磁阀的电流，改变施加到 EGR 阀的真空，使 EGR 再循环的废气量改变。

废气再循环阀是用来控制再循环的废气量，如图 5-111 所示，作用在膜片上方的真空度越大，阀的开度就越大，再循环的废气量也越大。废气调整阀的作用是利用进气管真空度的变化，按节气门开度的大小控制通往废气再循环阀的真空度，使废气再循环阀的开度随节气门的开大而增大，如图 5-112 所示。

三通电磁阀由 ECU 控制，在一定条件下切断真空管路，使废气再循环阀关闭，取消废气再循环。有些车型有 EGR 阀开度传感器（如图 5-113 所示）。

F23A3 的 EGR 控制系统如图 5-114 所示。

3）废气再循环系统的检测

（1）废气再循环系统是否正常工作的检查：

①起动发动机，并以怠速运转。将手指伸入 EGR 阀，按在膜片上。

②在冷车状态下踩下加速踏板，使发动机转

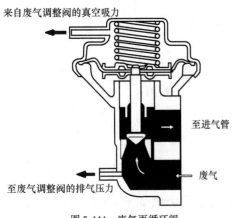

图 5-111 废气再循环阀

速上升至 2000r/min 左右,此时 EGR 阀应不开启。

③发动机热车后(冷却液温度>50℃),踩下加速踏板,使发动机转速上升至 2000r/min 左右,此时 EGR 阀应开启,手指可感觉到膜片的动作。

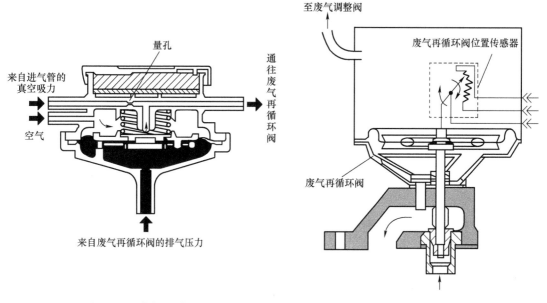

图 5-112 废气调整阀   图 5-113 EGR 阀开度传感器

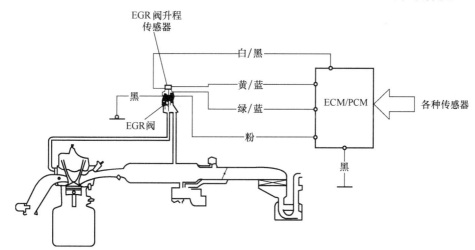

图 5-114 F23A3 的 EGR 控制系统

(2)EGR 阀的检修。使发动机怠速运转,拔下 EGR 阀上的真空软管,用手动抽真空器对 EGR 阀膜片室施加约 19.95kPa 的真空度,若此时发动机怠速运转性能变坏甚至熄火,说明 EGR 阀工作正常;若发动机性能无变化,说明 EGR 阀损坏,应更换。

(3)三通电磁阀的检修。

①如图 5-115 所示,拔下三通电磁阀的线束插头及真空软管,拆下三通电磁阀。

②当三通电磁阀不接电源时,A-B、A-C 之间应不通气,B-C 之间应通气。否则,说明三通电磁阀损坏,应更换。

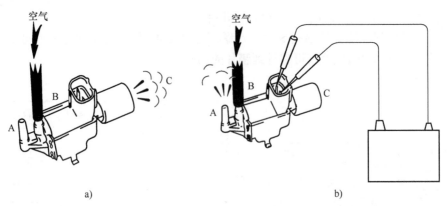

图 5-115 三通电磁阀的检查
a)不接电源时;b)接上电源时

③接上电源,A-B 之间应通气,A-C、B-C 之间应不通气。否则,说明三通电磁阀损坏,应更换。

4. 燃油蒸气回收系统(EVAP)

1)作用

防止从油箱内排出的燃油蒸气对大气的污染。

2)结构和工作原理

丰田卡罗拉 1ZR-FE 发动机汽油蒸汽回收系统如图 5-116 所示。

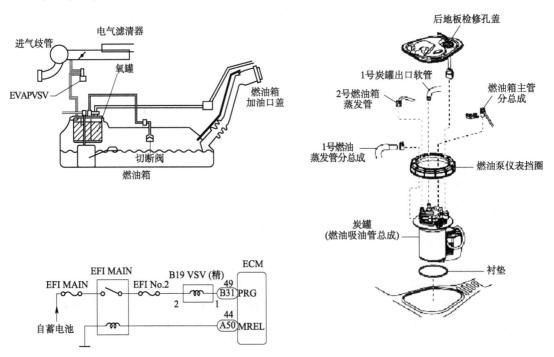

图 5-116 卡罗拉 1ZR-FE 发动机汽油蒸汽回收系统

炭罐(也称活性炭罐)内有活性炭,用于临时储存汽油蒸汽;EVAP VSV 阀打开时(清污模式),在进气歧管真空吸力的作用下,油蒸汽经回收罐经过活性炭后再从活性炭罐的出口进入发动机进气歧管,把吸附在活性炭上的汽油分子送入发动机燃烧。

3)卡罗拉 1ZR-FE 发动机汽油蒸汽回收系统的检测

①系统的检测

a. 起动发动机,断开真空软管,如图 5-117 所示;

b. 连接检测仪到 DLC3;

c. 选择以下菜单:Powertrain / Active Test / Activate the VSV for EVAP Control;

d. 检查在 VSV 端口出现的真空;

e. 退出主动测试模式,然后重新连接真空软管。

如不符规定,则更换 VSV、线束或 ECM。

②炭罐检查。按图 5-118 所示的要求操作。

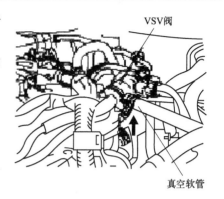

图 5-117 真空软管

关闭端口B,给A加压缩空气看空气是否从C流出

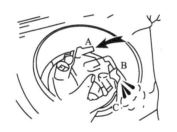

关闭C,给A加压缩空气看空气是否从B流出

关闭C,用真空泵向A加真空首先保持真空,逐渐增加真空至规定值后,空气开始流动且真空度下降为正常

图 5-118 炭罐的检查

③清污阀的检测:

a. 电阻值。如图 5-119 所示。阻值应符合表 5-14 所示的要求。

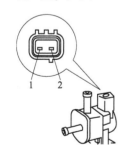

图 5-119 清污阀电阻值的检查

清污阀正常的电阻值　　表 5-14

条件		规定状态
1-2	20℃	23~26Ω
1-车身搭铁	始终	10MΩ 或更大
2-车身搭铁		

b. 按如图 5-120 所示操作,如不符规定应更换阀。

c. 通过波形来判断。VSV 阀的正常波形如 5-121 所示。如有异常,急速运转 10min 或更长时间后再查看此波形。

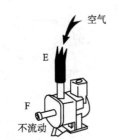

图 5-120　检查 VSV 阀的通气情况

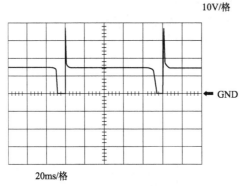

图 5-121　VSV 阀正常波形

课题六　电子控制系统

一、电控单元(ECU)

1. 作用

接受各种传感器输送的工况信号,经过计算、判断后,确定适应发动机工况的参数,并将这些数据转变为电信号控制各种执行元件动作,使发动机处于最佳运行状态。

2. 组成

构成如图 5-122 所示,由输入回路、A/D 转换器、微型计算机和输出回路组成。许多汽车在电脑内还设有 CAN。

1) 输入回路

将系统中各种传感器检测到的信号经输入/输出(I/O)接口送入微型计算机,使计算机能对汽油机运行工况进行实时检测和控制。传感器的信号有模拟信号和脉冲信号两种。

输入的模拟信号有空气流量、空气温度、冷却液温度、发动机负荷、氧传感器反馈的电压信号、电源电压等多个信号。这些反映温度、压力、流量等物理量的电信号,分别经过相应的输入通路转换为相应的电压信号后,再经过 A/D 转换器转换,以数字量的形式送入微机的中央处理器中。某些信号有时会超过 A/D 转换器的设计量程,则在进入 A/D 转换器之前先进行电平转化。

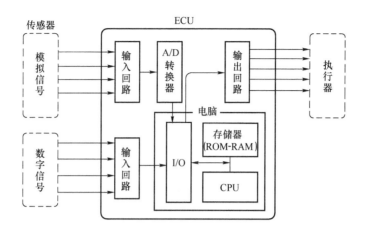

图 5-122　电控单元的组成

输入的数字信号主要来自曲轴位置传感器、车速传感器等脉冲信号。这些信号经过输入回路之后,理论上通过 I/O 接口可直接送入微机,但实际上,由于这些传感器输出信号的幅值随发动机转速而变化,转速高时,信号的幅值增大;转速低时,信号幅值就显得较弱。为此需要由整形电路,将这些脉冲信号整形成有规则的脉冲,然后送入微机。另外,曲轴位置传感器信号盘上的触发轮齿一般只有几十个,用这些轮齿产生的几十个脉冲来代表曲轴每一转的步数,会引起较大误差。因此,需要把信号盘对应曲轴一转产生的几十个脉冲,转换成 720 个脉冲,即变成曲轴每转 0.5 度转角发出一个脉冲。

2) A/D 转换器(模拟/数字转换器)

将微机不能直接处理的模拟信号转换成数字信号,再输入微机。

3) 微型计算机

根据汽油机运行工况的需要,把各种传感器送来的信号用内存中的处理程序进行运算处理,并把处理结果送往输出回路。微型计算机由中央处理器(CPU)、存储器(ROM、RAM)、输入/输出接口(I/O)及总线(CAN)等构成。

4) 输出回路

微机输出的是数字信号,且输出电压较低,用这种输出信号一般不能驱动执行元件进行工作。因此需要采用输出回路,将其转换成能驱动执行元件的输出信号。

3. ECU 的检测(以 F23A3 发动机为例)

在 ECU 插接器未拆开时检测 ECU 各端子的电压或电阻。注意检测仪表的表笔沿导线插入到与端子接触即可,不要硬性插入孔内,以免损坏插接器端子造成插接器接触不良。

二、常见的开关信号

1. 起动信号(STA)

用来判断发动机是否处于起动状态。起动信号与起动机电源连在一起,由空挡起动开关同时控制,如图 5-123 所示。空挡起动开关按通,ECU 检测到起动信号,确认发动机处于起动状态,并自动增加喷油量。

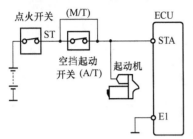

图 5-123 起动信号开关及其控制电路

2. 空挡起动开关(P/N)

是自动变速器停车挡(P)和空挡(N)选择开关。只有当 P/N 开关关闭时,起动机线路才能接通。因此,P/N 挡开关亦可兼用于该车的起动保护。P/N 挡开关的信号输出电路如图 5-124 所示,当此开关位于 N 挡或 P 档时,ECU 的端子电压较高,此外的其他挡电压较低,ECU 据此可以判断出档位,并对急速系统进行控制,在发动机过渡工况时,修正喷油量。

3. 空调开关(A/C)

空调开关正常工作时,利用空调压缩机的驱动电路,可以检测出空调的接通与断开。如图 5-125 所示,通过空调开关的通、断信号,ECU 就可判断出压缩机的电磁离合器的电路是否接通,从而控制发动机。

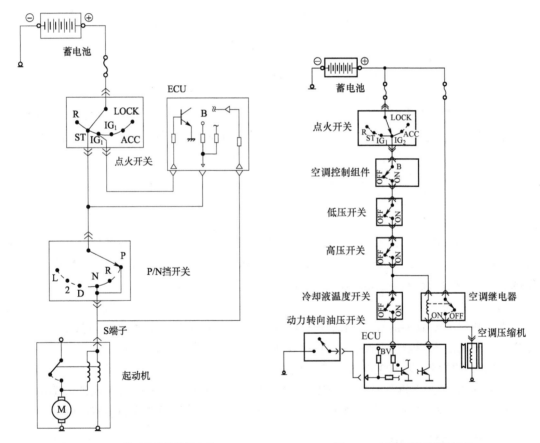

图 5-124 P/N 档开关及其控制电路　　图 5-125 空调开关及控制电路

4. 动力转向开关(P/S)

动力转向开关闭合将使发动机负荷增加。ECU 使发动机喷油及点火时刻发生变化,动力转向开关是在动力转向系统的高压回路中安装一个压力开关,急打转向盘时,开关闭合。如图 5-126 所示。

5. 制动信号开关(BKSW)

表示制动器是否工作的信号,制动时,开关闭合。电路如图5-127所示。

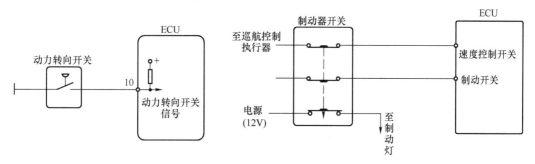

图5-126　动力转向开关信号电路图　　　图5-127　制动开关信号电路

三、电子控制系统检修注意事项

(1)在将蓄电池从电路中断开之前,必须先通过自诊断系统或解码器调出故障信息资料。

(2)强的电磁场不能靠近发动机。例如,音响的扬声器不能装在靠近ECU的地方;在车上进行电弧焊接前,应先断开ECU电源。

(3)在对发动机ECU进行检修时,操作人员一定要将身体接地,即带上搭铁金属带,将其一端缠在手腕上,另一端接在车上搭铁。

(4)点火开关接通的情况下,不能将蓄电池从电路中断开,也不能带电插拔各类控制板和插头。

(5)检测发动机ECU要用高阻抗的仪表,脉冲电路应用LED灯或示波器检查。

(6)严禁用试火法或刮火法检修电控系统电路。

(7)安装蓄电池时,注意正、负极不可接反,否则会损坏ECU。

(8)将电源电压加至测试部件之前,必须确认被测试部件的电源电压是否为12V。

(9)ECU有学习功能,在ECU电源切断后重新接通,要让ECU"恢复记忆",即在不同的工况下路试,让ECU重新学习,恢复学习控制。

四、自诊断测试

1. 电控系统自诊断的原理

汽车正常运行时,ECU的输入、输出信号的电平都是在规定范围内变化,当接收到某一电路的信号超出规定范围,或输入信号在一段时间内不发生变化,或输入信号不连续,或在一段时间内收不到某一传感器信号时,ECU就认为该电路出现故障,并设定一故障代码。

2. 自诊断故障码的显示方法

汽车电控系统大多把诊断结果以故障码的形式显示出来,不同的车系有不同的显示方法。

(1)现绝大部分汽车的故障码可用诊断仪读取,用故障代码和中文显示。

(2)有些汽车的故障码在数字仪表上直接显示。如图5-128所示。

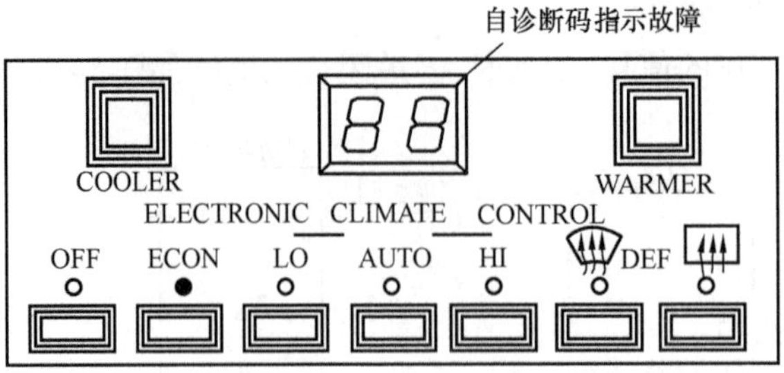

图 5-128　数字显示故障码

3. 故障码的清除

故障码的清除需按照维修手册上要求的方法进行操作。现绝大部分汽车的故障码可在诊断仪上按照指定程序操作即可清除。

F23A3 发动机故障码的消除：

① 关闭点火开关,拔下故障检查插座的跨接线,从副驾驶座位侧的仪表板下的熔丝/继电器盒内取下 13 号备用时钟熔丝(7.5A)10s,故障码消除。

② 也可用 HondaPGM 检测仪完成。

4. F23A3 发动机 ECU 故障处理

（1）自诊断步骤。如图 5-129 所示,可用 ECU 检测仪与数据传输插头(3 芯)相连接完成诊断。

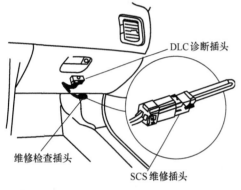

图 5-129　维修检查插头的连接

（2）故障代码。见表 5-15。

F23A3 发动机故障代码　　　　表 5-15

故障代码	系统说明	故障代码	系统说明
0	ECU	11	急速调节器
1	加热氧传感器	12	EGR 阀升程传感器
3	进气歧管绝对压力传感器	13	BABO 传感器
4	曲轴位置传感器	14	急速空气控制阀
6	发动机冷却液传感器	15	点火输出信号
7	节气门位置传感器	17	车速传感器
8	上止点位置传感器	21	VTEC 电磁阀
9	第一缸位置传感器	23	爆震传感器
10	进气温度传感器	41	氧传感器加热器

（3）自诊断结束后 ECU 的重新设置。关闭点火开关,如图 5-130 所示,从副驾驶座位侧仪表板下保险/继电器盒内取下 13 号保险,10s 后重新设置结束。

5. 第二代自诊断系统(OBD-Ⅱ)

现代汽车上采用第二代自诊断系统(OBD—Ⅱ)。如图 5-131 所示为第二代自诊断系统的插座(16 针插座)。

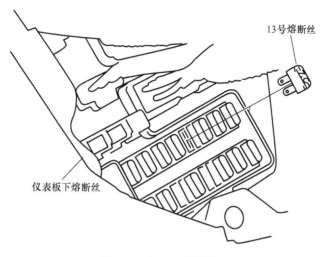

图 5-130 ECU 的重新设置

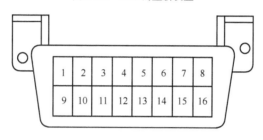

图 5-131 OBD-Ⅱ的诊断接头

第二代自诊断系统的故障码由 5 位数(数字、字母)组成,各种车辆相同故障码的意义相同,如图 5-132 所示。

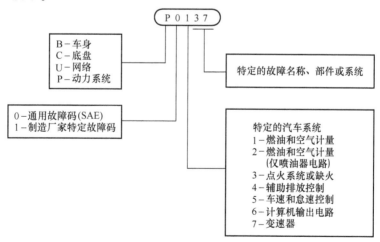

图 5-132 OBD-Ⅱ故障码的含义

6. 汽车故障检测仪的介绍

(1)检测仪的工作原理

检测仪可通过自诊断座在一定协议支持下与汽车电脑进行互相通讯交流各种信息,从而获取电脑工作的重要参数。

诊断接口与自诊断座匹配相连,进行互相交流数据。自诊断插座的端子直接与汽车电脑相连。如图 5-133 所示。

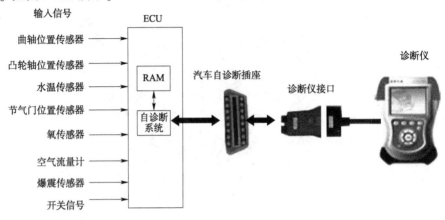

图 5-133 检测仪的工作原理

(2)专用型检测仪

只针对某一车型,检测数据内容多汽车(或发动机)制造厂针对自己生产的产品设计的。如美国 SNAP-ON 的红盒子,如图 5-134 所示。

(3)通用型检测仪

适用车型多,检测内容少。汽车维修设备专用厂(或公司)设计制造的。如金德 KT600、修车王等。如图 5-135 所示。

图 5-134 美国 SNAP-ON 的红盒子

图 5-135 通用型检测仪

(4)汽车故障检测仪的使用注意事项

①需要定期升级;

②按照检测仪制造厂的使用说明书进行操作;

③在点火开关 ON 的情况下,不要连接或断开任何插接器和部件,包括检测仪电源线,检测仪与 DLC 的连接等;

④不要将电气系统的端子短接或搭铁,除非制造厂允许这样做;

⑤如果计算机插接器要拆下,必须先拆下检测仪插接器。

五、安全、备用系统

1. 安全系统

也叫失效保护功能。当某些传感器或执行器出现故障时,如果发动机 ECU 仍按通常方式继续控制发动机运转,就可能使发动机或其他部件也出现问题。此时 ECU 会自动地按存储器内设定的程序和数据,使控制系统继续工作或停机。例如,当水温传感器有故障时,安全系统将自动采用正常运转值(标准值),通常按 80℃控制发动机工作,防止混合气过稀或过浓。

2. 备用系统

当 ECU 内微处理器发生故障时,备用系统将接通备用集成电路,用固定的信号控制发动机进入强制运转,以便驾驶员能将车辆开到检修厂进行修理。备用系统只按照起动信号和怠速触点闭合状态,分别设定恒定的喷油持续时间和点火提前角对喷油器和点火器进行控制。

3. F23A3 发动机的安全、备用系统

(1) 安全系统。当 ECU 检测到传感器传来的信号不正常时,会自动忽略该信号,采用预设值使发动机继续工作,此时发动机各项性能都将下降。

(2) 备用系统。当 ECU 本身出现故障时,喷油器将由独立于该系统的备用电路控制,以维持发动机最基本的运行状态,使车辆得以开进维修站检修。

课题七　汽车巡航系统(CCS)

一、作用

汽车巡航系统是一种利用电子控制技术保持汽车自动高速行驶的系统。目的是使驾驶员不用持续踩加速踏板就能保持汽车以设定的恒定速度行驶,而且速度能够很容易改变。

汽车巡航系统的主要优点是无论汽车行驶阻力怎样变化,只要在发动机允许范围内,汽车的行驶速度保持不变。

二、组成

汽车巡航系统由巡航控制开关、传感器、巡航控制 ECU、执行器等组成,如图 5-136 所示。

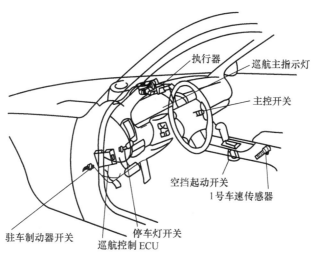

图 5-136　汽车巡航系统

三、工作原理

巡航控制开关和传感器将信号送入巡航控制 ECU，ECU 根据这些信号计算节气门的合理开度，并给执行器发出指令，调节节气门开度，使汽车自动地按设定的车速等速行驶。

四、主要部件的结构与原理

1. 巡航控制开关

用于设置巡航车速或将其重新设置为另一车速，以及取消巡航控制等。以丰田凌志车为例，它主要包括主开关、控制开关和退出巡航开关等。

1）主开关

主开关是巡航控制系统的主电源开关，采用按键方式，每次将其推入，系统的电源就接通或关闭，如图5-137中箭头A所示。主开关接通时，如将点火开关关闭，主开关也关闭。即使点火开关再次接通，主开关仍保持关闭。

2）控制开关

手柄式巡航控制开关一般由设定/减速开关（SET/COAST）、恢复/加速开关（RES/ACC）和取消开关（CANCEL）组成。该开关为自动回位型。当向下推控制开关时（方向C），设定/减速开关接通；而放松控制开关时，开关自动回到原始位置；当向方向B推控制开关时，恢复/加速开关接通；当向方向D拉控制开关时，取消开关接通。

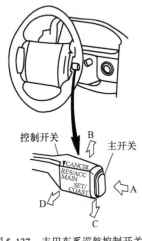

图5-137　丰田车系巡航控制开关

3）退出巡航控制开关

是指开关接通后，能使巡航系统自动退出工作的开关。

（1）驻车制动开关。当使用驻车制动器时，驻车制动器开关接通，将取消巡航信号传送至巡航控制 ECU。

（2）制动灯开关。如图5-138所示，制动灯开关由常闭和常开两个开关组成，电路如图5-139所示。开关A为常开开关，踏下制动踏板时此开关闭合，制动灯电源电路接通，制动灯点亮。同时，电源电压经开关A加在巡航控制 ECU 上，将制动信号输入汽车巡航 ECU，巡航控制 ECU 取消巡航控制系统的控制，使巡航系统停止工作。开关B为常闭开关，当踏下制动踏板时，开关B断开，直接切断了汽车巡航 ECU 对巡航控制执行器的控制电路，确保汽车巡航系统停止工作。

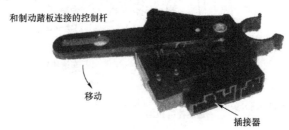

图5-138　制动灯开关

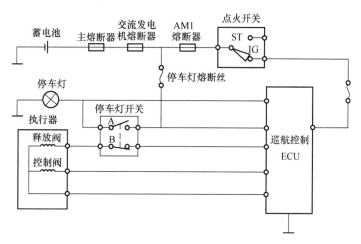

图5-139 制动灯开关电路

(3) 离合器开关。手动变速器汽车上装有一个离合器开关,如图5-140所示,当踩下离合器踏板时,离合器开关接通,并将信号输送到汽车巡航ECU,取消汽车巡航控制。

(4) 空挡起动开关。当换挡杆在自动变速器的P挡或N挡时,空挡起动开关即接通,并将取消巡航信号输送到汽车巡航ECU。

2. 车速传感器

用以测量汽车行驶速度,可同时用于发动机控制、自动变速器控制和巡航控制等。对于汽车巡航系统而言,车速传感器给汽车提供一个与实际车速成比例的信号。有电磁式、霍尔式、光电式、舌簧开关式等。其中,电磁式、霍尔式、光电式与相应的曲轴位置传感器基本相同,这里只介绍舌簧开关式。

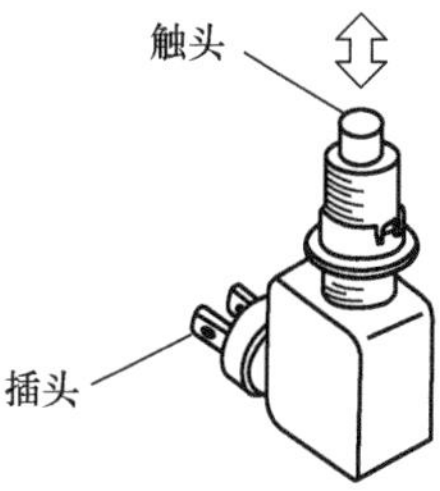

图5-140 离合器开关

舌簧开关式车速传感器位于车速表的转子附近,当车速表驱动轴回转时,永久磁铁也回转,磁铁的N、S极将靠近或远离舌簧开关的触点,工作原理如图5-141所示。

3. 执行器

巡航控制系统执行器有真空驱动型和电动机驱动型两种。执行器根据汽车巡航ECU的控制信号控制节气门的开度,以保持车速恒定。当车速大于设定车速时,节气门开度减小;当车速小于设定车速时,节气门开度增大。

1) 真空驱动型

真空驱动型执行器依靠真空力驱动节气门,主要由控制阀、释放阀、两个电磁线圈、膜片、复位弹簧和空气滤清器等组成。如图5-142所示。真空源从发动机进气歧管取得,同时设有一个真空泵,在大负荷和高速路上行驶时,汽车真空度较低时参与工作,从而提高真空度。

(1) 控制阀。如图5-143所示,当ECU给控制阀电磁线圈通电时,通大气的空气通道关闭,通进气歧管的真空通道打开,执行器内的真空度增加,节气门开度增大。当控制阀电磁线圈断电时,节气门开度减小。ECU通过占空比信号(占空比是指一个脉冲周期内高电位时间与周期时间之比)控制电磁线圈的通电与断电,通过改变占空比控制执行器的真空度,从而控制节气门的开度。

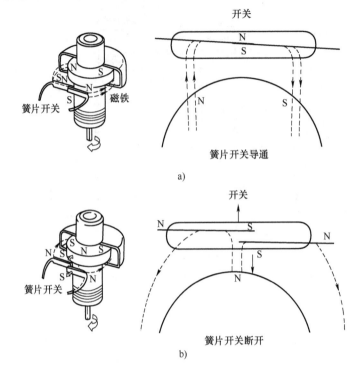

图 5-141 舌簧开关式车速传感器工作原理
a)导通；b)断开

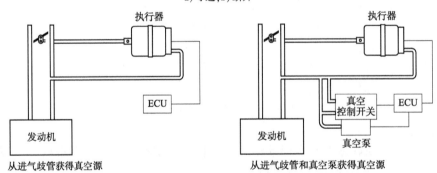

图 5-142 真空驱动型执行器的控制方法

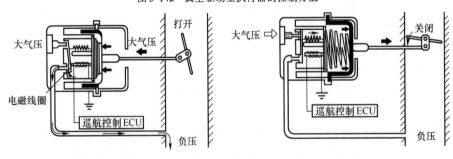

图 5-143 控制阀
a)控制线圈通电；b)控制线圈断电

(2)释放阀。如图 5-144 所示,巡航系统工作时,电流通过释放阀的电磁线圈,与大气相通的空气通道关闭,由控制阀控制执行器内的真空度,从而控制节气门的开度。取消巡航时,ECU 使电磁线圈断电,与大气相通的空气通道打开,让空气迅速进入执行器,取消巡航控制。

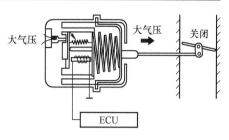

图 5-144 释放阀

(3)真空泵。如图 5-145 所示,真空泵的作用是在进气歧管真空度较低时,为巡航系统执行器提供真空源。

当进气歧管真空度较高时,单向阀 A 被打开,由发动机进气歧管向执行器提供真空源,真空泵不工作。当进气歧管真空度较低时,真空控制开关检测到真空泵进气室的真空度变化,并将信号送至汽车巡航 ECU,汽车巡航 ECU 接通真空泵电源,真空泵电动机转动,带动膜片上下运动。当膜片向下运动时,膜片上方产生真空,将单向阀 B 打开,为执行器提供真空源,单向阀 A 和 C 关闭。当膜片向上运动时,单向阀 B 关闭,单向阀 C 打开,将空气排入大气。

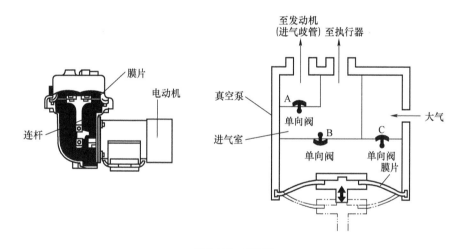

图 5-145 真空泵

2)电动机驱动型执行器

如图 5-146 所示,电动机驱动型执行器由电动机、电磁离合器和电位计等组成。

(1)电动机。根据来自 ECU 的信号,顺时针或逆时针转动,从而改变节气门的开度。节气门已全开或全闭后,若电动机继续转动,就会损坏。因此,电动机安装了两个限位开关,用于控制电动机的运转。

(2)电磁离合器。用于控制电动机和节气门拉线的接合和分离,结构与原理如图 5-147 所示。当汽车巡航 ECU 给执行器发出控制信号时,电磁离合器接合,电动机通过拉线转动节气门。若取消巡航控制,ECU 使电磁离合器断电分离,节气门不受电动机控制。

(3)电位计。电位计及其电路如图 5-148 所示,当对巡航控制系统进行巡航车速设定时,电位计将节气门开度信号送至巡航控制 ECU,ECU 将此数据存储于存储器内,行车中 ECU 以此数据作为参照,控制节气门开度,使实际车速与设定车速相符。

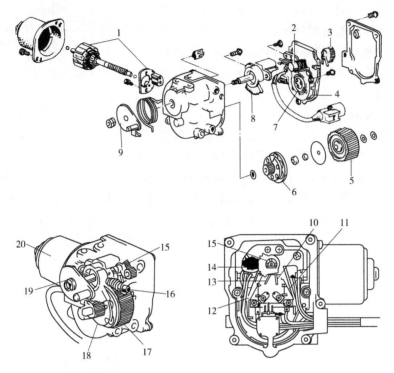

图5-146 电动机驱动型执行器

1-驱动电动机;2、14-电位计;3、15-电位计主动齿轮;4-电路板;5、17-涡轮及电磁离合器;6、18-离合器片;7-滑环;8、21-主减速器;9、19-控制臂;10-杆B;11、12-限位开关;13-杆A;16-蜗杆;20-电动机

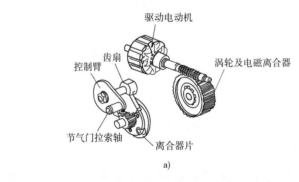

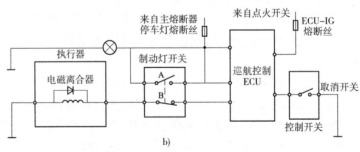

图5-147 电磁离合器及其控制电路
a)结构;b)电路

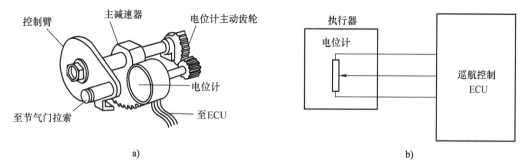

图 5-148 电位计及其电路
a) 电位计; b) 电位计电路

4. 汽车巡航控制 ECU

汽车巡航控制 ECU 接收来自巡航控制开关、车速传感器信号和其他开关信号, 按照存储的程序对巡航系统进行控制。巡航控制 ECU 有以下控制功能:

(1) 匀速控制功能。ECU 将实际车速与设定车速进行比较, 若车速高于设定车速, 控制执行器将节气门适当关闭, 若车速低于设定车速, 控制执行器将节气门适当开启。

(2) 设定功能。主开关接通, 车辆在巡航控制车速范围(约 40～200km/h)内行驶, 驾驶员将设定/减速开关接通后松开, 巡航控制 ECU 便将此车速存储于存储器内, 并保持此车速行驶。

(3) 滑行功能。当车辆以巡航控制模式行驶时, 若 SET(设定)/COAST(减速)开关接通后不松开, 执行器就会关闭节气门, 使车辆减速。ECU 将开关松开时的车速存储, 并保持此车速行驶。

(4) 加速功能。当车辆以巡航控制模式行驶时, 若 RES(恢复)/ACC(加速)开关接通, 执行器就会将节气门适当开启, 使车辆加速。ECU 将开关松开时的车速存储, 并保持此车速行驶。

(5) 恢复功能。若接通 CANCEL(取消)开关或退出巡航开关, 巡航控制 ECU 将控制执行器取消巡航。要想重新按巡航控制模式行驶, 只要操纵 RES/ACC 开关, ECU 即可恢复原来的巡航控制行驶。

(6) 车速下限控制功能。车速下限是巡航控制所能设定最低车速(一般为 40km/h)。低于此车速时, 巡航车速不能被设定, 当巡航行驶时, 如果车速降至此车速以下, 巡航控制将自动取消, 巡航 ECU 存储器内存储的设定车速将被清除。

(7) 车速上限控制功能。车速上限是巡航控制所能设定的最高车速(一般为 200km/h)。车速超过该车速, 巡航控制车速不能被设定。在巡航控制模式下行驶时, 如果操作加速开关, 车速也不能加速至 200km/h 以上。

(8) 手动取消功能。当车辆以巡航控制模式行驶时, 如下列信号中任一个传送至 CCS 的 ECU, 巡航控制就会取消; 真空驱动执行器内的释放阀和控制阀同时关断; 电动机驱动执行器关断执行器内的电磁离合器。

①停车灯开关 ON 信号接通。
②驻车灯开关 ON 信号接通。
③离合器开关 ON 信号接通(M/T 型)。

④空挡启动开关 N 挡信号接通(A/T 型)。

⑤CANCEL 开关 ON 信号接通。

(9)自动取消功能。当车辆以巡航控制模式行驶时,如发生下列任一情况,存储器中设置的车速被清除,巡航控制方式取消。

①若车速低于车速下限或车速降至设定车速 16km/h 以下。

②在 140ms 时间内,无车速传感器信号输入 CCS 的 ECU。

③当接通主开关时,RES 开关已接通。

④控制开关短路或不正常。

⑤CCS 的 ECU 驱动执行器输出信号不正常。

⑥来自控制开关的输入信号不正常。

⑦SET 开关和 RES 开关同时接通。

⑧电动机不断试图打开节气门或电动机不工作。

⑨电磁离合器断路。

⑩电位计信号(节气门开度信号)没有送至 CCS 的 ECU。

(10)自动变速器控制功能。当自动变速器的汽车以巡航控制模式行驶时,如果上坡时变速器在超速挡,车速降至比设定车速低 4km/h 以上时,巡航控制 ECU 将超速挡取消信号送至自动变速器 ECU,取消自动变速器超速挡。当车速升至比设定车低 2km/h 时,巡航控制 ECU 将超速挡恢复信号送至自动变速器 ECU,恢复自动变速器超速挡。

(11)电磁离合器控制功能。车速上升至设定车速 15km/h 以上时,CCS ECU 使电磁离合器分离,使车辆减速;当车速减至设定车速 10km/h 以下时,CCS ECU 使电磁离合器接通,恢复巡航控制。

(12)快速降速(Tap - down)功能。当实际车速与设定车速相差不足 5km/h 时,每次迅速(在 0.6s 以内)操纵 SET/COAST 开关,可将设定车速降低 1.6m/h。

(13)快速升速(Tap - up)功能。当实际车速与设定车速相差不足 5km/h 时,每次迅速(在 0.6s 以内)操纵 RES/ACC 开关,可将设定车速增加 1.6m/h。

(14)自诊断功能。巡航控制系统发生故障时,ECU 能确定故障,使组合仪表上的电源指示灯闪烁,以提示驾驶员;同时,ECU 存储相应的故障码,故障码可通过指示灯闪烁或故障诊断仪读取。

五、CCS 系统的操作要领

以凌志车为例说明。CCS 系统的工作由主开关、控制开关、加速踏板和制动踏板控制。控制开关有五个工作模式,即设定(SET)、减速(COAST)、恢复(RES)、加速(ACCEL)和取消(CANCEL)。

①设定。推入主开关,然后松开,电源指示灯 CRUISE MAIN 会点亮;踩下加速踏板,加速至想要的车速(40~200km/h 之间);向下推 CCS 控制杆,接通 SET/COAST 开关,松开后,瞬间车速就会寄存在 ECU 中,车辆按设定车速行驶。

②加速。方法一,拉起控制开关,接通 RES/ACC(恢复/加速),直至达到想要的车速时,松开控制开关。方法二,踏下加速踏板,车速提高,向下推控制开关,接通 SET/COAST(设

定/减速),在达到想要的车速时松开控制开关。

③减速。方法一,将控制开关向下推,接通 SET/COAST,直至达到想要的车速时,松开控制开关。方法二,踏下制动踏板,车速降低,将控制开关推下,接通 SET/COAST,当达到想要的车速时松开控制开关。

④取消。如有下列任一情况发生,CCS 控制就会自动取消:
 a. 将控制杆拉向驾驶员位置,接通 CANCEL(取消)。
 b. 踩下制动踏板。
 c. 踩下离合器踏板(M/T 型)。
 d. 将换挡杆设置在 N 位置(A/T 型)。
 e. 将驻车制动器操纵杆拉起少许。
 f. 车速降至 40Km/h 以下。
 g. 车速降至比预设车速低 16Km/h。
 h. 把主开关 CRUISE MAIN 松开,电源指示灯熄灭。

⑤恢复。当车速没有降至 40Km/h 以下,没有低于预设车速 16Km/h 或关断主开关时,可把控制杆拉起,接通 RES/ACC(恢复/加速),就会恢复预设的巡航车速。

六、F23A3 发动机巡航控制系统的检修

1. F23A3 巡航控制系统部件布置

如图 5-149 所示,电路如图 5-150 所示。

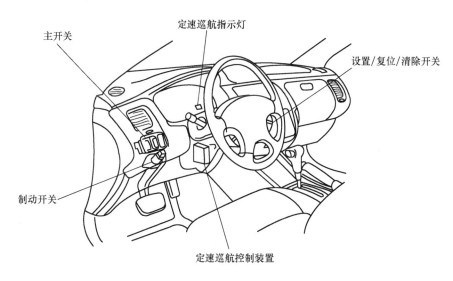

图 5-149 F23A3 巡航控制系统部件布置

2. 部件检修

1) 主开关的检测

如图 5-151 所示,拔下主开关插接器,检查各端子之间的导通情况,正常的导通情况如下:主开关在断开位置时,1、2 端子间通,4、5 端子间通;主开关在接通位置时,1、2、3 端子间通,4、5 端子间通。如表 5-16 否则应更换主开关。

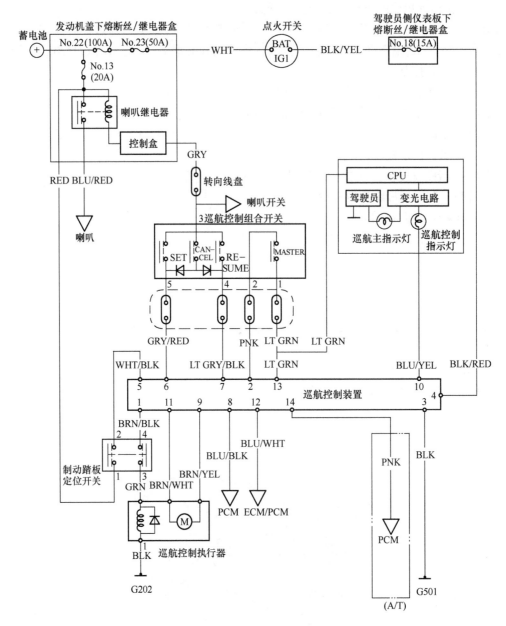

图 5-150　F23A3 巡航控制系统电路

主开关各端子导通情况　　　　　　　　　　　表 5-16

	1	2	3	4	5
主开关接通	○—————○	○	○—————○	○	
主开关关闭		○—————————————○		○—————○	

2）离合器开关的检测

如图 5-152 所示，断开离合器开关，检测各端子之间的导通性，应与表 5-17 相符，否则，更换离合器开关或调节离合器踏板高度。

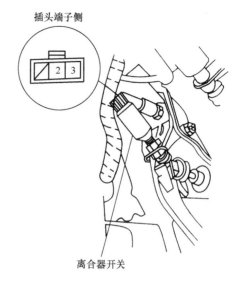

图 5-151　主开关及插接器端子　　　　图 5-152　离合器开关的检测

离合器开关各端子间导通情况　　　　表 5-17

端子号	2	3
压下		
释放	○——	——○

3）制动开关的检测

如图 5-153 所示,拆开制动开关上的 4 心插头,并拆下制动开关,检测各端子之间的导通性,应与表 5-18 相符,否则更换制动开关或调节制动踏板高度。

制动开关各端子的导通情况　　　　表 5-18

端子号	1	2	3	4
压下		○—	—○	
释放	○——	——	——	——○

4）执行器的检测

（1）如图 5-154 所示,从巡航控制执行器 B 上断开插接器 A。

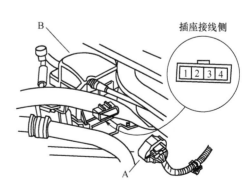

图 5-153　制动开关的检测　　　　图 5-154　执行器的检测（一）

(2)如图5-155所示,拆下盖A,检查输出连杆B是否能平稳运动。

(3)将蓄电池正极与2号端子连接,搭铁与1号端子连接。

(4)检查电磁离合器的"咔嗒"声,输出连杆应锁定。

(5)如果输出连杆不能锁定,更换执行器总成。

5)执行器拉索的检查与调整

(1)检查执行器拉索运动是否自如。

(2)起动发动机使冷却风扇工作后,让发动机怠速运转。

(3)慢慢拉动执行器拉索,直至发动机转速开始升高为止,测量执行器拉索末端的移动量,如图5-156所示,即为执行器拉索的自由间隙,应为(3.75±0.5)mm。

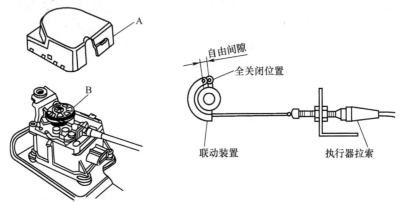

图5-155　执行器的检测(二)　　　　图5-156　执行器拉索的自由间隙

(4)若不合规定,则松开锁紧螺母。

(5)旋转调整螺母,使调整螺母与支架之间的距离为(3.75±0.5)mm,如图5-157a)所示。

(6)拉紧拉索,直至拉索架与调整螺母接触,然后拧紧锁紧螺母。

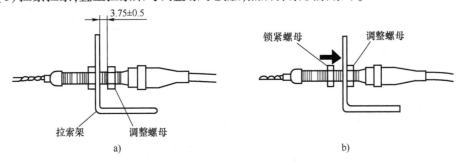

图5-157　执行器拉索的检查与调整
a)调整；b)锁紧

七、巡航控制系统的使用注意事项

(1)当维修和检测CCS时,若要靠近SRS和ABS进行工作,应按照维修手册中介绍的解除这些系统及对它们进行泄压。

(2)CCS系统经常出现的问题是车速控制装置失灵、上坡或变速时失效、用制动器不能控制、接通加速开关时不能加速、按下滑行(减速)按钮时车速不下降并保持一新速度、电子线路故障、选定的车速经常变化。

(3)保持车速稳定最佳状态的速度范围应为80.5km/h以上。

(4)熔断丝断路是引起CCS装置故障的最常见原因。因此,出现故障时,必须首先检查熔断丝。

(5)在使用了制动后,CCS仍不起作用,应首先检查尾灯。如果真空泵阀门正常工作,则可能是真空泵失灵。但是,如果有一个或几个尾灯烧坏,就可能导致电路接触不良。在这种情况下,既要注意电路的问题,又要注意检查并更换真空泵阀门。

(6)制动器、离合器踏板或真空泵阀开关调整不准确,也会造成CCS失灵。

(7)在所有的CCS中,都可能出现由于伺服机构控制杆调节不当而引起的节气门调节范围不够的问题。即节气门操纵杆把节气门开得过大,引起严重急速,或者是操纵杆过于松动,以致不能为伺服机构提供充分的节气门调节范围,导致负载时的速度不稳定。

(8)如果CCS不能连续工作,特别是对温度反应敏感时,可检查湿度或真空管路上的结冰情况。

(9)对不能恢复原速、加速及滑行的CCS,必须按电路图检查电路是否完好。

单元六
柴油机燃料供给系统

课题一 柴油机燃料供给系统的结构与燃烧室

一、概述

1. 柴油机燃料供给系的作用与组成

（1）作用。贮存、滤清柴油，并按柴油机不同的工况要求，以规定的工作顺序，定时、定量、定压并以一定的喷油质量将柴油喷入燃烧室，使其与空气迅速混合并燃烧，最后将燃烧后的废气排入大气。

（2）组成。如图6-1所示。

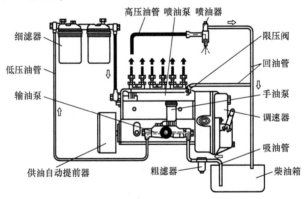

图6-1 柴油机燃料供给系的组成

2. 柴油机燃料供给系工作原理

柴油机在工作过程中，依靠输油泵的作用不断地将油箱中的柴油吸出，并经柴油滤清器滤去杂质后，输入喷油泵的低压油腔，喷油泵将燃油压力提高，按柴油机不同工况的要求，定时、定量、定压地输出柴油，经高压油管至喷油器，当燃油压力达到规定值时，喷油孔开启，燃油呈雾状喷入燃烧室，形成混合气。由于输油泵的供油量比喷油泵供油量大得多，过量的柴油便经回油管回到输油泵。

低压油路：柴油箱到喷油泵入口处的油压是由输油泵建立的，一般为0.15~0.3MPa。

高压油路：从喷油泵到喷油器油压是由喷油泵建立的，一般在10MPa以上。

为了在柴油机起动时排除整个油路中的空气，使柴油充满喷油泵，在输油泵上装有手动油泵。

二、柴油机混合气的形成和燃烧室

1. 可燃混合气的形成

柴油机在进气行程中进入汽缸的是纯空气,在压缩行程接近终了时,将柴油喷入汽缸,混合气随即在燃烧室内形成,在高温、高压条件下,柴油自行着火燃烧,故混合气形成时间极短,而且存在喷油、蒸发、混合和燃烧重叠进行的过程。

2. 燃烧室

燃烧室的结构直接影响混合气的形成与燃烧。柴油机燃烧室的种类较多,通常分为统一式燃烧室和分隔式燃烧室两大类。

1) 统一式燃烧室

由凹形活塞顶与汽缸盖底面所包围的单一内腔构成,几乎全部容积都在活塞顶面上。常见的统一式燃烧室结构有 ω 燃烧室、球形燃烧室和 U 形燃烧室等,如图 6-2 所示。

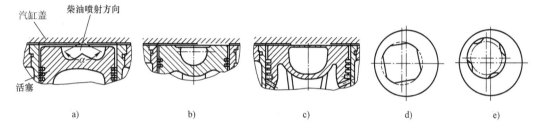

图 6-2 统一式燃烧室
a) ω 形燃烧室;b) 球形燃烧室;c) U 形燃烧室;d) 微涡流燃烧室;e) 花瓣形燃烧室

2) 分隔式燃烧室

燃烧室被分隔成两部分,一部分位于缸盖底面与活塞顶之间,称主燃烧室;另一部分在汽缸盖内,称辅助燃烧室。如图 6-3 所示。

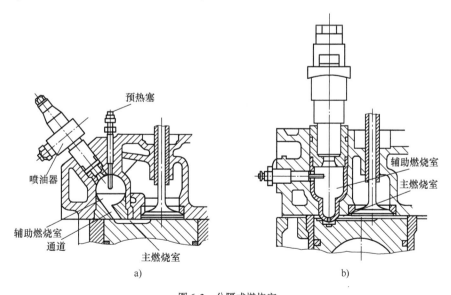

图 6-3 分隔式燃烧室
a) 涡流室式;b) 预热室式

（1）涡流室式燃烧室。它的辅助燃烧室是球形或圆柱形的涡流室，借与其内壁相切的孔道与主燃烧室连通，在压缩行程中，空气从汽缸被挤入涡流室时形成强烈的有规则的压缩涡流。

（2）预燃室式燃烧室。它的预燃室（辅助燃烧室）用一个或几个小孔与主燃烧室相通。在压缩行程中，空气从汽缸进入预燃室后即产生无规则的紊流运动，活塞临近上止点时，由单孔喷油器将燃油喷入预燃室，喷射压力可较低。

课题二　柴油机燃料供给系统的主要零部件

一、喷油器

1. 作用

将喷油泵供给的高压油以一定的压力、速度和方向喷入燃烧室，使燃烧室的燃油雾化成细粒并适当地分布在燃烧室中，以利于混合气的形成和燃烧。

2. 对喷油器的要求

喷油器应具有一定的喷射压力和射程，合理的锥角。在规定的停止喷油时刻应能迅速地切断燃油的供给，不发生滴漏现象。

3. 类型

分为开式和闭式两种。现绝大多数采用闭式喷油器，它有孔式和轴针式两种。孔式喷油器多用于直接喷射式燃烧室上，轴针式喷油器则主要用于分隔式燃烧室上。

4. 结构与工作原理

1）孔式喷油器

（1）结构如图6-4所示，喷油器由针阀、针阀体、顶杆、调压弹簧、调压螺钉及喷油器体等零件组成。针阀和针阀体是一对精密偶件。

喷油器工作时从针阀偶件间隙中泄漏的柴油经回油管接头螺栓流回油管。为防止细小杂物堵塞喷孔，在某些喷油器进油接头中装有缝隙式滤芯。

（2）工作原理。如图6-5所示，柴油机工作时，来自喷油泵的高压柴油经喷油器体与针阀体中的油孔道进入针阀中部周围的环状空间。油压作用在针阀的锥形承压环带上形成一个向上的轴向推力，此推力克服调压弹簧的预压力及针阀偶件之间的摩擦力使针阀向上移动，针阀下端锥面离开针阀锥形环带，打开喷孔，高压柴油喷入燃烧室中。喷油泵停止供油时，高压油路内压力迅速下降，针阀在调压弹簧作用下及时回位，将喷孔关闭。

多缸柴油机，为使各缸喷油器工作一致，各缸采用工作有效长度相同的高压油管。

2）轴针式喷油器

工作原理与孔式喷油器相同，如图6-6所示。喷油时喷注将呈空心的锥状或柱形。

轴针式喷油器喷孔直径一般在1～3mm范围内，喷油压力为10～14MPa。喷孔直径大，工作时由于轴针在喷孔内往复运动，能清除喷孔中的积炭和杂物，工作可靠。它适用于对喷雾要求不高的涡流室式燃烧室和预燃室式燃烧室。

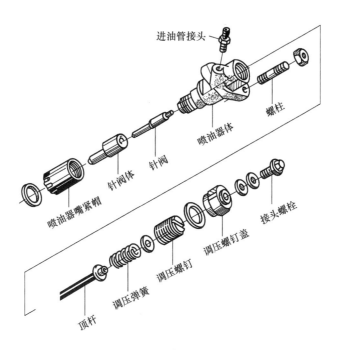

图 6-4　孔式喷油器的结构

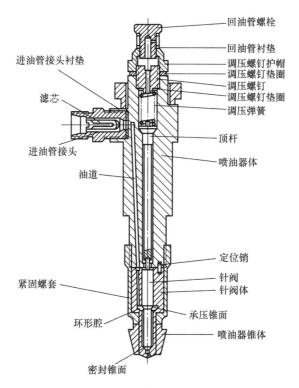

图 6-5　孔式喷油器的工作原理

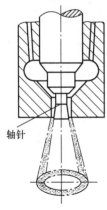

图6-6 轴针式喷油器

5. 喷油器的维修

1）分解与清洗

（1）将外表面刷洗干净，注意保护针阀偶件头部，用软毛刷刷洗。

（2）将喷油器夹在有铜钳口的台钳上，旋下针阀偶件紧帽，拆下针阀偶件后应旋上针阀偶件紧帽。

（3）分解针阀偶件。分解后的针阀偶件应放在清洁的柴油中进行清洗，清除积炭。用软毛刷或细铜丝刷清除针阀体和针阀外部积炭，用直径比喷孔小的探针清理针阀体喷孔积炭，伸入压力室内转动而刮除针阀体内压力室中的积炭，用铜针清理针阀体油路；拆下后仍应成对配合存放。

（4）将喷油器体夹在台虎钳上，拆下喷油器体上的调压螺钉和螺母、调压弹簧和弹簧座以及顶杆等其他零件，并在清洁柴油中仔细清洗，除去污物。

2）喷油器零件的检修

（1）检查针阀磨损情况，有无烧蚀现象，必要时予以更换。

（2）检查针阀体和针阀有无变形和损坏，如两者配合不好，则更换针阀偶件。如有轻微损伤可以进行研磨，如图6-7所示。

（3）检查推杆磨损情况，有无弯曲，必要时更换。

3）喷油器的装配

喷油器装配时应再次清洗干净，将喷油器体夹在垫有铜皮的虎钳上。装复次序与拆装相反。注意针阀和针阀体应在清洁的柴油中装复。

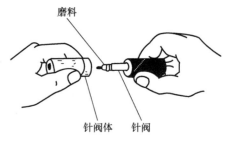

图6-7 针阀体和针阀研磨

6. 喷油器的试验

1）针阀偶件密封性的检验

参见图2-35。将喷油器的调压螺钉往下旋，使其在19.6MPa时尚不漏油。若压力表指针由19.6MPa下降到17.7MPa，时间在9~20s的范围内，就表明针阀偶件密封性较好。如果时间在9s以下，表明针阀偶件密封性不良。

2）喷油压力的检验与调整

用手柄压油，当开始喷油时压力表所指的数值即为喷油压力数值。如果喷油压力数值不符合规范要求，则需要通过旋动调压螺钉进行调整。旋入，喷油压力提高，旋出，喷油压力降低。并且各缸喷油器的喷油压力数值应尽量调整一致，一般相差≯245kPa。

3）喷雾质量的检验

在试验器上以每分钟60~70次的速度压动试验器手柄，使喷油器喷油，喷雾质量应符合如下要求：

①喷出的柴油应成雾状，无明显可见的油滴和油流及浓淡不均的现象。

②喷油开始和停止供油时，无滴油现象，喷油干脆并伴有清脆、连续的响声。

③喷油器喷出的柴油雾化呈锥形,不应偏斜,其锥角应符合原厂规定。喷雾锥角可用印痕法进行测量在距喷孔 100mm 左右处放一张白纸,做一次喷射,使油雾喷射在纸上,量出喷孔到油迹的距离 A 和纸上油迹直径 D,可算出锥角 α 大小,如图 6-8 所示。

如果没有喷油器试验器,可采用如图 6-9 所示的喷油器对比试验方法进行调整与检查。观察两个喷油器喷油压力、油束形状、角度大小、喷注雾化情况、喷射距离等。采用此法使用的喷油器必须是同一形式。

在检验喷油器时,手和眼睛应离喷油器的喷孔远一些,否则,喷出的高压油束将损伤人体。另外,喷出的油雾极易着火,务必注意安全。

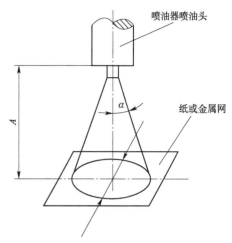

图 6-8　检查喷油器喷雾锥角

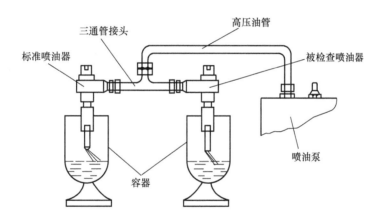

图 6-9　喷油器的对比试验

二、喷油泵

1. 作用

使燃油通过喷油泵的工作变成高压,并按照柴油机各种不同工况的要求,定时、定量地将高压燃油送至喷油器,然后喷入燃烧室中。

2. 对喷油泵的要求

(1)保证定时。严格按照规定的供油时刻开始供油,并保证一定的供油持续时间。

(2)保证定量。根据柴油机负荷的大小供给相应的油量。

(3)保证压力。向喷油器供给的柴油应具有足够的压力,以获得良好的喷雾质量。

(4)对于多缸柴油机,要求各缸的相对供油时刻、供油量和供油压力等相同。

(5)供油开始和结束要求迅速干脆,喷油器不滴漏。

3. 喷油泵的类型

(1)柱塞式喷油泵。如图 6-10 所示。

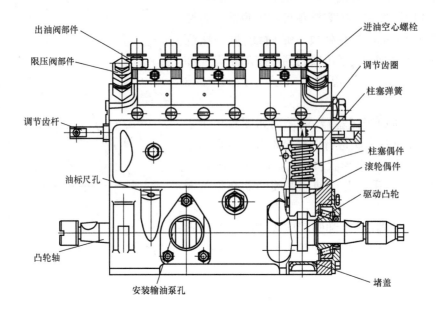

图 6-10　柱塞式喷油泵（A 型泵）

(2) 喷油泵—喷油器。如图 6-11 所示。将喷油泵和喷油器合成一体，直接安装在缸盖上，以消除高压油管带来的不利影响。

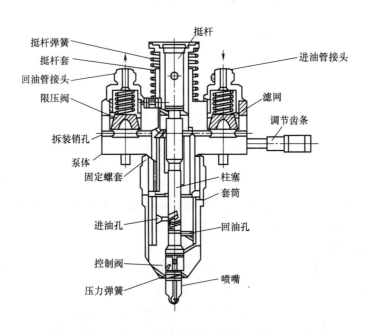

图 6-11　喷油泵—喷油器

(3) 转子分配式喷油泵，如图 6-12 所示。依靠转子的转动实现燃油的增压（泵油）及分配。

单元六 柴油机燃料供给系统

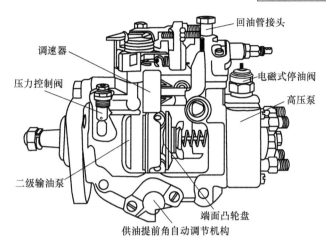

图 6-12 转子分配式(VE)喷油泵

4. 柱塞式喷油泵结构与工作原理

柱塞式喷油泵利用柱塞在柱塞套内的往复运动吸油和压油,每一副柱塞与柱塞套只向一个汽缸供油。对于多缸柴油机,各缸所对应的分泵装于同一个泵体内,由多套泵油机构分别向各缸供油。

分泵结构如图 6-13 所示。主要由柱塞偶件(柱塞和柱塞套)、出油阀偶件(出油阀和出油阀座)等组成。

工作原理如图 6-14 所示。柱塞的外圆柱表面上铣有直线形(或螺旋形)斜槽,斜槽内腔和柱塞上面的泵腔用孔道连通。柱塞套上有两个圆孔都与喷油泵体上的低压油腔相通。柱塞由凸轮驱动,在柱塞套内作往复直线运动,此外它还可以绕本身轴线在一定角度范围内转动。

(1)吸油过程。当柱塞下移到如图 6-14a)所示位置,燃油自低压油腔经进油孔被吸入并充满泵腔。

(2)压油过程。如图 6-14b)所示,在柱塞自下止点上移直到柱塞上部的圆柱面将两个油孔完全封闭时为止。此后柱塞继续上升,柱塞上部的燃油压力迅速增高到足以克服出油阀弹簧的作用力,出油阀开始打开。当出油阀的圆柱环形带离开出油阀座时,高压燃油便自泵腔通过高压油管流向喷油器。当燃油压力高出喷油器的喷油压力时,喷油器则开始喷油。

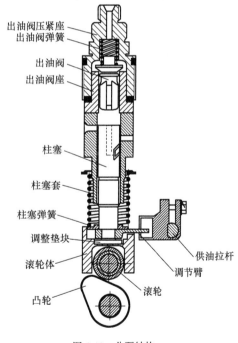

图 6-13 分泵结构

(3)回油过程。当柱塞继续上移到如图 6-14c)所示位置时,斜槽与油孔开始接通,泵腔内油压迅速下降,出油阀在弹簧压力作用下立即回位,喷油泵停止供油。此后柱塞仍继续上行,直到凸轮达到最高升程为止,但不再泵油。

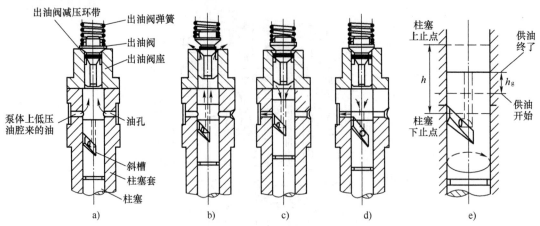

图 6-14 柱塞式喷油泵的工作原理

a) 吸油过程；b) 压油过程；c) 回油过程；d) 停止供油状态；e) 有效行程的改变

由此可知,在柱塞上行一个行程 h 中,喷油泵只在柱塞完全封闭油孔之后到柱塞斜槽和油孔开始接通之前的这一部分柱塞行程 h_g 内才泵油。h_g 称为柱塞有效行程。喷油泵每次泵出的油量取决于有效行程的长短,即改变柱塞斜槽与柱塞套油孔的相对位置,将柱塞按如图 6-14e 中箭头所示的方向转动,有效行程 h_g 增加,供油量即增加;反之则减少。

(4) 停止供油状态。当柱塞转到如图 6-14d) 中所示位置时,有效行程为零,即喷油泵处于不泵油状态。

5. A 型喷油泵结构特点

国产柱塞泵分为 Ⅰ、Ⅱ、Ⅲ、和 A、B、P、Z 等系列。柱塞泵一般由分泵、油量调节机构、传动机构、泵体组成,下面以 A 型泵为例说明(参见图 6-10)。

1) 分泵

分泵是带有一副柱塞偶件的泵油机构,喷油泵分泵数目与发动机缸数相等,各分泵的结构和尺寸完全相同。柱塞上部的圆柱表面铣有与轴线成 45°夹角的直线斜槽。出油阀常制成如图 6-15 所示的结构。减压环带的作用是在喷油泵供油停止后迅速降低高压油管中的燃油压力,使喷油器立即停止喷油。

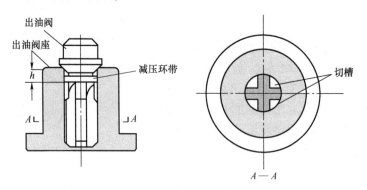

图 6-15 出油阀结构

2) 油量调节机构

根据柴油机负荷和转速的变化相应改变喷油泵的供油量并保证各缸的供油量一致。

A型喷油泵采用齿杆式油量调节机构,如图6-16所示。移动调节齿杆即可改变供油量。当需要调整某个缸的供油量时,先松开可调齿圈的紧固螺钉,然后转动套筒,并带动柱塞相对于齿圈转动一个角度,再将齿圈固定。

3) 传动机构

由凸轮轴和滚轮传动部件组成。滚轮传动部件如图6-17所示。导向块插入泵体上的槽中,使滚轮架只能上下移动而不能转动。

凸轮轴是由柴油机的曲轴通过齿轮驱动的。改变喷油泵凸轮轴与柴油机曲轴的相对位置,可以改变发动机的供油提前角;改变滚轮传动部件的高度 h,可以改变分泵的供油提前角。h 增大,柱塞封闭柱塞套上进油孔的时刻提前,即供油提前角增大;反之,供油提前角减小。

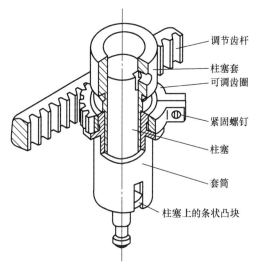

图 6-16 齿杆式油量调节机构

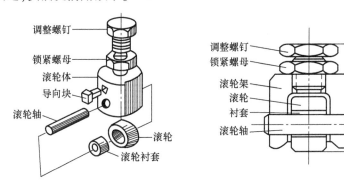

图 6-17 滚轮传动部件

4) 泵体

泵体采用整体式结构,分泵、油量调节机构及传动机构都装在泵体上。

泵体上有低压油腔,当低压油腔的油压大于 0.05MPa 时,油道另一端的限压阀开启,多余的燃油经回油管流回输油泵进油口。

限压阀还兼有放气作用,当需要放气时(如喷油泵拆装后或发动机长期停放后)在发动机起动前可将限压阀上端的螺钉旋出少许,再抽动手动输油泵,被泵入喷油泵的燃油即可驱净渗入喷油泵内的空气。否则将影响柴油机的正常工作。

在泵体下部的内腔中加有润滑油,依靠润滑油的飞溅保证传动机构的润滑。泵体下腔内的润滑油与调速器壳体内的润滑油是相通的。

6. 喷油泵的维修

1) 喷油泵的解体

如图6-18所示,拆卸时应对各个分泵逐个进行检查,分解时一般都遵循下述的顺序:

(1) 先拆下调速器、供油自动提前器、冒烟限制器和输油泵,并打开喷油泵侧面的检查窗盖。

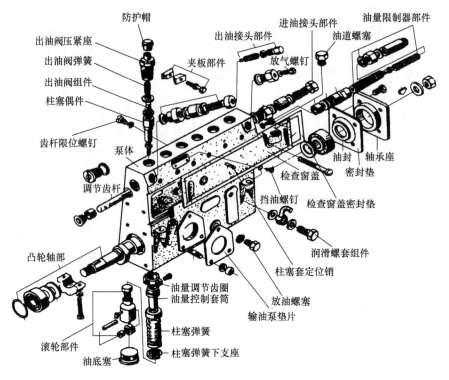

图 6-18 喷油泵的解体

(2)转动凸轮轴,每顶起一个滚轮部件至上止点,就用专用的"定位板"卡住正时调整螺钉的颈部,用 6 个定位板把所有滚轮部件都卡在上止点位置上。

(3)放倒喷油泵,把泵体底面上对着 6 个滚轮部件的 6 个螺塞拧下来。

(4)拆下提前器端的 4 个轴承盖板的紧固螺钉,从此端抽出凸轮轴,一般不需拆卸。

(5)用专用工具从泵体底面的螺塞孔里拆出滚轮部件。

(6)用专用工具(柱塞托和柱塞夹)拉出柱塞及其弹簧和弹簧座等,并将它们按顺序放在专用的器具里,不得弄混。

(7)拧下出油阀压紧帽,取出出油阀限制器、弹簧、垫圈和出油阀体,并将它们按顺序放在专用的器具里,与柱塞的顺序一一对应,不得弄混。

(8)用专用工具从出油阀压紧座螺孔中拉出出油阀座和 O 形橡胶圈。

(9)从侧面检查窗口中取下带扇形齿轮的油量控制套筒,拧下齿条止动螺钉,抽出齿条。

2)喷油泵的检修

(1)柱塞偶件的检修:

①柱塞偶件的表面检查。将柱塞偶件清洗干净,用眼观察,发现柱塞表面有严重的磨损痕迹、颜色发暗;螺旋斜槽、直槽及环槽边缘有了剥落或锈蚀;柱塞弯曲或头部变形;柱塞或柱塞套有裂痕;柱塞套端面和内孔表面有锈蚀或有较深的刻痕;柱塞下端凸起部分与柱塞体发生松动或脱落等应予报废。

②柱塞偶件的滑动性能试验。如图 6-19 所示,将清洗后的柱塞和柱塞套在洁净的柴油中浸没后取出,将柱塞装入柱塞套并往返在套中抽动数次。然后用手指拿住柱塞套,保持与

水平线成60°左右角度,将柱塞转到任何角度,轻轻抽出约1/3后松开手,柱塞都能够均匀且慢慢而不间断下滑,并落在柱塞套的支承面上,说明柱塞偶件配合良好。否则,应予更换。

③柱塞偶件的密封性能试验。如图6-20所示,一手握住柱塞套,用手指堵住柱塞套的进油口、回油孔及导向孔,另一只手将柱塞放在中等或最大供油位置后由最下往上拉(以柱塞上沿不露出柱塞套油孔为限),若感觉到有明显吸力,并且在放开柱塞时,柱塞能迅速地回到原来的位置,则柱塞与柱塞套密封良好,可继续使用。

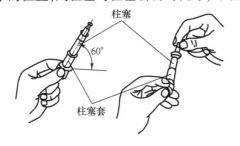 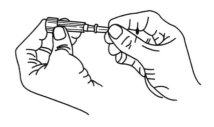

图6-19 柱塞偶件的滑动性能试验　　图6-20 柱塞偶件的密封性能试验

(2)出油阀偶件的检修:

①用眼睛观察表面质量,是否有下列情况,若有,予以更换。

a.减压环带、锥面是否有严重的磨损痕迹。

b.锥面是否有金属剥落、锈蚀、较深的划痕。

c.出油阀、阀座是否有裂痕。

②滑动性能试验。将出油阀和阀座在柴油中浸泡后取出,拿住阀座,在垂直方向抽出出油阀约1/3后松开,出油阀应能靠自身重量自由下落到阀座支承面上。将出油阀旋转任意角度进行多次试验,其结果都应相同。

③出油阀偶件密封性试验。用手堵住阀座下端的油孔,将出油阀轻轻放入阀座中。当减压环带刚进入阀座时,出油阀应自行停止下落;用手指将其压到底后立即松手,出油阀应能迅速弹回。否则表明出油阀偶件磨损,更换新件。

(3)凸轮和滚轮传动部件的检修:

①检查凸轮轴的轴向间隙。如图6-21所示,轴向间隙为0.05~0.15mm时正常。若超过规定,可更换不同厚度的调整垫片进行调整,如图6-22所示。

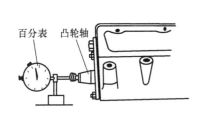 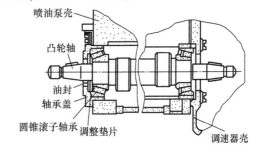

图6-21 凸轮轴的轴向间隙检查　　图6-22 凸轮轴的轴向间隙调整

②检查滚轮轴与滚轮衬套和滚轮衬套与滚轮之间配合的总间隙,如图6-23所示,其值应为0.02~0.25mm。用选配滚轮衬套或更换调整螺钉或调整垫块的方法恢复标准。

(4)供油量调节机构的检修:

①检查调节齿杆轴颈与衬套的配合间隙,应为 0.032~0.10mm,否则,应换用新衬套。

②检修供油齿杆或调节齿圈。将齿杆放在平板上用厚薄规检查其弯曲度,检测值应≯0.05mm,否则需冷压校直。调节齿杆与调节齿圈的配合间隙≯0.10mm,否则应换用新件。

③检查油量控制套筒直槽与柱塞下端的榫舌(或拨叉与柱塞调节臂)的配合间隙,如图6-24所示,若大于0.12mm,必须进行修理或换用新件。

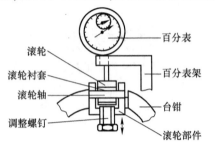

图 6-23　滚轮传动部件间隙检查

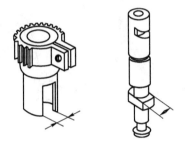

图 6-24　控制套筒与柱塞配合间隙检查

3)喷油泵的装配

装配前必须对零部件进行清洗、检验。装配顺序与分解顺序相反。

依次安装:供油拉杆、柱塞套筒、出油阀及其压紧座、调节齿圈、柱塞弹簧上座、柱塞弹簧、柱塞弹簧下座、装滚轮体总成、凸轮轴、油底塞垫片和油底塞。

①安装结束后,齿杆在任何情况下都应滑动自如,并检查各缸供油次序是否正确。

②整个装配过程必须保持高度清洁,周围空气不应有灰尘、烟雾,工作台、零件、工具、装配工的手都必须是清洁干净的。

③装配时,各种密封垫、O 形密封圈、油封等均换新。

④应严格按照装配的工艺顺序和技术标准进行,并利用仪器和量具逐项进行检查。

7. 喷油泵的调试

喷油泵总成性能的试验和调整工作是在喷油泵试验台上进行的。参见图 2-36。

1)试验前的准备工作

①喷油泵装到试验台上之前,先用手转动凸轮轴和操纵摇臂,检查其驱动机构及调节拉杆运动的灵活性,不得有卡住和碰撞现象。

②保证喷油泵及试验台各部件之间连接可靠、正确。

③低速起动试验台进行试运转,用手油泵排出燃料系中的空气,检查各油管连接处和密封处是否有渗漏现象,油温是否过高,有无异响,各部件工作是否正常。发现问题,立即进行排除。

2)柱塞与柱塞套密封性的试验

取出出油阀和弹簧,将喷油泵试验台的出油管接到要检查的单泵出油管接头上。放尽油路内的空气,将柱塞固定在相当于中等供油量的角度上,并使柱塞处在压油时刻,施加油压至20MPa,观察油压下降10MPa 时所需的时间(以秒计)来评价其密封性。新件下降时间应大于 30s,旧件下降时间应大于 20s。

3)出油阀与阀座密封性的检验

(1)锥形工作面的密合度检验。柱塞位于最低点,处于停止位置。将试验台的出油管接装到要检查的单泵出油管接头上,放尽油路内空气。施加油压至 30MPa,观察下降至 25MPa 的时间;应≮60s。或让供油压力从 15MPa 开始降落,降落速度每分钟≯2MPa 为合格。

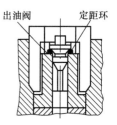

图6-25 出油阀与阀座密封性的检验

(2)减压环的密合度检验。检查锥形面密合度后,取出弹簧,装上带缺口的定距环将出油阀顶起 0.20~0.50mm,使出油阀和阀座的锥形面脱离接触,如图 6-25 所示,施加油压至 20MPa,观察油压下降至 15MPa 的时间,≮10~15s。或油压从 15MPa 降至 2MPa 的时间≮4~5s。

以上试验必须在相同的温度(15~20℃)条件下进行,同一喷油泵总成的出油阀密封性应相同。

4)供油时间间隔的检验与调整

供油时间间隔,是指各个分泵间相互供油的间隔角度一般是以喷油泵凸轮轴转角来表示。

(1)把齿杆固定于供油位置,打开油泵体上的放气螺塞,开动试验台,直至放气孔流出没有气泡的柴油,然后将放气螺塞拧紧。

(2)拆下油泵高压油管接头。转动刻度盘至某一缸分泵出油管处油面刚波动为止,记住刻度盘读数。

(3)转动刻度盘,当相邻做功缸的分泵出油管处油面刚波动时刻度盘转过读数,为该缸的供油间隔角。

(4)用同样的方法,继续转动刻度盘,按各缸工作顺序检验各分泵的供油时间间隔角度。

(5)同一发动机相邻各缸供油时间间隔角度偏差一般不得超过±0.5°。当供油角度不符时,用滚轮部件上的调整螺钉来调整。

5)供油量及供油不均匀度的检查与调整

检查喷油泵的供油量,主要是检验各分泵向汽缸内供油量的不均匀度是否在允许的范围。

(1)供油量的检验:

①在一定转速下,检查不同供油齿杆行程位置时各柱塞每喷 100 或 200 次的供油量。一般常在 200r/min 和 600r/min 时,检查油量控制杆在最大行程时,以及 50% 行程和怠速三种情况下的油量。

②在供油齿杆最大的行程下,检查各种不同转速时柱塞每压油 100 次或 200 次的油量。一般检查时的转速常采用 200r/min、600r/min 和 1000r/min。

(2)供油不均匀度的检验。多缸柴油机各缸的供油量应尽量一致,但由于各分泵零件磨损程度不可能相同,很难一致。因此,将使各缸工作压力不同,而使发动机功率降低且运转不稳。

供油不均匀度可用下式计算:

$$供油不均匀度 = \frac{最大供油量-最小供油量}{平均供油量} \times 100\%$$

$$平均供油量 = 各缸供油量之和/缸数$$

各缸供油不均匀度的差别:

①高速最大供油量时的差别≯3%。

②中速供油量时的差别≯5%。

③低速供油量时的差别≯7%。

各分泵平均供油量的差别≯5%。检验应进行三次,最后确定供油不均匀度是否合适。

三、调速器

1. 柱塞式喷油泵的速度特性

在供油拉杆位置不变时,供油量随转速变化的关系称为喷油泵的速度特性。喷油泵在转速降低时,由于柱塞套回油孔的节流作用减小和柱塞副漏油量的增大,使得供油量也减小,使转速进一步降低,甚至熄火。反之,当转速上升时,柱塞套进油孔的节流作用增强和柱塞副漏油量减少,使喷油泵供油量上升,转速随之继续升高,最后将导致发动机超速"飞车"。

2. 调速器的作用

根据柴油机负荷及转速的变化对喷油泵的供油量进行自动调节,以使柴油机能稳定运行。

3. 调速器的类型

1) 按功能分类

(1) 两极调速器。用于转速变化较频繁的柴油机,只稳定和限制柴油机的最低和最高转速。

(2) 全程调速器。用于负荷变化较大的柴油机,能控制从怠速到最高限制转速范围内任何转速下的喷油量,以维持柴油机在任一给定转速下稳定运转。

(3) 单速调速器。多用于工业用柴油机,如驱动发电机的柴油机。

(4) 综合调速器。此类调速器构造与全程调速器相似,调速器只控制最低与最高转速,但亦兼备全程调速器的功能。

2) 按转速传感分类

(1) 气动式调速器。利用膜片感知进气管真空度的变化,自动调节供油量达到调速的目的。它属全程调速器。

(2) 机械离心式调速器。利用喷油泵凸轮轴的旋转,使飞块产生离心力实现调速作用的调速器。

(3) 复合式调速器。利用气动作用和机械离心作用自动控制供油器,而实现调速目的。

4. 两极式调速器基本工作原理

如图 6-26 所示,未工作时,球面顶块与弹簧滑块之间有一定的间隙。供油齿杆不仅由操纵杆通过拉杆来操纵,也受滑动盘的轴向位置控制。

工作过程如下:当柴油机不工作时,滑动盘受低弹簧的作用靠向最左端,若操纵杆处于自由状态,齿杆就处在供油量较大位置。柴油机起动后,转速上升,飞球离心力的轴向分力克服低速弹簧的弹力使滑动盘右移,带动齿杆右移,减油。当转速升到某一定转速 n_d 时,滑动盘推动球面顶块与弹簧滑套(高速弹簧座)接触,由于高速弹簧刚性大、预压力也大,因此,即使转速继续上升,飞球的离心力也不足以推动高速弹簧座右移。因此,在转速 $>n_d$ 后的一段范围内,滑动盘的位置将保持不变,这时供油齿杆就完全由操纵杆来控制。

如果此时外界负荷变化使转速下降(操纵杆仍呈自由状态),飞球离心力下降,低速弹簧的弹力就会推动滑动盘左移,带动齿杆向左移,增油,以保持转速回升至 n_d 稳定运转。n_d 就是最低空转转速,又称怠速。

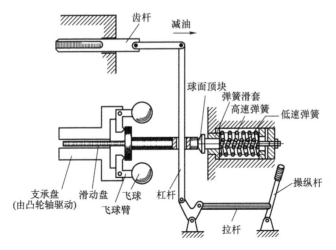

图 6-26 两极式调速器工作原理

当柴油机转速上升到标定转速 n_b 时,飞球离心力足够大,轴向力分力与高、低速弹簧的弹力相平衡。此时如转速稍有上升,滑动盘即被推动右移,克服两弹簧的弹力带动齿杆右移,减油。如负荷继续减小,转速继续上升,滑动盘继续右移,直到外界负荷为零时,滑动盘使齿杆处于某一操纵杆位置的最小供油量位置,若操纵杆置于最大供油位置,此时柴油机就在最高空载转速下运行。

5. 全程调速器的典型结构和工作原理

全程调整器不仅能稳定怠速和限制超速,而且能控制柴油机在允许转速范围内的任何转速下稳定地工作。

1) 工作原理

如图 6-27 所示。改变调速叉的位置即可改变调速弹簧的预压力,改变弹簧作用到推力斜盘上的弹力,从而使推力斜盘移动来改变供油量。

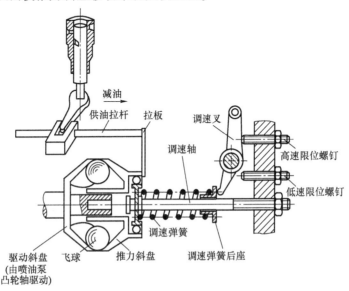

图 6-27 全程调速器的工作原理

柴油机不工作时,推力斜盘在调速弹簧的弹力作用下位于最左端,此时供油量最大。若负荷减小使发动机转速升高时,飞锤离心力增大,轴向分力大于预压力,推力斜盘就压缩调速弹簧右移,减油;相反,若转速降低,轴向分力小于预压力,推力斜盘就被弹簧推动左移,加油。不同的调速叉位置,柴油机就有相应的稳定工作转速。这种调速器称为全程式调速器。

当调速叉顺时针转动时调速弹簧被压紧,预压力增大,调速器起作用转速增高;当调速叉与高速限位螺钉相碰时,柴油机在标定工况下稳定运转;当调速叉与低速限位螺钉相碰时,在怠速下稳定运转;调整低速限位螺钉,可改变怠速转速的高低。

2)全程调整器的典型的结构及其工作过程

RSV调速器是德国Bosch公司S系列中的一种全程调速器,大宇D1146发动机,康明斯6BTA5.9发动机配用的无锡A型泵的调速器均为该型号的调速器。

(1)RSV调速器结构,如图6-28所示。

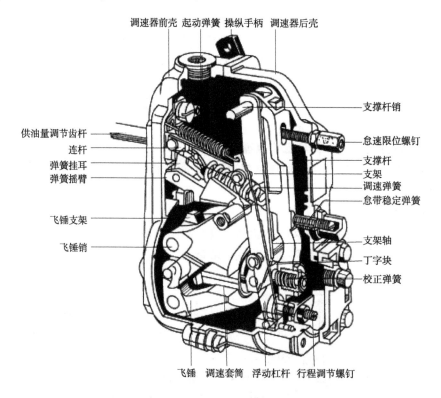

图6-28 RSV调速器结构

(2)RSV调速器工作过程

①起动。起动前将操纵手柄扳到左端,如图6-29所示,支撑杆下端与行程调节螺钉相碰,飞锤处于收拢位置。起动弹簧将浮动杠杆拉向左摆,带动供油调节齿杆移向起动油量位置,保证顺利起动。此时丁字块与支撑杆间有一定间隙,即起动油量大于标定油量。

②怠速。如图6-30所示,起动后操纵手柄向右扳回到怠速位置,放松调速弹簧的拉力。飞锤的离心力首先克服起动弹簧的弹力,使丁字块右移与支撑杠杆相接触,继续推动支撑杠杆压缩到怠速弹簧上。此时,飞锤的离心力的轴向分力与上述诸弹簧的弹力实现平衡,柴油

机平稳运转在怠速。此时主要由怠速弹簧来起调速作用,但当转速降低过大时,起动弹簧也将起较大作用,使供油量增加,保持怠速的稳定。

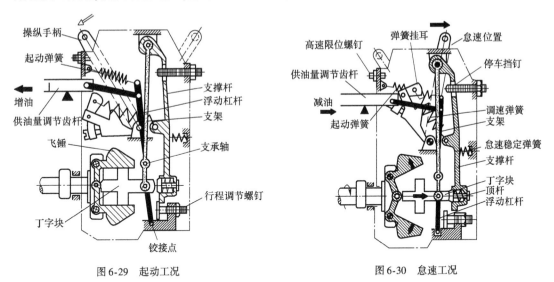

图 6-29 起动工况　　　　　图 6-30 怠速工况

③高速工况。操纵手柄离开怠速位置向左旋转,相应每个位置就有一个调速器起作用的转速。转动角度愈大,起作用的转速愈高,直到该手柄与高速限位螺钉相碰时,柴油机处于最高工作转速,如图 6-31 所示。此时,支撑杆被拉紧,下端压到行程调节螺钉上。由于飞锤离心力较大,推动丁字块将顶杆向右移动,压紧校正弹簧。

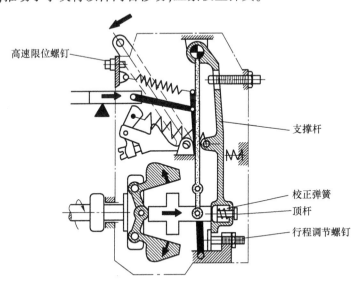

图 6-31 高速工况

④超负荷工况。当柴油机在标定工况运行时,如出现负荷突增使转速下降,飞锤离心力减小。校正弹簧开始张开,使顶杆和丁字块左移,带动供油量调节齿杆左移,增油,即起到油量校正的作用。

⑤最高空转转速。当柴油机在标定工况下工作时,如负荷全部卸去,转速突升,飞锤离

心力增大,丁字块推压顶杆右移。由于这时校正弹簧已压紧,因此将推动支撑杆向右作顺时针摆动,供油量迅速减至最小。柴油机处于最高空转转速下工作,如图6-32所示。

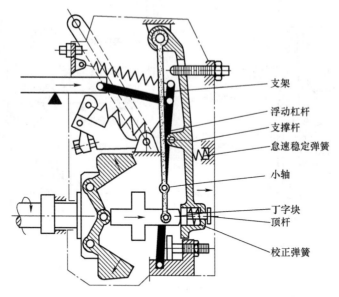

图6-32 最高空转转速

⑥停车。全程调速器不带停车机构时,如图6-33所示,只需扳动操纵手柄至最右端,使弹簧摇臂上的弹簧挂耳与停车挡钉相碰。弹簧摇臂将推压支架向右摆动,浮动杠杆则随之作顺时针转动,将供油调节齿杆拉到停油位置。

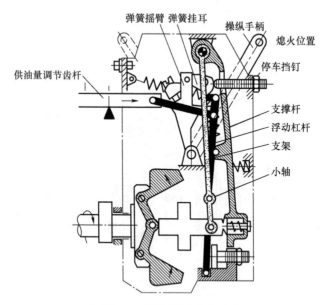

图6-33 操纵手柄熄火位置

如设有停车机构,则停车时只需转动停车手柄,浮动杠杆以小轴为支点作顺时针转动,将供油量调节齿杆拉到停油位置。停车手柄处设有复位弹簧,将停车手柄放松后,复位弹簧即可使停车手柄返回原位。

四、联轴器及供油提前角调节装置

1. 联轴器

（1）作用。不仅起传递动力作用，而且还可以补偿安装时两轴间同轴度的偏差以及利用两轴间少量的相对角位移来调节喷油泵的供油正时。

喷油泵的驱动如图 6-34 所示，曲轴前端的正时齿轮经中间传动齿轮驱动喷油泵正时齿轮。这一组齿轮上都刻有正时啮合标记，必须按标记装配才能保证喷油泵的供油正时。有的喷油泵直接利用其壳体上弧形槽，使泵体相对于喷油泵凸轮轴转动来调节供油正时，省略了联轴器。

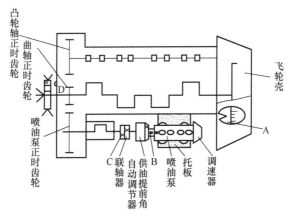

图 6-34 喷油泵的驱动

A-飞轮与飞轮壳标记；B-供油提前自动调节器与喷油泵体标记；C-联轴器主、从动轴标记；D-曲轴风扇皮带轮与正时齿轮盖标记

（2）结构和原理。常见的联轴器有刚性十字胶木盘式和挠性钢片式两种。

① 刚性十字胶木盘式联轴器。结构如图 6-35 所示，锁紧螺栓将主动盘固定在驱动轴上，两个螺钉穿过主动盘上的弧形孔将主动盘和中间凸缘盘连接在一起，中间凸缘盘和从动盘上两个矩形凸块分别插入十字胶木盘的矩形切口中，从动盘用键和喷油泵凸轮轴连接。旋松螺钉，沿弧形孔转动主动盘即可调节主动盘和中间凸缘盘之间的角度，从而调节供油正时。十字胶木盘切口径向长度大于中间凸缘盘和从动盘上矩形凸块的径向长度，传动时可

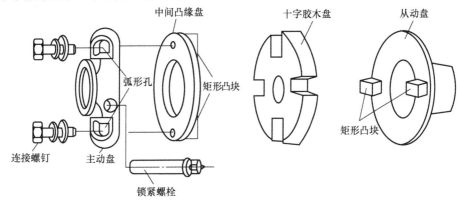

图 6-35 刚性十字胶木盘式联轴器

以对主、从动轴的同轴度误差起补偿作用。

②挠性刚片式联轴器。结构如图6-36所示,原理和上述基本相同,只是将凸缘盘改为两组传动钢片,即主动传动钢片组和从动传动钢片组,利用圆形弹性钢片的挠性来补偿主、从动轴间少量的同轴度偏差。

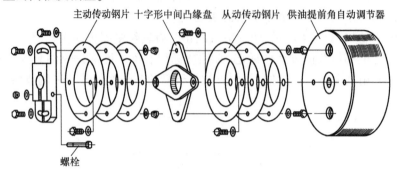

图6-36　挠性刚片式联轴器

2. 供油提前角调节装置

由两部分组成:静态调节(在静态时把供油提前角调到合适值);动态自动调节(在柴油机运转时随转速变化自动改变提前角)。

1)静态供油提前角的调整

柴油机出厂前及工作一段时间或拆装后,都需要进行供油提前角的检查与调整。柴油机曲轴上供油提前角位置刻线准确对准机体上的标记,注意此时应保证是在第一缸压缩上止点附近。标记对正后,观察喷油泵的供油提前器壳体上的刻线与喷油泵泵体上刻线是否对齐。如果对齐,则说明供油提前角正确,如不齐,则需通过联轴器来进行调整。

2)供油提前角自动调节器

(1)作用。在柴油机工作过程中,供油提前角自动调节器根据发动机转速的变化自动调节供油提前角,以改善发动机的动力性和经济性。

绝大部分配用机械离心式,结构如图6-37a)所示。由三大部分组成,主动部分有两个矩形凸块的驱动盘,驱动盘腹板上压装着两个驱动销,凸块插入联轴器十字胶木盘的矩形孔中,随联轴器一起转动。从动部分为从动盘和两个对称飞块,从动盘中心有轴孔,用键和紧固螺母与喷油泵凸轮轴连成一体,从动盘上固定两个对称飞块销,飞块套在飞块销上。主、从动部分之间装有调节器弹簧。

(2)工作原理。如图6-37b)所示,驱动盘连同飞块受曲轴的驱动而旋转。两个飞块的活动端向外甩出,迫使从动盘也沿旋转方向转动一个角度,直到调速器的弹力与飞块离心力平衡为止,此时驱动盘与从动盘同步旋转,当转速升高时,飞块活动端便进一步向外甩出,从动盘被迫再相对于驱动盘前进一个角度,到弹簧弹力足以平衡新的离心力为止,供油提前角便相应地增大。反之,当柴油机转速降低时,供油提前角则相应减小。

五、柴油机燃料供给系辅助装置

1. 输油泵

(1)作用。保证柴油在低压油路内循环,并供应足够数量及一定压力的柴油给喷油泵。

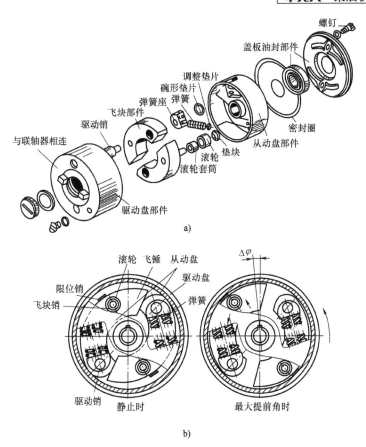

图 6-37 供油提前角自动调节器
a) 供油提前角调节器(6BTA5.9); b) 供油提前角自动调节原理

(2) 类型。输油泵有活塞式、膜片式、齿轮式和叶片式等几种。活塞式输油泵由于工作可靠,目前应用广泛,YC6105 和康明斯 6BT5.9 及大宇 D2336 型柴油机都采用这种形式。

(3) 结构。如图 6-38 所示。

(4) 活塞式输油泵的工作原理。喷油泵凸轮轴转动时,轴上的偏心轮推动滚轮、滚轮架、顶杆和活塞向下运动。

① 当偏心轮的凸起部转到上方,活塞被弹簧推动上移时(如图 6-39a 所示),下方容积增大,产生真空度,使进油止回阀开启,柴油经油道被吸入活塞的下泵腔。与此同时,活塞上方的泵腔容积减小,油压增高,出油止回阀关闭,上泵腔中的柴油从出油管接头上的孔道经空心螺栓被挤出,流往柴油滤清器。

② 当活塞被偏心轮和顶杆推动下移时(如图 6-39b 所示),下泵腔中的油压升高,进油止回阀关闭,出油止回阀开启。同时上泵腔中容积增大,产生真空度,于是柴油自下泵腔经出油止回阀流入上泵腔。

③ 当输油泵的供油量大于喷油泵的需要量,或柴油滤清器阻力过大时,油路和上泵腔油压升高。若此油压与弹簧弹力相平衡,则活塞便停在某一位置(如图 6-39c 所示),不能回到上止点,即活塞的行程减小,从而减小了输油量,并限制油压的进一步升高。这样,就实现了输油量的供油压力的自动调节。

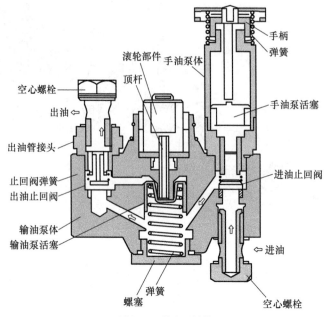

图6-38 输油泵结构

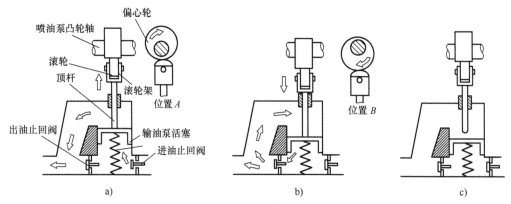

图6-39 活塞式输油泵工作原理
a)进油状态；b)输油状态；c)调节状态

当柴油机长时间停机后欲再起动时,应先将柴油滤清器和喷油泵的放气螺钉拧开,再将手油泵的手柄旋开,往复抽按手油泵的活塞,将其中的空气驱除干净,拧紧放气螺钉,旋紧手油泵手柄,再起动发动机。

输油泵及手油泵的活塞与泵体以及顶杆与配合孔等偶件,都是经过选配和研磨而达到高精度配合的,故无互换性。

2. 柴油滤清器

(1)作用。用以滤去柴油中的机械杂质和水分。通常设有粗细两级滤清器,也有的柴油机只用单级滤清器。

(2)结构。目前车用柴油机多数采用的是两级柴油滤清器。图6-40是YC6105QC型柴油滤清器总成,第一、二级均为纸质滤芯。由输油泵来的柴油先进入第一级滤清器的外腔,穿过滤芯后进入内腔,再经盖内油道流向第二级滤清器,从而保证更好的滤清效果。

单元六 柴油机燃料供给系统

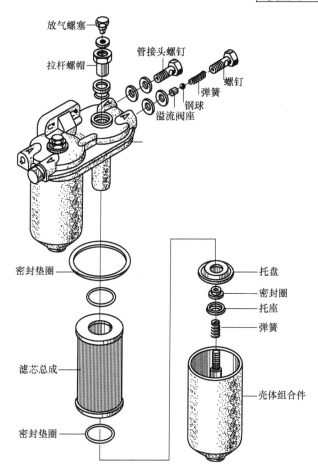

图 6-40 柴油滤清器结构

滤芯材料有棉布、绸布、毛毡、金属网及纸质等。纸质滤芯具有流量大、阻力小、滤清效果好、成本低等优点,目前被广泛采用。

每工作 100h(约相当于汽车运行 3000km)后,应清除沉积在壳体内的杂质和水分,必要时更换滤芯。

当滤清器内油压超过溢流阀的开启压力(0.1~0.15MPa)时,使多余的柴油流回油箱,从而保证滤清器内油压在一定限度内。

3. 电热塞

(1)作用。提高进入汽缸空气的温度,保证低温条件下迅速可靠地起动发动机。

(2)结构。如图 6-41 所示。

(3)工作原理。如图 6-42 所示,当发动机冷却液温度低于 0℃时,温度开关断开。接通点火开关 ON 挡时,定时器中三极管导通,电热塞继电器触点闭合,电热塞通电发热。预热指示灯熄灭,表示可以起动。接通点火开关 ST 挡,定时器和预热继电器继续通电,电热塞达到某一温度时,起动继电器线圈通电,起动机带动发动机曲轴旋转,使发动机顺利起动。从点火开关打至 ST 挡约 18s 后,定时器自动切断预热电路。当冷却液温度高于 0℃时,温度开关接通,电源起动开关打至 ON 挡(或 ST 挡),预热继电器不通电,预热指示灯 0.3s 后熄灭。

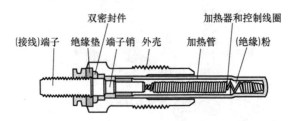

图 6-41 电热塞结构图

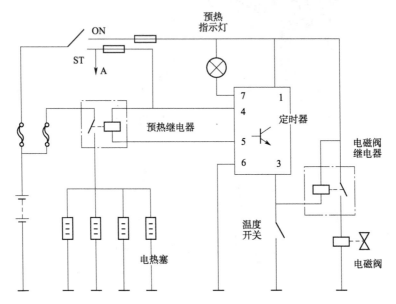

图 6-42 五十铃 N 系列汽车预热电路

六、分配式喷油泵（VE 泵）

结构如图 6-43 所示。

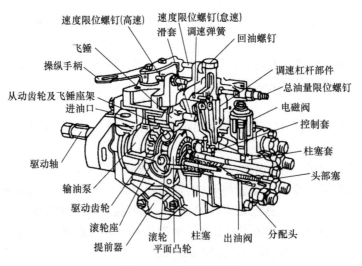

图 6-43 VE 分配泵结构图

如图 6-44 所示，VE 分配泵的供油系统由低压系统、高压系统、调速系统、自动定时装置、停油装置及各种附加装置组成。这里介绍结构和工作原理。

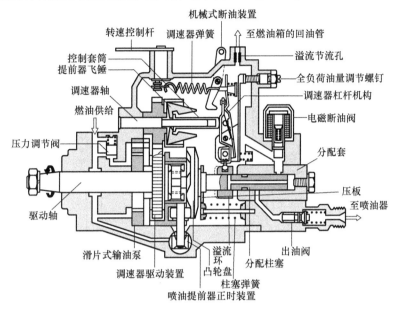

图 6-44　VE 分配泵的供油系统的组成

来自柴油滤清器的柴油，进入二级滑片式输油泵，加压后输入泵室内，再由柱塞把输油泵输入的低压油变成高压油，经高压油管压入喷油器，喷入燃烧室。

1）低压系统

包括滑片式输油泵、压力调节阀、回油螺钉等组成。如图 6-45 所示。

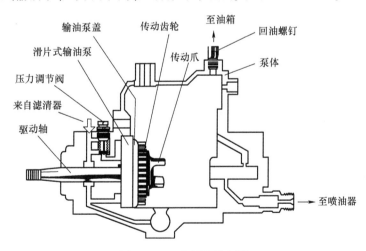

图 6-45　VE 分配泵低压系统

（1）滑片式输油泵。安装在泵体内部。如图 6-46 所示。偏心环与转子间为偏心安装，滑片装在转子槽内，能灵活滑动。

（2）压力调节阀。控制进入泵室内的燃油压力。如图 6-47 所示。工作原理如下：油泵在静态时，燃油压力等于零，滑阀在弹簧力的作用下，压到最下位置，完全关闭了阀体上的回

229

流孔。这时泵室内燃油与输油泵进油口油路隔断,随着油泵转速的升高,输油泵出口压力 p 随油泵转速上升而提高,直到压力 p 对滑阀的推力大于调节弹簧的预紧力时,滑阀被顶到开始打开回流孔位置,部分燃油将回流到输油泵的进口油路,输油泵出口压力 p 的上升速度得到控制。

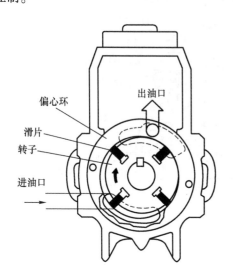

图 6-46 滑片式输油泵　　图 6-47 压力调节阀

弹簧力的大小决定油泵内腔燃油压力的大小,而弹簧力的大小由弹簧座来调整。

(3) 回油螺钉。如图 6-48 所示,回油量多少与回油孔内外压差 Δp 和孔径都成正比。油泵转速升高,压差 Δp 加大。因此,回油量随转速升高而增加。

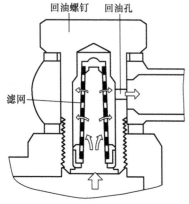

图 6-48 回油螺钉

2) 高压系统

结构如图 6-49 所示。

(1) 柱塞与分配套。分配套与柱塞构成一对精密偶件,VE 分配泵只有单根柱塞,这根柱塞具有泵油及配油的双重作用。为实现这个双重作用,柱塞既做旋转运动,又作往复运动。柱塞与凸轮联在一起,在驱动轴的传动下做旋转运动时,完成向各缸分配油量的任务。柱塞与凸轮随驱动轴旋转的同时,随平面凸轮型线的起伏,在固定的滚轮座及滚轮上又做往复运动,实现泵油的作用。

① 柱塞的结构。结构如图 6-50 所示。

a. 进油槽。进油槽数量与柴油机缸数相同,如六缸柴油机,就有六条进油槽。这些油槽等距分布在柱塞头部,每一条槽各自承担着相对应缸的进油任务,把泵室内的低压油引入高压腔。

b. 中心孔。高压腔内的高压油,通过中心孔与柱塞内相关的孔、槽联通。

c. 分配槽及分配孔。在柱塞旋转时,按做功次序分别与各缸接通,把高压油送入各相应的缸。

d. 泄油孔。与中心孔相通。柱塞升起泵油时,回油孔关闭着,因此,高压油只有通向出油阀、高压油管到喷油器;当柱塞升起到回油孔被打开,整个高压油路与低压室相通,高压油迅速卸压。

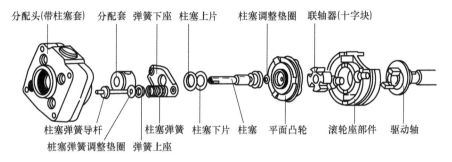

图 6-49　分配泵高压系统的结构

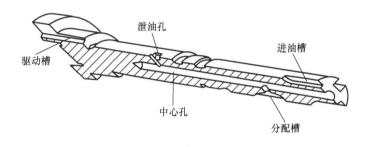

图 6-50　分配泵柱塞的结构

②分配套结构。分配套压配在泵头内,如图 6-51 所示,与柱塞配合组成一副偶件。

(2)凸轮与滚轮。如图 6-52 所示,滚轮安装在固定不动的滚轮座内,平面凸轮旋转时,可以与柱塞一起往复运动。

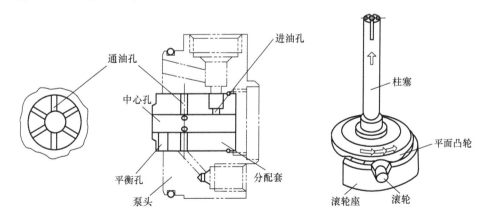

图 6-51　分配套结构　　　　图 6-52　VE 分配泵的平面凸轮

平面凸轮在一个平面的 360°内,安排有与柴油机缸数相同的凸轮型线。由于一个平面凸轮,同时作用在几个滚轮上,为使各副滚轮均匀承受泵端压力,因此,各滚轮装配时,等高度要求很严,偏差为 ±0.01mm。

(3) 高压系统的工作原理。

①工作原理。柴油经一级输油泵和滤清器后进入第二级输油泵内,压力控制阀将输油泵的出油压力控制在一定的范围内,分配泵内腔始终充满具有一定压力的柴油。由曲轴驱动的驱动轴带动滑片式输油泵旋转,同时通过联轴节带动平面凸轮转动,平面凸轮通过传动销钉带动柱塞一起旋转,柱塞弹簧通过压板将柱塞压向平面凸轮的端面,平面凸轮的侧面则与滚轮紧密接触,当平面凸轮转到凸起部分与滚轮相接触时,凸轮即被顶起向右移动。

②工作过程。如图6-53所示。

a. 进油过程。如图6-53a)所示,柱塞在下止点时,柱塞上部的进油槽与柱塞套筒上的进油孔相通,柴油经电磁阀下部的油道流入柱塞右端的压油腔内。

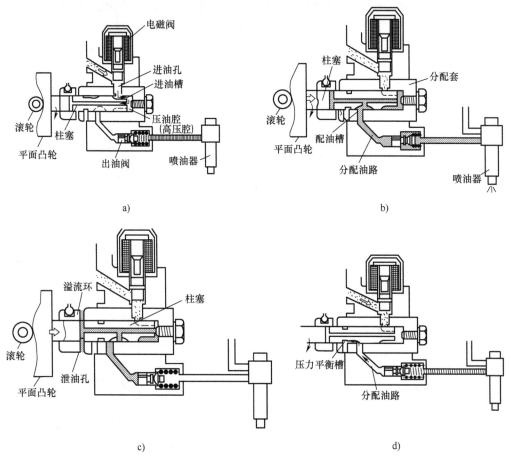

图6-53 VE分配泵高压系统工作过程
a)进油过程;b)压油和配油过程;c)供油结束;d)压力平衡过程

b. 压油与配油过程。如图6-53b)所示,柱塞在旋转的同时也自左向右运动,当进油孔关闭后,柱塞即开始挤压压油腔内的燃油,使之压力升高,当柱塞上的配油孔与柱塞分配套上的某个进油孔相通时,高压油即经出油孔和出油阀流向喷油器,由于平面凸轮上有四个凸面(与气缸数相等),柱塞套上有四个分配油路,平面凸轮每转一圈,配油槽与各缸分配油路接通,轮流向各缸供油一次。

c. 供油结束。如图6-53c)所示,柱塞在平面凸轮的推动下继续右移,柱塞左端的泄油孔与分配泵内腔相通时,高压油立即经泄油孔流入泵内腔中,柴油压力立即下降,供油停止。从配油槽与油孔相通起,至泄油孔与分配泵内腔相通止的柱塞行程称为"有效供油行程"。

d. 供油量的调节原理。有效供油行程越长,供油量则越大。当通过调速器杠杆机构的支承杆使溢流环移动时,即可改变供油量。溢流环向左移动,供油行程缩短,结束供油时刻提早,供油量减少;反之,则相反。可见,这种分配供油量的调节是靠调速器调节溢流环的位置,从而控制断油时刻,即控制供油的有效行程来实现的,因此,这种调节方法称为断油计量。

e. 压力平衡过程。如图6-53d)所示,供油结束后,柱塞继续旋转,当柱塞上的压力平衡槽与分配油路相通时,分配油路中的柴油与分配泵内腔油压相同,保证了各缸供油均匀性。

f. 防止反转作用。VE型分配泵可防止柴油机反转,在柴油机反转、柱塞向右压油时,进油孔开启,油压无法升高,喷油也就不可能发生。

3) 调速系统

VE分配泵采用的机械调速器有全程调速器、半全程调速器和两极调速器。这里介绍常见的全程调速器。

(1) 全程调速器结构。结构如图6-54所示,由调速弹簧、导向杆、张力杆、支承杆、怠速弹簧、启动弹簧、缓冲弹簧、飞锤、滑套等组成。导向杆以安装在泵体上的支承螺钉为旋转支点(支点B),并由上面的全负荷油量调整螺钉和下面的支承弹簧的相互作用而平衡,张力杆、支承杆则可绕导向杆上的支点A(调速支架销)旋转。支承杆上装有启动弹簧和怠速弹簧。调速弹簧的一头挂在操纵轴上的弹簧挂耳上,一头挂在穿过张力杆的调速弹簧挂销上,在张力杆和调速弹簧之间还装有缓冲弹簧。安装在喷油泵体上的挡销确定了张力杆的位置。飞锤推动滑套抵在支承杆上。

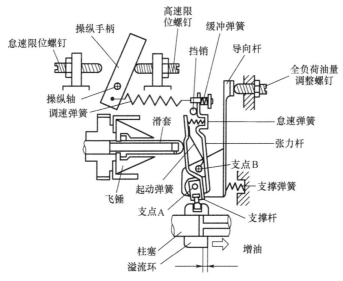

图6-54 全程调速器结构(起动工况)

(2) 工作原理。

①起动工况。起动前,把操纵杆置于高速位置。这时调速弹簧预紧力最大,在调速弹簧和起动弹簧的作用下,怠速弹簧被压缩而不起作用,同时通过杠杆机构使溢流环移到最大有

效行程位置,提供比标定工况更多的油量,便于起动。

②急速工况。如图6-55所示。柴油机一旦起动,应把操纵杆转到与急速限位螺钉相接触的位置,此时调速弹簧预紧力几乎为零,即使飞块低速旋转也要向外张开,通过调速滑套轻易把支承杆和张力杆推离挡销。

当发动机急速转速升高,飞块离心力的轴向分力大于急速弹簧与缓冲弹簧弹力之和时,支承杆和张力杆绕A点转动(向右),通过球头销把溢流环推向减油方向,直到发动机转速降低到使飞块离心力的轴向分力与弹簧力相平衡;当急速转速下降,飞块的离心力的轴向分力小于急速弹簧与缓冲弹簧弹力之和时,支承杆和张力杆绕A点转动(向左),溢流环向增油方向移动,使发动机转速回升。如此,可使油泵稳定在急速工况运行。

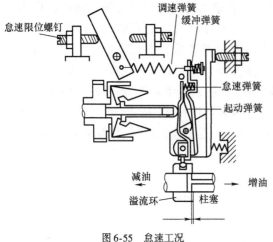

图6-55 急速工况

可通过改变急速限位螺钉来调整急速转速。

③标定工况。如图6-56所示,柴油机在标定工况工作时,操纵杆紧靠高速限位螺钉,把急速弹簧被压到极限位置,不起作用。支承杆在飞锤离心力的推动下紧压在张力杆的C点处。此时飞锤离心力和调速弹簧力在张力杆上平衡,油泵在标定工况下运行。

④高速控制。如图6-57所示,转速从标定转速继续上升,飞锤离心力变大,克服调速弹簧力,滑套推动支承杆、张力杆绕支点A作顺时针转动,溢流环向减油方向移动,柴油机的转速就随之降低;反之,转速下降,飞锤离心力变小,支承杆、张力杆在调速弹簧力的作用下绕支点A作逆时针转动,溢流环移向增油方向,柴油机的转速增加。直到飞锤离心力和调速弹簧力平衡,就实现了调速。

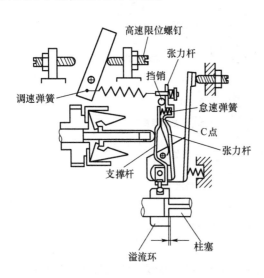

图6-56 标定工况

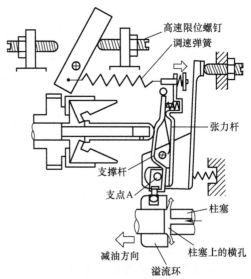

图6-57 高速控制

当转速极大地增加时,溢流环向减油方向移动直至打开柱塞上的横孔,这时高压油从横孔泄出,喷油泵就停止供油,防止柴油机"飞车"。

4) 供油提前角自动调节装置(转速提前器)

VE 分配泵上的供油提前角自动调节装置通常分为转速提前和负荷提前两种。

(1) 转速提前装置。

① 作用。速下工作都能获得较好的性能。

② 结构原理。如图 6-58 所示,整个提前装置与油泵驱动轴垂直安置在泵室下部的定时孔内。拔销一端插入定时活塞的缺口内,另一端插入滚轮座内。拔销可以把定时活塞的往复运动,转化成滚轮座的旋转运动,使滚轮座与平面凸轮间产生相对运动,以改变供油提前角。

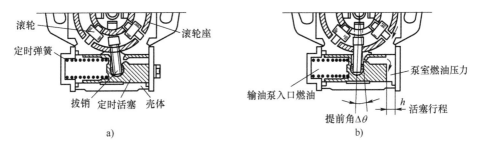

图 6-58 VE 供油提前角自动调节装置
a) 调节前;b) 调节后

定时活塞一端与泵室内燃油相通,承受燃油压力的作用,另一端受定时弹簧力的作用。当两端作用力相等时,定时活塞处于平衡状态,如图 7-58a) 所示,喷油泵供油始点稳定不变。当发动机转速升高,由于滑片输油泵输入泵室的出口油压随其转速成上升而提高,这时定时活塞将压缩定时弹簧向图示左方移动,如图 6-58b) 所示。移动过程中弹簧预紧力加大,一直到新的位置两力平衡为止。这时通过拔销使滚轮座和滚轮相对于平面凸轮向供油提前方向转过了一个角度。当柴油机转速下降时,作用在定时活塞上的燃油压力将开始小于弹簧力,定时活塞又会在弹簧力的作用下,克服燃油压力,使供油始点向后移动。这样,供油提前角就随转速变化而得到了自动调节。

(2) 负荷提前装置。

① 作用。在油泵转速不变时,喷油泵能随负荷的大小自动改变供油时刻,以保证发动机能在不同负荷下都能获得较为理想的喷油提前角。

结构如图 6-59 所示,通过特制的调速器轴、特制的滑套、特制的泵体来实现的。

② 工作原理。柴油机负荷下降时,转速增加,飞锤向外张开推动滑套右移,当滑套上的泄油孔和调速器轴上的横孔相通的时候,泵体内腔的压力油便通过滑套上的泄油孔、调速器轴上的横孔和纵孔、泵体上的孔进入进油道,内腔压力就下降,于是转速提前器活塞就推动滚轮座向供油始点"滞后"方向转动。反之,负荷大时,供油始点提前。

5) 停油装置

为使柴油机能及时可靠熄火,VE 分配泵同时采用两种不同结构的停油装置,一种是电磁式,另一种是机械式。

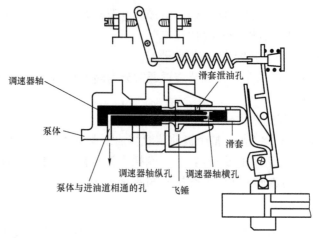

图 6-59 VE 泵负荷提前装置

(1) 电磁阀停油装置。

①结构。如图 6-60 所示。

②原理。有三种不同工况。

a. 起动。点火开关置于 STA 位置时,电压为 12V(或 24V)的蓄电池直接接通感应线圈,这样会产生大电流和强电磁力。保证能把电磁阀迅速吸起,打开油路。

b. 工作。柴油机起动后,点火开关转到"ON"位置,保持电磁阀在开启位置。这时电流通过电阻后再流入线圈,电流强度比"STA"位置小。

c. 停油。当点火开关转到"OFF"位置,电源与电磁感应线圈切断,电磁力随之消失,弹簧会把电磁阀推到关闭进油孔位置,这时油路被切断,油泵停止供油。

(2) 机械停油装置。如图 6-61 所示,停油手柄设在泵体侧面,转动停油手柄,直接推动支承杆、张力杆,使溢流环向减油方向移动,打开柱塞上的泄油孔,喷油泵就停止供油。

上述两种停油装置都能使油泵在任何工况下停止供油,使用时可任选其一。如果某种装置因故失灵停不了油,可用另一种方法停油,因此,工作安全可靠。

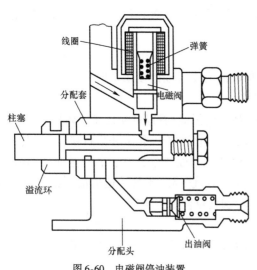

图 6-60 电磁阀停油装置

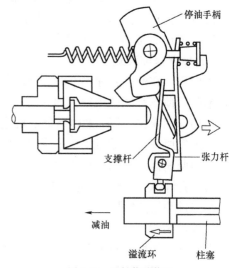

图 6-61 机械停油装置

七、PT 燃油系统

PT 燃油系统是根据燃油泵的输出压力和 PT 喷油器的计量时间的相互配合来控制循环供油量的。靠压力－时间原理来调节油量，所以 PT 燃油系统又称为压力－时间系统。PT 燃油系统主要有以下三个优点：由喷油器完成计量和喷油功能；喷油器以大于100MPa（康明斯发动机约为 68.89～137.79MPa）的压力将燃油喷入燃烧室，使喷入汽缸内的燃油形成细碎的油雾；采用低压共轨系统，其压力由齿轮泵产生，取消高压油管。

1. PT 燃油系统的组成

康明斯柴油机 PT 供油系统如图 6-62 所示。6BTA5.9 柴油机采用增压、中冷技术，因此，还装有冒烟限制器或空燃比控制装置（AFC）。

（1）燃油箱。该系统设主油箱和浮子油箱各一个。为了防止停车时燃油自回油管反向经喷油器流入汽缸和曲轴箱而稀释机油，在低于喷油器的位置设有一个浮子油箱。

（2）柴油滤清器。柴油滤清器装在主油箱或浮子油箱与 PT 燃油泵之间。

（3）PT 燃油泵。是低压燃油泵，具有输油、调整压力和调速的作用。它将从燃油箱经滤清器吸来的燃油以适当的压力输送到 PT 喷油器。燃油泵连接在空气压缩机上（或在由发动机齿轮系驱动的燃油泵传动轴上）。

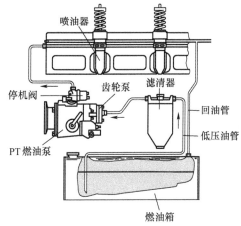

图 6-62　康明斯 PT 供油系统的组成

（4）PT 喷油器。对来自 PT 燃油泵的燃油进行计量、加压后将其喷入汽缸的燃烧室。它具有计量、定时、喷射的作用。

（5）油管。燃油分配管（低压油管）和回油管分别将燃油自 PT 燃油泵送往喷油器和将喷油器的燃油送回燃油箱。在汽缸盖和汽缸体直接钻出的油道。

2. PT 供油系统的基本工作原理

PT 供油系统的工作情况如图 6-63 所示。当燃油泵旋转时，燃油即从燃油箱经柴油滤清器和油管被燃油泵吸入，泵出压力约为 980kPa；燃油经稳压器、细滤清器、调速器、节流阀（油门）、断流阀后，离开 PT 泵体，又经供油管进入喷油器；喷油器由凸轮机械控制，按喷油次序定时地把燃油增压喷入汽缸，过剩的燃油通过回油管返回油箱。

3. PT 燃油泵

PT-G 燃油泵，装有齿轮输油泵、细滤器、稳定器、油门、停车阀和冒烟限制器外，还装有PT-G 两速离心式调速器和 MVS 全速式调速器，构成 PT-GVS 型。如图 6-64 所示，结构与工作原理如下。

1）齿轮式输油泵和膜片式稳压器

发动机运转后，齿轮泵由油泵主轴驱动，经过滤清的燃油从进口吸入，并以一定压力输出，经过细滤器至两速式调速器。与此同时，有一油道使齿轮泵压油腔与膜片稳定器相通，借以消除输出燃油压力的波动。燃油从齿轮泵出来，流过滤网，然后流到调速器总成。

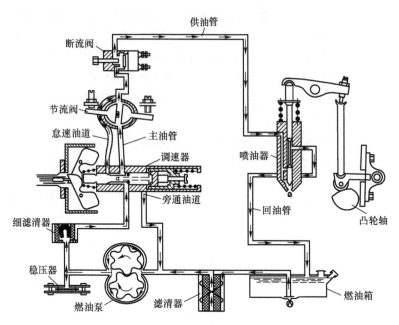

图 6-63 PT 供油系统的工作原理

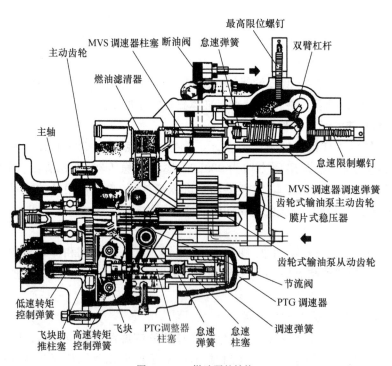

图 6-64 PT 燃油泵的结构

2) 燃油滤清器

如图6-65所示,来自齿轮泵的燃油,由进油口进入滤清器,经下滤网后流往PTG调速器,经上滤网的燃油流往MVS调速器。滤清器中的磁芯可滤除燃油中的铁粉。

3) 调速器

PT-GVS燃油泵中装有两种调速器。两速式PTG调速器和全速式MVS调速器。

(1) PTG调速器。如图6-66所示,燃油进入调速器后,有三个出口。一是油门通道;二是怠速油道;三是旁通油道。调速器柱塞左右移动,可使进油口和上述三个出口中的一个或两个相通。柱塞的位置取决于柴油机工况,主要取决于发动机转速。

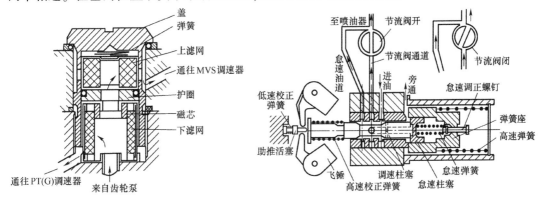

图6-65 燃油滤清器

图6-66 PTG调速器(柱塞在起动位置)

工作原理如下:

① 调速柱塞的油压调节

调速柱塞的内腔借径向孔与进油道和节流阀(油门)相通,因而内腔油压与齿轮泵输出油压基本相同。怠速柱塞位于调速柱塞一端,由于燃油压力的作用,调速柱塞与怠速柱塞两者端面不相接触,而保持有一定的间隙,部分燃油即从此间隙流回齿轮泵。发动机工作时,调速柱塞上受到的飞块离心力产生的轴向推力,由间隙处的油压作用力平衡,又和怠速弹簧相平衡。

当发动机转速升高时,轴向推力增大,推动调速柱塞右移,使间隙减小而节流作用加强,PT泵输出的燃油压力将增高,反之,转速下降时,节流阀油量减小,间隙变大,输出燃油压力下降。即PT泵的调压作用。

② 怠速控制。发动机在怠速时,将节流阀油门关闭。调速柱塞在怠速弹簧的作用下,往左移动而打开怠速油道,于是燃油仅由怠速油道供给而维持怠速运转。若由于某种外界原因导致发动机转速下降时,调速柱塞左移,怠速油道孔开度增大,燃油量增加,转速相应回升。反之,若转速增高,怠速油道孔开度减小,油量减少,使发动机转速下降。怠速转速的高低可通过怠速调节螺钉来调整。如图6-67所示,将怠速调整螺钉向里旋进时,怠速转速就提高;向外旋出,怠速转速就降低。

③ 高速控制。当发动机转速升高,在较大离心力作用下,调速柱塞向右移动。当达到最高转速时,在很大离心力作用下,克服了高速弹簧的张力,调速柱塞继续右移。调速

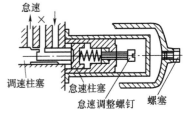

图6-67 怠速的调整

柱塞逐渐堵塞通往节流阀的油道孔。在油道孔节流作用下,喷油器进口处的油压急速下降,使循环供油量减少,如图 6-68 所示。当转速超出高速限定转速范围时,通往节流阀的油道完全被切断,而停止供油,防止了发动机超速"飞车"。

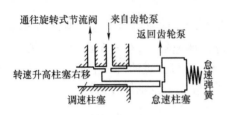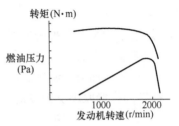

图 6-68 高速转速控制

(2) MVS 型调速器。MVS 型调速器是机械可变速全速式调速器,如图 6-69 所示。它可使发动机在不同恒定转速下运转。节流阀油门处于最大开度时,所有从 PTG 调速器来的燃油都流过 MVS 调速器,但随转速变化,柱塞左侧承受来自齿轮泵的燃油压力,转速增加时此油压增加,反之,则相反。柱塞会产生左右移动,相当于节流阀开闭而控制通往喷油器的油道孔开度。

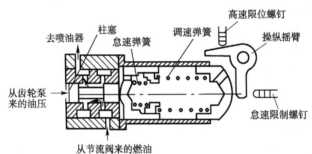

图 6-69 MVS 调速器示意图

操纵 MVS 操纵摇臂,可改变调速弹簧的弹力,作用力与某一转速下的来自齿轮泵的油压相平衡,可使柱塞处于某一位置,确定通往喷油器油道孔的开度,柴油机就在此转速下运转稳定运转。高速限位螺钉和急速限位螺钉分别限制柴油机的最高、最低转速。

4. PT 喷油器

(1) 喷油器结构。如图 6-70 所示,凸轮驱动机构使柱塞在喷油器体内往复运动,完成循环的进油、计量、压缩和喷油。高压燃油经过平衡孔后到达罩盖处,在这里燃油被分成两路:一部分燃油通过量孔进入压力室,另一部分经过回油管流回油箱。

(2) 喷油器基本工作原理。如图 6-71 所示。

① 柱塞上升初期,柱塞环槽与上油道接通时,来自 PT 燃油泵的燃油流入上进油道,通过环槽沿

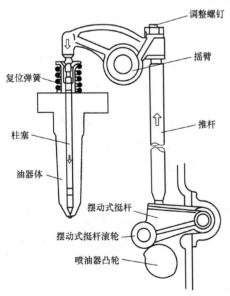

图 6-70 喷油器及驱动机构

下进油道流入环形槽,此时计量量孔还未被柱塞打开,燃油不能流入压力腔(计量室)内,不能计量燃油,所以全部燃油通过回油孔流回燃油箱(可对喷油器进行冷却)。如图6-71a)所示。

②当柱塞继续上行至计量量孔开启,部分燃油从计量量孔进入柱塞下部的压力腔,进油量取决于计量量孔的尺寸、开着的时间及进油压力的大小,而大部燃油仍流回燃油箱。如图6-71b)所示。

③柱塞上升至顶点后又下行,当计量量孔被关闭后,继续下降时,压力腔内的油压急剧上升,燃油以大于100MPa的压力呈雾状地喷入燃烧室。此时相应的汽缸处于压缩行程,一定量的压缩空气被压入压力腔,喷油器刚开始喷油瞬间,压力腔内的热空气与燃油的混合物先行喷入汽缸,以诱使其他燃油燃烧。

在此过程中,由燃油泵进入喷油器的燃油因计量量孔被关闭而全部经回油量孔流回油箱。

④当柱塞下行至占据整个锥形腔时,喷油结束。如图6-71c)所示。当柱塞完全占据整个压力腔后,还要下降一段(嘴头产生弹性变形),以强力将压力腔中的油挤净,防止形成积炭。此时柱塞环槽与上进油道不通。

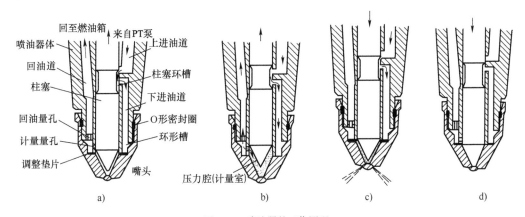

图6-71 喷油器的工作原理
a)柱塞开始上升;b)计量开始;c)计量终了(喷油);d)喷油结束

由上可知,柱塞往复运动一次即可完成一个循环的进油、计量、升压、喷射的全过程。循环喷油量取决于计量量孔的尺寸、计量时间和进油压力。

喷油器体与嘴头间有O形密封圈,用来防止燃油的泄漏。改变调整垫片的厚度即可改变最大喷油量。

八、柴油机废气涡轮增压技术

汽车发动机增压技术不仅可提高功率、进行高原补偿,更重要的是通过增压可降低燃油消耗,降低废气污染物的排放和降低噪音。随着高效、价廉的废气涡轮器的出现,废气涡轮增压器成为了发动机的一个重要的部分。废气涡轮增压技术就是利用发动机排气的能量做动力源。排气喷到涡轮叶片上驱动涡轮轴转,从而推动与涡轮装于同一轴上的压气机旋转,由压气机将压缩后的空气压入汽缸。

1. 废气涡轮增压的原理

工作原理如图 6-72 所示。高速废气从排气门出来，推动排气涡轮快速转动，而排气涡轮又带动进气压气机快速转动。随着压气机涡轮的转动，它吸入了大量新鲜空气，被加压后进入汽缸。进气歧管中的升压过程被称为增压。

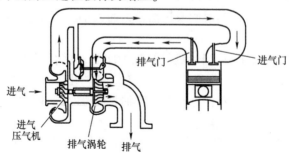

图 6-72 废气涡轮增压的原理

增压后发动机功率的增加程度可用增压度 σ 来表示。

$$\sigma = \frac{Ne}{Ne_0} = \frac{\rho s}{\rho e}$$

式中：Ne——增压后的发动机功率；

Ne_0——增压前的发动机功率；

ρs——增压后汽缸进气密度；

ρe——增压前汽缸进气密度。

车用发动机的增压度不高，一般在 10%～60% 的范围内，大部分在 20%～30%。

2. 涡轮增压系统的基本类型

(1) 根据排气能量的利用方式，可分为定压涡轮增压系统、脉冲(变压)涡轮增压系统。如图 6-73 所示。

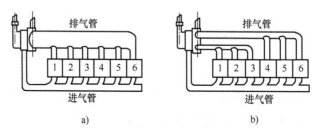

图 6-73 涡轮增压系统的两种基本形式
a) 定压涡轮增压系统；b) 脉冲涡轮增压系统

①定压涡轮增压系统。是指涡轮前的排气压力基本保持恒定。把各缸的排气管都通向一根排气总管上，且排气总管容积要足够大，应能起稳定压力的作用。

这种系统由于废气流入排气总管造成了强烈的节流和不可逆的膨胀损失，能量传递效率较低。另外，排气管容积较大，涡轮前压力变化比较慢，加速性差，特别在低增压时，排气能量的利用程度较低，加速性更差，同时其转矩特性也变差。

②脉动涡轮增压系统。为了更好地利用发动机排气的脉冲能量，把各缸的排气歧管做得短而细，涡轮增压器尽量靠近汽缸，并且几个汽缸(两个或三个缸)连接一根排气管，这样

在每一根排气管中就形成几个连续的互不干扰的排气脉冲波进入废气涡轮机中,由于涡轮处于进气压力波动较大的条件下工作,所以此系统也称变压式涡轮增压系统。

脉动涡轮增压系统对汽缸扫气有明显的好处,在气门叠开时,脉冲系统已经排空,排气门背压低。另外,由于排气管容积小,当发动机负荷改变时,排气压力波立刻发生变化,增压器转速变动较快,所以加速性好。但该系统由于废气压力、温度在涡轮前是周期性变化的,进入涡轮的气流和叶片不断发生冲击,从而造成局部气流的撞击损失。

中、小型发动机多为低增压,采用脉冲涡轮增压较为有利,大型柴油机增压比较高,宜采用定压涡轮增压。但由于车用柴油机大部分时间在部分负荷下工作(此时增压压力低),对其转矩特性和加速性能要求较高,故在高增压的车用柴油机上仍常采用脉冲涡轮增压系统。

(2)根据涡轮增压器的多少可分为单涡轮增压系统和双涡轮增压系统。如图 6-74 所示为双涡轮增压系统,如图 6-75 所示为双涡轮增压系统的结构图。两个涡轮增压器按汽缸工作顺序分为二组,每组气缸排气驱动一个增压器,因为各缸的排气间隔相等,增压器转动平稳。

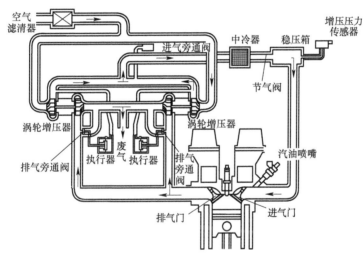

图 6-74 双涡轮增压系统

3. 废气旁通阀

为了防止增压过高,设有废气旁通阀。增压过程中压力过大会导致过分爆燃或发动机损坏,甚至毁掉发动机。废气旁通阀使废气绕过排气涡轮,此时,推动压气机涡轮的动力减少,涡轮增压器的作用也减少了。如图 6-76 所示是位于排气流中典型的废气旁通阀。

废气旁通阀是常闭的,当执行器上施加真空时,废气旁通阀打开。废气旁通阀由 ECU 控制脉动启闭。在正常行驶条件下,电磁阀通电,废气通过排气涡轮;在急加速时,增压压力可能会升高,当增压升高时,其值被进气歧管绝对压力传感器(MAP)检测到,在增压值达到一定时,电磁阀断电,废气旁通阀开启,废气绕过涡轮,降低增压压力。如果出现增压过大的情况,ECU 还将减少供油量。

4. 中冷器

废气涡轮增压装置中常设有中冷器,是一个热交换器,如图 6-77 所示。中冷器将空气冷却后,空气的密度就加大了。

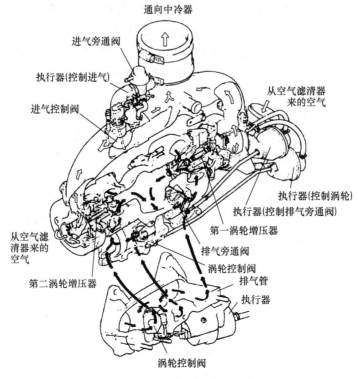

图 6-75 双涡轮增压系统的结构图

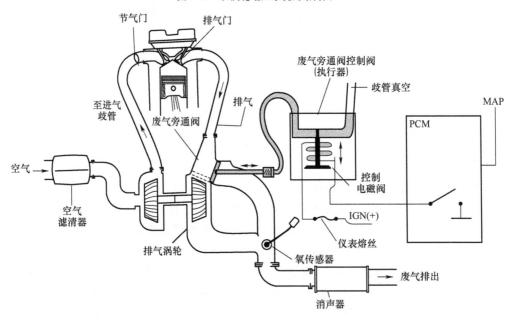

图 6-76 废气旁通阀

5. 废气涡轮增压器

废气涡轮增压器按进入涡轮的气流方向可分为径流式和轴流式两种。前者效率高、加速性能好、体积小、结构简单。故汽车多采用径流式结构。

单元六 柴油机燃料供给系统

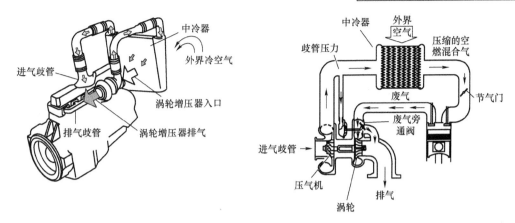

车用废气涡轮增压器由离心式压气机、径流式涡轮机、中间体三部分组成。增压器轴由两个浮动轴承支承在中间体上。中间体内有润滑、冷却轴承的油道及防止机油漏入压气机或涡轮机中的密封装置。如图6-78所示。

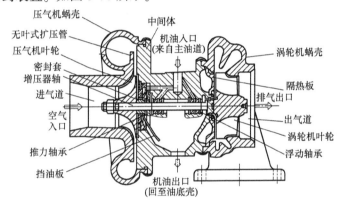

图6-78 废气涡轮增压器的结构

当压气机旋转时,空气经进气道进入压气机叶轮,在离心力的作用下沿着压气机叶片之间形成的流道,从叶轮中心流向叶轮的周边,流速、压力、温度升高,然后进入扩压管,扩压后减速、增压、温度升高。蜗壳收集从扩压管流出的空气,并将其引向压气机出口。压气机叶轮、蜗壳都用铝合金铸造。压气机叶轮用螺母固定在转子轴上。

径流式涡轮机蜗壳的进口与发动机排气管连接,废气流推动叶轮旋转。涡轮机叶轮常在900℃的高温下工作,并承受巨大的离心力作用,由含镍的耐热不锈钢精密铸造(或陶瓷),焊接在转子轴上。涡轮、压气机叶轮和转子轴组成转子组件,支撑在两个浮动轴承上并作高速旋转。转子组件在装到增压器之前应进行静平衡和动平衡试验,其不平衡度不大于 0.0015N·m。由于转子体转速高达 $10\times10^4 \sim 20\times10^4 r/min$,因此,采用全浮动式轴承。全浮动轴承与转子轴和中间体之间均有间隙,当转子轴高速旋转时,具有一定压力的润滑油充满这两个间隙,对其进行润滑和冷却。在转子轴高速旋转的同时,浮动轴承在内外两层油膜中随转子轴同向旋转,但其转速比转子轴低得多,轴承相对轴以约30%的回转速度运转。从而使轴承对轴承孔和转子轴的相对线速度大大下降,保证其能正常工作。

废气涡轮增压器所需要的润滑油来自发动机的主油道,通过细滤器再次滤清后,进入增

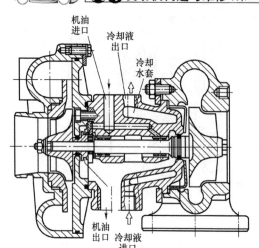

压器的中间体,经其下部出油口流回曲轴箱。为防止润滑油窜入涡轮和压气机叶轮,在转子轴两端安置有密封环和密封套。在中间体和涡轮壳之间装有隔热板,以减少高温废气对润滑油的不利影响。如图6-79所示。

6. 可变截面涡轮增压系统(VNT)

在涡轮室内增加了一组环绕涡轮的可转动的耐高温金属导流叶片(喷嘴环叶片)及布置在外部的执行器。其结构如图6-80如图所示,基本工作原理如图6-81所示。在发动机低速或急加速时,收窄排气通道的截面积,提高了废气的流速;在发动机高转速工况时,ECU通过执行器改变了喷嘴环叶片的角度,增大了废气通道流通

图6-79 废气涡轮增压器的冷却与润滑

面积,降低了废气的流速。从而使涡轮增压器在发动机低速或急加速时有较好的增压效果、在高速时可避免增压过度及涡轮超速的问题。而当控制电路及相关联部件有故障时,ECU启动失效保护功能,使叶片处于最大开度位置,此时涡轮增压系统无增压效果。

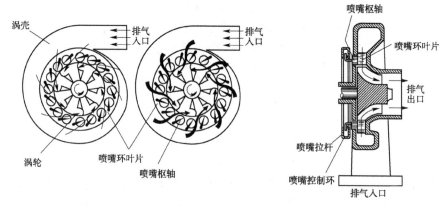

图6-80 VNT系统结构示意图

7. 废气涡轮增压装置的检修及安全使用注意事项

(1)检修注意事项
①检查废气旁通阀的机械运动。
②转动叶轮,检查有无卡滞等不良状况。
③检查壳体内部有无油污和灰尘,并进行相应的清洁。
④检查油封有无损坏或泄漏,视情更换。
⑤检查叶片有无裂纹、断裂或叶片弯曲。
⑥如图6-82所示,检查主轴轴颈轴承间隙,如果间隙超出规定值,更换轴承。
⑦如图6-83所示,检查推力轴承间隙。如果间隙超过规定值,更换推力轴承。

(2)安全使用注意事项
①注意人身安全。
a.不在发动机运转时,对涡轮增压器进行作业;

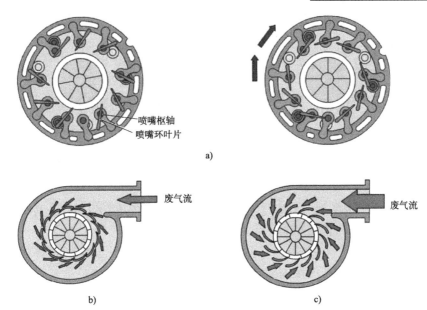

图6-81 VNT系统工作原理示意图
a)叶片调节示意图;b)低速工况,废气通道变窄;c)高速工况,废气通道路变大

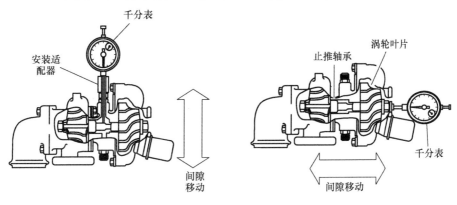

图6-82 主轴轴颈轴承间隙的检查　　图6-83 止推轴承间隙的检查

b. 避免被涡轮增压器烫伤;
c. 避免被涡轮增压器部件尖锐的边缘切到手;
d. 作业时戴上专用的防护镜。
②保证增压器的润滑。
a. 新车或放置时间超1周以上,发动前应将增压器的进油口拆下提前加润滑油润滑增压器;
b. 在运行一段时间后,润滑油管路要进行清洗;
c. 不能一着车就走,应先怠速运转一段时间。发动机熄火前,应先怠速转一会(3~5min)。
③保持清洁。
a. 应保证空滤器和进气管路的封;
b. 拆卸增压器时,防止杂物掉进增压器内,损坏转子。

另外,不得长时间怠速运转:气压过低、转速过低,润滑油会通过密封环渗漏到压气端或涡轮端。

单元七
柴油机电控燃油喷射系统（ECD）

课题一　柴油机电控燃油喷射系统的组成及原理

由于柴油机具有高转矩、使用寿命长、低燃油耗等优点，使用范围越来越广泛，数量也越来越多，同时对其动力性、经济性、控制废气排放和噪声污染的要求也越来越高。解决的办法之一是在柴油机上采用电控制燃油喷射的技术。喷油量、喷油压力和喷射正时不仅仅取决于发动机的转速和负荷，还可根据进气温度、冷却液温度、进气压力等因素来确定。采用电控燃油喷射技术后，柴油机不仅仅废气中的 CO 和 HC 比汽油机少得多，NO_X 排放量与汽油机相近，排气微粒也可通过提高喷油压力和柴油雾化效果、使用预喷射、分段喷射等技术得以有效的改善，并在质量、噪声等方面已取得了重大突破，达到了汽油机的水平。现在，柴油机电子控制技术在发达国家的应用率已在达 60% 以上。

1. 柴油机电控燃油喷射系统的控制内容及功能

柴油机电控燃油喷射系统的控制内容及功能见表 7-1。

柴油机电控燃油喷射系统的控制内容及功能　　　　表 7-1

控制内容	控 制 功 能
喷油量控制	由发动机转速、加速踏板位置决定，由冷却液温度、进气温度、进气压力等修正信号进行修正
喷油正时控制	
怠速控制	发电机、空气压缩机、动力转向液压油泵等装置工作时，控制系统使怠速在目标转速上
各缸喷油量不均匀的修正	多缸柴油机电控系统通过各缸在做功行程时的曲轴转速变化判断各缸喷油量的差异，利用电磁溢流阀的快速响应性，及时修正各缸的喷油量，以降低发动机转速的波动
排气再循环控制（EGR）	控制参与再循环的废气量来控制 NO_X 的排放量
进气节流控制	在急速时，系统通过控制节气门的开度，控制进气量，以降低怠速时的振动和噪声。停车时，系统关闭节气门，中断进气，以减轻发动机的振动
进气涡流强度控制	系统通过控制进气通道的变化，以便在不同转速及负荷下更好地组织进气涡流，改善燃烧质量，提高动力性、经济性，降低排放
增压控制	控制增压压力、进气量、空燃比
起动预热控制	在不同的起动条件下，系统通过控制起动预热塞的通电时间，以改善柴油机的低温起动性能和稳定低温急速运转
故障自诊断功能及故障保护功能	与汽油机电喷系统同

2. 柴油机电子控制燃油喷射系统的组成

与汽油机电控燃油喷射系统相似,也是由传感器、电子控制单元(ECU)和执行器等三部分组成。

(1) 基本传感器。基本传感器及其作用如表 7-2 所示。

柴油机电子控制燃油喷射系统的基本传感器及其作用　　表 7-2

传 感 器	作　　用
节气门位置传感器	检测节气门的位置,即发动机的负荷信号,此信号输入 ECU 后,与转速信号共同决定柴油机的喷油量及喷油提前角,是主控制信号
转速传感器、曲轴位置传感器	用以检测发动机转速或曲轴位置,与加速踏板位置传感器共同决定喷油量和喷油提前角,是主控制信号
泵角传感器	检测喷油泵轴转角,与曲轴位置传感器配合共同控制喷油量,并保证在喷油正时改变时不影响喷油量
着火传感器	检测燃烧室开始燃烧的时刻,修正喷油正时
冷却液温度传感器	检测发动机冷却液温度,修正喷油量及喷油正时
进气温度传感器	检测进气温度,以修正喷油量及喷油正时
进气压力传感器	检测进气压力,以修正喷油量及喷油正时
溢流环位置传感器	检测溢流控制电磁阀的电枢位置,以反馈控制溢流环的位置
正时活塞位置传感器	检测电子控制定时器正时活塞的位置,将喷油正时提前量信号输入 ECU

(2) 电子控制单元(ECU)。负责处理所有信息,执行程序,并将运行结果作为控制指令输出到执行器。此外,还适当修正喷油量、喷油提前角等。

(3) 执行器。根据 ECU 送来的执行指令驱动调节喷油量及喷油正时的相应机构,从而调节柴油机的运行状态。

课题二　柴油机电控燃油喷射系统的主要部件

一、分类

(1) 按直接控制的喷油量控制方式不同可分为位置控制和时间控制。位置控制系统只是对传统供油系统中的齿条或滑套的运动位置由原来的机械调速器控制改为微机控制;时间控制系统可以是保留原来的喷油泵—高压油管—喷油器系统,也可以采用高速电磁阀直接控制高压燃油的喷射。

(2) 按产生高压燃油的机构不同可分为直列泵电控喷射系统、分配泵电控喷射系统、喷油泵—喷油器式电控喷射系统、共轨式电控喷射系统。其中共轨式电控燃油喷射是新型喷射机构。

二、位置控制式电控喷油泵系统

位置控制式电控喷油泵的主体与普通喷油泵相同,只是调速器和喷油提前角调节器(喷油正时控制器)由电子控制系统控制。影响喷油量及喷油提前角的有关因素通过相应的传感器将信号输入电控单元(ECU),经分析处理后输出控制指令,通过电动调速器和喷油提前角调节器来控制燃油喷射量和喷油正时。

位置控制式电控喷油泵分为直列柱塞式和分配式两种。

1. 位置控制式直列柱塞泵系统

如图 7-1 所示。电子控制系统的基本控制信号是节气门位置传感器、发动机转速传感器,水温传感器、进气压力作为补偿控制信号,发动机的状态和环境条件都可以用各种传感器检出,ECU 对输入的控制信号和反馈信号进行分析处理,计算出相应的喷油量及喷油提前角控制参数值。由调速器执行机构控制调节杆的位置,从而控制供油量,由提前器执行机构控制发动机驱动轴和喷油泵凸轮轴间的相位差,从而控制喷油提前角。

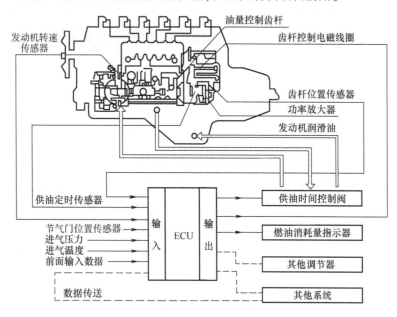

图 7-1 位置控制式直列柱塞泵系统

(1)喷油量的控制。是由 ECU 控制电子调速器进行动作来实现增减喷油量的。电子调速器如图 7-2 所示。当电流流过线性线圈时,滑动铁芯被拉向箭头所示方向,在复位弹簧作用下平衡在某个位置,调节齿杆向增油方向移动;反之,滑动铁芯向右移动,供油量减少。齿杆位置传感器将信号传给 ECU,ECU 将该信号和齿杆位置的目标值进行比较,根据两者的差值向线性线圈发出驱动信号,改变喷油量。

(2)喷油提前角的控制。是由 ECU 控制电磁阀,电磁阀控制由发动机机油泵进入喷油提前角提前器的油压,通过油压使活塞动作。电磁阀开启和关闭,油压活塞左右移动,拨叉上下移动。拨叉的移动通过拨叉销传递到偏心凸轮机构,使驱动轴和喷油泵凸轮轴之间的相位发生变化。如图 7-3 所示。

2. 位置控制式电控分配泵系统

如图 7-4 所示

(1)喷油量的控制。也是由 ECU 控制电子调速器中的溢流环的位置来实现增减喷油量的。

单元七　柴油机电控燃油喷射系统（ECD）

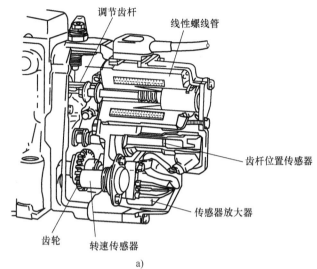

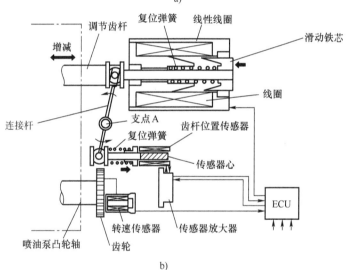

图 7-2　位置控制式直列柱塞泵电子调速器
a）结构图；b）工作原理图（线性线圈通电时）

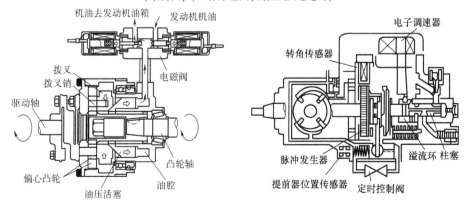

图 7-3　喷油提前角的提前器（延迟时）　　图 7-4　位置控制式电控分配泵系统图

电子调速器的构造如图7-5所示,由转子式电磁执行器和油量控制机构组成。当转子旋转时,轴端偏心安装的偏心球拨动溢流环沿柱塞做轴向移动,从而增减喷油量。在转子上端装有溢油位置传感器,用以向ECU反馈喷油量的变化情况。ECU根据发动机的状态计算出目标喷油量,通过驱动回路控制输出,使分配泵的溢油环控制在目标位置,从而实现喷油量的控制。

(2)喷油提前角的控制。控制方法如图7-6所示。提前器活塞内设有连通高压腔和低压腔的通道,依靠占空比控制的定时控制阀使活塞两侧的压力发生变化,从而控制喷油时间。当定时控制阀线圈通电时,高压腔与低压腔连通,使得活塞两端的油压差消失,在弹簧的作用下,活塞复位,使喷油时间推迟。当定时控制阀线圈断电时,高压腔与低压腔隔断,活塞在高压油压力的作用下压缩弹簧向左移动,使凸轮盘相对于滚柱的位置产生偏转,喷油时间提前。通电时间长,喷油提前角减小;通电时间短。喷油提前角增大。提前器位置传感器检测出定时活塞的位置,从而进行反馈控制。定时控制阀如图7-7所示。

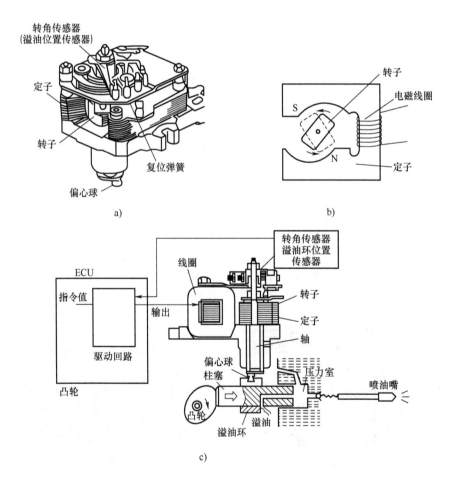

图7-5 位置控制式电控分配泵电子调速器
a)结构;b)转子式电磁执行器;c)喷油量控制方式

单元七 柴油机电控燃油喷射系统（ECD）

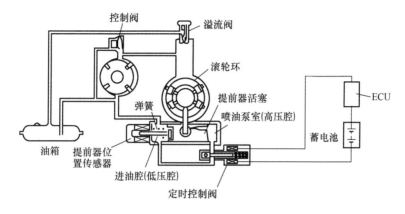

图 7-6 喷油提前角的控制

三、时间控制式电控喷油泵

在泄油通路上装有电磁溢流阀（高速电磁阀），ECU 控制电磁阀，定时开关泄油通路来实现对喷油量的控制。由于采用了高速电磁阀，控制自由度比位置控制式有了很大的提高。

时间控制式分配泵喷射系统如图 7-8 所示，是在位置控制式分配泵喷射系统的基础上发展起来的，它取消了溢油环，在泵的泄油通路上设置了一个电磁溢流阀。其喷油量的控制如图 7-9 所示。

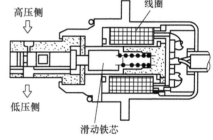

图 7-7 定时控制阀

（1）喷油量控制。是通过控制柱塞泵高压腔与低压腔的通路即溢油通路开启的时刻，改变柱塞的泵油行程（有效行程）来实现的。在柱塞泵油阶段，当电磁溢流阀断电，溢流阀打开，高压油立即卸压，停止喷油。喷油始点取决于分配泵端面凸轮的行程。电磁阀打开越迟，喷油量越多。

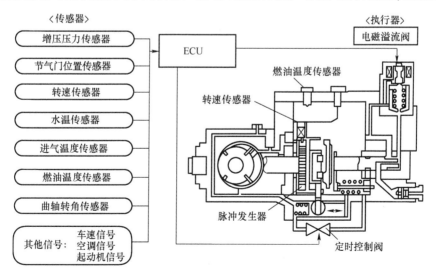

图 7-8 时间控制分配泵喷射系统

253

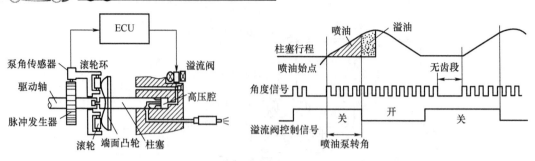

图 7-9 喷油量的控制原理

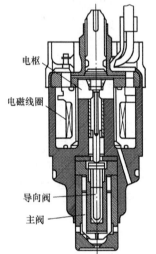

图 7-10 电磁溢流阀

电磁溢流阀结构如图 7-10 所示。其中导向阀为一小电磁阀,阀的开闭由电磁线圈控制,电磁线圈又受 ECU 控制;主阀为液压阀,开闭受燃油压力控制。电磁溢流阀的工作原理如图 7-11 所示。

a. 建立油压与喷油。当电磁溢流阀通电时,高压油通过主阀上的小孔同时作用于主阀的背面。由于电磁溢流阀通电过程中线圈产生了电磁场,导向阀压在阀座上。由于主阀座面的密封截面小于主阀直径,作用于主阀背面的力大于作用于主阀正面的力,故主阀压向阀座。高压燃油不会溢流。高压腔的燃油经高压油管由喷油器喷出。

b. 导向阀开启。ECU 切断辅助电磁溢流阀中的电流,导向阀打开。

c. 主阀开启。一旦导向阀打开,主阀背面的燃油溢流,主阀正面的燃油压力由于有小孔节流,下降较慢,这样主阀就自动开启,高压腔内燃油迅速卸压,停止喷油。

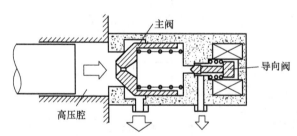

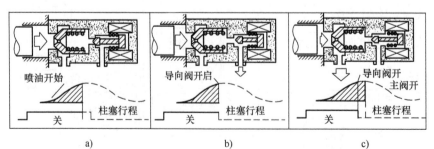

图 7-11 电磁溢流阀工作原理
a) 建立油压与喷油;b) 导向阀开启;c) 主阀开启

(2)喷油提前角(喷油正时)控制。喷油正时控制机构与位置控制式分配泵喷射系统是一样的,即通过正时活塞的移动来改变端面凸轮与滚轮的相对位置来实现喷油提前角的控制的,而正时活塞的位置则由加在上面的液压大小所决定。时间控制式分配泵喷射系统是通过 ECU 控制正时控制电磁阀线圈电流的通断来控制作用在正时活塞上的油压,从而实现对喷油提前角控制的。但取消了提前器活塞位置传感器,反馈信号来自于曲轴位置信号和喷油泵转角传感器的无齿段信号间的相位差。在油泵驱动轴上装有泵角脉冲发生器,如图 7-12 所示。

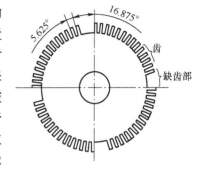

图 7-12　泵角脉冲发生器

泵角传感器向 ECU 输入燃油何时开始喷射的信号;曲轴位置传感器向 ECU 输入曲轴基准位置的参考信号。ECU 根据这两个信号才能确定喷油提前角。确定基本喷油提前角的控制信号是节气门位置传感器信号和转速信号,并根据水温传感器、进气温度和进气压力传感器等信号加以修正。

起动时,发动机转速很低,曲轴位置传感器信号电压很低,系统采用开环控制方式控制喷油提前角。

时间控制式分配泵喷射系统在汽缸内设置了燃烧始点光电传感器,如图 7-13 所示。燃烧室内的燃烧光通过石英棒导入光敏晶体三极管,转换成电信号,输入 ECU,ECU 根据此信号判定实际点火的时刻,并以此修正喷油提前角。这样,可以消除柴油品质(十六烷值)、大气压力变化对柴油机性能的影响。

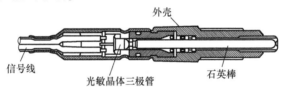

图 7-13　燃烧始点光电传感器

四、电控泵—喷嘴系统

该系统取消了高压油管,柱塞泵油时产生的高压燃油立即进入喷油嘴。泵—喷嘴直接安装在发动机燃烧室附近。用高速强力电磁阀来控制喷油正时和喷油量,属时间控制类型。高速电磁阀受 ECU 控制,即控制流过线圈电流通、断时刻及通断时间的长短,从而控制喷油提前角与喷油量。喷油泵柱塞可通过凸轮驱动或采用液压驱动。

(1)凸轮驱动式电控泵—喷嘴喷射系统。如图 7-14 所示,在凸轮压油期间的某特定的时刻,电磁阀开启,柱塞开始泵油,但由于旁通阀导通,不能建立高压;电磁阀一旦通电而关闭,柱塞即向喷油嘴泵油,喷油嘴进行喷油;电磁阀再次打开,高压油立即卸压,停止供油,喷油嘴迅即停止喷油。

(2)电控液压驱动式泵—喷嘴系统。如图 7-15 所示是美国 Caterpillar 公司的 HEUI 系统,是一种中压共轨(共用油轨)电控喷射系统,采用机油作共轨工作油,解决了热工况下柴油黏度下降易泄漏和汽化而引起的热起动困难,但该系统冷起动较困难。

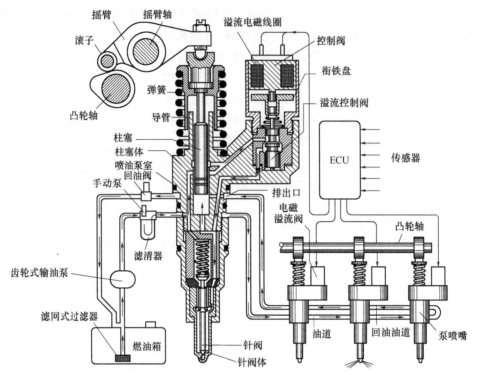

图 7-14 凸轮驱动式电控泵—喷嘴喷射系统

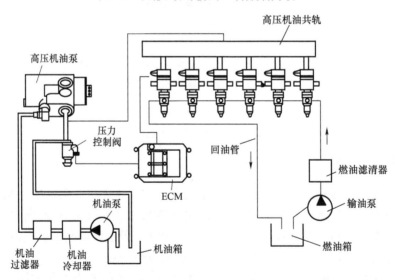

图 7-15 美国 Caterpillar 公司的 HEUI 系统

①该系统配有两条油路：机油油路和柴油油路。在工作中，利用柴油机油底壳中的机油，通过机油泵升压(0.3MPa)，再经机油冷却器冷却和机油滤清器过滤后，经高压机油泵升压(4~23MPa)进入高压机油共轨中，其机油压力由压力控制阀(RPCV)调节(由ECU控制)；柴油则从燃油箱、输油泵、燃油滤清器、缸盖油道、回油管、喷油器下腔，再分别喷入汽缸内或流回油箱。

起动时,由于机油压力建立较慢,使用该系统的发动机冷起动比较困难。

②电控液压驱动式泵—喷嘴的结构与工作原理。如图 7-16 所示,喷油器内装有提升式电磁阀、增压柱塞、套筒、喷油嘴等。

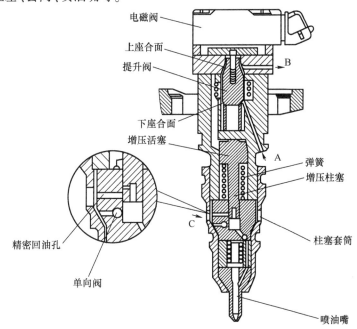

图 7-16　电控液压驱动泵—喷嘴系统

A-高压机油通道;B-回油机油通道;C-燃油进口通道

a. 电磁阀通电时,使提升阀向上动作,提升阀的上座合面将回油机油通道 B 关闭,下座合面将高压机油通道 A 打开,高压机油从 A 通道经弹簧进入增压活塞的上部,从而推动活塞下移。这时,充满增压柱塞下腔的燃油加压后克服调压弹簧的作用力经喷油嘴喷入气缸内。

b. 电磁阀断电,提升阀在复位弹簧作用下回落。提升阀上座合面打开,下座合面关闭,使喷油器内的高压机油经回油通道 B 流出,高压机油不能经高压机油通道 A 进入喷油器;与此同时,增压活塞在回位弹簧作用下回到初始状态,喷油停止,燃油又从燃油进口通道 C 经单向阀进入增压活塞下腔内。

喷油定时和喷油量则由电磁阀的提升和下降时间决定,由 ECU 进行控制,可以实现喷油始点、喷油持续时间、喷油压力和喷油规律等控制。

五、高压共轨式电控燃油喷射系统的结构及原理

高压共轨式电控燃油喷射系统是指该系统中有一条具有可以独立控制的燃油压力共用油轨(相当于蓄压器),用高压(或中压)输油泵向共轨泵油,用电磁阀进行燃油压力调节,并由压力传感器反馈控制。有一定压力的柴油经由共轨分别通向各缸喷油器,喷油器上的电磁阀控制喷油量和喷油正时。改变施加在电磁阀上的控制脉宽,可以调节喷油量;改变脉冲时刻,可以控制喷油定时。喷射压力直接取决于共轨中的油压或由喷油器中增压活塞对由共轨来的油压予以增压。高压共轨式电控喷射系统的喷射压力高且可控,又可实现喷油速率的柔性控制,以满足排放法规的要求。

1. Bosch 公司的高压共轨式燃油喷油系统

如图 7-17 为 Bosch 公司开发的第一代高压共轨燃油喷油系统,执行器采用高速电磁阀,于 20 世纪末出现,它的特点是:共轨压力为 135MPa、可实现预喷射、闭环控制、可用于 3~8 缸轿车柴油机、可满足欧 3 号排放法规。第二代高压共轨燃油喷射系统采用压电晶体式喷油器,于 21 世纪初就出现,它能满足现代汽车大多数采用的高速直喷、4 气门、涡轮增压、废气再循环、中冷技术的发动机对燃油喷射系统提出的要求。图 7-18 为装用 Bosch 高压燃油共轨喷射系统的 4 缸柴油机。

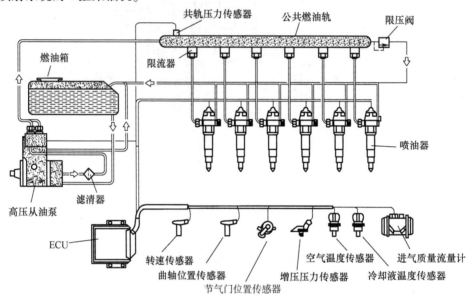

图 7-17 Bosch 公司的高压共轨式燃油喷射系统示意图

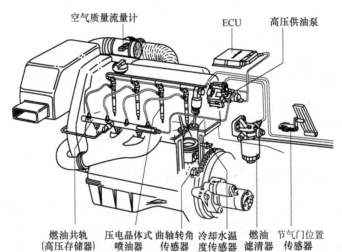

图 7-18 装用 Bosch 高压燃油共轨喷射系统的 4 缸柴油机

1) 喷油器

结构如图 7-19 所示,燃油从高压接头经一进油通道送往喷油嘴,经进油节流孔送入控制室。控制室通过由电磁阀打开的回油节流孔与回油孔连接。

单元七　柴油机电控燃油喷射系统（ECD）

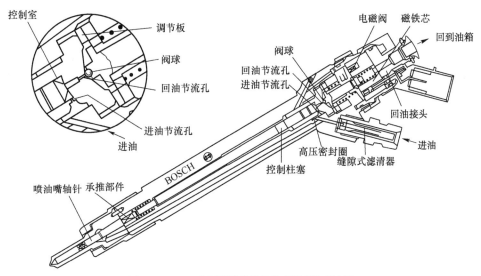

图7-19　Bosch公司燃油共轨燃油喷射系统喷油器

a. 电磁阀不通电时,回油节流孔关闭,进油节流孔的进油使控制室中建立起与共轨中相同的压力,作用在柱塞上的液压力大于作用在喷油嘴针阀承压面上的力,因此,喷油嘴针阀被压在座面上,从而没有燃油进入燃烧室。

b. 电磁阀通电后,打开回油节流孔,燃油从控制室流入上面的空腔,并经回油通道回流到油箱,控制室内的压力下降,当作用在控制活塞上的液压力低于作用在喷油嘴针阀承压面上的作用力时,喷油嘴针阀立即开启,燃油通过喷油孔喷入燃烧室。

针阀开启速度决定于进、回油节流孔之间的流量差。控制柱塞达到上限位置,并定位在进、回油节流孔之间。此时,喷油嘴完全打开,燃油以近于共轨压力喷入燃烧室。针阀关闭速度决定于进油节流孔的流量。

2）压电晶体式喷油器

电磁阀式喷油器由于受电磁铁、针阀、线圈等物理特性所限,在打开和关闭时针阀实际动作与ECU发出的指令间会产生200～250μs的迟滞,从而对发动机的动力性、排放指标产生不利影响。压电晶体式喷油器的针阀动作要比电磁式快4倍以上。

西门子公司研发的压电晶体结构采用多层技术,由20～200μm陶瓷层烧结而成,层与层之间有电极。它主要由带弹簧的多孔油嘴、控制活塞、进出油节流孔、二位二通阀、压电晶体部件等组成。结构如图7-20所示。

高压燃油从共轨中进入喷油器后,一路由

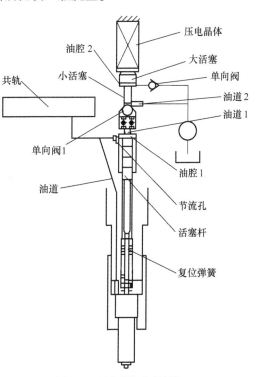

图7-20　压电晶体式喷油器

通道进入喷油器盛油槽,作用于针阀锥面上;一路通过节流孔进入活塞顶部油腔1。

a. 当压电晶体不通电时,单向阀1关闭,油阀中的燃油通过推动活塞杆,关闭喷油嘴,喷油器不喷油。

b. 当压电晶体通电后,压电晶体伸长,推动大活塞压缩油腔2中的燃油,再推动小活塞,将单向阀1中的钢球推离锥面,从而使油腔1中的燃油经过通道1、单向阀1及通道2回流到油箱。活塞杆上部卸压,针阀在盛油槽中的燃油压力作用下,克服复位弹簧的作用力,向上运动,从而开启喷油嘴,开始喷油。

c. 若压电晶体断电,单向阀落座,活塞杆向下运动,关闭喷油嘴。

3) 高压供油泵

供油泵主要作用是将低压燃油变成高压燃油,储存在共轨内,等待 ECU 的喷射指令;供油压力可以通过压力限制器进行设定。

Bosch 公司电控共轨式燃油喷射系统供油泵结构如图 7-21 所示。它除了供给高压燃油外,还能保证快速起动过程和共轨中压力迅速上升所需要的燃油储备、持续产生高压所需的系统压力。

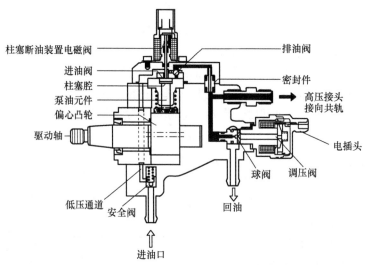

图 7-21 Bosch 公司控共轨式供油泵

Bosch 公司的供油泵装在发动机上,由发动机驱动,采用燃油润滑。

燃油被供油泵内三个径向柱塞压缩,柱塞相互之间错开 120°。每一转有三个供油行程。

由于供油泵供油量较大,在怠速和部分负荷工作时,被压缩的燃油过多。多余的燃油经过调压阀流回油箱。

切断柱塞供油时,送到共轨中的燃油量减少。此时进油阀一直开着。在柱塞断油装置的电磁阀动作时,装在其电枢上的一根销子将进油阀打开,从而使供油行程中吸入的燃油不受压缩。由于吸入的燃油又流回到低压通道,所以,柱塞腔内不会建立高压。切断柱塞供油后,供油泵不再连续供油,而是处于供油间歇阶段。

4) 共轨压力传感器

作用是测定共轨中的实时燃油压力,并向 ECU 提供电信号。如图 7-22 所示为 Bosch 公司共轨压力传感器的结构图。

单元七 柴油机电控燃油喷射系统（ECD）

高压燃油经压力室的小孔流向膜片。膜片上装有半导体型压敏元件，可将压力转换为电信号。通过连接导线将产生的电信号传送到 ECU。

工作原理：当膜片形状改变时，膜片上涂层的电阻发生变化。使 5V 供电的电阻电桥中产生电压变化。电压在 0～70mV 之间变化，经求值电路放大到 0.5～4.5V。通过连接导线将产生的电信号传送到 ECU。

5）流量限制器

作用是防止喷油器可能出现的持续喷油现象。当共轨流出的油量超过最大流量时，流量限制器将自动关闭流向相应喷油器的进油口，停止继续喷油。

结构如图 7-23 所示，用螺纹分别与共轨和喷油器连接。弹簧将活塞向共轨方向压紧。活塞与外壳壁间密封。活塞上的纵向孔连接进油孔和出油孔。纵向孔直径在末端缩小，能精确控制节流。

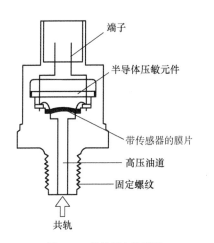 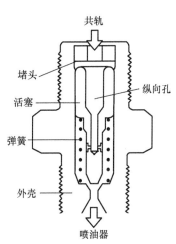

图 7-22　共轨压力传感器　　　　图 7-23　流量限制器

正常工作状态：活塞处在静止位置，即靠在共轨端的限位体上。一次喷油后，喷油器端的压力略有下降，从而活塞向喷油器方向运动。活塞下移的量取决于喷油器喷出的油量。在喷油终了时，活塞停止运动，不关闭密封座面，弹簧将活塞压回到静止位置。燃油经节流孔流出。此静止位置一直保持到下一次喷油。

喷油量过大时：由于喷出的油量过多，活塞从静止位置被压到喷油器端的密封座面上，一直保持到发动机停机时，从而关闭通往喷油器的进油口。

喷油量过小时：活塞不再能达到静止位置。经过几次喷油后，活塞移动到

喷油器端的密封座面上，一直停留到发动机停机时，从而将通往喷油器的进油口关闭。

6）调压阀

作用是根据发动机的负荷状况调整，保持共轨中的压力。当共轨压力过高时，调压阀打开，一部分燃油经集油管流回油箱；当共轨压力过低时，调压阀关闭，高压端对低压端密封。

结构如图 7-24 所示。固定在共轨（或供油泵）上。活动铁芯将一钢球压入密封座，使高压端对低压端密封，弹簧将活动铁芯往下压。电磁线圈通电时产生一个向下的电磁力，电磁吸力的大小与控制电流成正比。为进行润滑和散热，整个活动铁芯周围有燃油流过。

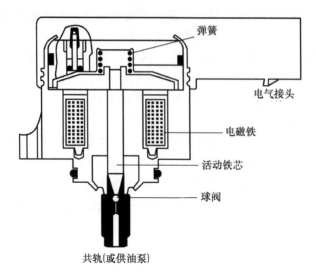

图7-24 调压阀

调压阀不工作时：共轨（或供油泵）出口处的压力高于调压阀进口处的压力。电磁线圈不通电不产生作用力，当燃油压力大于弹簧力时，调压阀打开，共轨（或供油泵）一部分燃油经集油管流回油箱。

调压阀工作时：若要提高共轨中的油压，使电磁线圈通电，产生电磁吸力，此时，只有当电磁吸力和弹簧力之和大于共轨（或供油泵）出口处燃油高压时，球阀才被关闭。

7）限压阀

相当于安全阀，它的作用是限制共轨中的最高、最低压力。当共轨中燃油压力过高时，打开放油孔卸压。当油压过低时，阀复位，保持共轨内的压力。

结构如图7-25所示。用螺纹装在共轨上。

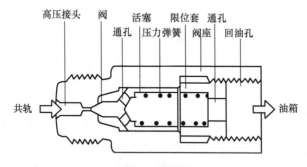

图7-25 限压阀

一般工况下，弹簧将活塞紧压在座面上，共轨呈关闭状态。当共轨中的燃油压力超过规定的最大压力时，活塞在高压燃油压力的作用下克服弹簧作用力，高压燃油从共轨中经过通孔流入活塞中央，然后经集油管流回油箱，共轨中的压力降低。

2. 日本电装公司的 ECD-U2 系统

如图7-26所示为电装公司 ECD-U2 系统，适用于中、重型载货汽车柴油机。

ECD-U2 系统是完全的"时间—压力调节系统"，喷油量是由共轨压力和喷油器电磁阀通电脉冲宽度决定的。有一个二缸直列式喷油泵作为高压输油泵，凸轮是一个近似三角形的多凸起凸轮,凸轮轴旋转一周每缸供油三次。喷油泵上装有一个控制阀(PCV)对供油量进行调节。高压输油泵将油输入到共轨中,共轨上有一个高压压力传感器,将油压信号输送给ECU,由ECU对高压输油泵上的PCV阀实施反馈控制,确保共轨中压力稳定。共轨压力可根据柴油机工况的要求确定,目前达到了120MPa。每个喷油器上方有一个电控三通阀(TWV)。

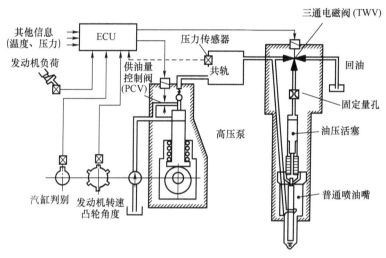

图7-26 日本电装公司的ECD-U2系统

1)喷油器

有三通阀结构式和二通阀结构式喷油器。三通阀式喷油器结构如图7-27所示。

三通阀由内阀、外阀、阀体组成,内阀是一个自由活塞,外阀和电磁线圈的铁芯做成一体,由线圈通电来使外阀上下运动,阀体用来支承外阀,这三部分分别形成密封锥面A、B。

①电磁阀不通电时,外阀处在下面位置,座B关闭,共轨来的高压油进入喷油器座面处,也进入液力活塞上方,喷油器针阀升不起来,喷油器不喷油。

②电磁阀通电时,外阀向上运动,座A关闭,挡住了共轨高压油进油口,阻止油进入液力活塞上方,同时外阀上行,座B打开,泄油道打开,使液力活塞上方的油压通过泄油道泄压,喷油器针阀在共轨高压油作用下升起,开始喷油。由于在活塞上方设置了一个单

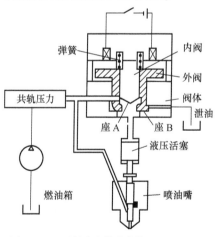

图7-27 三通阀式电控喷油器(ECD-U2)

向阀和一个小孔节流通道(图中未画出),单向阀阻止活塞上方的燃油通过,燃油只能从小孔逐步泄出,这样,活塞上方油压下降放慢,针阀升起缓慢,达到了柴油机初期喷油速率低的要求。

③喷油结束时,电磁阀断电,在弹簧力作用下外阀向下运动,座B关闭,泄油道关闭,而座A打开,燃油进入液力活塞的通道,共轨高压油通过单向阀迅速加到液力活塞的上方,活塞下行。由于活塞直径比针阀直径大得多,因此,产生很大油压力使针阀迅速关闭,实现了快速停喷的要求。

高压喷射、可变喷油定时及喷油速率柔性控制是柴油机燃油喷射系统的发展方向。高压共轨系统柴油机还能实现多次喷射的功能,其喷油器不仅可实现初期喷油速率低、快速停喷(先缓后急)的三角形喷油规律,还可实现预喷射喷油规律(靴形喷油规律)。多次喷射指在一个循环中有预喷射、主喷射及后喷射。预喷射是指在主喷射前进行的一次或两次小油量的喷射,燃油在缸内产生冷焰反应,使缸内温度和压力在主喷前已经升高,当主喷燃油喷入汽缸后,由于预喷的引燃作用可以在很短的着火延迟期内燃烧,缩短主喷射燃油的滞燃期,降低缸内最高压力和燃烧温度,使发动机的燃烧噪声和 NOx 的排放得以降低。预喷的油不会被压燃,只是与空气充分混合改善了主喷射燃油的燃烧环境。后喷射是指主喷射后进行的一次或二次喷油,此时喷入少量燃油被点燃后,连同主喷射中未燃烧完全的碳烟颗粒、CO、HC 等发生二次燃烧,从而大大改善了排放指标。

如图 7-28 所示为喷油规律曲线。ECD－U2 系统不仅能可实现三角形喷油规律,还可实现靴形喷油规律。要实现靴形喷油规律时喷油器结构要略加变动,结构如图 7-29 所示,在三通阀与液压活塞之间的节流孔处改为一个靴形阀,靴形阀与液压活塞间的间隙作为可调的预行程。当三通阀通电时,靴形阀中的高压燃油被释放到泄油通道,喷油器打开到相当于预行程的高度,针阀在此处停留一直到维持到靴形阀末端残余压力通过靴形阀节流孔下降一定程度后,针阀才继续升高到最大升程,达到最大喷油速率。

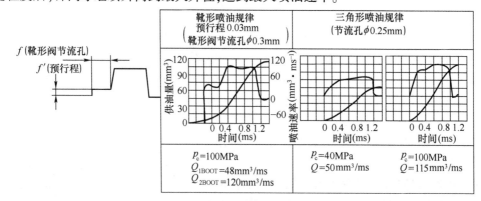

图 7-28　喷油规律曲线图

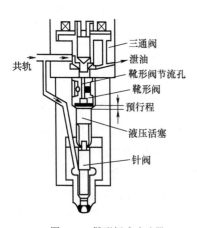

图 7-29　靴形阀式喷油器

二通阀式喷油器结构如图 7-30 所示。量孔 2 的直径必须小于量孔 1 的直径。

a. 当二通阀(TWV)开启通电,控制腔中的高压燃油经量孔 2 流入低压腔中,控制腔中的燃油压力降低,但是,喷油嘴压力室中的燃油压力仍是高压。压力室中的高压使针阀开启,向汽缸内喷射燃油。

b. 当二通阀不通电关闭时,通过量孔 1,控制腔中的燃油压力升高,针阀下降,喷油结束。

二通阀通过控制喷油器控制腔内的压力来控制喷油的开始和喷油终了。量孔大小既控制喷油嘴针阀的开启速度,也控制喷油率形状。指令活塞的作用是将控制腔内的油压作用力传递到喷油嘴针阀上。

单元七　柴油机电控燃油喷射系统（ECD）

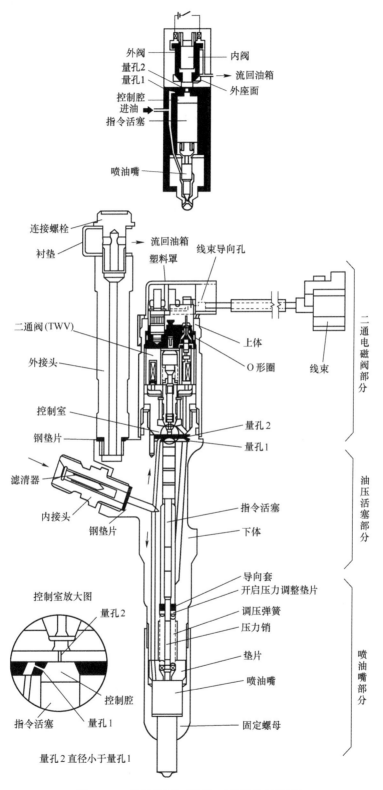

图 7-30　二通阀式电控喷油器（工作原理、结构）图

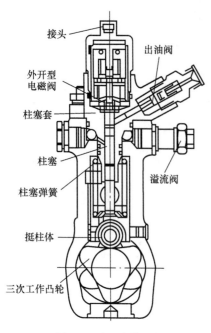

图 7-31 高压输供泵结构

2)供油泵

ECD-U2 系统高压供油泵结构如图 7-31 所示,采用发动机机油强制润滑,不需维护。基本工作原理如图 7-32 所示。

图 a)所示,柱塞下行,控制阀开启,低压燃油经控制阀流入柱塞腔。

图 b)所示,柱塞上行,但控制阀中尚未通电,仍处于开启状态,吸进了的燃油并未升压,经控制阀油流回低压腔。

图 c)所示,ECU 计算出必要的供油量,适时地向控制阀供电,并使之关闭,切断回油流路,柱塞腔内燃油增多;因此,高压燃油经出油阀(单向阀)压入共轨内;控制阀开启后的柱塞行程与供油量对应。如果控制阀的开启时间(柱塞的预行程)改变,则供油量随之改变,从而可以控制共轨压力。凸轮越过最大升程后,则柱塞进入下降行程,柱塞腔内的压力降低;这时出油阀关闭,压油停止;控制阀处于停止通电状态,控制阀开启,低压燃油将被吸入柱塞腔内,即回复到图 a)状态。

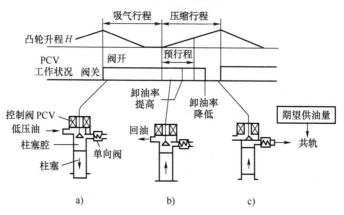

图 7-32 高压供油泵工作原理
a)柱塞下行;b)柱塞上行;c)供油

3)压力限制器

作用是限制共轨中的压力,防止压力过高或过低。因为某种原因,当共轨中的压力达到 140MPa 时,则压力限制器开启,打开卸油孔卸压。当压力下降到约 30MPa 时,球阀复位。始终维持共轨内的压力。

结构如图 7-33 所示。在正常状态下,球阀处于落座位置,共轨内维持正常压力;如果共轨内产生了高压,则球阀被顶开,高压燃油从共轨端流向油箱,开始卸压。从而限制共轨内压力不超过一定的压力值。随着燃油流出,油压下降。当燃油压力下降到某一定的压力值时,在弹簧力的作用下,球阀关闭,停止卸压。

单元七 柴油机电控燃油喷射系统（ECD）

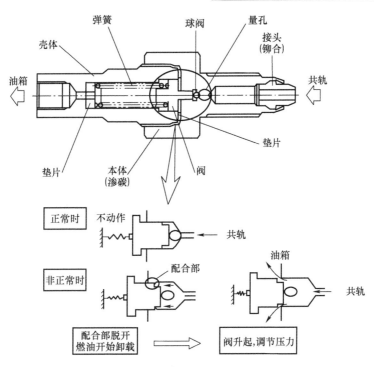

图7-33 电装公司的压力限制器

4）供油泵控制阀（PCV）

作用是通过调整供油泵供入共轨内的燃油量，来调整共轨内的燃油压力。控制阀通电和断电的时刻就决定了供油泵向共轨内供入的供油量。ECD-U2系统的供油泵控制阀如图7-34所示。

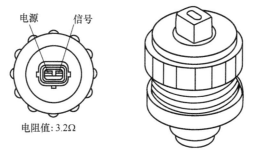

图7-34 供油泵控制阀

5）曲轴转角传感器和汽缸判别传感器

曲轴转角传感器是一个磁电式传感器，在飞轮上每7.5°设置一个信号孔，但总共缺少3个孔，即在飞轮圆周上共有45个孔。发动机每旋转2转，将会产生90个脉冲信号。ECU根据这些信号，可以检出发动机的转速和7.5°的曲轴转角间隔。

汽缸判别传感器也是一个磁电式传感器。在供油泵凸轮轴中间设置了一个圆盘状的齿轮，且每120°缺一个齿（凹形切槽），但在某一处多了一个齿。因此，发动机每转2转则发出7个脉冲信号。

根据曲轴转角传感器和汽缸判别传感器的信息，可以判断出第一缸为基准脉冲。

267

3. 电装公司的 ECD-U2(P)型电控燃油共轨喷射系统

如图 7-35 所示为电装公司开发的适用于轿车柴油机的 ECD-U2(P)型电控高压共轨喷射系统。

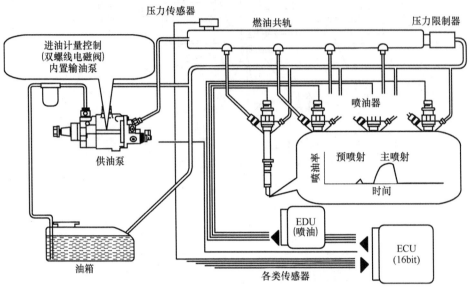

图 7-35　ECD-U2(P)形电控高压燃油共轨喷射系统

六、电控预行程可控制式喷油泵(喷油率、提前角可控)

也称电控供油速率(每度凸轮轴转角的喷油量)可控式喷油泵。传统柱塞泵当发动机低速时高压油管内的压力将随喷油泵转速下降而降低,但为了保证可燃混合气的形成与燃烧质量,低速时必须有高的喷油压力;而发动机高速运转时高压油管内的油压随油泵转速的升高而提高,这将会导致高压油管内压力过高。如果喷油泵的供油速率是可变的,就能保证低速时有高的喷油压力、高速时高压油管内油压不至于过高。

如图 7-36 所示为可控滑套式的可变预行程喷油泵工作过程,在柱塞套筒的下方设置有一个控制滑套,可通过调节杆的上下移动来控制预行程量,进油口设置在柱塞上。

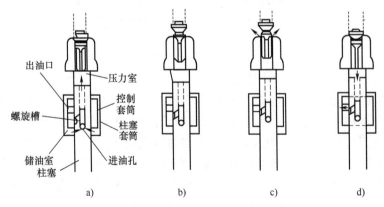

图 7-36　可控滑套式的可变预行程喷油泵工作过程
a)进油；b)开始压油；c)喷射；d)喷射终了

①进油:当凸轮升程处于低位置时,柱塞上的进油孔位于控制滑套的下边,贮油室的燃油从柱塞上的进油孔进入压力室,此时压力室与储油室连通,压力室内的油压不会升高。

②开始压油:当柱塞被凸轮顶起开始上升至柱塞上的进油孔被控制滑套关闭为止,所对应的凸轮升程为预行程,此后压力室内的压力开始上升并开始压油。

③喷油:柱塞上有四槽与柱塞中心的进油孔相通,从柱塞上行至进油孔被控制滑套关闭时起,到柱塞上的螺旋槽与控制滑套上的出油孔连通时为止,此间柱塞上的进油孔和螺旋槽均被关闭,随着柱塞的上升,压力室的燃油被压送到喷油器,柱塞的这段行程称为有效行程。预行程越大,泵油时刻越迟,有效行程越小,泵油量越小,喷油量越少;反之,则相反。

④停止喷油:当柱塞上的螺旋槽与控制滑套上的出油口连通时,压力室内的高压油通过柱塞上的中心孔、螺旋槽、控制滑套上的出油口排至储油室,压力室内的油压急剧下降,停止泵油。

由上可知,有效行程取决于开始泵油时刻和停止泵油时刻,开始泵油时刻取决于预行程大小,停止泵油时刻取决于柱塞上螺旋凹槽与控制套筒上的出油口的相对位置。

如图7-37所示为可控滑套式的可变预行程喷油泵的控制机构。控制滑套上移时,柱塞预行程增大,喷油速率增大;反之,相反。控制滑套由销子定位,只能上下移动不能旋转。控制滑套上下移动的位置由套装在喷油泵内的转子式电磁执行器按ECU指令来驱动旋转控制杆转动一个角度进行控制。

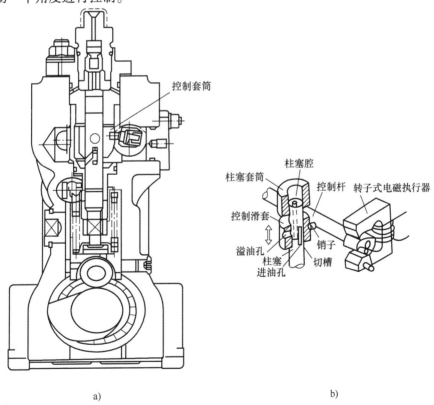

图7-37 可控滑套式的可变预行程喷油泵的控制机构
a)结构;b)控制机构

单元八
发动机润滑系

一、润滑系的作用与润滑方式

1. 作用

①润滑。将润滑油(俗称"机油")输送到发动机中具有相对运动的零件表面上进行润滑,减小零件的摩擦阻力,减少发动机的功率消耗和零件磨损。

②冷却。利用机油的流动性,带走发动机零件的部分热量。

③清洁。机油可利用自身的流动性,将发动机在工作中磨下的金属微粒、从大气中吸入的尘土及燃料燃烧产生的一些固体物质带走。

④密封。利用机油的黏性,提高了汽缸壁与活塞、活塞环之间的密封性。

⑤吸振。吸收曲轴及其他零件的振动,从而减少发动机的噪声。

除此以外,机油还有防止锈蚀的作用。

2. 润滑方式

常见的润滑方式有压力润滑和飞溅润滑。

①压力润滑。利用机油的压力将油输送到各摩擦表面进行强制性地润滑。负荷大、相对运动速度高的摩擦面常采用压力润滑,如曲轴轴承与轴颈、凸轮轴轴承与轴颈、正时齿轮副。另外,远离油底壳的零件采用压力润滑,如气门摇臂轴与摇臂等。

②飞溅润滑。利用曲轴的运转将油从轴承两侧甩出,在曲轴箱内形成许多油滴或油雾,飞溅到各摩擦表面进行润滑。表面裸露的零件或负荷较小的摩擦表面,多采用飞溅润滑。如凸轮与挺杆、汽缸壁与活塞外表面等采用飞溅润滑。

二、润滑系的组成与油路

发动机润滑系一般由集滤器、机油泵、限压阀、油道和油管、机油滤清器、旁通阀、止回阀、机油散热器、机油压力传感器、机油压力表(指示灯)、机油标尺等组成(不同的发动机略有不同)。

1. 典型的发动机润滑油路及方框图

如图 8-1、图 8-2 所示。

1ZR-FE 发动机润滑油路中,装有一个减压阀和一个旁通阀。减压阀在机油泵上,当冷起动发动机或者机油黏度较大时,可避免机油压力过高而造成系统的损坏。有机油回流系统,机油强制送到上汽缸盖并通过汽缸盖内的机油回流口流回油底壳。汽缸体装有用于冷却和润滑的活塞机油喷嘴,机油喷嘴包括单向阀,以防止机油压力较低时机油回流,从而防止发动机中的总机油压力下降。

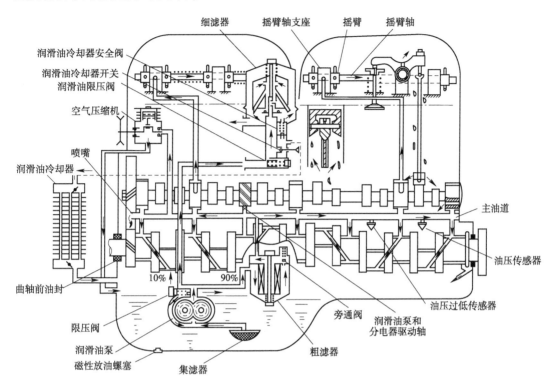

图 8-1　典型的发动机润滑油路

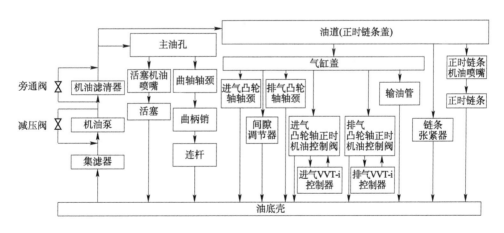

图 8-2　1ZR-FE 发动机润滑油路方框图

2. 典型的有机油冷却器和涡轮增压器的柴油机润滑油路

典型的有机油冷却器和涡轮增压器的柴油机润滑油路如图 8-3 所示。

3. F23A3 发动机润滑系统的布置

F23A3 发动机润滑系统的布置如图 8-4 所示。

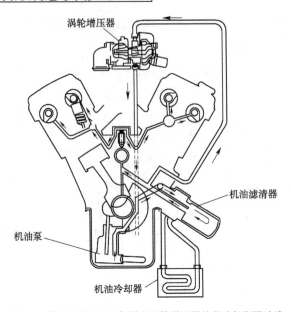

图 8-3 典型的有机油冷却器和涡轮增压器的柴油机润滑油路

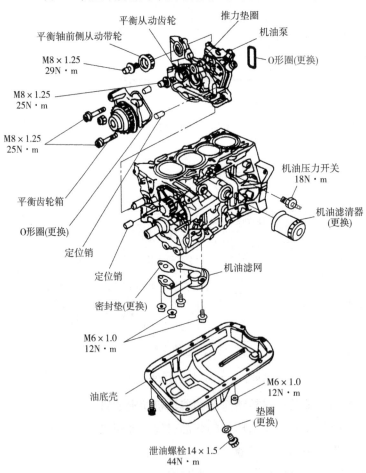

图 8-4 F23A3 发动机润滑系统的布置

三、机油泵

1. 作用
把一定量的机油压力升高,强制性地将机油压送到发动机各摩擦表面上去。

2. 形式
多采用齿轮式机油泵(内啮合与外啮合式两种)和转子式机油泵。机油泵一般由曲轴直接或通过中间惰轮驱动、凸轮轴驱动、曲轴通过链条驱动等几种形式。

3. 工作原理与结构

1)齿轮式机油泵

(1)工作原理。如图8-5所示,齿轮上的各齿朝脱离的方向运转时,产生真空,机油被吸入;随着齿轮的继续转动,机油被送到另一侧;齿轮各齿朝啮合的方向转时,机油从轮齿的凹槽中压出,油压升高。

机油泵上常设有限压阀,用来保持油道内油压使其稳定在规定的范围。在泵盖上对应啮合齿处铣出一条卸压槽与出油腔相连,以降低啮合齿间的机油压力。

机油泵齿轮啮合间隙、齿顶与壳体之间的间隙(齿顶间隙)及齿轮端面与泵盖之间的间隙(齿端间隙)变大,机油泄漏过多,都会使机油泵的泵油量减小、泵油压力降低。

内啮合式齿轮泵与外啮合式齿轮泵工作原理基本相同。其结构如图8-6所示。

(2)结构。如图8-7所示。

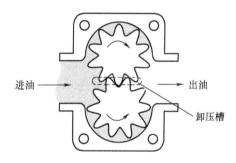

图8-5 外啮合齿轮式机油泵工作原理

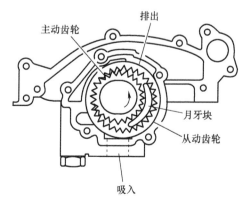

图8-6 内啮合式齿轮泵

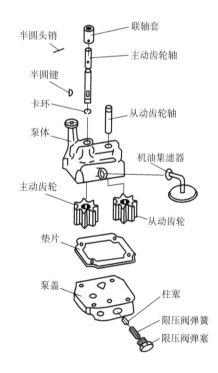

图8-7 典型的齿轮式机油泵的结构

(3) 检修。观察泵体与泵盖,若有裂纹应进行焊修或换用新件;用直尺和厚薄规检查泵体及泵盖接合面的平面度,如图 8-8 所示,若大于 0.10mm,应进行磨削或研磨修复;检查机油泵主动轴与孔的配合间隙,一般为 0.03~0.08mm,≯0.15mm,否则,应对轴孔进行镶套修复;泵盖上装有限压阀时,检查弹簧弹力及限压阀的密封是否良好,否则,应换用新件;用百分表检查机油泵轴的弯曲变形,其直线度在全长上≯0.03mm,否则,应进行校正,从动轴如有单面磨损时,可将磨损面调转 180°,再压入孔内继续使用;机油泵主、从动齿轮若有缺口、轮齿工作面剥落、磨成台阶状、轮齿磨损量>0.25mm 时,均应换用新齿轮。齿轮工作面如有轻微点蚀或毛刺,可用油石磨光后继续使用。

(4) 装配。各零件维修以后,清洗干净,按拆卸相反顺序进行装配。装配时应注意检查以下几点:

① 检查主、从动齿轮与泵盖之间的端面间隙,如图 8-9 所示。所测值加上机油泵盖垫片厚度即为齿轮与泵间端面间隙。若不符合要求,可通过增加或减少泵盖下垫片的方法进行调整。

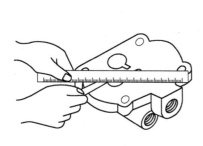

图 8-8 测量泵盖平面度

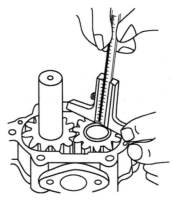

图 8-9 齿轮式机油泵齿轮端面间隙的检查

② 检查齿顶间隙,如图 8-10 所示。用厚薄规插在齿顶与泵体之间进行测量。

③ 检查主、从动齿轮啮合间隙,如图 8-11 所示。用厚薄规在齿轮圆周上互成 120°分三等分点测量。如间隙过大,应成对更换齿轮。测量时各测量点齿轮啮合间隙相差≯0.10mm。

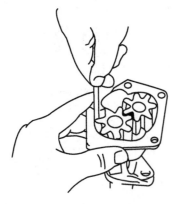

图 8-10 检查齿顶间隙

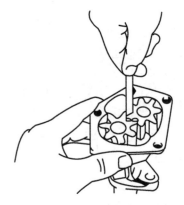

图 8-11 检查啮合间隙

④主、从动齿轮装合时,应涂以机油,并对正齿轮上的记号。

(5)试验。机油泵装复后,经试验合格方可装车使用。方法一般有以下两种:

①经验试验法。用手转动主动轴,应转动灵活,无卡滞现象;将机油泵注满干净的机油,堵住出油口,用手转动主动轴,应有明显的压力感,并有机油压出。

②在试验台上试验。若油压不符合要求,应重新调整限压阀(增减限压阀螺塞下面的调整垫片)。也可以在限压阀弹簧座处增减垫片进行调整。

2)转子式机油泵

(1)工作原理。见图8-12,转子泵的内转子与泵壳偏心安装,由主动轴驱动。外转子在油泵壳体内可自由转动,内转子驱动外转子。由于内外转子的齿数不同,转速也不等。当内转子转动,其齿脱离与外转子的啮合时,就产生了真空吸力将油吸入油泵;当内转子的齿与外转子朝着啮合的方向转动,油压升高,此处就是机油泵的出油口。

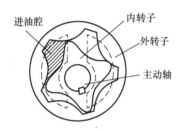  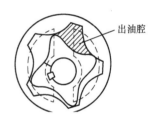

图8-12 转子式机油泵工作原理图

(2)结构。典型的转子式机油泵结构如图8-13所示。如图8-14所示为F23A3发动机的机油泵分解图。

(3)装配与试验(以F23A3发动机机油泵为例说明)装配时应注意检查以下几点:

①检查内、外转子的径向间隙。如图8-15所示,如果此间隙超过了维修极限,则需更换内转子和外转子。

②检查泵壳体与转子之间的端面间隙。如图8-16所示,如果此间隙超过了维修极限,则需更换内外转子和/或泵壳。

③检查泵壳体与外转子之间的径向间隙。如图8-17所示,如果超过了维修极限,则需更换内外转子和/或泵壳。

④检查泵的内、外转子及泵壳有无划痕和其他损伤,若有必要,则更换损伤的零件。

重新组装时须使用新的O形密封圈,并在安装时涂上润滑油;转子必须沿同一方向安装。

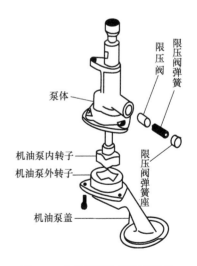

图8-13 典型的转子式机油泵结构

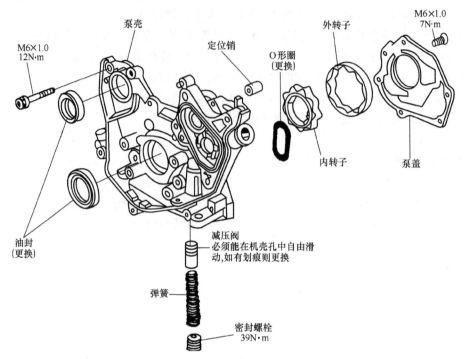

图 8-14　F23A3 发动机的机油泵分解图

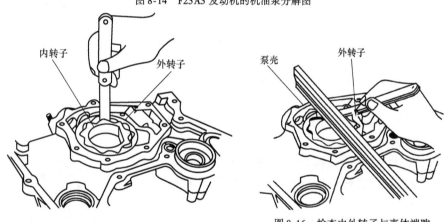

图 8-15　检查内外转子径向间隙　　　　图 8-16　检查内外转子与壳体端隙

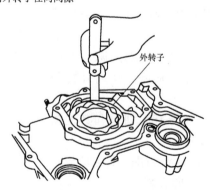

图 8-17　检查外转子与壳体间的径向间隙

装配步骤如下：
a. 从机油泵上拆下旧油封。
b. 轻轻地敲进新的油封，直到专用工具接触到泵壳。如图8-18所示。
c. 重新装配机油泵，在泵壳螺钉的螺纹上涂抹液态螺纹防松剂。
d. 检查机油泵转动是否自如，有无卡滞。

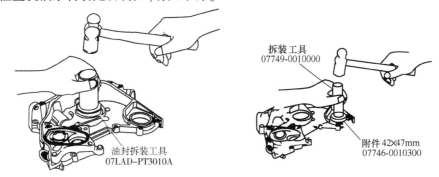

图8-18 用专用工具安装机油泵油封

机油泵装复后，将机油泵浸入清洁的机油盆内，按顺时针方向转动泵轴，直到机油从油孔中流出为止。再用拇指堵住出油孔，继续转动泵轴，若泵轴转动阻力增大为正常。几种机型的机油泵泵油压力如表8-1所示。

常见车型机油泵泵油压力　　　　　　　　表8-1

机　　型	额定转速(r/min)	压力(kPa)	发动机急速时压力(kPa)
F23A3	3000(油温80℃)	≤340	70(油温80℃)
ANQ	2000(油温80℃)	250~450	150(油温80℃)
BBG	2000(油温80℃)	≤200	
1ZR-FE	3000	150~550	≥25
6BTA5.9	3343	≤207	≥69
依维柯8140.27s	3800	≤350	80

注意安装内外转子时，要把标记的一面对着机油泵的泵体。如图8-19所示。
帕萨特2.8LV6的BBG发动机的机油泵，采用曲轴链条传动且机油泵是不可拆的，只能更换总成。如图8-20所示。

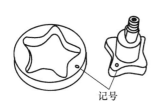

图8-19 安装转子标记　　　图8-20 不可拆式机油泵

四、机油滤清器

机油滤清器常采用全流式滤清器、分流式滤清器。与主油道串联的称为全流式滤清器，与主油道并联的为分流式滤清器。在货车特别是重型车上一般采用粗、细双级机油滤清器，粗滤器采用全流式而细滤器则采用分流式。目前轿车上普遍采用全流式机油滤清器。另外,在机油泵进油口前还有集滤器。

1. 机油集滤器

(1) 作用。用以防止较大的机械杂质进入机油泵。机油集滤器也称"滤网"。它安装在机油泵进油口的前面。

(2) 结构与工作原理。有浮式和固定式两种。浮式集滤器的结构如图8-21所示。

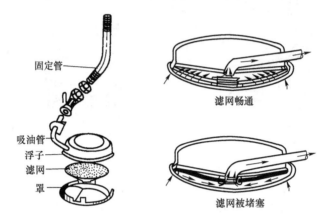

图8-21 浮式机油集滤器的结构

浮子是空心密封的,以便浮在油面。浮子下面装有金属丝滤网,其中间有一圆孔,正常情况下圆孔与罩紧贴着,当滤网被油污淤塞时,机油泵所形成的真空度迫使滤网上升使中间圆孔离开罩,机油便直接从圆孔进入吸油管,保证机油供给不致中断。目前很多高速发动机采用了固定式机油集滤器。如图8-22所示。

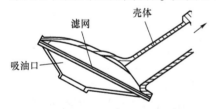

图8-22 固定式机油集滤器的结构

(3) 损伤与检修。主要损伤有滤网堵塞或破损、浮子凹陷或破裂、油管堵塞等。滤网破损时应更换;滤网堵塞时,取出清洗,用压缩空气吹干净;浮子有裂纹或凹进太多或内有油污则须拆开整理和清洗后再予以焊修。

2. 全流式滤清器

(1) 作用。滤去机油中的金属磨屑、机械杂质和机油中的氧化胶质。

(2) 工作原理与结构。目前国产轿车发动机大多采用一次性使用的整体旋装式、纸质(或其他纤维滤清材料)滤芯的滤清器。如图8-23所示。当滤芯堵塞时滤清器进油口的油压会升高,旁通阀打开,机油从进油口直接流向出油口而不经过滤芯,从而防止油道内缺油。如果滤清器使用时间达到了更换周期,就应拆下,换上新的滤清器。有些滤清器上还装有止回阀,当发动机停机后将滤清器的进油口关闭以防止机油从滤清器流回油底壳,以便下次起动发动机时,润滑系能迅速建立起油压。

(3) 全流式机油滤清器的更换(以 F23A3 发动机为例说明)。在更换机油时应同时更换一次性机油滤清器。用专用扳手拆卸机油滤清器。安装方法如下:

a. 检查新滤清器上的螺纹和橡胶密封圈,如图8-24所示,并将发动机缸体的底座擦拭干净,在滤清器橡胶密封圈上涂上一薄层润滑油。

单元八　发动机润滑系

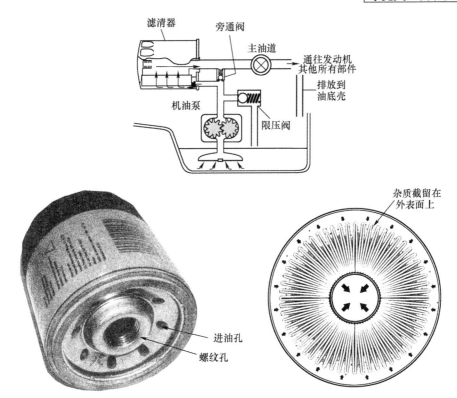

图8-23　纸质全流式机油滤清器示意图

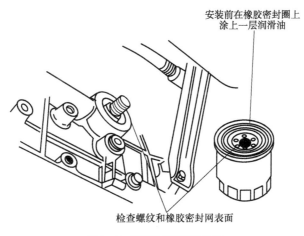

图8-24　新机油滤清器的检查

b. 用手将机油滤清器装上。

c. 当橡胶垫圈固定时,用专用扳手顺时针拧紧机油滤清器7/8圈,拧紧力矩为22N·m。

滤清器上印有1~8数字,用作拧紧滤清器的标记。应用方法如下:在橡胶密封圈固定时,在滤清器底部数字下的缸体上做一标记;顺时针方向转动滤清器,标记点转过7个数字表示滤清器已拧紧。如图8-25所示。

(4)检查。待发动机运转一段时间后,用手触摸机油滤清器,如果发热,说明正在通过机油;如果只是微热甚至不热,说明机油滤清器堵塞。

橡胶密封圈定位时的数字　　　　　滤清器拧紧时的数字

图 8-25　F23A3 发动机机油滤清器的安装

3. 分流式机油滤清器

机油细滤器采用分流式,与主油道并联。

(1)作用。用以清除机油中直径在 0.01～0.03mm 的细小杂质。机油细滤器有过滤式和离心式两种,现大多采用离心式。

(2)结构(以 EQ6100-1 型发动机机油细滤器为例说明)。如图 8-26 所示。

(3)离心式机油细滤器的结构与工作原理。见图 8-27,从机油泵来的机油流至进油口处,当机油压力小于 147kPa 时,进油限压阀关闭,机油不能进入机油细滤器,全部供入主油道。当进油口压力达到 147～196kPa 时,限压阀打开,机油由转子轴中心孔向上经转子轴、转子体上对应的油孔流入转子罩内腔,又从两喷嘴喷出。高压机油从喷嘴喷出时所产生的喷射推力,驱动转子总成连同体内机油作高速旋转,形成强大的离心力,使机油中的机械杂质和胶质甩向转子罩的内壁,洁净的机油不断从喷嘴喷出,并经出油口流回油底壳。转子体上的喷嘴,也是机油限量孔。

使用中,判别转子是否旋转正常的方法是,当发动机熄火后由于惯性作用仍应有轻微的嗡嗡转动声,否则,应予检修。

(4)零件的检修:

①喷嘴磨损后孔径超过 ϕ2.2mm 时,应更换喷嘴。

②用百分表检查转子轴与转子体的配合间隙,若超过 0.15mm 时,可用镀铬法修复或换用新件。

③进油阀磨损不严重时,可用细研磨砂磨阀座,磨后换用新钢球。

④弹簧弹力下降,换用新弹簧。

⑤密封圈损坏、变形或老化应更换。

在维修后装配时应注意以下几点:

①装转子总成时,注意对准转子座之间的装配标记,以免破坏转子总成的平衡。

②注意装好密封圈,如发生漏油,将使转子不能转动。

③转子上部锁紧螺母不能拧得过紧,超过 29～49N.m,将破坏转子的正常工作。

④转子总成上端与压紧弹簧之间的推力片,装配时注意光面对着转子。

⑤机油细滤器修理装配之后,应在专门试验台上进行试验。

⑥转子体下面的转子轴轴承座圈不可丢失。

⑦喷嘴和油道不能用金属丝穿通,只能用压缩空气吹通。

4. 机油压力开关的检查(以 F23A3 发动机为例说明)

(1)检查机油压力开关。从机油压力开关上拆下黄/红导线,测量正极端子与地之间的通路情况。如图 8-28 所示。正常应为:发动机停机时通路,发动机运转时不通路。

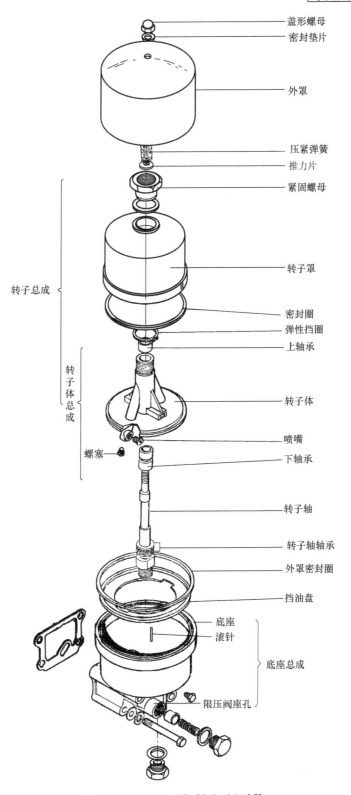

图 8-26 EQ6100-1 型发动机机油细滤器

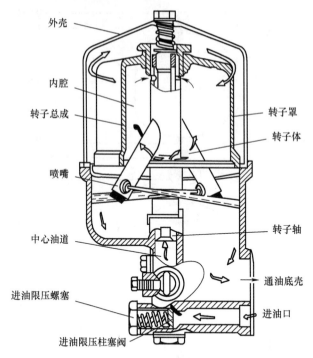

图 8-27 转子式机油细滤器工作示意图

如果开关不动作,则检查机油液面高度,若机油液面高度正常则需检查机油压力。

(2)检查机油压力。发动机运转时,如果机油压力警告灯持续亮,则检查机油液面高度,若正常,则检查机油压力,方法如下:

①连接转速表。

②拆下机油压力开关,并安装机油压力表,如图 8-29 所示。

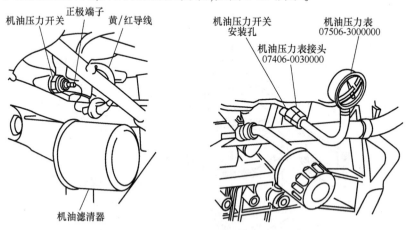

图 8-28 机油压力开关的检查　　图 8-29 F23A3 发动机机油压力的检查

③起动发动机,并注意观察机油压力表,如果压力表无机油压力显示,则应立即关闭发动机检修故障。

④如果机油压力表有压力显示,则使发动机运转达到其正常的工作温度(散热器风扇至少启动了两次),然后检查机油的压力。

在机油的温度达到80℃时,正常的机油压力应为:急速时大于70kPa;在3000r/min 时大于340kPa。

(3)如果机油压力正常,更换机油压力开关。

(4)如果机油压力不正常,检修机油泵。

五、机油散热器

(1)作用。用来冷却机油(正常机油温度为70～90℃),防止因机油温度过高致使机油黏度降低而失去润滑作用。

(2)形式。机油散热器有风冷式和液冷式两种形式。风冷式机油散热器的结构和冷却液散热器一样,通常采用管片式。

(3)结构。液冷式机油散热器(即"机油冷却器")工作原理如图8-30所示。一般与机油粗滤器串联,装在发动机冷却液路中,用冷却液的温度来控制机油的温度。当油温较高时靠冷却液降温,而在起动暖车时油温较低,则从冷却液吸热迅速提高机油温度。如图8-31所示为6BTA5.9发动机机油冷却器的结构。如图8-32所示为轿车上常见的机油冷却器。

如图8-33所示为变流量液冷式机油冷却器。

(4)检修。拆卸后,冷却器芯和冷却器体要用专用的溶剂浸泡和清洗;检查冷却器体、盖、支架有无裂纹、损坏和腐蚀,如有应更换;检查冷却器芯有无损坏或渗漏,如管子变形或损坏不超过5%可以进行修理,超过5%则应更换芯子。机油冷却器维修时可用肥皂水清洗干净,用压缩空气吹干燥。并将机油冷却器泡在水中,用压缩空气试压(483kPa),如果没有渗漏,这个机油冷却器可继续使用。如发现有油水混合现象,应及时更换。

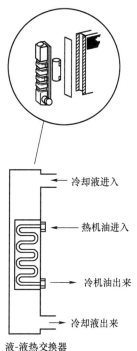

图8-30 机油冷却器的工作原理及结构图

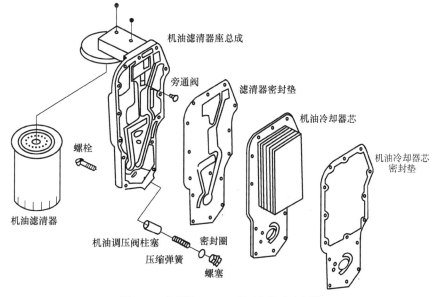

图8-31 康明斯6BTA5.9发动机机油冷却器

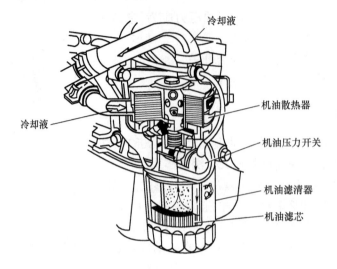

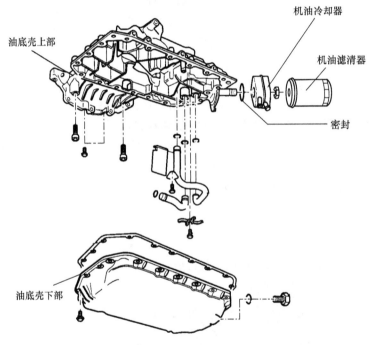

图 8-32 轿车上的机油冷却器

六、曲轴箱通风装置

发动机工作时,会有部分可燃混合气、废气甚至液态燃油经活塞与汽缸壁间的间隙漏入曲轴箱,这些物质会加速机油变质并使机件受到腐蚀或锈蚀。因此,必须进行曲轴箱通风,将曲轴箱内气体通过通风管带入大气或进入汽缸重新燃烧。曲轴箱通风装置有强制通风和自然通风两种方式。

(1)强制通风装置。如图 8-34 所示,利用汽缸中的真空度将漏入曲轴箱中的高温、高压废气及可燃混合气强制地吸入汽缸。流量控制阀(PCV 阀)用以防止发动机怠速时过多的气体流入汽缸,造成怠速不稳或熄火。当怠速时,汽缸中的真空度将单向阀吸压在阀座上,通风量较少;当节气门开度加大时,进气管内真空度减小,阀门开度随之增大,曲轴箱的通气量增加。

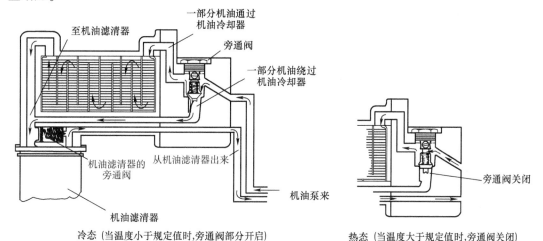

图 8-33 变流量式机油冷却器

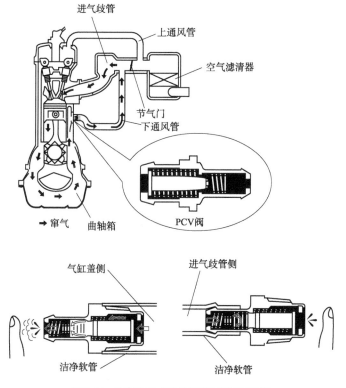

图 8-34 强制通风式曲轴箱通风装置示意图

PCV 阀的检修:将洁净软管安装到通气阀上,向汽缸盖侧吹空气,检查并确认空气畅通;向进气歧管侧吹空气,检查并确认空气畅通困难。否则,应更换此阀。

1ZR-FE 发动机曲轴箱通风装置的结构如图 8-35 所示。

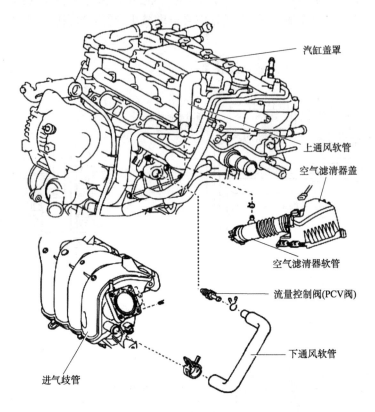

图 8-35　1ZR-FE 发动机曲轴箱通风装置的结构

（2）自然通风装置。如图 8-36 所示，利用汽车行驶时产生的气流、冷却风扇的气流作用在通风管处有一定真空度，将曲轴箱内的气体抽出。

（3）检修。必须进行定期维护检查，使它保持畅通完好。

①管路的维修。通气管应用煤油清洗并用压缩空气吹净，各接管不得有漏气、堵塞。

②单向阀的维修。应灵活和密封。如有发卡、锈死或弹簧失去弹性时应及时更换。

良好的曲轴箱通风装置在发动机正常工作时，曲轴箱内应有一定的真空度（78kPa），否则，应重新检修。

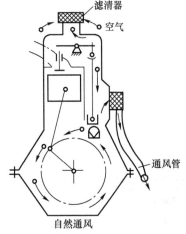

图 8-36　自然通风式曲轴箱通风装置示意图

七、机油及其检查

1. 机油

机油由基础油和添加剂两部分组成的。基础油是从石油中提炼而来的，具有最基本的黏度特征，添加剂用以改善和提高机油的品质。发动机机油应有：适当的黏度、优异的氧化安定性、良好的防腐性、较低的起泡性、强烈的清净分散性能。

(1)机油的分类。

如图 8-37 所示。

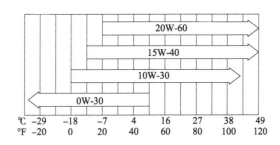

汽 油 机			柴 油 机		
API	维修及机油说明	质量	API	维修及机油说明	质量
SL SJ SM SG	适用于在各种条件下工作的发动机	高 ↑	CF-4	提供比 CF 分类更好的特性和质量	高 ↑
SF	适用于在连续高速、高温且反复停机–开机条件下工作的发动机		CF	提供比 CE 分类更好的洗洁剂弥散和抗热性能。	
SE	适用于在比 SD 分类更严酷的条件下工作的发动机。		CE	适用于在低速、高负载条件和高速高负荷条件下工作的发动机。	
SD SC SB SA		↓ 低	CD	适用于在高速、高功率输出条件下工作的发动机。	↓ 低
			CC	适用于在比 CB 分类更严酷的条件下工作的发动机	
			CB CA		

图 8-37 机油的分类

①按黏度分类—SAE(汽车工程师协会)等级:例如 SAE10W-30,这种油被称为"多等级"油。前一个数字越低,如"10",油在低温时变硬的可能越小。第二个数字越高,如"30",油在高温下变稀的可能越小。"W"表示"冬季",表示这个黏度是用于低温的。

②按质量分类—API 等级。对于汽油发动机而言,适用机油是 SA 至 SL 等级,但只有 SE 或更高的等级是用于汽车的。SM 等级是机油的最高等级。对于柴油机,机油划分为从 CA 至 CF-4 的等级,CF-4 为最高质量等级。API:美国石油研究所。

(2)机油的选用。

机油的选用原则:

①根据汽车发动机的强化程度选用合适的机油使用等级;

②根据地区的季节气温选用适当黏度等级的机油。

2. 机油的检查

内容包括：机油液位、机油压力和机油是否泄漏。

(1) 机油液位检查

机油液位太低，将影响润滑效果，甚至引起烧瓦抱轴等机械事故，应及时补充；机油液位过高，将造成发动机运转阻力增加，机油激溅加剧，引起发动机烧机油、燃烧室积炭、损坏三元催化装置等严重后果。因此，应定期进行检查。方法如下：

① 汽车停在水平路面上，发动机暖机熄火后数分钟（一般5min），让机油全部流回油底壳；

② 拉出机油尺，用干净的布擦净，重新插入；

③ 再拉出机油尺，液面应在规定的高度。

机油尺插在汽缸体机油液位检查孔内。如图8-38所示。

许多发动机测量机油平面高度时有油温规定。

(2) 机油质量检查

用肉眼查看机油是否变质、变色或变稀，以及油中是否混有水。

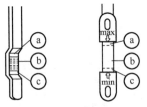

a- 不必加注机油
b- 可以加注机油
c- 必须加注机油

说明：机油油面高度不可超过标记a。

图8-38 典型的发动机机油尺

(3) 机油压力的检查

① 断开机油压力开关连接器，拆下机油压力开关；

② 安装机油压力表；

③ 起动发动机，暖机后，检查机油压力，应符合规定值；

④ 如压力不合规定要求，检修润滑系统。

(4) 机油泄漏的检查

重点检查油底壳密封、曲轴油封、机油滤清器和油底壳螺栓等位置处是否有机油，如有，说明该处有泄漏。

八、机油通道及其清洗

发动机在装配前，必须彻底清洗和疏通各个润滑油道。若在对发动机进行维修时在机油中发现大量的金属碎屑或小颗粒（可能是曲轴或连杆轴承的碎屑）时，不仅要彻底清洗机油油道，而且要更换机油冷却器和机油滤清器，以防止随后引起的损坏。

(1) 曲轴上的油道，可用细铁丝缠上干净的布条再蘸上干净的煤油捅洗，然后用压缩空气吹净，不让油道内存有油污和纤维物。

(2) 将汽缸体、汽缸盖上的油堵塞拆下，用圆毛刷蘸煤油插进主油道来回拉动，并用细铁丝缠上布条，疏通曲轴箱隔板上的小油道。正时齿轮喷油管用煤油清洗，再用压缩空气吹干净。

(3) 主油道上有限压阀装置的，应拆下清理干净。

(4) 凸轮轴、摇臂及摇臂轴的润滑油通道，必须清洁畅通。

(5) 连杆轴承油孔和活塞销衬套油孔用煤油清洗，再用压缩空气吹干净。

(6) 油道全部疏通清理后，将油道堵塞装上拧紧，各油管接头不能有松动和漏油的现象。

单元九
发动机冷却系

一、冷却系的作用与冷却方式

1. 作用

使发动机在任何工况下,都能使高温机件得到适当的冷却,始终在最适宜的温度范围内工作。同时,冷却系统还为暖风系统提供热源。

2. 冷却方式

发动机冷却系可分为液冷却和风冷却两大类。汽车发动机普遍使用液冷却系统,冷却液正常工作温度一般为 80~105℃。

二、液冷却系的组成及冷却液流经路线

液冷系一般由冷却泵、散热器、节温器、冷却风扇、风扇控制机构、百叶窗、水套、膨胀罐、温度指示器及警报灯等组成。如图9-1所示为典型的液冷却系统的组成。

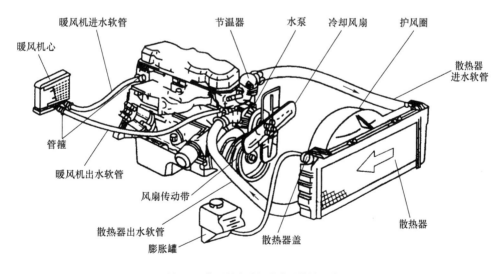

图 9-1 典型的发动机液冷系统的组成

1. ANQ 发动机冷却系统

ANQ 发动机冷却系统如图 9-2 所示。

液流路线如下所示:

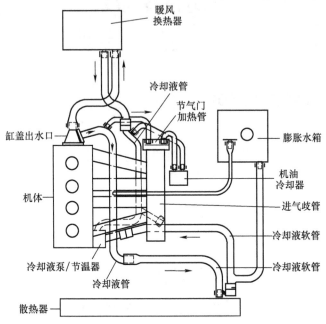

```
冷却液泵 — 缸体水套 — 缸盖水套 — 缸盖出水口 ┬ 散热器 — 节温器 — 冷却液泵
                                          │        （大循环）
                                          └ 节温器 — 冷却液泵
                                                   （小循环）
```

图 9-2　ANQ 发动机冷却系统的示意图

节温器装在机体上的冷却液泵进口处,节温器阀门大约在 87℃时开启,在 102℃时节温器全开,开启行程至少为 8mm。小循环为常开。

2. F23A3 发动机冷却系统

F23A3 发动机冷却系统如图 9-3 所示。

有些发动机(如 6BTA5.9 柴油机)必须使用防冻液。否则,冷却水在水套中产生的水垢会使发动机冷却系统的性能变坏。

三、散热器

(1)作用。当冷却液流过散热器时,利用风扇产生的流动空气降低其温度。

(2)材料。散热器芯由黄铜、纯铜或铝制成,进、出水罐可由金属或塑料制成。

(3)分类。按散热器冷却管的布置形式进行分类有单列冷却管、双列冷却管及三列冷却管;按散热器的水流方向可将散热器分为下流式散热器和横流式散热器;按散热器心结构不同分为管片式、管带式和板式,如图 9-4 所示。

(4)结构。散热器的典型结构如图 9-5 所示,加注口处有散热器盖。

散热器盖如图 9-6 所示。封闭式液冷系的散热器盖,可起到增加冷却系统的压力,减少气穴,保护散热器软管,防止或减少浪涌等作用。它有两个自动阀门,即空气阀和蒸汽阀,视需要使散热器与大气或膨胀水罐相通。

单元九 发动机冷却系

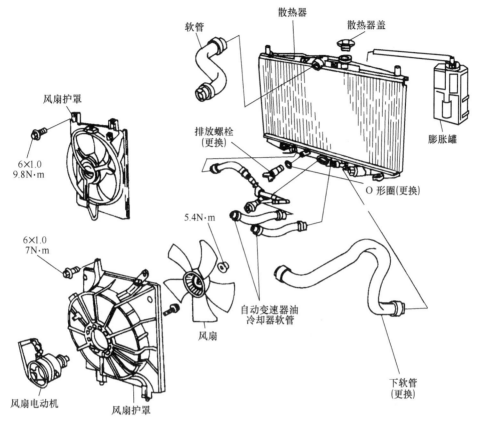

图9-3 F23A3发动机液冷却系的组成

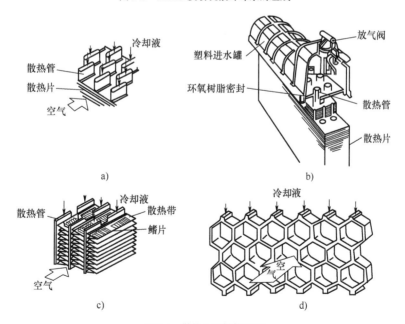

图9-4 散热心的结构形式
a)管片式(三列式扁管);b)管片式(圆管);c)管带式(双列式);d)板式

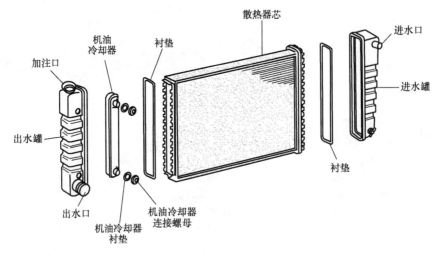

图 9-5 散热器的典型结构图

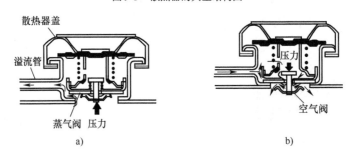

图 9-6 散热器盖
a)蒸气阀开启；b)空气阀开启

在发动机热状态下，需要开启散热器盖时，应注意安全，以免被喷出的高温液体烫伤。当温度较高(特别是"开锅"时)，又没有防护措施下，禁止开启散热器盖。

(5)膨胀罐(膨胀水箱)。目前，汽车多采用封闭式液冷系—带膨胀罐，其优点是空气决不会进入冷却系统，从而避免冷却系统部件的锈蚀和腐蚀。膨胀罐的作用是给冷却液提供一个膨胀空间。如图 9-7 所示。当发动机处于工作温度时，冷却液可从膨胀罐塑料盖处添加。液面高度应在两标记线之间。

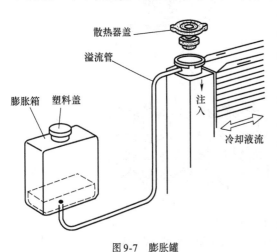

图 9-7 膨胀罐

注意冷却液加入(或排出)冷却系统时，动作要慢，确保系统中的空气排出。开启膨胀罐盖时会喷出蒸气，应用抹布包住盖子，小心开启，以免烫伤。有的膨胀罐内还装有自动液位报警装置，维护时应确认浮子运动自如。

(6)散热器的检修。散热器经常因受到振动及碰伤而破漏，发生腐蚀而损坏；内部沉积水垢、外表脏污，都会影响其散热性能。

①散热器的更换(F23A3发动机):
a. 放掉发动机冷却液。
b. 拆下上、下散热器软管和ATF(自动变速器油)冷却器软管。
c. 断开风扇电机插头。
d. 拆下散热支架,然后拉出散热器。
e. 从散热器上拆下风扇护罩总成和其他零部件。
f. 散热器的安装按拆卸相反的顺序进行。注意所有的O形密封圈都应换用新的。
g. 给散热器加注发动机冷却液后排出空气。

②散热器的清洗。先用压缩空气和清水清洗外部,然后放在洗涤池内,用清洗液煮洗。如果内部积垢严重,应先拆去贮液罐,用通条进行通插,清除冷却管内积垢,然后再用压缩空气或清水冲洗内部。清洗液的成分及温度如表9-1所示。

清洗液的成分及温度　　　　　表9-1

	水	温度	氢氧化钠	磷酸(H_3PO_4)	铬酸酐
第一种	10L	70℃~80℃	750g		
第二种	0.9L	30℃		0.1L	50g

③散热器盖的检测(以F23A3发动机为例)。如图9-8所示。
a. 拆下散热器盖,并用发动机冷却液浸湿散热器盖封口,然后将散热器盖安装在压力检测器上。
b. 施加93~123kPa的压力,看压力是否能保持。如果压力下降,则更换散热器盖。

④散热器的修复:
a. 进、出水罐的修复。当进、出水罐腐蚀不严重时,一般可用镀锡法修复;
当有孔洞或裂纹时,可用补板法修复;当散热器裂纹在小于0.3mm时,可用散热器堵漏剂进行修补。
b. 冷却管的修复。当散热器外层少数冷却管有部分损坏,且长度不大时,采用接管法修复;当冷却管损坏长度较大时,可采用换管法修复。

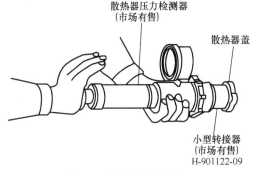

图9-8 散热器盖的检测

四、空气中间冷却器

(1)作用。使进入气缸的空气温度降低,空气密度进一步提高,增加了进入汽缸的气体量,从而提高增压柴油机的功率。

(2)类型。中冷器的冷却介质有水、机油和空气。与此相对应的有"水对空"中冷系统、"油对空"中冷系统和"空对空"中冷系统三种类型。6BTA5.9采用"水对空"中冷系统,经增压器压缩后的空气温度达116℃,经过中冷器冷却以后可降到92℃。

(3)结构、原理。中冷器的结构原理与散热器基本相同。中冷器的型号不同,结构也有所不同。如图9-9所示是6BTA5.9发动机上采用的一种"水对空"中冷器的构造,它由中冷器壳及中冷器芯等组成。中冷器壳由铝板模压制而成,中冷器芯由铜合金管子组成。

柴油机的增压、中冷系统工作原理如图 9-10 所示。

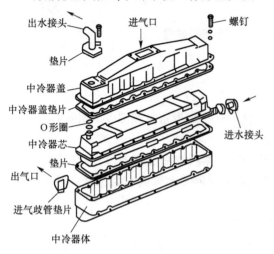

图 9-9 中冷器分解图

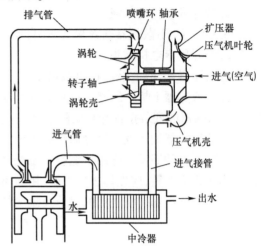

图 9-10 柴油机的增压、中冷系统工作原理示意图

五、冷却液泵(水泵)

冷却液泵一般位于发动机前部,由曲轴驱动。

(1)作用。对冷却液加压,使冷却液在冷却系中强制循环流动。

(2)工作原理。目前大多数汽车发动机使用离心泵。工作原理如图 9-11 所示。

(3)结构。离心泵一般由壳体、轴、叶轮、水封等组成。如图 9-12 所示。

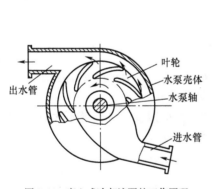

图 9-11 离心式冷却液泵的工作原理

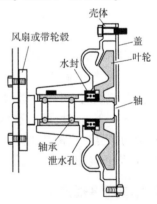

图 9-12 离心泵结构示意图

许多发动机冷却液泵的壳体(蜗壳)直接铸造在汽缸体上,而其他零件装成一个总成,用 O 形密封圈与汽缸体上的泵壳密封,通过轴承座上的螺栓孔将它固定在汽缸体上,其叶轮为塑料(或钢板)的闭式叶轮,如图 9-13 所示。

(4)检修。

①可拆式冷却液泵。

常见的损伤有:壳体渗漏、破裂、变形;叶轮破裂,水封失效,泵轴与轴承磨损,轴承座孔磨损。

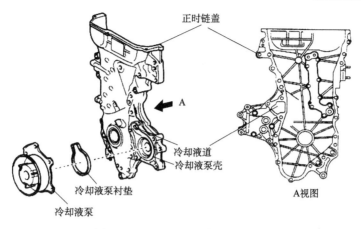

图 9-13　1ZR-FE 发动机冷却液泵结构

分解前把冷却液泵放在热水中,加热到约 80℃,便于分解。用专用拆装工具压出叶轮、水封副和轴承的组件、冷却液泵轴。

a. 泵壳的检修。有砂眼可采用铸铁焊条电焊或用环氧树脂胶粘接;泵壳体平面发生翘曲变形,其接合面翘曲变形大于 0.15mm,应车平或磨平,但车削总厚度不大于 0.50mm,在装配时,根据车削厚度加厚泵盖衬垫;泵壳轴承孔磨损,可采用过盈配合的镶套法修复,然后镗出座孔。

b. 泵轴的检修。检查泵轴与轴承内径的配合间隙不大于 0.03mm,如超过规定,应换用新件;泵轴弯曲大于 0.50mm 时,应冷压校直。

c. 叶轮的检修。泵的叶轮破裂,应换用新件。

d. 水封的检查。水封座圈外径磨损,水封老化、变形,均应更换水封总成。

e. 叶轮与泵盖端面间隙应为 1.0～1.8mm,否则,用垫片调整;叶轮与泵壳间隙应为 0.8～2.2mm,否则,应更换叶轮。

拆下凸轮轴带和后盖。拆下 5 个螺栓后卸下水泵。

冷却液泵装复后的试验:装复后应进行性能试验。

a. 经验法试验。左右旋转、前后拉动,检查泵轴承以及与承孔的间隙,泵轴应无阻滞现象,叶轮与泵壳体应无碰击声响,如松动过甚或有碰击现象,应予修整或更换;检查泵密封圈、泄水孔处是否有冷却液泄漏的痕迹。

b. 试验台上试验。发动机冷却液泵的各项试验数据应符合规定要求。

② 不可拆式冷却液泵。

除水封损坏单独更换外,无论是泵壳体、叶轮、轴或轴承的原因,只要冷却液泵渗漏或工作不正常,一律更换泵总成。其检查方法是:转动皮带轮,检查泵轴承,应运转平稳且无噪声;检查泵壳体,应没有冷却液。

六、风扇

(1) 作用。促进散热器的通风,提高散热器的热交换能力。现在许多发动机设计成仅在需要时风扇才转的结构。

(2) 材料。薄钢板冲压制成,也有用塑料或铝合金铸成。

(3)结构。风扇由叶片和连接板组成。风扇的扇风量主要与风扇的直径、转速、叶片形状、叶片扭转角及叶片数目有关。叶片之间的夹角一般不相等,以减少叶片旋转时的振动和噪声。

(4)风扇传动带张紧装置。若冷却风扇和发电机一起由曲轴传动带轮通过传动带驱动,通常将发电机的支架做成可移动式的,以便调节传动带的张紧度。现代汽车发动机传动带常采用张紧轮进行张紧。如6BTA5.9发动机风扇传动带的松紧度采用弹性张紧轮自动调节的方式。传动带不能有裂纹、碎边等现象,使用中及时检查,发现问题应立即更换。

(5)风扇转速的控制。风扇的转速应与发动机运行工况所需的冷却强度一致。冷却风扇常用的控制装置有硅油离合器、电磁离合器和电动电控装置。

①硅油风扇离合器:

a.结构与工作原理。结构如图9-14所示,工作原理如图9-15所示。

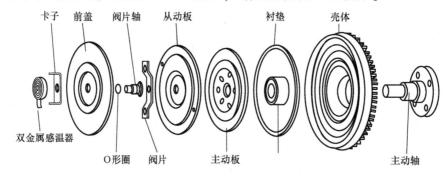

图9-14 硅油风扇离合器结构

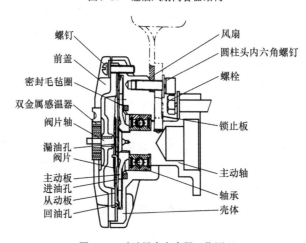

图9-15 硅油风扇离合器工作原理

主动板铆接在主动轴的端部,主动轴与冷却液泵轴连接。从动板借螺钉固定于前盖和壳体之间,三者连成一体,靠轴承支承在主动轴上。风扇则安装在壳体上。从动板与壳体之间的空腔为工作腔,腔壁与主动板之间有一定的间隙。密封毛毡圈防止油液漏出。从动板与前盖之间的空间为贮油腔,其中装有硅油(油面低于轴心线)。从动板上有一进油孔,平时由阀片关闭。将阀片转动一定角度,进油孔即打开,硅油从贮油腔流入工作腔,此时,主动板通过硅油带动从动板、壳体转,即风扇运转。阀片的转动靠离合器前端的螺旋状双金属感温器控制。感温器外端固定在前盖上,内端卡在阀片轴前端的槽内。从动板外缘有一回油孔。

当吹向感温器的气流温度小于35℃时,阀片将进油孔关闭,工作腔内油液继续从回油孔甩入贮油腔,直至甩空为止,风扇离合器回到分离状态。

当硅油风扇离合器失灵时,可旋松圆柱头内六角螺钉,将锁止板端部的指销插入主动轴的孔中,再拧紧圆柱头内六角螺钉,使风扇离合器的壳体、风扇与主动轴连成一个整体。

b. 检修。发动机低温时,熄火后,用手扳动风扇,风扇可转动,当冷却液温达到80℃时,熄火后,用手扳动风扇,若扳不动,说明硅油风扇离合器工作正常。一般主动板、从动板、壳体不易损坏,主要检查有无硅油的渗漏,若有,更换衬垫、密封垫等;检查双金属片感温器,在65℃左右,应受热变形,当温度降至45℃时,就不发生变形,否则,应换用新感温器。

注意硅油一定要加足,一般为22ml。

②电磁式风扇离合器由电磁摩擦离合器和温控开关等组成,如图9-16所示,它有有刷式和无刷式之分,由于电刷和滑环易磨损,所以无刷式取代了有刷式。

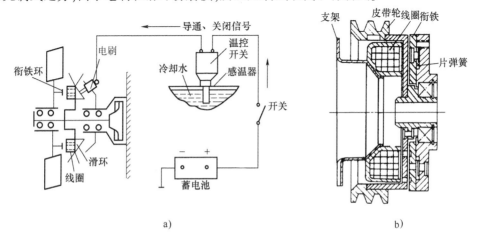

图9-16 电磁式风扇离合器
a)有刷式;b)无刷式

当冷却水温度小于92℃(不同发动机通、断时温度不同)时,温控开关的电路不通,线圈中没有电流通过,衔铁环与摩擦片分离,离合器处于分离状态,风扇不转动。

当冷却水温度大于92℃时,温控开关的电路自动接通,线圈通电后电磁壳体产生吸力将衔铁环压紧在摩擦片上,离合器处于结合状态,风扇随风扇毂一起被电磁壳体带动旋转。

在风扇毂上备有两个螺孔,在电源断路或电磁线圈失控的情况下,在此两孔中旋入两个螺钉,使衔铁环压紧在摩擦片上,使其机械结合就可以了。

③电动风扇。轿车已普遍使用电动风扇,用单速、双速直流电动机驱动。日本丰田公司的一些轿车,采用了电控液压驱动式的冷却风扇。电动风扇一般由温控开关、电动风扇和风扇继电器组成。根据冷却液的温度高低,使风扇以不同转速工作。

a. F23A3发动机电动风扇电路控制系统如图9-17所示。

b. 电动风扇控制系统的检修(以F23A3发动机为例):

散热器风扇控制模块的检测。连接散热器风扇控制模块芯插头,插头的位置及端子排列如图9-18所示。切断空调开关,接通点火开关。按表9-2所示检测散热器风扇控制模块各端子,如果有异常,则按表中所示的可能故障原因检修故障。

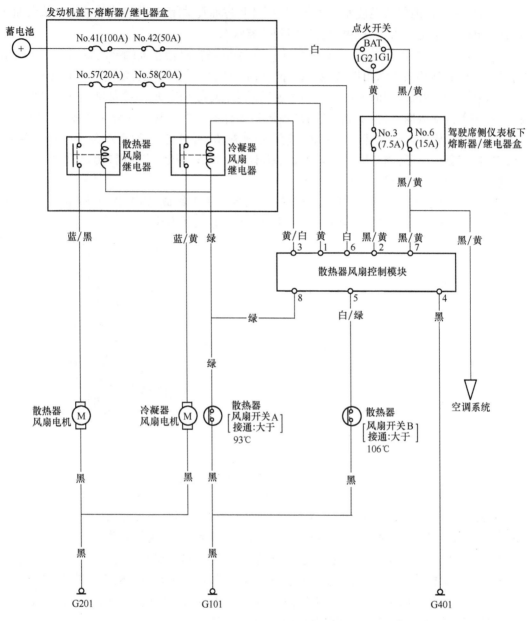

图9-17 F23A3 发动机电动风扇电路控制系统

散热器风扇控制模块各端子的检测　　表9-2

端子号	导线颜色	检测项目与检测条件	检测正常的结果	检测不正常的可能故障
4	黑	检查模块对地的通路情况	电压低于1V	地线不良（G401）；导线的断路或接触不良故障
6	白	检测对地电压	应为蓄电池电压	发动机盖下熔断器/继电器盒中58号（20A）熔丝断路；白色导线断路故障

续上表

端子号	导线颜色	检测项目与检测条件	检测正常的结果	检测不正常的可能故障
7	黑/黄	接通点火开关,检测对地电压	应为蓄电池电压	驾驶座位侧仪表板下熔断器/继电器盒中6号(15A)熔断器断路; 黑/黄色导线断路故障
3	黄/白	接通点火开关,检测对地电压	应为蓄电池电压	散热器风扇控制模块故障; 黄/白色导线断路
1	黄	接通点火开关检测对地电压	应为蓄电池电压	
8	绿	将8号端子接地,并接通点火开关,检查冷凝器与散热器风扇运转情况	冷凝器与散热器风扇应该运转	发动机盖下熔断器/继电器盒内58号(20A)或57号(20A)熔断器断路; 冷凝器与散热器风扇继电器故障; 绿色导线是否断路; 散热器风扇控制模块故障
5	白/绿	测电压,检查散热器风扇压力开关B、模块及线路	大约11V(冷却液温度低于106℃)	散热器风扇开关B故障; 散热器风扇控制模块故障

风扇电动机的检测。断开散热器风扇电动机和冷凝器风扇电动机插头,如图9-19所示。将蓄电池的正极接向风扇插接器的A端子,B端子接地,看风扇是否运转。如果风扇不运转或运转不平稳,则更换风扇电动机。

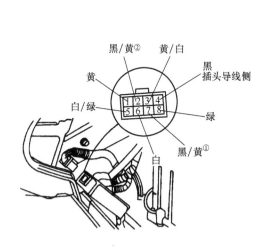

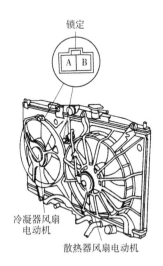

图9-18 散热器风扇控制模块芯插头的位置及端子排列　　图9-19 风扇电动机插头位置及端子排列

散热器风扇开关的检测。从节温器盖上拆下散热器风扇开关A,从出水口盖上拆下散热器风扇开关B;将散热器风扇开关放入盛满水的容器,如图9-20所示;加热容器中的水,并测量水的温度和开关的通路情况,看开关的接通和断开温度是否正常(开关A,温度达91℃

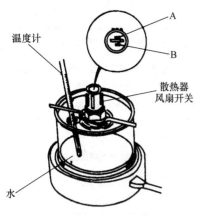

图9-20 检测散热器风扇开关

~95℃时接通,温度小于88~92℃时断开;开关B,温度达103℃~109℃时接通,温度小于96~100℃时断开),通路情况不正常,则更换散热器风扇开关。

注意测量温度时,不要让温度计接触正在加热容器的底部;安装散热器风扇开关后要排掉冷却系统中的空气。

七、节温器

节温器通常装在发动机前端附近,以便它输出的冷却液能直接流到散热器。

（1）作用。随发动机冷却系温度的变化自动地控制通过散热器的冷却液流量,使发动机工作在正常的温度范围内。

（2）类型。汽车广泛采用蜡式节温器。有单阀式和双阀式之分。

（3）结构及工作原理:

在冷却液升温时,石蜡熔化,体积急剧膨胀,压缩胶管,挤压推杆向外伸出。由于推杆固定在阀座上,反作用力推动感应体总成打开主阀门(同时使副阀门关闭),进行大循环的冷却液流量增加。当冷却液温度降低,石蜡降温,体积收缩,在弹簧的推动下,感应体总成被逐渐拉回原位,主阀门逐渐关闭而副阀门则逐渐打开,进行小循环的冷却液量增加。如图9-21所示为双阀蜡式节温器。如图9-22所示为单阀蜡式节温器的工作原理示意图。

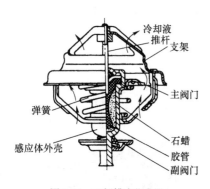

图9-21 双阀蜡式节温器

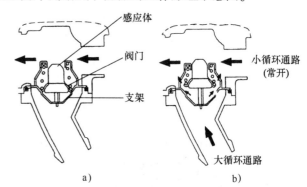

图9-22 单阀蜡式节温器的工作原理示意图

两级节温器。一些节温器分两个工作阶段。结构如图9-23所示。当冷却液温度达到一定值时副阀门开始开启,少量的冷却液穿过节温器并到达散热器冷却;当冷却液温度再升高时主阀门打开使更多的冷却液被送到散热器;当冷却液温度继续升高时主、副阀门都完全打开。这类节温器能更精确、更均匀地控制发动机温度。

（4）检修(以F23A3为例)。与节温器相关的零件如图9-24所示。组装时应使用新的O形密封圈。

①节温器的检查:

a. 若节温器阀门在室温下开启,则予以更换。

b. 将节温器悬挂在一个盛满水的容器中。如图9-25所示。

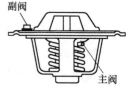

图9-23 两级节温器

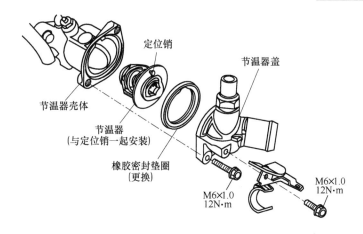

图 9-24　F23A3 发动机节温器及相关零件

c.加热容器中的水,测量水的温度,看节温器阀门是否能正常开启。如节温器不能在规定温度下正常开启,则更换节温器。

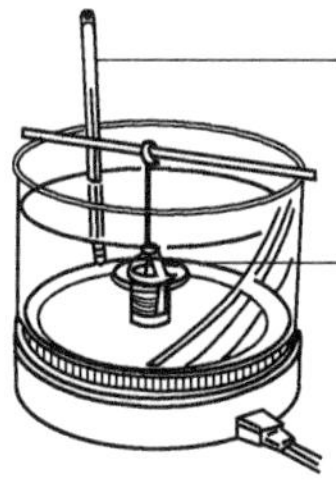

几种发动机节温器阀门开、闭情况见表 9-3 所示。

② 节温器的布置。一种是所谓"出口水温控制法",即节温器布置在气缸盖出水管中,容易排除气泡,大多数轿车发动机采用这种布置方法;另一种布置方式叫"进口水温控制法",即节温器布置在气缸体进水管路中,这种进口水温控制的方式特别适用于在寒冷地区行驶的汽车,但由于节温器布置的位置较低,添加冷却液时气泡较难消除,必须在冷却液循环通道中设置一些排气孔。如图 9-26 所示。

图 9-25　检查节温器

几种发动机节温器阀门开、闭情况　　　　　　　　　表 9-3

	主阀门初开温度(℃)	主阀门全开温度(℃)	主阀门升程(mm)
F23A3	76~80	90	8
ANQ	87	约102(不可测量)	8
AJR	87±2	105	8
6BTA5.9	83	95	8
大宇 D1146、D1146TI	79	94	8
依维柯 8140.27S	79±2		

发动机决不允许在拆除节温器的状态下工作。一旦把节温器拆除,发动机冷却液大、小循环同时存在,将造成发动机"热起"时间过长,高温时冷却强度不够而"过热"。

八、百叶窗

有些汽车发动机在散热器前安装有百叶窗。百叶窗由许多活动叶片组成。改变百叶窗的开度,可以调节散热器的空气流量,以达到调节发动机工作温度的目的。

百叶窗一般由驾驶员通过装在驾驶室内的手柄来操纵。有的发动机则用感温器自动控制百叶窗的开度,如图 9-27a)所示。控制系统中的感温器安装在散热器进水管上。在发动机冷起动及暖车期间百叶窗关闭。图 b)中当发动机达到正常工作温度后,感温器打开空气阀，使制动空气压缩机产生的压缩空气进入空气缸，并推动空气缸内的活塞连同调整杆一起下移，带动杠杆使百叶窗开启。

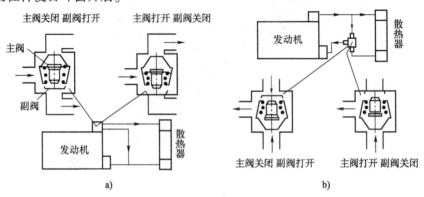

图 9-26 节温器的位置布置
a) 调节发动机冷却液出口温度；b) 调节发动机冷却液进口温度

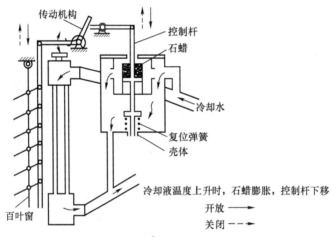

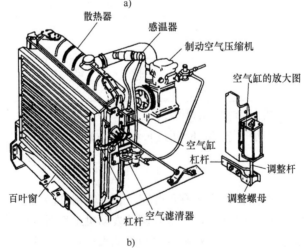

图 9-27 百叶窗自动控制系统
a) 感温器直接驱动式；b) 空气缸驱动式

九、冷却液温度指示器

当冷却液的温度升高到限定值时,传感器内的电路闭合,仪表板上的报警灯亮。如图 9-28 所示。如果使用电子装置,随着发动机冷却液温度的升高,传感器的电阻降低;反之,则相反。电阻的增加或降低使温度表上的指针指示不同的温度。

冷却液温度指示器的检测(以 F23A3 发动机为例)。

a. 温度表的检测。如图 9-29 所示。

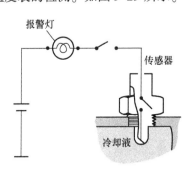

图 9-28　冷却液指示器　　　图 9-29　检测冷却液温度表

检查仪表板下熔断器/继电器盒中的 6 号(15A)熔丝是否正常;

确认点火开关为关闭,从冷却液温度表传感器上断开黄/绿导线,并使其接地;

接通点火开关,看温度表指针是否摆向 H(如果摆动,在指针达到 H 之前关闭点火开关,否则容易损坏温度表);

如果温度表指针不摆动,则检查黄/绿导线是否断路,若导线正常,更换冷却液温度表;

如果温度表指针能正常摆动,则需检查温度表传感器。

b. 温度表传感器的检测。拔下温度表传感器上的黄/绿引线;分别在发动机冷却状态和正常工作温度状态下,测量传感器的正极端子与地之间的电阻(在 56℃时电阻应为 137Ω,在 85~100℃时电阻应为 46~300Ω);如果测得的电阻不正常,则更换冷却液温度传感器。

十、冷却液及检查、更换

目前汽车发动机上采用的冷却液大多为冷却水和防冻液。

(1)冷却水的选择与软化处理。冷却水最好选用软水,即含矿物质少的水,如雨水、雪水、自来水等。

如果只有硬水,则需要经过软化后,方可注入冷却系中使用。硬水软化的常用方法是在 1L 水中加入 0.5~1.5g 碳酸钠或 0.5~0.8g 氢氧化钠。

(2)防冻液。防冻液中常见的添加剂有抑沸剂、阻垢剂、防腐剂。

①防冻液的防冻原理。防冻液中一些醇类化合物和醇醚类化合物,有很好的亲水性,加之他们本身又有很低的冰点,因而能强有力地降低水的结冰点和抑制冰晶的形成。

②防冻液类型与性能。如表 9-4 所示。

防冻液类型与性能　　　　　　　　表9-4

类　型	基本组成	使　用
酒精—水型	酒精(乙醇)、水、防腐添加剂、防霉剂等	使用时要注意防火,定期测定防冻液中的酒精含量。不宜在柴油机中使用
甘油—水型	甘油、水、防腐剂、消泡剂等	只宜于环境气温不太低的地区
乙二醇—水型	乙二醇、水、防腐添加剂、消泡剂和染料等	既适合严寒地区,又适合高负荷发动机高温工作要求
二甲基亚砜—水型	二甲基亚砜、水	适合严寒地区

③选择和使用防冻液的注意事项。乙二醇—水型防冻液高、低温度性能都比较好,建议优先选用,对于极寒地区,建议选用二甲基亚砜—水型防冻液。

a. 在使用过程中,水蒸气蒸发后,应及时补充软水,否则防冻液的冰点会升高。

b. 防冻液中有些物质和添加剂有毒,严禁吞食,若发生意外吞食应及时就医。

c. 不同类型的防冻液不宜混用。

d. 在改用不同牌号的防冻液时必须先冲洗发动机冷却系统。冲洗冷却系统最有效的方法是逆流冲洗,如图9-30所示。

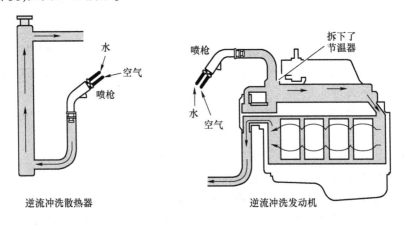

图9-30　冷却系统的冲洗

e. 防冻液品牌、规格的选用及与水、添加剂的配比都应尽量参照该车型制造厂的规定。例如:1ZR-FE发动机应使用"丰田原厂超长冷却液(SLLC)"。

f. 防冻液是有害的废弃品,必须将排出的防冻液用干净的容器进行收集以便处理或再次使用。

g. 避免长期或反复与皮肤接触。

h. 不要储存在有强烈阳光、潮湿严寒或超过60℃的地方。

i. 防冻液应具有显著而稳定的颜色,以使驾驶员区分散热器内是否添加了防冻液,并可根据颜色深浅的变化判断防冻液的浓度及冷却系统是否发生了腐蚀(有锈的颜色)或混有其他冷却液。

j. 每日维护和首次起动前要检查防冻液液面和泄漏情况。

k. 如更换了散热器、热交换器、缸盖、缸垫,则不可再用旧冷却液。

(3) 冷却液的检查

检查内容包括:冷却液位、冷却液质量和冷却液是否泄漏。

①例如:1ZR-FE 发动机,在发动机冷机状态下,液位应在 LOW 和 FULL 刻度线之间。如图 9-31 所示。如果低于 LOW 刻度线,检查冷却液是否泄漏,并添加"丰田原厂超长冷却液(SLLC)"至 FULL 刻度线。

②冷却液质量检查。拆下散热器盖分总成,查看加注口周围是否有过多积锈或水垢,冷却液中应没有机油,若过脏,更换冷却液。因为难以通过目视来判断它的变质程度,一般根据行驶里程或时间长短来更换发动机的冷却液。

③冷却液是否泄漏检查。向散热器总成中注满发动机冷却液,然后连接散热器贮液罐盖压力检测仪,泵压至108KPa,检查并确认压力有否下降。如图 9-32 所示。如压力有下降:检查软管、散热器总成和冷却液泵总成是否泄漏,如发动机外部没有冷却液泄漏痕迹,应检查散流器芯、汽缸体和汽缸盖等总成是否泄漏。

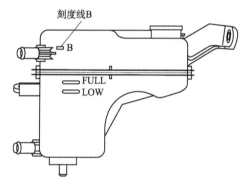

图 9-31 冷却液液位的检查

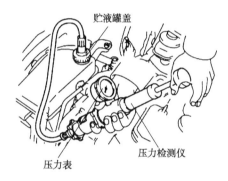

图 9-32 冷却液泄漏的检查

注意:

a.冷却液温度变高或打开空调,电动冷却风扇可能自动开始运转,所以靠近电动冷却风扇和散热器工作时,应确保点火开关关闭。

b.为避免烫伤,不要在发动机和散热器总成很热时拆下散热器盖,热膨胀会导致冷却液和蒸汽从散热器中溢出。

(4) 冷却液的更换(以 1ZR-FE 发动机为例)

①排净原来的冷却液。如图 9-33 所示。松开散热器放水螺塞;拆下散热器储液罐盖;松开汽缸体放水螺塞;根据法规要求将冷却液收集到容器中进行报废处理。

②添加新冷却液。紧固散热器放水螺塞、汽缸体放水螺塞;将"丰田原厂超长冷却液"添加至储液罐 B 刻线;用手按压散热器进水软管和出水软管数次;检查冷却液液位,若过低,添加冷却液;安装贮液罐盖;起动发动机充分暖机,排空冷却系

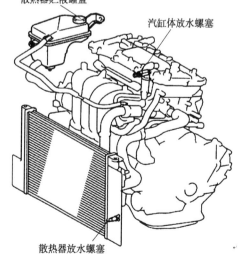

图 9-33 排净原来的冷却液

统内的空气;发动机冷却后,检查并确认冷却液液位在正常范围内。

③冷却系统内空气的排除。发动机暖机至节温器打开,使冷却液循环数分钟;发动机暖机后,以 3000r/min 的转速运转 5s,怠速运转 45s,按此周期重复操作至少 8 次(即至少 7min);用手按压散热器进水软管和出水软管数次,以排空系统内的空气。

注意:按压散热器软管时戴保护手套,小心被散热器软管烫伤,同时远离散热器风扇。

十一、双散热器液冷却系统

有些发动机采用双散热器的冷却系统。如图 9-34 所示。其工作情况分三个阶段(以日产蓝鸟发动机为例):

(1)第一阶段。冷却液在 82℃ 以下时节温器不能打开,冷却液在发动机水套与副散热器之间循环,电动风扇不工作,温度很快上升。

(2)第二阶段。冷却液的温度达 82℃ 以上时,节温器打开。冷却液同时经过副散热器及主散热器进行循环,冷却能力增大,使冷却液温度保持在 82℃ ~ 92℃ 之间(发动机最佳工作温度)。

(3)第三阶段。当汽车的负荷增大,冷却液的温度达 92℃ 以上时,装在副散热器上的电动风扇开始转动,冷却液的温度迅速降低。当冷却液温度低于 88℃ 时,温度开关切断,电动风扇停止运转。风扇停转后冷却液温上升大于 92℃ 以上时,温度开关再闭合,使风扇运转。这样可以维持冷却液温度在 88℃ ~ 92℃ 之间。

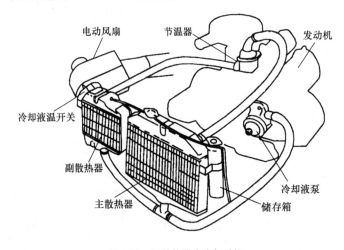

图 9-34 双散热器液冷却系统

十二、风冷却系简介

风冷却系是利用高速空气直接吹过汽缸盖和汽缸体的外表面。汽缸体、汽缸盖上均布满了散热片。汽缸盖都用导热性能良好的铝合金铸造。汽缸体和汽缸盖多为单个铸出,然后装到整体的曲轴箱上。

为了更有效地利用空气流,加强冷却,一般都装有导流罩,并设有分流板,以保证各缸冷却均匀。

对于 V 形风冷发动机,有的采用一个风扇,装在发动机前方中间位置,靠导流罩将气流分别引向左右两列,汽缸外侧表面,如图 9-35 所示;也有的采用两个风扇,分别装在左右两列汽缸前端。

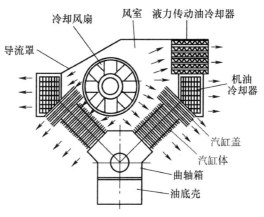

图 9-35　V 形风冷发动机冷却系统布置示意图

单元十
新能源汽车技术介绍

课题一 概 述

一、发展新能源汽车的必要性

大力发展新能源汽车是实现汽车节能减排的有效途径。其必要性如下：

1. 能源危机

国际能源署(IEA)的统计表明：57%的石油消耗在交通领域，预计到2020年将占全球石油总消耗的62%以上。因此，石油资源已成为世界各国共同关注的焦点。为减少对石油的依赖，各国把发展新能源汽车作为战略制高点。

2. 环境污染和温室气体的排放

汽车尾气是造成局部环境污染和全球温室气体排放的重要因素之一。据统计，大气污染42%来源于交通运输。2010年汽车尾气排放量占空气污染源的64%，其中CO的排放量占80%以上、NO_x占40%以上，城市颗粒污染占20%~30%。尾气排放中的CO_2虽然不会对人体造成直接的危害，但大气中大量的CO_2抑制了地球的散热，产生温室效应，导致全球气候变暖。

二、新能源汽车分类及特点

2009年7月1日，我国正式实施了《新能源汽车生产企业及产品准入管理规则》，明确指出：新能源汽车是指采用非常规的车用燃料作为动力来源（或使用常规的车用燃料、采用新型车载动力装置），综合车辆的动力控制和驱动方面的先进技术，形成的技术原理先进、具有新技术、新结构的汽车。

新能源汽车包括电动汽车和替代燃料汽车。

(一) 电动汽车

电动汽车(Electric Vehicle, EV)是指以车载电源(或车载电源+其他能源)为动力，用电动机驱动车轮行驶，符合道路交通、安全法规各项要求的车辆。

电动汽车主要包括纯电动汽车、混合动力电动汽车、燃料电池电动汽车、太阳能电池电动汽车等。

电动汽车的优点：污染小，效率高，使用成本低。

1. 纯电动汽车

纯电动汽车是指由电动机驱动的汽车。电动机的驱动电能来源于车载可充电蓄电池（如铅酸电池、锂离子电池等）或其他能量储存装置，其结构如图10-1所示。

纯电动汽车的优点有：

(1)无污染、噪声小。

(2)结构简单、维修方便。

(3)能量转换效率高。

(4)削峰填谷。可在夜间利用电网的廉价"低谷电"进行充电，避开用电高峰，起到平抑电网的峰谷差的作用，有利于电网均衡负荷，减少费用。

纯电动汽车是解决能源危机的最佳途径。

2. 混合动力电动汽车

混合动力汽车（Hybrid Electrical Vehicle，HEV）是指同时装备两种动力来源——热动力源与电动力源的汽车。热动力源由传统的汽油机或者柴油机产生，也有的发动机经过改造使用其他替代燃料，例如压缩天然气、丙烷和乙醇燃料等。电动力源有多种，如：蓄电池、燃料电池、太阳能电池、内燃机车的发电机组等。当前，混合动力汽车就是在纯电动汽车上加装一套内燃机。其目的是减少汽车的污染，提高纯电动汽车的续航里程。结构如图10-2所示。

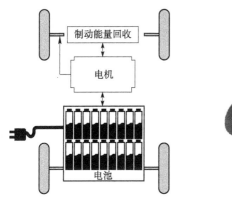

图10-1 纯电动汽车结构

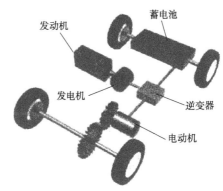

图10-2 混合动力电动汽车结构示意图

混合动力电动汽车根据内燃机和电动机的能量流动及两者在结构上的连接关系，可分为串联式、并联式和混联式三种类型。

混合动力电动汽车的优点有：

(1)油耗低、排放少。采用混合动力后，两种动力源会在汽车不同的行驶状态，如起步、低中速、匀速、加速、高速、减速或制动下分别工作或一起工作，灵活调控发动机保持在最佳的区域内工作，达到最少的燃油消耗和尾气排放。在繁华市区，可关停内燃机，由电池单独供电，实现"零排放"。还可十分方便地回收制动、下坡、怠速时的能量。

(2)保护电池。由于有了内燃机，可以让电池保持良好的工作状态，不发生过充、过放现象，延长其使用寿命，降低成本。还可以十分方便地解决耗能大的空调、取暖、除霜等纯电动汽车遇到的难题。

(3)优越的行驶性能。除了内燃机由于有电动机的辅助工作,混合动力汽车在起步、加速时,车主能享受到更强劲的动力。

3. 燃料电池电动汽车

燃料电池电动汽车是指采用燃料电池作为动力能源的汽车。它是利用氢气等燃料和空气中的氧在催化剂的作用下,在燃料电池中经化学反应产生电能,并作为驱动汽车的主要动力源。

燃料电池电动汽车的优点:

(1)排放几乎为零。燃料电池采用的燃料是氢(H)和氧(O),生成物是清洁的水(H_2O)。工作中不产生 CO、CO_2、NO_x、硫和微粒。如果使用车载的甲醇重整催化器供给氢气(H_2),仅会产生微量的 CO 和较少的 CO_2。

(2)能量转化效率高。燃料电池的能量转换效率可高达 60%~80%,为内燃机的 2~3 倍。

(3)寿命长。燃料电池本身工作无噪声、无运动性、无振动,其电极仅作为化学反应的场所和导电的通道,本身不参与化学反应,没有损耗,寿命长。

(4)氢燃料来源广泛。氢燃料可以从可再生资源获得,不依赖石油燃料。

4. 太阳能电池电动汽车

太阳能电池电动汽车是指利用太阳能转换成电能来驱动的汽车。太阳能电池电动汽车由于成本高、转换效率低等,目前还只是处于概念型阶段。

(二)替代燃料汽车

替代燃料汽车主要是以天然气、液化石油气、生物柴油、氢能源和醇类燃料等作为发动机燃料的汽车。包括气体燃料汽车、生物燃料汽车、氢燃料汽车、两用燃料汽车等。

由于很多替代燃料如天然气、液化石油气等是一种不可再生资源,而且很难达到零排放,含氧燃料如乙醇燃烧后虽然 CO、HC 排放明显降低,但会产生非常规的污染物,且常规的尾气处理装置无法进行有效的处理,其危害性非常大,所以替代燃料汽车也只能作为一种缓解石油危机的过渡产品。

课题二 纯电动汽车

纯电动汽车是完全由可充电储能式电池(如铅酸电池、锂离子电池等)提供动力源的汽车。它能够直接利用外电源为蓄电池充电,并通过蓄电池的电能转换成机械能来驱动汽车行驶。相比于传统的内燃机汽车,纯电动汽车的动力传递是柔性的电线连接,结构更加灵活。主要特点有:传动系统柔性化、动力系统电能化和控制系统精确化。

由于纯电动汽车由电能驱动,能源来源广泛,低能耗和低噪声,且没有任何尾气排放,符合环保和节能的理念,是最理想的绿色环保工具。

一、纯电动汽车的结构

燃油汽车主要由发动机、底盘、车身和电气设备等组成,纯电动汽车的结构与燃油汽车相比,取消了发动机,主要增加了电力驱动控制系统。因此,电力驱动控制系统是电动汽车的核心。如图10-3所示为众泰5008EV纯电动汽车电力驱动系统结构框架,其电力驱动平台主要由动力电池组、电动机、电机控制器、DC-DC电能变换器、高压控制盒等组成。除了动力锂电池外,其余部件基本布置在车辆的前舱内。众泰5008EV纯电动汽车前舱布置如图10-4所示。

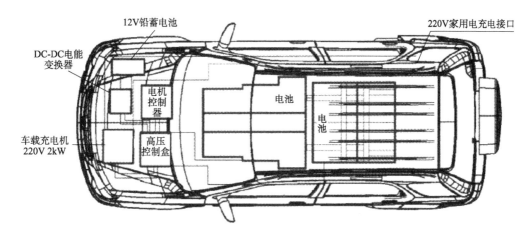

图10-3 众泰5008EV纯电动汽车电力驱动系统结构框架

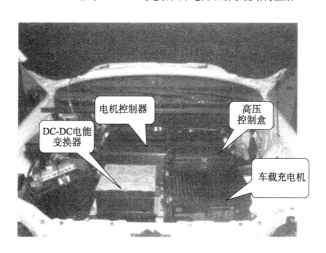

图10-4 众泰5008EV纯电动汽车前舱的布置

如图10-5所示为众泰5008EV纯电动汽车电力驱动控制系统示意图。其工作原理为:点火钥匙打开后,动力电池通过高压控制盒内继电器启动高压控制盒内的总正、总负接触器,启动后高压回路接通,给DC-DC电能变换器输送高压,DC-DC电能变换器将高压电转化为13V低压电,为12V蓄电池充电;动力电池通过高压控制盒内总正、总负输入到电机控制器(MCU),由电机控制器将两相高压直流电转换为三相高压直流电,输送至电动机,使其工作并通过固定速比减速器带动半轴,驱动汽车行驶。同时,电池管理系统监控电池组的实时信息。整车控制器集成于高压控制盒内,根据电池管理系统监控的实时信息来控制整车系统。

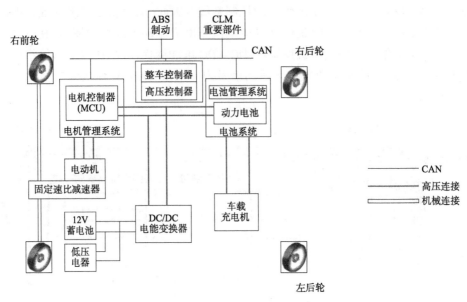

图 10-5　众泰 5008EV 纯电动汽车电力驱动控制系统示意图

二、纯电动汽车基本工作原理

通常,纯电动汽车可分为三个系统即:电子驱动与传动系统、主能源系统和辅助控制系统组成。图 10-6 所示为典型电动汽车的组成及基本工作原理。

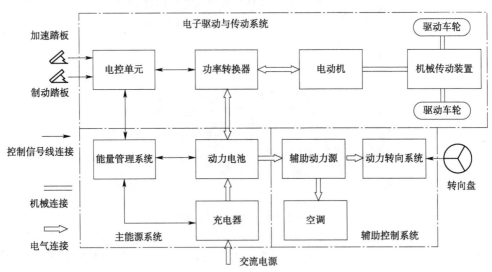

图 10-6　纯电动汽车的组成及基本工作原理

1. 纯电动汽车的组成

1)电子驱动与传动系统

主要包括电控单元(整车控制器)、功率转换器(电机控制器)、电动机、机械传动装置和驱动车轮等。它的功用是将存储在动力电池中的电能高效地转化为车轮的动能,并能够在汽车减速制动时,将车轮的动能转化为电能充入蓄电池。

(1)电控单元。电控单元根据加速踏板和制动踏板的输入信号,向功率转换器发出相应的控制指令,对电动机进行起动、加速、减速、制动控制。

(2)功率转换器。功率转换器是按电控单元的指令和电动机的速度、电流的反馈信号,对电动机的速度、驱动转矩和旋转方向进行控制。功率转换器必须和电动机配套使用。

(3)电动机。电动机在电动汽车中被要求承担电动和发电的双重功能,即在正常行驶时发挥其主要的电动机功能,将电能转化为机械能;在制动、减速和下坡滑行时又被要求进行发电,将车轮的惯性动能转化为电能。

(4)机械传动装置。机械传动装置是将电动机的驱动转矩传输给汽车的驱动轴,从而带动汽车车轮行驶。

2)主能源系统

主能源系统主要包括动力电池、能量管理系统和充电器等。它的功用是向电动机提供驱动电能、监测电源使用情况以及控制充电器向动力电池充电。

(1)能量管理系统。纯电动汽车的能量管理系统主要是指电池管理系统,它的主要功用是对电动汽车用电池单体及整组进行实时监控、充放电、巡检、温度监测等。

(2)充电器。充电器的作用是把交流电(AC)→相应电压的直流电(DC),并按要求控制向动力电池充电的电流。

3)辅助控制系统

辅助控制系统主要包括辅助动力源(低压蓄电池和DC-DC电能变换器)、动力转向系统、驾驶室显示操纵台和各种辅助装置等。辅助系统除辅助动力源外,依据不同车型而不同。

2.纯电动汽车的工作过程

根据制动踏板和加速踏板输入的信号,由电控单元发出相应的控制指令来控制功率转换器的功率装置的通断,功率转换器调节电动机和电源之间的功率流,驱动电机运转,通过机械传动装置(变速器/差速器和传动轴)带动左右前轮转动,使汽车行驶;当电动汽车制动时,再生制动的动能被电源吸收,此时功率流的方向与前面的相反。

能量管理系统和电控单元一起控制再生制动及其能量的回收,能量管理系统和充电器一同控制充电并监测电源的使用情况。

辅助控制系统经过DC-DC电能变换器将高压DC→低压DC,它主要给动力转向、空调、制动及其他辅助装置提供动力。除了从制动踏板和加速踏板给电动汽车输入信号外,转向盘输入也是一个很重要的输入信号,动力转向系统根据转向盘的角度位置来决定汽车灵活的转向。

同时,控制系统通过各种传感器、电流检测器对动力电池组、电动机进行监控并及时反馈信息和报警,并通过电流表、电压表、电功率表、转速表和温度表等仪表进行显示。

三、纯电动汽车驱动的典型结构形式

纯电动汽车按照动力驱动系统的不同,典型结构形式分成六种,如图10-7所示。

(1)如图10-7a)所示,它由电动机、离合器、齿轮箱和差速器组成;其中离合器用来切断或接通电动机到车轮之间传递动力的机械装置;而变速器是一套具有不同速比的齿轮机构,驾驶人可选择不同的变速比,把转矩传给车轮;汽车在转弯时,内侧车轮的转弯半径小,外侧车轮的转弯半径大,差速器使内外车轮以不同转速行驶。其结构复杂,效率低,没能充分发挥电动机驱动的优势。

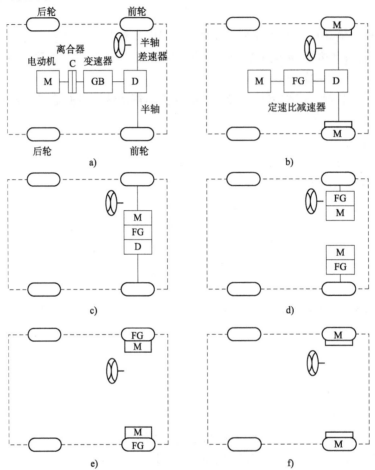

图 10-7　纯电动汽车电力驱动的典型结构形式
C-离合器;D-差速器;M-电动机;FG-定速比减速器;GB-变速器

(2)如图 10-7b)所示,如果用固定速比的减速器,去掉离合器,可减少机械传动装置的质量,缩小其体积,由电动机、固定速比的减速器和差速器组成电力驱动系统。这种结构的电动汽车由于没有离合器和可选的变速挡位,不能提供理想的转矩/转速特性,因而不适于使用发动机的燃油汽车。但它具有良好的通用性和互换性,便于在现有的汽车底盘上安装,使用、维修也较方便。

(3)如图 10-7c)所示,这种结构相似于发动机横向前置、前轮驱动的燃油汽车的布置形式,它把电动机、固定速比减速器和差速器集成为一个整体,两根半轴连接驱动车轮,这种结构在小型电动汽车上应用比较广泛。

(4)如图 10-7d)所示,这是个双电动机结构,就是采用两个电动机通过固定速比的差速器分别驱动两个车轮,每个电动机的转速可以独立的调节控制,便于实现电子差速,因此,电动汽车不必选用机械差速器。

(5) 如图 10-7e) 所示，电动机也可以装在车轮里面，称为轮毂电动机。这种轮毂电动机为内转子外定子结构，能提供较大的减速比，来放大其输出转矩。高速内转子电动机具有体积小、质量轻和成本低的优点。它可进一步缩短从电动机到驱动车轮的传递路径，为了将电动机转速降低到理想的车轮转速，可采用固定减速比的行星轮变速器，它能提供大的减速比，而且输入和输出轴可布置在一条轴线上。

(6) 如图 10-7f) 所示，这种结构为另一种使用轮毂电动机的电动汽车结构。它采用低速外转子电动机，彻底去掉了机械减速齿轮箱，电动机的外转子直接安装在车轮的轮缘上，车轮转速和电动汽车的车速控制完全取决于电动汽车的转速控制。低速外转子电动机结构简单，无需齿轮变速传动机构，但其体积大、质量大、成本高。

课题三　混合动力汽车

混合动力汽车凭借其特有的优势和成熟的技术是目前最具有节能潜力和市场前景的车型之一。

一、混合动力汽车的分类

混合动力汽车按混合动力驱动模式、结构布置形式及动力传输路线分主要有以下三类：串联式、并联式和混联式。

1. 串联式

串联式混合动力汽车，通过发动机发电，驱动电动机并由电动机带动驱动轮，就是我们常说的增程式，如图 10-8 所示。优点：续航里程较长。缺点：多个能量转化造成功率浪费。代表车型：雪佛兰的沃蓝达(Volt)。

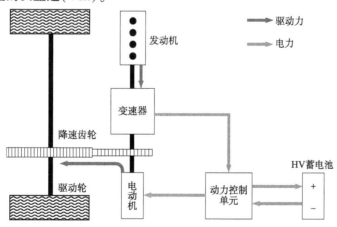

图 10-8　串联式混合动力汽车能量流动路线

2. 并联式

并联式混合动力汽车通过发动机和电动机共同驱动汽车，也可以单独工作，如图 10-9 所示。优点：是结构简单成本较低。缺点：是发动机效率无法充分利用。代表车型：为本田的 IMA 系统。

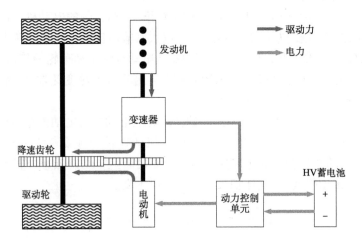

图 10-9　并联式混合动力汽车能量流动路线

3. 混联式

混联式混合动力汽车结合了串联和并联两种方式的特点,通过调整发电机转速,可以控制机械传输通道和电力传输通道的动力分配比例,如图 10-10 所示。优点:效率高,节能效果理想。缺点:结构复杂,成本较高。代表车型:丰田的 THS 系统。

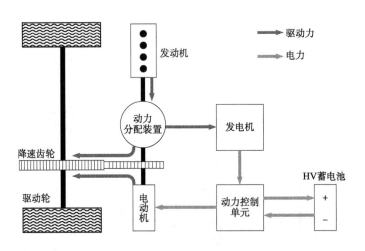

图 10-10　混联式混合动力汽车能量流动路线

二、丰田混合动力系统的组成与结构

丰田混合动力汽车的动力中枢是丰田混合动力系统(toyota hybrid system,THS),它使用汽油机和电动机两种动力,通过串联与并联相结合的方式进行工作,达到了低排放的效果。2003 年,丰田公司又推出采用 THS—Ⅱ(第二代丰田混合动力系统)的新一代普锐斯汽车,使混合动力汽车的发展向前迈进了一大步。

丰田普锐斯混合动力系统组成如图 10-11 所示。

单元十 新能源汽车技术介绍

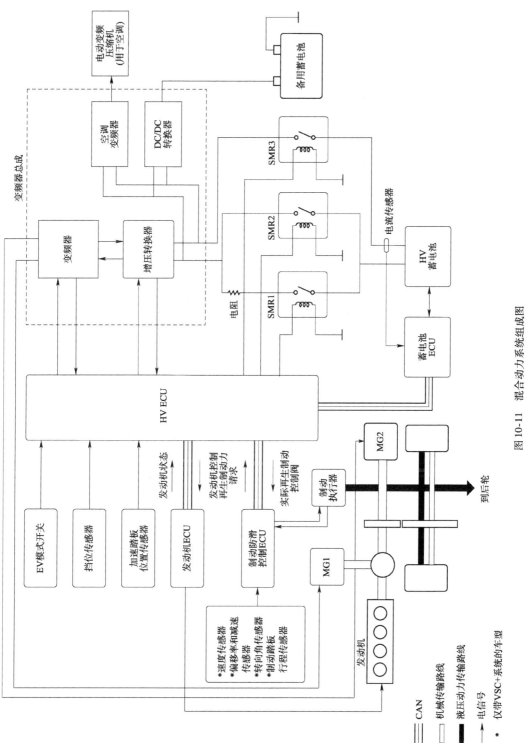

图10-11 混合动力系统组成图

混合动力系统车身及发动机舱部件位置，如图10-12所示。

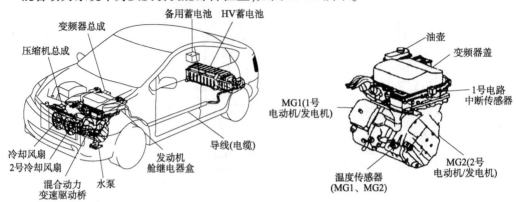

图10-12　车身及发动机舱部件位置

混合动力系统驾驶室内的部件位置，如图10-13所示。

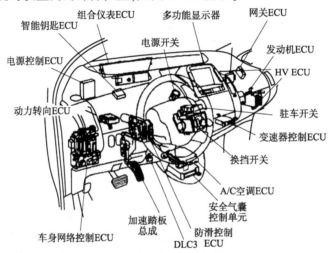

图10-13　驶室内的部件安装位置

HV电池上的部件安装位置，如图10-14所示。

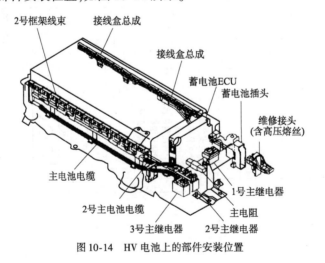

图10-14　HV电池上的部件安装位置

1. 混合动力变速驱动桥

THS-Ⅱ P112 驱动桥包括变速驱动桥阻尼器、MG1(发电机)、MG2(电动机)、行星齿轮组和减速装置(包括无声链、中间轴主动齿轮、中间轴从动齿轮、主减速小齿轮和主减速器齿轮)等组成,结构如图 10-15 所示,组成及连接关系如图 10-16 所示。

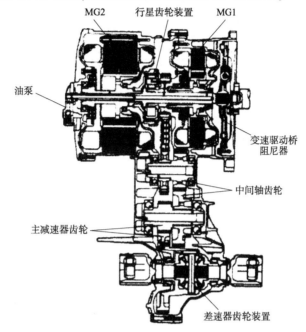

图 10-15 混合动力变速驱动桥总成的结构

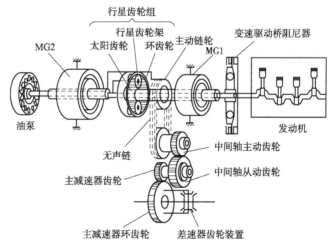

图 10-16 混合动力变速驱动桥总成的组成及连接关系

行星齿轮、MG1、MG2、变速驱动桥阻尼器和主动链轮都安装在同一根轴上,驱动桥使用连续变速传动装置,从而达到操作的平滑性和静声性。

(1) 行星齿轮组。MG1 连接在行星齿轮组的太阳轮上,MG2 连接在齿圈上。MG1 和 MG2 分别安装在行星齿轮组同一根轴的两端,MG2 通过机械机构与汽车前轮相连。通过行星齿轮组传输的发动机输出功率分为两个部分:一部分作为驱动力使汽车行驶;另一部分作为驱动力使 MG1 发电。

行星齿轮动力通过无声传动链传送到中间轴主动齿轮,其工作原理如图 10-17 所示。

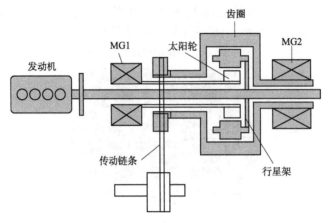

图 10-17　变速驱动桥工作原理

(2)发电机(MG1)、电动机(MG2)。MG1:由发动机带动旋转产生高压电(最高 AC500V)驱动 MG2 或为 HV 蓄电池充电。同时它还可以作为起动机起动发动机。

MG2:由 MG1 或 HV 蓄电池的电能驱动产生动力使车辆行驶,保证在任何工况下发动机始终保持在高效区域内工作。当汽车制动、下坡或驾驶人放松加速踏板时,发动机关闭,MG2 作为发电机,在汽车的惯性下,车轮带动 MG2 发电,将制动能转换为电能存储在蓄电池中(再生制动控制)。

注意:维修时不要拆解 MG1 和 MG2。如果这些组件出现故障,应整体更换混合动力变速驱动桥总成。

(3)阻尼器。变速驱动桥阻尼器传递发动机的驱动力,它包括用干式、单片摩擦材料制成的转速波动吸收机构。采用具有低扭转特性的螺旋弹簧,提高了减振性能。飞轮的形状得到优化,减轻了质量。如图 10-18 所示。

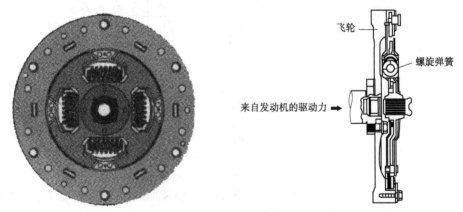

图 10-18　变速驱动桥阻尼器

2. HV 蓄电池总成

安装于后座的行李舱中。由 HV 蓄电池、蓄电池 ECU、SMR(系统主继电器)集中在一个信号箱内。HV 蓄电池在汽车起步、加速和上坡时,将电能提供给 MG2。结构如图 10-19 所示。THS-Ⅱ的 HV 蓄电池有 168 个单电池,(1.2V×6 单电池)×28 模块,额定电压为 DC201.6V。

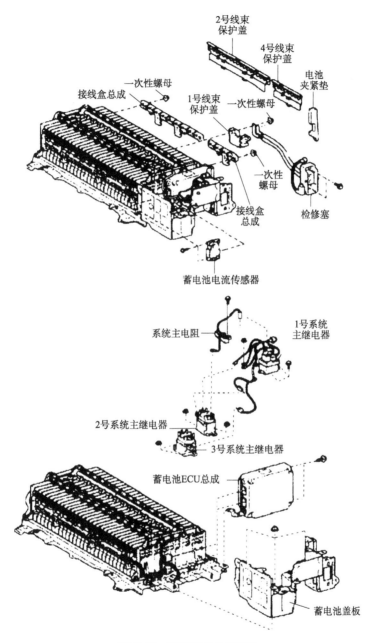

图 10-19　HV 蓄电池总成结构

信号箱内还包含一个检修塞。检修塞总成包括互锁开关。在检查或维修车辆时,切记拆下检修塞(戴上绝缘手套),确保 HV 蓄电池中的高压电路被切断,保证维修期人员的安全。如图 10-20 所示。

在拔下检修塞前一定要关闭点火开关。高压电路的主熔断器在检修塞总成内。

注意:维修后应在检修塞连接后再起动车辆,否则,会造成蓄电池 ECU 的损坏。

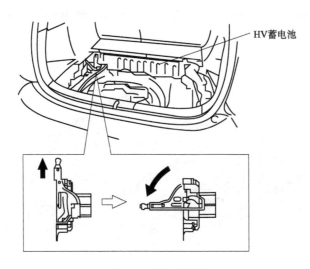

图 10-20　拆下检修塞

3. 变频器总成

安装于发动机舱内,它包括变频器、增压转换器、DC－DC 转换器和空调变频器。如图 10-21 所示为其作用示意图。其结构如图 10-22 所示。

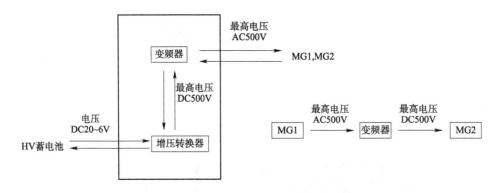

图 10-21　变频器总成作用示意图

根据 HV ECU 提供的信号,变频器总成将 HV 蓄电池的直流电(DC)转化为交流电(AC)来驱动 MG1、MG2,同样也可以进行逆变过程。此外,变频器还将 MG1 的交流电变成直流电提供给 MG2。HV ECU 向变频器内的功率晶体管发送信号,转换 MG1、MG2 的 U、V 和 W 相电驱动 MG1 和 MG2。HV ECU 从变频器接收到过热、过流或故障电压信号后关闭。

(1)增压转换器。将 HV 蓄电池的最高电压从 DC 201.6V→DC 500V。当 MG1 或 MG2 作为发电机工作时,变频器将 AC(201.6～500V)转换成 DC,然后增压转换器将其降到 DC201.6V 为 HV 蓄电池充电。

(2)DC-DC 转换器。装于变频器的下部。用于将最高电压从 DC 201.6V→DC 12V,为车身电气组件(车灯、音响、除压缩机外的空调系统、ECU)供电以及为备用蓄电池充电。此转换器将备用蓄电池控制在恒定电压。如图 10-23 所示为 DCDC 转换器作用示意图。

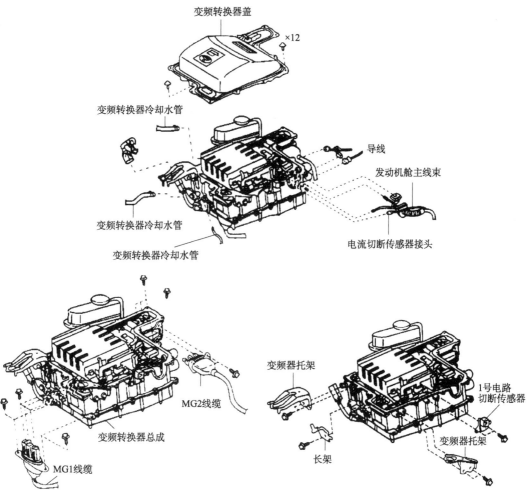

图 10-22　变频器总成结构图

图 10-23　DC-DC 转换器作用示意图

（3）空调变频器。用于将 HV 蓄电池的额定电压 DC 201.6V→AC 201.6V，为空调系统中的压缩机供电。

4. 冷却系统

HV 蓄电池在重复充电和放电时会产生热量。在 HV 蓄电池内有三个蓄电池温度传感器和进气温度传感器,分别将信号传给蓄电池 ECU,蓄电池 ECU 控制 HV 蓄电池冷却风扇工作,将 HV 蓄电池温度控制在规定范围内。HV 蓄电池冷却系统组成如图 10-24 所示。行李舱右侧的冷却风扇通过后排座椅右侧的进气口吸入车内空气,从蓄电池顶部右侧进入的空气从上到下流经蓄电池对其加以冷却,最后空气流经排气管和车内排到车外。

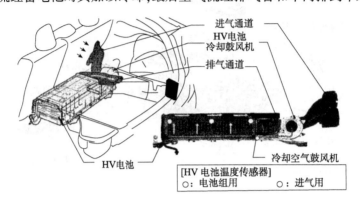

图 10-24　HV 蓄电池冷却系统组成

用于冷却变频器、MG1、MG2 的冷却系统装备有水泵,其专用散热器在发动机冷却系统的散热器内。如图 10-25 所示为 MG1、MG2 的冷却系统。

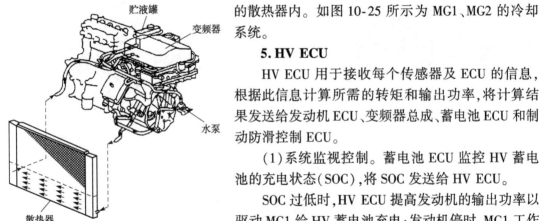

图 10-25　配备有水泵的 MG1、MG2 的冷却系统

5. HV ECU

HV ECU 用于接收每个传感器及 ECU 的信息,根据此信息计算所需的转矩和输出功率,将计算结果发送给发动机 ECU、变频器总成、蓄电池 ECU 和制动防滑控制 ECU。

(1)系统监视控制。蓄电池 ECU 监控 HV 蓄电池的充电状态(SOC),将 SOC 发送给 HV ECU。

SOC 过低时,HV ECU 提高发动机的输出功率以驱动 MG1 给 HV 蓄电池充电;发动机停时,MG1 工作起动发动机,发动机驱动 MG1 为 HV 蓄电池充电。

SOC 较低或 HV 蓄电池、MG1、MG2 的温度高于规定值时,HV ECU 会限制对驱动轮的动力,直到指标恢复。

(2)关闭控制。车辆处于"N"挡时,HV ECU 关闭 MG1 和 MG2。但当车辆正常行驶,制动踏板踩下且某一车轮不转时,即使处于于"N"挡,MG2 也会输出低转矩使该车轮重新转动,此后,再进入关闭控制。MG1、MG2 以高于规定转速工作时,此功能取消。

(3)上坡辅助控制。车辆在陡坡上松开制动而起动时,HV ECU 向制动防滑控制 ECU 发出制动起动信号,防止车辆滑下。

(4)电动机牵引力控制。如果驱动轮在没有附着力时空转,MG2 会旋转过快,易损坏行星齿轮组,甚至有时会引起 MG1 产生过大的电流。此时,HV ECU 提供电动机牵引力控制,抑制 MG2 旋转。

当一个驱动轮旋转过快时,HV ECU 发指令给制动防滑控制 ECU 对此驱动轮进行制动。

（5）SMR（系统主继电器）控制。SMR 是连接或断开蓄电池和变频器总成间高压电路的继电器，受 HV ECU 的控制，共有三个。为防止电路电压过高并保证电路切断的可靠性，HV ECU 通过这三个继电器的作用实施 SMR 控制从而起到连接和关闭高压电路的作用。

当 HV ECU 检测到故障时，HV ECU 进行诊断并储存故障和相应数据，根据这些数据停止或控制执行器和 ECU（安全保护）。

6. 发动机 ECU

接收来自 HV ECU 的目标发动机转速和所需的动力信息，控制 ETCS – i 系统（智能电子节气门控制系统）、燃油喷射量、点火正时和 VVT – i 系统。还将发动机的工作状态发送给 HV ECU。在接收到 HV ECU 发送的发动机停止信号时，发动机 ECU 使发动机停机。

7. 蓄电池 ECU

用于监控 HV 蓄电池内部的：电压、温度、泄漏情况及 SOC（充电状态）。

汽车在加速时，HV 蓄电池给 MG2 供电；减速时，再生制动给 HV 蓄电池充电。如此反复。蓄电池 ECU 通过电流传感器检测出充、放电电流，从而计算出 SOC，发送到 HV ECU，HV ECU 控制充、放电，将 SOC 控制在稳定的水平。

8. 制动防滑控制 ECU

制动时，制动防滑控制 ECU 根据制动执行器和制动踏板行程传感器的制动主缸压力计算出所需总制动力，再计算出所需的再生动力，并将信号发送给 HV ECU。HV ECU 起动 MG2 进行反向转矩控制并执行再生制动功能。制动防滑控制 ECU 控制制动执行器电磁阀产生轮缸压力，这个轮缸压力是总制动力减去实际再生制动控制的数值。

9. 加速踏板位置传感器

用于将加速踏板开度转换为电信号并输送到 HV ECU。

10. 挡位传感器（安装在变速换挡总成上）

用于将挡位（R、N、D、B）转换为电信号并输送到 HV ECU。

11. 互锁开关（用于变频器和检修塞）

用于确认变频器盖和检修塞均已安装完毕。

12. 断电器传感器

当发生碰撞时，如果 HV ECU 收到安全气囊传感器总成发出的气囊展开信号，或变频器中断路器传感器发出的执行信号，则关闭 SMR（系统主继电器）以切断整个电源，确保安全。

13. EV 模式（电动机驱动模式）**开关**

汽车在 EV 模式下工作可减少行车噪声和尾气排放。EV 模式开关在仪表板上。如图 10-26 所示。

被驾驶人手动打开时，发动机停止工作，车辆只由 MG2 驱动行驶。除非满足如下条件：EV 模式开关关闭；SOC 下降到规定水平以下；车速超过规定值；加速踏板开度超过规定值；HV 蓄电池温度偏离正常值。

如 HV 蓄电池在标准 SOC 下，但车辆在路面连续行驶 1~2km 后，EV 模式开关将关闭。

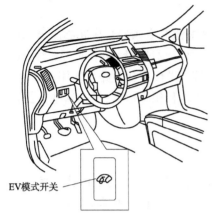

图 10-26　EV 模式开关

14. 巡航控制 ECU

巡航控制 ECU 在 HV ECU 中。当接收到巡航控制开关信号时，按照驾驶人的要求，将发动机 MG1 和 MG2 的动力调节到最佳的组合，获得目标车速。

三、混合动力系统工作模式

根据行驶条件的不同，汽车在稳定运行过程中，为最大限度地适应车辆的行驶状况，系统可能处于以下工作状态。

1. MG2 驱动车辆行驶模式（蓄电池供电）

HV 蓄电池的电能输出给电动机 MG2，以驱动车辆，如图 10-27 所示。

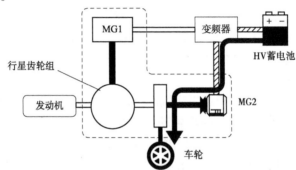

图 10-27　MG2 驱动车辆行驶模式

2. 发动机驱动车辆模式

发动机通过行星齿轮驱动车辆时，MG1 由发动机通过行星齿轮带动旋转，为 MG2 提供电能，工作模式如图 10-28 所示。

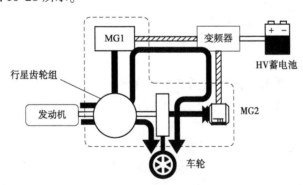

图 10-28　发动机驱动车辆模式

3. MG1 为蓄电池充电模式

MG1 由发动机通过行星齿轮带动旋转，为 HV 蓄电池充电，如图 10-29 所示。

4. 制动动能回收模式

车辆减速时，车轮的动能被回收并转化为电能，并通过 MG2 为 HV 蓄电池再次充电，动能回收模式如图 10-30 所示。

单元十　新能源汽车技术介绍

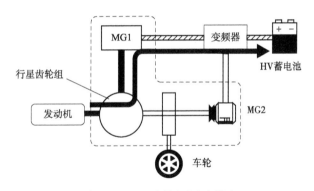

图 10-29　MG1 为蓄电池充电模式

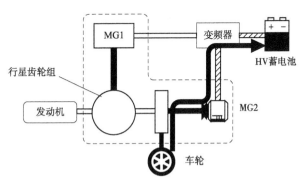

图 10-30　制动能回收模式

HV ECU 可根据汽车行驶状态在以上各种单一模式下工作,也可以在几种模式组合下工作。

四、混合动力系统工作过程

HV ECU 始终监视 SOC 状态、蓄电池温度、冷却液温度和电载荷状况。在 READY(准备好了)指示灯打开,车辆处于 P 挡或车辆倒车时,如果监视项目不满足条件,HV ECU 就会发出指令起动发动机驱动 MG1 并为 HV 蓄电池充电。THS – Ⅱ 系统根据图 10-31 列出的车辆行驶状况控制发动机、MG1 和 MG2 来驱动车辆。

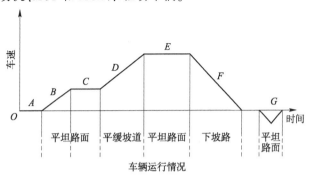

图 10-31　车辆运行情况图

1. READY 灯打开状态(准备起动)

在 THS-Ⅱ 系统上,如果冷却液温度、SOC 状态、蓄电池温度和电载荷状态不满足条件,

327

即使驾驶人按下 POWER 开关、READY 指示灯打开,发动机也不会运转。在这种状态下发动机、MG1 和 MG2 均停止工作。驾驶人需要停止车辆并换到 P 挡,此时如果冷却液温度、SOC 状态、蓄电池温度和电载荷状态满足条件,HV ECU 将继续使发动机在预定时间运转而后停止发动机。

起动发动机,READY 指示灯打开、车辆处于 P 挡或者倒车时,如果 HV ECU 监视的任何项目满足条件,HV ECU 起动 MG1 从而起动发动机。运行期间,为了防止 MG1 的太阳齿轮的反作用力转动 MG2 的环齿轮并驱动驱动轮,MG2 接受电流以施加制动。这个功能叫反作用制动如图 10-32 所示。行星中,环齿轮(MG2)固定,太阳轮(MG1)主动,支架(发动机)从动。

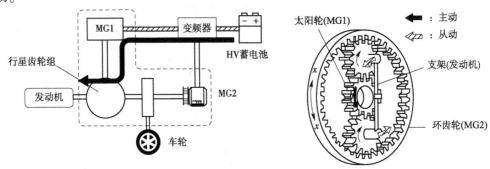

图 10-32 反作用制动示意图

随后,运转中的发动机驱动 MG1,进而为 HV 蓄电池充电如图 10-33 所示。行星排中,环齿轮(MG2)固定,支架(发动机)主动,太阳轮(MG1)从动。

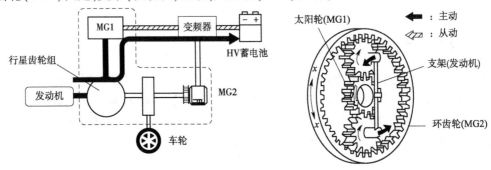

图 10-33 起动后 MG1 为蓄电池充电状态

2. 起步工况

车辆起步后,车辆仅由 MG2 驱动。此时发动机保持停止状态,MG1 以反方向旋转而不发电,如图 10-34 所示。行星排中,支架(发动机)固定,环齿轮(MG2)主动,太阳轮(MG1)反向转动。

只有 MG2 工作时,如果需要增加驱动转矩,MG1 将被起动,进而起动发动机。同样,如果 HV ECU 监视的任何项目(如 SOC 状态、蓄电池温度、冷却液温度和电载荷状态)与规定值有偏差,MG1 也将被起动,进而起动发动机如图 10-35 所示。行星排中,太阳轮(MG1)、环齿轮(MG2)均为主动,支架(发动机)从动。

随后,已经起动的发动机带动 MG1 工作为 HV 蓄电池充电。如图 10-36 所示。行星排中,支架(发动机)、环齿轮(MG2)均为主动,太阳轮(MG1)从动。如果需要增加驱动转矩,发动机将带动 MG1 转为"发动机微加速时"的模式。

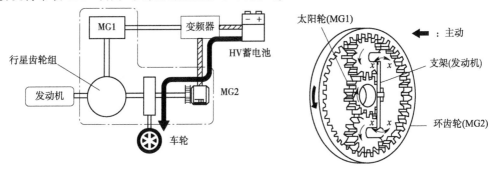

图 10-34　车辆起步后 MG2 工作

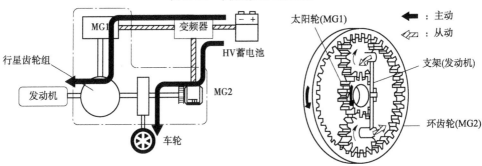

图 10-35　MG2 不能满足需要的工作状态

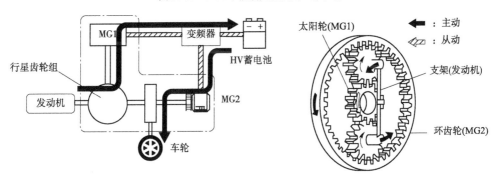

图 10-36　MG1 为 HV 充电,MG2 驱动车辆

3. 发动机微加速时

发动机微加速时,发动机的动力由行星齿轮分配。其中一部分动力直接输出,剩余动力用于 MG1 发电,通过变频器输送电力到 MG2 用作输出动力,如图 10-37 所示。行星齿轮组中,支架(发动机)、环齿轮(MG2)均为主动,太阳轮(MG1)从动。

4. 低载荷巡航时

车辆以低载荷巡航时,发动机的动力由行星齿轮分配。其中一部分动力直接输出,剩余动力用于 MG1 发电,通过变频器输送电力到 MG2 用于输出动力。参见图 10-37。

5. 节气门全开加速时

车辆从低载荷巡航转换为节气门全开加速模式时,系统将在保持 MG2 动力的基础上,增加 HV 蓄电池的电力驱动,如图 10-38 所示。

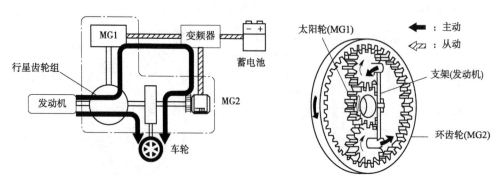

图 10-37 微加速状态

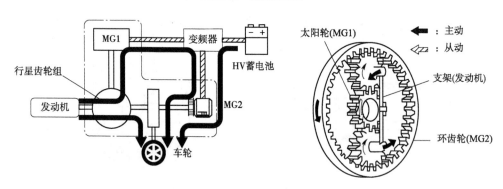

图 10-38 节气门全开加速状态

6. 减速时

(1) 车辆以 D 挡减速行驶时,发动机停止工作,动力为零。这时,车轮驱动 MG2,使 MG2 作为发电机运行并为 HV 蓄电池充电,如图 10-39 所示。车辆从较高速度开始减速时,发动机以预定速度继续工作,保护行星齿轮组。

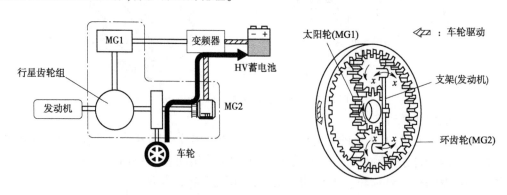

图 10-39 D 挡减速行驶

(2) 车辆以 B 挡减速行驶时,车轮驱动 MG2,使 MG2 作为发电机工作并为 HV 蓄电池及 MG1 供电。这样,MG1 保持发动机转速并施加发动机制动。此时发动机燃油供给被切断,如图 10-40 所示。

(3) 制动减速时,如果驾驶人踩下制动踏板,制动防滑控制 ECU 计算所需的再生制动并发送信号到 HV ECU。接收到信号后,HV ECU 在符合所需再生制动力的范围内增加再生动力。这样,可以控制 MG2 产生充电的电量,如图 10-41 所示。

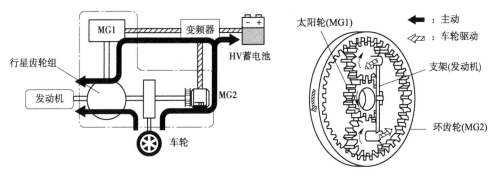

图 10-40　B 档减速行驶

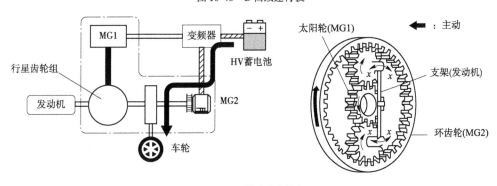

图 10-41　制动减速状态

7. 倒车时

车辆倒车时,仅由 MG2 为车辆提供动力。这时,MG2 反向旋转,发动机不工作,MG1 正向旋转但并不发电,如图 10-42 所示。

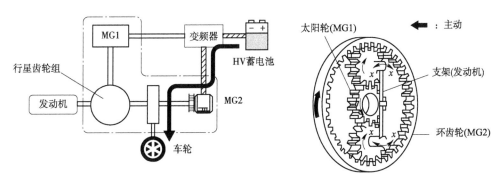

图 10-42　倒车时 MG2 工作

只有 MG2 驱动车辆时,如果 HV ECU 监视的任何项目(如 SOC 状态、蓄电池温度、冷却液温度和电载荷状态)与规定值有偏差,MG1 将被起动进而起动发动机,如图 10-43 所示。

在此状态时,已起动的发动机将起动发电机 MG1 并为 HV 蓄电池充电,如图 10-44 所示。

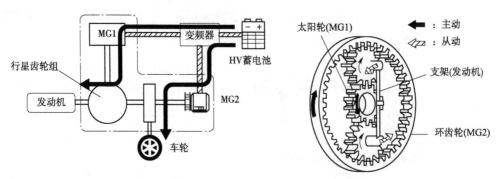

图 10-43　倒车时 MG1 起动

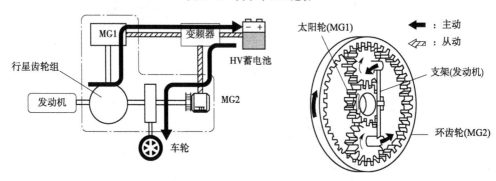

图 10-44　MG1 为 HV 蓄电池充电

参考文献

[1] 董国平.汽车维护与故障排除[M].北京:人民交通出版社,1995.

[2] 孟嗣宗,赵雨东,曾频.现代汽车维护[M].北京:清华大学出版社,1996.

[3] 陈家瑞.汽车构造[M].北京:人民交通出版社,2002.

[4] 蔡兴旺.汽车构造与原理[M].北京:机械工业出版社,2004年.

[5] 林家让.汽车构造[M].北京:电子工业出版社,2004.

[6] 汽车维护质量检验岗位培训教育编写组.汽车维护质量检验员岗位培训教材[M].北京:科学文献出版社,1998.

[7] 李祥贵.最新本田轿车使用与检修[M].青岛:青岛出版社,2003.

[8] 谢绍发.不懂这些别修车[M].广州:广东科技出版社,2004年.

[9] 闵思鹏,王锦俞.国产大众车系发动机电控系统检修[M].北京:机械工业出版社,2004年.

[10] 徐家龙.柴油机电控喷油技术[M].北京:人民交通出版社,2004年.

[11] 孔宪峰.汽车发动机构造与维修[M].北京:高等教育出版社,2001年.

[12] 杜先平等.柴油发动机 VE 分配泵构造与维修图解[M].北京:国防工业出版社,2004年.

[13] 林平.汽车电喷发动机故障速查快修[M].北京:电子工业出版社,2004年.

[14] 鲁植雄.汽车电控发动机故障诊断图解[M].南京:江苏科学技术出版社,2004年.

[15] 孙余凯,项倚明.新型电子电器元器件的检测与修理[M].北京:人民邮电出版社,2003年.

[16] 曹振华,武杰,刘广航.混合动力汽车原理与维修技术[M].北京:电子工业出版社,2014年.

[17] 肖贝,陈健.电动汽车结构与原理[M].杭州:浙江大学出版社,2015年.

[18] 周梅芳.新能源汽车技术[M].杭州:浙江科学技术出版社,2014年.